私の教祖《おやさま》

中山慶一

天理教道友社

改訂版を出すにあたって

本書は新しい書き出しの稿ではなく相当長い年月に亙《わた》って「天理時報」や「みちのとも」に掲載されたものを一つに纏《まと》めたものである。但《ただ》しその内容は決してその時〳〵の思いを断片的に書いたものでなく、最初から一貫した教祖伝を書き度《た》いという熱意を以《もっ》て筆を執り、最後までその意志を貫いて来たつもりである。然《しか》し、途中種々紆余曲折《うよきょくせつ》があって、筆を執り始めてから本書の出版までに三十二年の歳月が流れている。更《さら》に、私が生涯の中に是非《ぜひ》私なりの教祖伝を書き度いと発心《ほっしん》した時から数えると五十年の歳月が流れている。全く教祖のお陰でお連れ通り頂いた私の半生の歴史を振りかえる様《よう》ななつかしさを覚える。

抑《そもそも》、教祖伝執筆の願望は、大学三年になって卒論を書くために教祖伝の勉強をした時から始まった。斯《か》くて昭和七年三月、大学を終えて本部青年に登用され次々に与えられた仕事は、教校別科講師、外国語学校講師、道友社編《へん》輯《しゅう》係、教義史料集成部係、と何《いず》れも教祖伝の勉強には最適の職場であり、又《また》職責の上からもせずには居られない立場である。それが私にとってどれ程有難《ありがた》い勉強の機会となったかわからない。

処《ところ》が残念ながら、昭和十二年日華事変が起こり戦局が拡大されるに伴って国論の統一、統制が厳しく教義教説の進め方にまで干渉された。これが為《ため》に本質的な教義の勉強よりも、統制の枠内《わくない》での教義教説の進め方という様な、本筋から外れた方便《ほうべん》に労力を費やして、教祖伝の勉強は暫《しばら》く休眠状態になって了《しま》った。

然し、昭和二十年八月十五日終戦と同時に復元教典の編纂《へんさん》が開始され、幸いにその編纂のお手伝いをさせて頂く事になった。お陰で毎日の如《ごと》く二代真柱様から教義の構成、教祖の御立場等に就《つ》いて思召《おぼしめし》の程をお聞かせ頂き、それを指針として研鑽《けんさん》を重ね、草案の執筆に努力する事がどれ程深い教義の勉強になったかわからない。斯くして出発から丸四年後の昭和二十四年十月二十六日、新教典は広く教内に公布された。

私が「私の教祖様」の第一稿を天理時報に掲載したのは、この年の一月一日号からである。以来昭和二十五年三月十九日号に至る間四十一回に亙って連載した。当時の人々の教祖伝に対する渇望は、教祖を知る上に権威ある拠《よ》り処《どころ》である「稿本天理教教祖伝」を常に座右《ざゆう》に置いて拝読の出来る現代の人には想像も出来ぬ程強烈なものがあった。「復元」とは教祖に帰る事を意味する。長い戦時中純粋な信仰を抑圧され続けて、終戦と共に復元の声を聞いた人々の喜びは先《ま》ず教祖への思慕の高まりとなり、それがやがて信頼の出来る教祖伝への渇望となるからであろう。こうした教内の要望を思う時、及ばぬながらも筆を執らずに居《お》れなくなったのだと思う。然し、果たして連載し続ける事が出来るだろうかという不安はあった。然し戦時中数年間の空白はあったが、戦前の五年間と戦後の四年間に有難い御用にお使い頂き、その御用を通してのお仕込みによって、私は教義信仰に就《つ》いて私の力と努力だけでは絶対出来ない様な力と開眼をお授け頂いて居ったのだと思う。そのお陰で無理かと危ぶまれた連載が楽しみの中に続ける事が出来て、紙面さえ与えられたら終わりまで書き続けたいと思ったが、残念ながら芹沢光治良《せりざわこうじろう》氏が連載される約束の期限が来たので、余儀なく私の使用していた紙面をゆずる事になった。斯くて連載を始めてから僅《わず》か一年二カ月（掲載回数四十一回、漸《ようや》く始まったばかりの所で）昭和二十五年三月十九日を以て中断した。幸いこの全文は『私の教祖様』として昭和二十六年十月二十六日出版された。

　連載は出来なくとも原稿の執筆は続けられた筈《はず》だが、それが出来なくて、連載の中止と同時に執筆も止まって、以来丸三年間休んで了った。もうこれきりになって了うのかとも思ったが、道友社の好意で今度は「みちのとも」に掲載する事になり、昭和二十八年四月号から三十一年二月号まで連載され、一応これは単行本に纏《まと》めた『私の教祖様』中巻として昭和三十一年一月二十六日付で発行された。

　然し、此処《ここ》で『私の教祖様』が終わるのではなく、寧《むし》ろこれからが一番大切な部分に進んで行く所である。しかし今度は掲載の紙面を明け渡さなければならなくなったのではなく、寧ろ引き続き掲載して結末をつける様にとすゝめられたのであるが、今度は私の方から辞退したのである。という事は昭和三十一年三月八日から十日間に亙って「教祖伝稿案（二十一稿）」の講習会が行われ、先ず先達《せんだち》となる人々に主旨の徹底をはかった上、十月秋の大祭には愈々《いよいよ》、教内を挙げての待望久しかった権威あるよりどころである「稿本天理教教祖伝」が公布される事になったのである。これさえ出れば最早《もはや》個人の筆になる教祖伝等は、その必要性がなくなるばかりでなく、寧ろ雑音になるのではないかと恐れたからである。今、全教を挙げて一番大切な事はこの「稿本天理教教祖伝」の内容、精神を一刻も早く普及徹底する事であると信じて、及ばずながらも機会ある毎《ごと》にそのお手伝いをさせて頂いた。こうして又十年の歳月が流れて教祖八十年祭をお迎えする事になった。

その直前になって、「教祖八十年祭の期間中、特に天理時報を日刊として報道の御用を勤めるのだが、教祖の御年祭であるから、この日刊天理時報に、毎日教祖を偲《しの》ぶ記事がほしいので、ぜひ教祖のひながたに関する読み物を執筆連載してほしい」という相談を受けた。この上もない有難い御用だが、何しろ年祭期間中は、毎日本づとめも行われる事であるし、それに次いでお運び、別席等の理の御用をはじめ、種々の教務が山積して、恐らく寸暇もない日々が続くものと予想される。果たして此《こ》の間に、仮令《たとえ》どんな短文にもせよ落ち着いて筆を執る時間の余裕があるだろうか、という不安があった。

嘗《かっ》て教祖七十年祭の時、二代真柱様が、昼は本づとめ、お運びと寸暇もなく理の御用を果たされ、夜は夜で七百名を越える教会長と共に直会《なおらい》の席に着かれ、皆を満足させる為に連日変わる事なく時を忘れて歓をつくされ、正《まさ》に寸暇のない激務の日々でありながら、日刊天理時報に連載の稿をお続けになった尊いひながたがある。けれども当時、あれは真柱様にしてはじめてなし得られる神業であり、超人の業であると思っていた。真柱様に比べると我々は勿体《もったい》ない程暇はあるが、能力を考え、体力を案じていると軽々しくは引き受けられない。

然し、これを引き受けさせて頂けば、少なくとも期間中毎日数時間は真剣に教祖のひながたに思いを馳《は》せる事が出来る。と思えば、これによって私はこの上もない意義深い年祭を迎えさせて頂く事になる。こんな有難い御用を断ったら、それこそまたとない成人の好機を失う事になる。こう考えて喜んでお受けする事にしたのである。

このようにお受けするまでは種々《いろいろ》と困難も予想し、先案じもしたのであるが、さて執筆に取りかゝって見ると、全く予想に反し、毎日〳〵筆を執る事が楽しみで、苦痛や重荷に感じた事は一日もなくすら〳〵と筆を運ぶ事が出来た。私の様な不精者には思いもよらぬ結果を経験する事が出来た。

然も、有難い事に当時は既《すで》に「稿本天理教教祖伝」が公布されて居《お》って、確かなよりどころがあるので、史料あさりや、時代の考証という様な時間のかかる面倒な努力を払う必要がないので、只《ただ》ひながたに思いを走らせばよいのだし、又この稿がまとまった教祖伝をというのではなく、たゞその日その日教祖のひながたを偲ばせて頂くという自由なものであったので、毎日楽に筆を運ぶ事が出来たのである。

とは云《い》うものの自由なものとはいえ、一応年代を追って筆を進めているうちに、記述もだん／＼詳細になって、最初の目的であった年祭期間中の日刊だけでは結末がつかなくなって了った。敢《あ》えて結末をつけようと思えばつけられない事もなかったが、執筆を続けているうちに、私にもだん／＼慾《よく》が出て来たのである。

というのは、嘗て権威ある教祖伝の定本即《すなわ》ち、「稿本天理教教祖伝」がなかった時代になんとか私なりに教祖伝を書かせて頂きたいとの願いから『私の教祖様』の執筆を始めたが、稿なかばで「稿本天理教教祖伝」が公布されたので、敢えて私が執筆する要もないと思って遠慮をしたので、これは上巻と中巻のみで終わっていた。是非下巻を出すようにと勧めて下さる人もあったが、そのまゝ執筆を中止して十年経過した時、有難い機会を恵まれてひながたを偲ぶ筆を進めているうちに、この稿を以て『私の教祖様』の下巻の役を果たす事が出来ればという慾が出て来たのである。中途でそういう願いを持ちながら筆を進める事になったので、自然、記述が詳細に史実を辿《たど》るようになって、尚更《なおさら》日刊だけでは納まらず、引き続いて週刊にも連載する様にお願いし、延々七十九回に亙って大切な紙面を頂く事になってしまった。こうして昭和四十二年一月二十九日付の時報を以てこの稿を終える事が出来た。その後直《ただ》ちに道友社の好意によってこれを単行本とし『ひながたに想う』の題名を付して、この年の四月十八日付で発行される事になった。思えば教祖八十年祭のお陰で、一応最後まで私なりの教祖伝を書き上げさせて頂く事が出来たのである。一生の中に是非私の教祖伝を書きたいという一念を発起してから実に三十六年目になる。

それから更に十有余年を経た今日現在、『私の教祖様』上、中と『ひながたに想う』の後半を一冊にまとめて出版してはという相談を受けた。まことに有難い申し出ではあるが、何分にも三十二年も前に書いたものが、現代の人の心にどう映ずるかという点と、上、中はよいとしても、中と下の接続が簡単に出来るかどうかの不安もあったが、兎《と》に角《かく》全体をしっかり読み直し、接続の作業を試みた処、内容が末代不変の教祖ひながたであり、それをお慕い申す私の気持ちにも聊《いささ》かの変わりもないので、何等《なんら》違和感もなければ、古ぼけた感じもなく、心配した接続の作業も案外簡単に運べる事もわかったので、喜んでお受けする事にした。これが本書出版の経過である。

本年は、私の一念発起から数えて丸々五十年目である。ここに多年に亙る念願の叶《かな》えられた事を心から感謝する次第である。

昭和五十六年二月

中山慶一

再刊にあたって

お道の人で教祖にお会いしたいと思わない者はないと思う。父・慶一も、教祖にお会いしたいと人一倍願う一人であった。

「私の教祖」の特徴は、「はしがき」に「少なくとも、私の希望する教祖は生きた血の通った教祖である。史実を通してその背後に示されている教祖の精神に参究したい」とあるように、『稿本天理教教祖伝』の大きな骨格に全力投球で肉づけしようとしている点にある。この父の姿勢には賛否あるとも思うが、父が二代真柱様のもとでお仕込みを受けながら、「教祖伝」の編纂《へんさん》を手伝わせていただき、教義及史料集成部にある限りの資料に目を通し、教祖に直接お目にかかった古老の方々からお話を聞き、また、その当時は子供であったが、教祖にかわいがっていただいた祖母モトの話を繰り返し聞いていたということを、母から聞いたことがある。以上の点などからも、父の肉づけの方向は、そう大きく間違ってはいないと信じる。

とは言っても、ひながたを学び、教祖伝を執筆する歩みは決して平坦《へいたん》なものではなかった。その一つのエピソードに、『稿本天理教教祖伝』が出来たときの講習会で質疑応答を命じられ、宮池の事跡の質問に四苦八苦で答えていると、近くにおられる二代真柱様が、父だけに聞えるように「違う!」と何度も言われる。途方に暮れながら、一応答え終わると、あとで「今の質疑応答は、点数つけたら丁《てい》(甲《こう》・乙《おつ》・丙《へい》・丁の四段階の最下位)や。三十年も教えとるのに、まだわからんのか。いったいおまえは、何を基準にしてものを言うとるんや。われわれの基準は『おふでさき』やないか。『にんけん心あるとをもうな』とあるやないか。これを基準にして矛盾があると思うなら、そのひずみはおまえのほうにあるんや」と、激しくお叱《しか》りを受けた。そのとき、「自分は教祖の御苦労の道すがらというて感情に訴えて涙をこぼしていたが、それは感情において泣いていただけやないか。もっと理の本質において泣けるところまで掘り下げさせていただかなければ」と気づき、以後、自分の教祖伝が大きくなったと語っていた。

「私の教祖」は、父が教祖伝の執筆を始めてから三十二年を経て完成したライフワークであるが、昭和五十六年に出版されたとき、嬉《うれ》しそうに本を手にした父の姿を思い出す。よほど嬉しかったのか、私たち夫婦にまで贈呈書きをして手渡してくれた。

教祖百二十年祭の年、しかも教祖誕生祭の日に、装丁も一新され、文字も大きく読みやすくなった再刊本を手に、あのときより嬉しそうに顔をほころばせている父の姿が目に浮かぶようである。

教祖百二十年祭当日のお言葉で、真柱様は「ひながたを尺度に自ら思案し、判断し、心を定めて実行するという姿勢」の大切さをご教示くだされたが、これを実行するうえでも、教祖を「私の教祖」として心の中に生き生きと形づくることが大切である。再刊された本書がその一助になればと、父と共に心から願う。再刊を決定し、再刊の労をお取りいただいた道友社の方々へ、言い表せない感謝の気持ちでいっぱいである。

立教百六十九年三月

中山慶治

私の教祖　目次

私の教祖

上

はしがき

教祖《おやさま》は決して私一人の教祖ではない。人類全体の教祖である。しかし、筆や口によって描かれ、語られた教祖は既《すで》に筆者や、口述者の主観によって狭《せば》められた教祖でしかあり得ない。教祖のみちすがらを述べ、その親心を偲《しの》ばせて頂くに当たって、その標題を、敢《あ》えて「私の教祖」とさせて頂く所以《ゆえん》である。

かく題したからといって決して好き勝手に書きなぐろうというのではない。出来得る限り広く史実を探り、これを考証しつつ筆を進めようと思うのであるが、単に断片的な史実を列挙するだけに終わりたくないと思う。少なくとも、私の希望する教祖は生きた血の通った教祖である。史実を通してその背後に示されている教祖の精神に参究したいと思う。

しかし、これは飽《あ》くまでも私の願いであって、その実現は至難である。ましてや私にそれが出来ようなどとは思いもよらぬ。さりとてこの願いは願いとしていよいよ切なるものがある。出来ないからといって捨てておけないものがある。所詮《しょせん》及ばぬところとは知りながらもこの願いの線に沿って筆を進めてみたいと思う。これが私自らの心を清め、信心を磨く道であると信ずるからである。

しかし、かくの如《ごと》くにして描かれる教祖は、私自身の主観の入ることをまぬがれない。正《まさ》しく私の教祖伝である。敢えて「私の教祖」と題する所以である。ひるがえって惟《おも》うに、この道は教祖によって始められ、教祖によって導かれている。教祖に触れずしては、断じてこの道の信仰はわからない。これほど重要な教祖の伝記が、未《いま》だに決定的な姿において公刊されていないということは、一見まことに奇異に感じられる。まして、これに対する教内全般の要望はなはだ切なるを思えば、ひとしおこの感は深い。しかし、一度でも真剣に教祖伝の執筆を試みた人ならば直《ただ》ちにこのことは理解出来ると思う。つまり、それは教祖が余りにも偉大であったからである。筆や口に表現し尽くせない深さと広さとを、お持ちになっているからである。真剣になり、良心的になればなるほど、教祖伝執筆の困難さは痛感されてくる。

しかし、教祖への思慕の情と、教祖伝編纂《へんさん》の切なる要望は、困難だからといって、放置することを許さない。なんとかしてという努力は、各方面において何時《いつ》の時代にも続けられている。

歴史的にさかのぼると、既に教祖の御在世時代から、この企ては始まっている。その最も古いものとしては、明治十九年十二月の執筆にかかる「最初の由来」と題するものを挙げることが出来る。かくてこの気運は、教祖が現身《うつしみ》を隠されたことによって、直接その姿を拝することが出来なくなるに及んで日を追うて強く、五年祭、十年祭を迎える節《ふし》ごとに劃期的《かっきてき》に高まって来ている様子がうかがえる。

殊《こと》に、十年祭の前後には、直接、教祖に接して教えを受けられた数名の先生方が、毎夜初代真柱を中心に、教祖のお話を語り合っておられる。しかし、この貴重な史料は、初代真柱の手により、取捨《しゅしゃ》選択され、且《か》つは整理整頓されて、明治三十一年七月の頃《ころ》、「教祖様御伝」として纏《まと》められたのである。この御伝の前半は、もちろん当時行われた話し合いによって得られた史料に基づくものと思われるが、後半に至っては御苦労を共にされた、生々しい体験の記述であって、当時の模様が髣髴《ほうふつ》として胸に迫るものがある。何人《なんぴと》と雖《いえど》も、これ以上真を穿《うが》つ教祖伝を物することは出来ないであろう。正に教祖伝の基準とすべきものであることは否めない。

かくも権威ある教祖伝が今日に至るまで、公刊されずに、原稿のままで保管されたのはどうしたことであろうか。決して教祖伝公刊の必要が無かったためではない。むしろ当時いかに教祖伝の編纂と公刊が要望され、且つこれの実現に向かって努力しておられたかを物語る歴然たる事実がある。すなわち明治三十三年に宇田川文海《うだがわぶんかい》氏に、続いて三十五年には中西牛郎《なかにしうしお》氏に、それぞれ材料を提供し、本部の支援によって教祖伝を執筆させておられるのである。かかる点に鑑《かんが》みて、初代真柱の「教祖様御伝」が公刊されるに至らなかったことは、教祖の完《まった》き姿を描くものとしては、なお筆の及ばぬことを反省された慎重な態度によるものと拝察するの外《ほか》はない。三十三年に執筆を依頼された宇田川文海氏が、文学者であったという事実に徴《しる》せば、この推察の誤りないことが一層明らかに裏書きされる。何とかして満足な教祖伝を世に公《おおやけ》にしたいとの熱意から、文筆の専門家ならば素人《しろうと》の筆の及ばぬ点を補ってくれるかもしれないという希望をお持ちになったものと察せられる。

だが、文筆の専門家も肝腎《かんじん》の信仰の素人であってみれば、なおさら駄目である。信仰者の胸に描かれている教祖の姿は決して単なる文筆の才のみによってなされるものではない。人々はまことに物足りない思いでこれを見られたに相違ない。かかる意味でこれも又《また》公刊されずに原稿のまま現在に及んだ。

しかし、教祖伝を編纂したいという熱望は決してこのまま止むことは出来ず、引き続き中西牛郎氏に執筆を依頼することとなった。氏は宇田川氏とは異なって宗教学者であった。ここにも当時の人々の熱意と苦心がうかがわれる。すなわち単なる文筆の才に対する信頼は失われたが、宗教学者ならば、あるいはうまくやってくれるかもわからないという希望を繋《つな》がれたものと思う。だが、これもまた出版には至らず草稿のまま現在に及んだ。

かくも真剣なる熱意と希望をもって描かれた教祖伝が二つながら出版されず、草稿のままに放置されたことは、固《もと》より両者が共に当時の人々の希望を満たすに至らなかったためであることはいうまでもないが、今日これを読んで見れば、両者共にそれぞれ捨て難《がた》い特長を持っており、その真剣な執筆の態度と努力とはまことに敬意に値するものがある。だからといって、これをもって我々のお慕《した》い申し上げる教祖の面影を偲ぶ教祖伝として世に推《お》すことが出来るかといえば、遺憾《いかん》ながら、敢《あ》えてこれを採用されなかった先人と思いを同じうせぬわけにはいかぬ。しかもまことに興味ある問題は宇田川氏と中西氏は共に同じ教祖の伝記を書きながら、出来上がったものは全く趣の異なったものになっている点である。すなわち宇田川氏の教祖伝は文学者らしい行伝《ぎょうでん》風のものとなり、中西氏のはいかにも宗教学者らしく、みちすがらの事実を通して、教祖の霊性の尊さを描かんと努力している点が明らかにうかがえる。

この両者が共にその意図する点を完全に果たしているか否かの批判は別にしても、少なくともこの両者は同じ教祖の伝記を書いても、その筆者の教養の相違によって、全く異なるものが生まれる好個の例証を残している。各々《おのおの》そのねらうところは一列人間の親である教祖を描くことであるが、出来上がったものは宇田川氏の教祖であり、中西氏の教祖に過ぎない。恐らくはこれと同じく、今私が書かせて頂く教祖も単なる私の教祖となってしまって、一列人間の親である教祖の片鱗《へんりん》さえも浮かべることは出来ないかも知れぬと思う。ここに特にこの表題を「私の教祖」とした理由がある。

宇田川、中西の両氏が公刊の目的を以《もっ》て、教祖伝執筆の依頼を受けられるより以前に、恐らく初代真柱の「教祖様御伝」の成った頃に、諸井政一《もろいまさいち》氏が「みちすがら外篇」と題して教祖伝をまとめておられる。これは主として当時生存された初期の先生方からの聞き書きを忠実にまとめられたもので、その材料が比較的直接性を持っているから、今日教祖のみちすがらを知りたいと願う者にとってこの上もない貴重な史料であると共に、又生き生きとした感動を与えられる尊い作であるが、自ら特に外篇の二字を附しているように、先生自身の信仰と個性のにじみ出ているものである。

かように、この「みちすがら外篇」が氏の個性と信仰によって綴《つづ》られていることが、一面この述作に生彩を与える所以《ゆえん》であると同時に、他面又、これが諸井政一氏の教祖として終わっている理由であると思う。この外《ほか》にも、これほどまとまった形にはなっていないが、或《あ》る程度輪郭《りんかく》の整えられたものや、或《あるい》は断片的な一つ書きの形において、みちすがらに関する貴重な史料が初期先生方の手記として残されているものが相当にある。しかしこれらは教祖が現身《うつしみ》を隠されてより日を経るに従って、その数を増している跡がうかがわれ、教祖への思慕の高まりと共に、史実を記録し保存したいという熱望と努力が次第に高まって来たことを物語っている。そしてこれら先人によって残された手記は、比較的に主観を交えず忠実に史実を記録しておられるが、それでも、それが多少共に一つ書きの域を脱して整頓され、形の整っているものは自《おの》ずから筆者自身の個性と信仰の匂《にお》いの出ているのを否定することが出来ない。ここに教会本部の名において、権威あり、普遍性のある教祖伝を編纂することの困難さがある。

かくて非常な熱望と幾度かの試みと努力にもかかわらず、遂《つい》に待望の教祖伝は公刊されなかった。且《か》つ又、教会の名において権威ある教祖伝を公刊しようとする積極的な企ても、大正十四年四月、二代真柱の意志によって史料集成部において再度教祖伝史料の蒐集《しゅうしゅう》が始められるに至るまで、中絶される形となった。

しかしながら、たとい教会本部の名において、権威ある教祖伝を公刊しようとする企ては中絶されているように見えても、教祖伝を編集したいという熱望と努力は決して失われたのではない。これを如実に裏書きする如《ごと》く、その後個人の述作に成る教祖伝が日を追うて次から次へと出版されている。その数は明治三十三年に出版された山中重太郎の「天理教御教祖御一代記」以来、現在に至るまで、ざっと数えても五十種にも及んでいる。そしてこれらの中には史伝あり、逸話あり、年譜あり、小説あり、琵琶《びわ》講談あり、又教祖を敬慕する信仰的感動を吐露《とろ》せるものもあって、まことに多種多様である。全くあらゆる角度から教祖の面影を描こうとする努力の跡を雄弁に物語っている。

かくも絶えざる努力が続けられ、その成果が殆《ほとん》ど毎年一つ乃至《ないし》二つの割合で世に公にされており、わずかに戦時中に行われた革新以来の十年間だけが中絶されているに過ぎない。それでいて、なお且《か》つ一般の教祖伝に対する要望が満たされているとは断じていえない。むしろ一般の心には未《いま》だ世に教祖伝は出版されていないという感じが強く、要望は渇望へと高まって、「教祖伝はまだですか」「何時《いつ》になったら出版されますか」という質問は、あらゆる人々から常に発せられる言葉である。

五十種にも及ぶ教祖伝が世に流布《るふ》されておりながら、世に教祖伝なしという感じを与えているということは、いうまでもなく、本部から出されている教祖伝がないということだろうが、同時に又、今までに出版された教祖伝が、既に現在の人々の心の中に満足を与えないということである。従って早く教祖伝を出してほしいという声は早く本部から教祖伝を出してほしいという意味に相違ないが、ひいては早く今の皆の心を満たしてくれる教祖伝がほしいという意味であり、更《さら》にいえば、何時までも教祖伝の拠《よ》りどころとなるような権威あるものをほしいという要求でもあると解することが出来る。しかし考えてみれば、これくらいむずかしい注文はない。過去数十年にわたる教祖伝編纂の歴史が何より雄弁にこれを物語っている。

教祖は全人類の教祖であり、あらゆる人の心の中に生きておられる。しかもそれは今も昔もいささかの変わりがない。実に教祖は時代を超越して遍《あまね》く広く、あらゆる人々の心を満たすものを持っておられる。いつの時代の人も、又いかなる人も、教祖によって救われ、清められ、勇気づけられて来た。これに反して、我々は時代に捉《とら》われ、時代に流される眼前の動きに左右されて、永遠を洞察する識見を持たぬ。そしてわずかに自己の浅い信仰と狭い経験と、乏しい教養を通して偉大なる教祖の片鱗《へんりん》をうかがうに過ぎない。

かくしてものされた教祖伝が普遍的価値と権威を持ち得るはずがない。ここに教祖伝執筆の困難さがあり、たとい出来ても、迫力のない物足りないものとなったり、又一時は読まれても、時代が経《た》つとともに何らの感動をも与え得ないものとなり、やがて忘れられてしまう。幾度かの試みにもかかわらず、未だに満足すべきものの生まれない理由であると思う。

教祖は固《もと》より絶対でおわしまし、永遠に生きておられる。しかし教祖伝において表現された教祖は筆者の信仰、経験、教養の広さ深さによって大きくもなり、小さくもなる。すなわち教祖伝というものは、教祖を描こうとの願望から生まれるものであるが、描かれたものは、所詮《しょせん》真の教祖ではなく、筆者の信仰に映ずる教祖でしかあり得ない。従って厳格なる意味における完《まった》き教祖伝の出現は永遠の課題として残されるであろう。

昭和二十六年十月二十六日

教祖とその時代

時代の制約と教祖

人は時代の子である。時代、社会の影響、制約から逃《のが》れることは絶対に出来ない。人々の抱く信念、信仰又《また》その行動のことごとくは何らかの意味において、時代、社会の影響を受け、又これに制約される。

親神様の思召《おぼしめし》を旨《むね》とし、その教えを布《し》くこの道の歩みですら決して時代、社会の動きと没交渉には進められていない。むしろそれに歩調を合わせた、いわゆる世界応法《おうぼう》の歩みの跡が明らかに残されている。これは一筋に親神様の思召に徹し切れない不純な態度であるとして、種々論議のあるところである。しかし、一面それは又必ずしも単なる時流に迎合した場当たりの歩みであったともいえない。

常に時代、社会の動きを考慮し、その意を迎えつつ行動しているようには見えても、その中には常に不変の信念を世に布こうとする一筋の気迫が一貫しているのである。これも時代社会に処する一つの態度であったといわなければならぬ。

凡人は時流に流されるが、偉人は時代を超越するといわれる。だからといって、凡人の生涯を見る場合は、時代の影響を考慮しなければならないが、偉人の生涯や思想を見る場合には、その必要がないという理論は成り立たぬ。時代を超越するということは、時代の流れや、社会の動きに捉《とら》われず、自己の信ずる所を行うということであって、時代、社会と没交渉であり、無関係であるということではない。従っていかに時流を抜き、高く時代を指導したかを見ることは、その人の偉大さを物語る必須条件である。同じ主義、主張を唱《とな》えたにしてもそれを唱え、且《か》つこれを貫徹した時代の相違によって自《おの》ずからその人の価値を異にする。例えば同じ民主主義を唱えるにしても、近頃《ちかごろ》になって急に思い出したようにこれを唱える人々と、戦時中も戦後の今日も一貫して変わることなく、敢然《かんぜん》としてこれを主張し続けて来た人との間には自ずから相違がある。

教祖は月日のやしろとして親神様の思召をお伝え下された絶対者であらせられる。もとより時代、社会の影響や制約など、お受けになるはずがない。又、月日のやしろとなられる以前の生活にしても、魂のいんねんや旬刻限の理の上から思案すれば、刻限の到来と共に、当然、月日のやしろとなるべきいんねんをもってお生まれになっているのである。すなわち教祖がやがて月日のやしろとなって親神様の思召をお伝え下されるに至ることは、既《すで》に神意によって決定されていたのである。それがいかなる時代であろうと、又いかなる社会であろうと、そんなことには無関係に、凡《すべ》て所定のいんねんと神意によって行われたものであるから、教祖のみちすがらは時代、社会の動き方とは全く無関係である。

それを敢《あ》えて、そんなものの動きと関連して考えることは、絶対者である教祖を人間並みに引き下げるものであるともいい得られる。

しかし、教祖は絶対者であらせられたとしても、そのお導きを頂いた者は時代の子であり、社会的制約の中に生活している普通一般の人間である。時代、社会の動きを外にしては物を考えることも出来なければ、行動することも出来なかった人間である。従って、時流を高く抜き、社会制度や慣習を超えた、永遠にして普遍の真理たる親神様の思召を聞かされた時には決してこれを素直に受け入れることは出来なかった。むしろ常軌《じょうき》を逸《いっ》した無謀《むぼう》の言と聞き、狂気の声とさえ考えた。当時、周囲に巻き起こされた激しい反動、反対が、教祖のお口を通して伝えられた親神様の思召と時代常識との間に、はなはだしい懸隔《けんかく》のあったことを明らかに物語っている。

しかも教祖はただ親神様の思召をお伝え下されたにとどまるのではなく、いかにすればこれを理解させ、納得させることが出来るであろうかと、種々手を尽くし心を配られたのである。ここに教祖のお立場があり、五十年にわたる御苦労《ごくろう》のみちすがら、があるわけである。すなわち、教祖は時流に超然《ちょうぜん》として時代、社会と無関係な冷たい真理を説かれたのではなく、むしろ終始、時代社会の制約の中に生活されたのである。

すなわち、教祖はその心こそ月日の心であり、何ものにも煩《わずら》わされぬ一れつたすけの親心ではあるが、身は常に普通の人間と変わりなく、反対、攻撃、悪罵《あくば》、嘲笑《ちょうしょう》すら甘んじてこれをお受けになった。

その中を殊更《ことさら》に時代人心を刺戟《しげき》することなく、しかも神一条の理は一歩もこれを曲げることなく、常に聞く人々の心理に考慮を払われつつ、親しみをもって納得の出来るように、お導き下された。

たとえば、教祖の教えがようやく広まり始めた頃、世は未《いま》だ封建の時代で、すべてに縄張りの観念が強く、新しいものに対しては、いささかの理解もなく、又その真相を確かめようとする誠実さや進取《しんしゅ》の気分など微塵《みじん》もなく、頭から競ってこれを排斥《はいせき》するような頑迷《がんめい》と狭量《きょうりょう》さが社会全般に流れた時代の気分であった。

神官、僧侶《そうりょ》、山伏《やまぶし》、修験者《しゅげんじゃ》、医師等々、日ごとに乱暴狼藉《ろうぜき》をきわめている姿などは、正《まさ》に世相のそのままを物語っている。その中に明け暮れされつつ、決してこれに対して反動、反撥《はんぱつ》などされることなく、

「ほこりはよけて通れよ。ほこりにさからえば己も亦《また》ほこりをかぶらにゃならんほどに、けっしてほこりにさからうやでないで」

と、いとも素直に、すべてを受け流されている。そしてかかる雰囲気の中にあって、ともすればひるみ勝ちなる人々の上を思われては、

「真実もってこの道つとめるなら、いかなる中もこわきあぶなきはない。神が連れて通るほどに、決しておめもおそれもすることはいらんで」

その教えさながらに、何人《なんぴと》も安《やす》んじてついて行けるようにお導き下された。しかもこの間に、或《あるい》は

「あしきはらひ」のおつとめのお歌と手を教えられ、或は十二下りのみかぐらうたをお書き下されるなど、いよいよ積極的にたすけ一条の親心を明らかにお示し下されている。

かくて、世は明治の新時代となり、理不尽な暴力沙汰《ざた》は影をひそめたが、国体神道をもって国教となし、あらゆる思想信仰をこの基準によって統制しようとするのが、その新しい宗教政策となった。従って、この方針によって、教祖は激しい迫害、干渉の中にお立ちになることになった。この場合においても、教祖はいささかの反抗拒否はおろか、一言半句の弁明すらもされず、国法の命ずるままに、いかなる拘引、留置も、また取り調べも常に素直にお受けになり、取り調べに際しては何の飾りも悪びれもなくありのままに親神様の教えを述べられている。そして一方教祖の御苦労を気遣う人々に向かわれては、

「このとこへよびにくるのもでゝくるも　神のをもハくあるからの事（五　59）」

「此処《このところ》、とめに来るのは、埋《おぼ》りた宝を掘りに来るのや」

と仰せられ、御苦労されることをかえって表に出るとか、働きに行くとか、或は高山へにをいがけに行くなどと仰せられ、常に明るく側々《はたはた》の気持ちを引き立てつつ、まるで藪入《やぶい》りにでも行くように、イソイソとお出ましになるのが常であった。しかもなお世をはばかり、ともすれば時流に迎合しようとする子供などに向かわれては、

「さあ〳〵月日がありてこの世界あり、世界ありてそれ〳〵あり、それ〳〵ありて身の内あり、身の

内ありて律あり、律ありても心定めが第一やで」

とて、柔らかさの中にも、厳然として理の本末を明《あ》かされている。

かくの如《ごと》くにして通られた教祖のみちすがらは、自らも里の仙人と仰せられた如く、決して時代、社会と無関係なものではない。むしろ外見は全く時代の子として過ごされ、しかも時代社会を超えた永遠不変の真理である末代の心定めをお教え下されたところにその真面目《しんめんぼく》がある。

されば、そのみちすがらを偲《しの》ぶに当たっては、一応その御在世の時代社会の制度、慣習、信仰等を概観し、これと照応して眺《なが》めるところにひとしお切実にその御苦労の深さと尊さが仰がれる。

徳川幕府と仏教

教祖は寛政《かんせい》十年四月十八日にお生まれになっている。寛政十年といえば今日（昭和五十六年）から数えて百八十三年前であり、明治維新からさかのぼること七十年、徳川家康《とくがわいえやす》が江戸に幕府を開いた時から百九十五年目に当たる。正に徳川末期である。しかして教祖は明治二十年正月二十六日九十歳をもって現身《うつしみ》を隠されたのであるから、その生涯の上から見れば、初めの七十年を旧幕時代に、終わりの二十年間を明治の新時代に生存されたことになる。旧幕時代より明治への転換は我が国の歴史を通じても嘗《かつ》て見ない一大変動の時代である。

少なくとも明治以後の時代社会は制度、慣習、道徳、思想、信仰、その他万般にわたって幾多の変《へん》遷《せん》と著しい進歩はあるとしても現代とつながりのある時代であるが、それ以前の旧幕時代となると現代とつながりのない、隔絶した時代であるとの感が深い。一言にして尽くせば旧時代より新時代への転回といおうか、この著しい大変動の行われたのが明治維新である。

教祖はこの著しい時代変化を過ごされているばかりでなく、一応この新旧両時代の社会の空気を七十年と二十年にわたって経験されている。のみならず、この両時代と変動期の民衆を相手に終始一貫して変わることなく、親神様の御旨をお伝え下されたのである。しかもこのお説き下さる理こそ一貫しているが、常に時代々々によって生活慣習や思想、信念の移り行く人々に、得心の行くようにお導き下されたのである。ここに教祖の御苦労があって、正《まさ》しくいかなる時代にも当てはまる尊いひながたをお遺《のこ》し下されたものである。従ってその時代人心の特長を概観して、その間をいかなる態度でお通り下され、お導き下されたかをお偲《しの》び申し上げることは、まことに意義あることと信ずる。

教祖のお生まれになった寛政年代は、徳川末期とはいいながら、幕府の綱紀《こうき》が全く弛緩頽廃《しかんたいはい》し切った時代ではない。むしろ時の将軍家斉《いえなり》が、従前にもやり得なかったほどの粛正《しゅくせい》を断行し、一時的にではあるが典型的な徳川政策の行われた時代であった。それと同時にやがてその無理が崩れて、幕府崩壊の兆《きざし》が歴然と現れ始めるとともに、新しい時代に向かって転回せんとする動きが見え始めた時代でもあった。

正に将軍家斉の時代は最盛の時代からその末期にわたる徳川三百年の縮図を見るような観がある。この間において教祖は御誕生から神憑《かみがか》りまで、四十一年の生活をされているのである。しかもなお、その後三十年にわたって徳川末期中の末期である社会の不安、動揺、混乱、頽廃《たいはい》の世相と新時代への黎明《れいめい》期を過ごされているのである。

徳川の政策は自己の天下を無事平穏に持続するという不自然な根本の上に建てられている。儒教道徳の採用も仏教の保護奨励も、すべてはこの目的の手段に外ならず、決して民衆の幸福や文化の発展を思うての故《ゆえ》ではなかった。

この不自然な目的を貫徹するために先《ま》ず必要な政策は鎖国であった。外国との自由な交際を許せば新しい文化が流れ込んで来る。その結果は国民の知識が増大して、社会制度に対する批判の目が開けて来る。これが何よりも恐ろしいことである。ともあれ、先ず徳川三百年の時代は新しい外国文化に対して戸を締めて、その中で過ごされた暗黒の時代であるということが出来る。すべての点において全く新しい動きというもののない時代である。従来あるものを洗練し、磨きをかけることは許されても、新しい動きに対しては常に厳重なる監視の目が注がれた時代である。

この鎖国政策に伴って行われたのが当時漸《よう》く我が国に流入し始めていたキリスト教の禁制である。これは一面先輩たる信長《のぶなが》や秀吉《ひでよし》のとった政策の踏襲《とうしゅう》でもあるが、新しい外来文化を閉め出すという家康自体の重要な政策である。しかしてこの政策貫徹の手段として行ったのが仏教の保護奨励である。

家康は決して一つの事を禁止するだけに終始せず、或《あ》るものを止める代わりには必ずそれに代わるべきものを与えることを忘れなかった政治家である。

今更《いまさら》、新奇な異国の教えを信ずるよりは、同じ異国のものとはいえ、長年の間、我が国土に弘通《ぐつう》され、祖先代々親しまれて来た仏教を信ぜよというのが家康の命令であった。これはやがて、仏教徒で無い者は、キリシタンと認めて処刑するというところまで徹底して行った。人々は競っていずれかの仏教宗派に帰属した。更《さら》にそれが徹底して、子供が生まれた場合、今なら必ず戸籍役場に届け出るように、自分の属するお寺に届け出て、その信者として入籍の手続きを取るよう強制された。

これがために、日本人は一人残らず何宗かの仏教寺院の檀徒《だんと》となった。のみならず、幕府は各宗派に対して相当思い切った補助金を出して、寺院の建立や、宗学の興隆を奨励した。従って、全国津々浦々、どんな片田舎にも仏寺のない所はなく、読経《どきょう》の声のせぬ所はないようになった。それと同時に、東叡山寛永寺《とうえいざんかんえいじ》、芝増上寺《しばぞうじょうじ》、比叡山《ひえいざん》、東西本願寺《ほんがんじ》等、代表的な寺々は、境内《けいだい》によく一万人を収容する能力を有し、数千の学生を養うに足る檀林《だんりん》、学寮を設けて、大いに子弟を教養し、宗義宗学を振興した。

かくの如く、仏教はさながら国教となり、前代に嘗《かつ》てない盛運に際会した。しかし、家康の仏教に対する保護奨励は、前述の如く、断じて仏教そのもののためでもなければ、又国民精神の福祉をのみ念じたのでもない。他にもっと根本的な目的があった。その一つはキリスト教禁圧の完璧を期するために、仏教をして宗門改めを行わしめ、その監視の任に当たらせることであり、その二は武家の教養として採用した儒者の専横を抑《おさ》えるために、これに対抗させることと、今一つは新勢力の監視の任に利用することであった。すなわち、ことごとく自己の支配による封建制の持続という根本目的の手段に過ぎなかった。

従って、かくも保護し奨励した反面に、仏教そのものに対してもまた決して監視は怠らなかった。すなわち、一方には、仏教の動きを細部にわたって規定する法令があって、その範囲においての保護であり、奨励であった。宗義宗学の振興といっても、定められた統制の枠内《わくない》においての研究であり、洗練であって、断じて新しい分野への開拓や発展は許されなかった。

かかる状況の下におかれては、外面の華やかさや形式的な洗練は見られても、内面的信仰の鍛練《たんれん》や溌剌《はつらつ》とした進歩発展の見られぬことは当然で、徳川三百年を通じてあれほど仏教の盛運を見ながら、一人の法然《ほうねん》もなければ日蓮《にちれん》もなく、一つとして新宗教の興《おこ》らなかったのは決して仏教徒の怠慢《たいまん》の罪ばかりではなかった。実に制度が生み出した時代性によるものといわなければならない。かかる時代に、しかも弛緩《しかん》と退廃の顕著に現れ始める天保《てんぽう》九年に、教祖が月日のやしろとなられたという事実のあったことも、まことに意義深いことである。

以上の如き制度と時代性に加えて、一方、財政その他において余りに優遇され過ぎた結果、仏教徒自身の側においてもまた怠慢と腐敗が始まった。実際、彼らは新しい信者を獲得する必要もなければ、檀家を廻《まわ》る必要もない。宗門改めという恐《こわ》い掟《おきて》によって当然寺院に人々は集まる仕組みになっていた。座して食える者は働くことを忘れる。その上はなはだしい統制の枠は、向上心を無くするように出来ている。

しかも、新天地開拓の余地を与えない極端な統制主義は宗教界にのみ適用されたのではなくして、社会のあらゆる分野においても同様であったから、親から譲られる伝統と遺産を守る以外に自己の手腕や努力で新生面を切り開くことは、きわめて至難であった。従って家督《かとく》を譲って貰《もら》う長男や、財産の分け前を貰って分家することの出来る者はとも角《かく》として、一本立ちで食って行けない二男、三男が続出した。いわゆる「まびき」という誤った産児制限の風習などは、よくこの世相を物語っている。

かくして、何時《いつ》の間にか一本立ちで食えない者は止むを得ず、座して食えるお寺にはいるという慣習が現れて、これが又僧侶の素質低下に拍車を加える結果となった。

これら諸種の事情が重なって、僧侶は自ら破戒《はかい》堕落の道をたどるか、さもなき者も内面的信仰を失って、全くの無気力と化する外《ほか》はなかった。実際彼らには戸籍役場の扱うような事務仕事か、冠婚葬祭の儀式執行以外には何らの仕事はなく、時に寺院に参集する大衆を相手に一席のお説教をするぐらいが関の山であった。

しかも、このお説教にしても、すべてに形式的な洗練をのみ事とする徳川時代の風潮を受けて、自《みずか》らの信念を深めてこれを他に伝えるという説教の第一義を失い、ただ面白《おもしろ》おかしく話をするという説教技術の洗練に浮身《うきみ》をやつした。従ってその内容は地獄極楽、因果応報の教理か、さもなくば過去の高僧の物語の程度から一歩も出ない状況であった。

かくして心ある僧侶はこれらの説教僧と同列に見られることを潔《いさぎよ》しとせず、自《おの》ずから学問の世界に立てこもる結果となった。ここに同じ僧侶の中に、専《もっぱ》ら学問を事とする、いわゆる学僧と、大衆を相手にお説教をすることをその職業とする、いわゆる説教僧という特殊なものが現れることになった。そして後者は何ら深い学識も教理もなく、ましてや生きた信仰の体験などとはおよそ縁の遠い形式的な説教技術を磨くことに専念した。その果ては全く常軌を逸《いっ》した方向に走り、遂《つい》には、あたかも舞台効果をのみねらう俳優のように、美しい金襴《きんらん》の袈裟《けさ》衣に身を装い、そり立ての頭にはひとしおの青さと、つやを添えるために特殊な化粧を用い、眉墨《まゆずみ》をもって眉を描き、顔には薄化粧すら施して壇上に現れるようになった。そして説教には声色《こわいろ》を用い、手まねや身振りを添えるはまだしもとして、話の場面の変化によっては、突如《とつじょ》として着物を着更えるなどその技巧は全く極端を極めた。

こんな状況にある幕末時代に七十年の生活をされ、しかも或《あ》る期間、熱心にお寺詣《まい》りをされた教祖は、こうした仏教界の実状を熟知しておられたに相違ない。

せかいぢうせきゝよとしてはちめかけ
といてきかするきゝにいくなり　四　80
高山のせきゝよきいてしんしつの

神のはなしをきいてしやんせ　三　148

など仰せられるお言葉を拝唱する時、又新たなる響きを感じさせて頂くことが出来る。

一方、これらを説教坊主と軽蔑《けいべつ》して身を学問の世界に投じた学僧たちも、その事とするところは専ら宗義宗学の末端の詮索《せんさく》に終わって、国民の実際信仰とは全く遊離した世界に住んでいた。

もとより三百年にわたる長い年限のことであるから、この間には、時に頽廃《たいはい》した宗風の振興に又大衆の教化に、相当の功績を残した傑僧《けっそう》も全く皆無であったとはいえない。

しかし滔々《とうとう》として流れる時代の潮流には抗する術《すべ》もなく、仏教はただ腐敗堕落の一路をたどった。こうして次第に民衆の信望を失い、人々の魂にふれて、これを導く力などは更になく、真面目《まじめ》に信仰の問題を考える誠実さと熱意さえ失って、わずかに従来の惰性によって伝統的な家の信仰として、乃《ない》至《し》は単なる社会の慣習としてその命脈を持ち続けているに過ぎなかった。

国民の信仰指導を一手に引き受けている仏教がこんな有様《ありさま》では渇き切った人々の信仰心は何によって潤《うるお》いを求めてよいか、全く宙に迷うより外に道はなかった。

しかも世は幕末に向かうに従って、社会生活の各方面に不安と動揺の色が日増しに募《つの》って行くばかりであった。その一つは打ち続く天災地変と、人々を飢餓《きが》の苦しみに陥れた凶作飢饉《ききん》であった。これは丁度《ちょうど》教祖御誕生の数年前から起こって、幼少時代や主婦時代を通して各地に頻発《ひんぱつ》し、天保年間に入って全国的にひとしおその激しさを加えているありさまであった。

その上、人々の心をただならぬ不安に駆り立てたものに、いわゆる黒船の来航がある。これがために、外船撃《う》つべし、撃つべからずという二派に対立して幕末の国論が沸《わ》きかえったほどであるから、このことは当時の社会にとって、よほどの大事件であったに相違ない。長年にわたって鎖国の生活を続け、目まぐるしく進展する世界の動きを少しも知らなかった当時の人々に黒船の意味や真相を知ることは出来ず、又これに対処する態度について正しい判断を下せなかったのは当然である。

殊《こと》に当時の民衆は無知であった。それは幕政に対する批判を封ずるために「民は頼《よ》らしむべし、知らしむべからず」の政策の下に、ことさら無智の世界に眠らされて来たのである。真相のわからぬところから起こる不安は全くえたいの知れぬ、どうしようもない、不気味な不安であった。それが色とりどりの臆測《おくそく》や推断から、様々の風説や流言《りゅうげん》となって拡《ひろ》まるところに人々の心をひとしお暗い不安に包んで行った。

こうした世相は、丁度教祖御誕生の頃から始まり、こかん様の大阪布教の年である嘉永《かえい》六年、アメリカ船の来航した頃を頂点としている。嘉永七年は安政《あんせい》元年であるが、当時の世を諷《ふう》した狂歌に、

安政になるかならぬに大地震
　こんなことなら嘉永でもよい

などと歌われてもいるが、こんなところにも黒船に怖《おび》え、地震に打ちのめされている当時の世相の反映を見ることが出来る。しかも、かかる中にありながら幕府は既に威信を失い、社会の不安と動揺に

対処する施策はもとより、紛々《ふんぷん》として対立する国論を統一する力はなかった。世は尊皇《そんのう》と佐幕《さばく》、攘夷《じょうい》と開国等々の対立抗争の激化するにまかせられた。

幕末の宗教界

かかる動乱の中に既に新時代への黎明《れいめい》の訪れは感ぜられたが、これら政治運動の意義を知らぬ大衆は、かかる対立抗争の中に行われた陰謀《いんぼう》、隠密《おんみつ》、殺戮《さつりく》、放火等々、ただ目前に見る血腥《ちなまぐさ》い出来事にかえってますます不安と恐怖を募らせるばかりであった。

こんな場合に、最も渇望されるものは信心である。時代や世相の不安動揺に動かされぬ魂の安らぎである。しかし、既に仏教にこれを与える力がないとすれば、民衆はただ思い思いに、手当たり次第の迷信に走るより外はない。まことにこれを事実によって裏書きするかの如く、当代ほど盛んにあらゆる迷信が世に行われた時代は全く前後にその比を見ることが出来ない。

神官、僧侶たちが指導力を失って、無知の世界に閉じ込められている民衆の宗教的欲求が、宙に迷わされた徳川の宗教界は、まことに雑然とした迷信、俗信の跳梁《ちょうりょう》する世界であった。由緒《ゆいしょ》ある大社、高山、仏、菩薩《ぼさつ》も、殆《ほとん》ど元の真義が失われ、ことごとくわずかの縁起をもとに、それぞれ得手勝手な霊験《れいげん》功利を附会《ふかい》してこれを信ずるに過ぎなかった。その代表的なものを拾って見ても、出雲《いずも》大社の縁結びの神を筆頭に、伊豆三島《いずみしま》明神の風雨適宜《てきぎ》の神、近江多賀《おうみたが》明神の寿命守護、陸奥塩釜《むつしおがま》神社の安産守護、足柄《あしがら》、箱根《はこね》、玉津島《たまつしま》、貴船《きぶね》、三輪《みわ》の神々は夫婦男女の語らいを守る神、文道の祖神とあがめられた天満《てんま》の天神《てんじん》さえも遂には男女の語らいを守る神となり下がった。又聖徳太子は工匠《こうしょう》の神、舟玉《ふなだま》神は舟人の神、この外、麻利支天《まりしてん》や不動明王も武芸力業の神と推され、商人には福の神とて夷子《えびす》大黒《だいこく》が崇《あが》められ、これに毘沙門天《びしゃもんてん》、弁財天《べんざいてん》、福禄寿《ふくろくじゅ》、寿老人《じゅろうじん》、布袋和尚《ほていおしょう》を加えて七福神と称する信仰もなかなか盛んで、正に印度《いんど》も中国も、日本も、国籍混合の雑然たる姿である。その他雨乞《あまご》い祈願には別雷《わけいかずち》皇神を拝し、婦人の懐胎には地蔵菩薩《じぞうぼさつ》、子供の生育には観音菩薩を拝むなど、子安《こやす》地蔵や子育て観音の信仰は至る所に行われた。全く神や仏も、人間共の勝手な願いを聞き届けられるのに忙しいのか皆分業になっている。要するに神を信じ、仏を念ずるというても、ただ利験を得ようとする慾心《よくしん》と祟《たた》り罰《ばち》を恐れる恐怖心よりするだけで、精神の向上や信念の鍛練《たんれん》を求むる動きは、いささかもこれを認めることが出来ない。

当時の精神的指導者たちも単にこれら民衆に迎合するばかりでなく、むしろ本尊たる神仏を好餌《こうじ》として妄説《もうせつ》を吐《は》き、霊験、祟り罰の説によって民心をあつめて私腹を肥やすことに力を入れたので、かかる傾向は、ますます助長されるばかりであった。

かくては単に由緒ある神祇《じんぎ》や仏菩薩に限らず、仏教や道教が我が国へ伝わるに際して、共に流れ込んだ印度や中国の迷信までも交えて複雑をきわめた。そしてこれに耽《ふけ》る人々の心理も、狂信に近いものもあれば、唯《ただ》単なる伝統慣習としてこれに馴《なじ》むもあり、又多分に遊興気分を交えてする者もあった。

例えば、日待《ひまち》、月待《つきまち》或は北斗七星の崇拝者などは天体崇拝の一種であることはいうまでもないが、日待、月待には、何時《いつ》の間にか講中の組織が設けられ、人々相集うて飲食、談話、歌舞、音曲に一日一夜を過ごす者多く、信仰よりは娯楽、遊興に重点が置かれて来たが、一種の社会的慣習として行われるところに抜くことの出来ない根強いものとなって行った。

教祖伝に出て来る修験者市兵衛《いちべえ》が、十月二十三日亥の子《いのこ》のよばれに親戚《しんせき》に当たる庄屋敷《しょやしき》の乾家《いぬい》に来合わせておったという亥の子祝いなども、信仰と社交と遊興が一つになっている当時の社会慣習の一種である。そして、これは宮中をはじめ上は将軍家から下は庶民に至るまで広く行われたもので、元来は一年中健康を祈念する所から起こったのであるが、いつの間にか、この日から冬仕度《じたく》を始めて、来客にも火鉢《ひばち》をすすめるという社会の慣習的規約のようなものさえ加わって来ている。この種の信仰的風習の程度ならまだしも、その他自然物乃至《ないし》植物の崇拝、日月星辰《せいしん》に対する尊崇、生霊、死霊など人間霊魂の怪異、生者、死者の口寄せなどはいうまでもなく、陰陽道《おんようどう》、暦日、方位、日柄の吉凶、相性相剋《そうこく》、干支《えと》生まれ時などに関する迷信、雑信に至っては、その煩雑なこと到底数え尽くすことの出来ないほど紛糾《ふんきゅう》をきわめた。そのために縁談、旅行、建築、その他あらゆる生活行為や行事が一々これらの迷信に拘束され、支配され、円滑に進めることが出来ないようにさえなってしまった。正に新しい空気の通わぬ鎖国という特殊な世界に生じた、沈滞、倦怠《けんたい》の生ぬるい、うみきった空気の中で、丁度《ちょうど》青かびがはえ拡がるように、有史以来この土にまかれて来た各種の迷信、雑信が蔓延《まんえん》し猖獗《しょうけつ》をきわめた姿であった。

かくの如く紛糾をきわめた信仰界の姿は、純真なる信仰的欲求を持ちながらも、適当にこれを指導し育ててくれる者が無いために、おぼれる者はわらをもつかむの如く、それぞれ思い思いの迷信に耽《ふけ》っている哀れな姿であった。確たる信念を持たずに迷路をさ迷うている者は事の真相を究める心の余裕なくして直ちに世評に付和雷同《ふわらいどう》する。いささかでも霊験あらたかなりという者があれば、たちまちこれに応じて人が集まる。此処彼処《ここかしこ》に安産、ほうそう、眼病、とげ抜き等々、色々な霊験を評判される地蔵、観音、大師、不動等の流行神《はやりがみ》が各地に現れては繁昌する。そしてかかる民心を巧みにとらえて渡世するいかがわしい祈禱《きとう》者や占者の類《たぐい》が横行する。教祖伝に現れて来る山伏、修験者等も、都会と田舎の別なく、至る所に散在して、一村に一人や二人おらぬ所とてないほどであった。そして、彼らが護摩《ごま》を焚《た》き呪文《じゅもん》を唱えて祈禱を行い、過《わざわい》を祓《はら》うと称すれば、病に臥《ふ》す者や不幸に悩む者たちが競ってこれに赴《おもむ》いては救いを求めたのである。

又一杖一笠、胸に名号《みょうごう》の木札を掛け、手には報謝の柄杓《ひしゃく》を携え諸国の霊場名刹《めいさつ》を廻《まわ》る、いわゆる廻国巡礼なども当時大いに流行した信仰風俗であった。その巡拝の霊地には紀伊《きい》の那智《なち》山に始まって美《み》濃《の》の谷汲《たにぐみ》寺に終わる西国三十三番の観音があり、相模《さがみ》杉本寺に始まり、安房《あわ》の古寺に終わる坂東《ばんどう》三十三番の札所《ふだしょ》があり、弘法大師《こうぼうだいし》を念ずる者には四国八十八カ所の霊地があった。又紀州の高野山《こうやさん》、熊野《くまの》山、信濃《しなの》の善光寺《ぜんこうじ》等は宗派の別を越えて尊崇され、熊野詣で、高野詣《もう》で、善光寺詣でなどと唱えては百里の道も遠しとせず、来《きた》り詣でる者が多かった。しかして、これらは、或《あるい》は前世罪業《ざいごう》の滅却のため、或は来世供養《くよう》のため、或は悪疾平癒《あくしつへいゆ》のため、或は又、子孫繁昌のためなどと、それぞれ虫のよい願望よりするものではあるが、時に霜雪《そうせつ》を践《ふ》み風雨に悩まされながらも、遠き旅路をさすらいつつその祈願を行うあたり、殊に老病婦女の身でありながら単身独行するものなどに至っては、涙ぐましいまでに哀れに純真なる信仰心の発露が認められる。

又この廻国巡礼にも単身独行するものばかりでなく、族を誘い、同志を集めては隊を組んで大挙するものもあった。巡礼ではないが、いわゆる御詣りとして知られている伊勢《いせ》参宮になると、旗幟《きし》をひるがえして萬提灯《ちょうちん》を押し立て、隊伍を整え列を組んで堂々伊勢路を進み、路《みち》においてこれに加わるものも非常に多く、諸国が熱狂するような有様を現したというような著しい現象さえあった。まことに熱狂的な信仰心の発露である。そうかと思うと、この伊勢参宮にも貧しくて旅費のない人々が、抜け詣りと称して飄然《ひょうぜん》として家を抜け出し、道中、人の軒下に米銭を乞いつつ参宮の志を遂げるものもあった。ここにもまた熱烈なる信仰の姿が現れている。

以上概述したように、一方純真な信仰や熱狂的な信仰を持ちながら、これを健全な方向に伸ばし育てられることなく、宙に迷ったあげくの果てに途方もない迷信に陥った。今度はそれがために日常の生活が円滑に進まないほどになってしまった。徳川末期の宗教界を顧みる時、信仰の浄化と人々の胸底に湧《わ》き出る真摯《しんし》な宗教的欲求を醇化《じゅんか》し教導することの必要は、旱天《かんてん》に慈雨を望むにも増して切実なるものがあった。教祖が、月日のやしろとして、その御旨をお伝え下されたのは正にかかる時であったことを思う時、旬刻限の理の尊さがひとしお胸に響いて来る。

いまゝてハながいどふちふみちすがら
よほどたいくつしたであろをな　一 55

このたびハもふたしかなるまいりしよ
みへてきたぞへとくしんをせよ　一 56

救《たす》けを求むるために神様に詣でることは知っている。又そのためにはいかなる労苦も厭《いと》わない真剣さもある。しかし、哀れにもその苦労の仕方が誤っている。救《すく》われようとの願いからする信仰のために、かえって生活を煩雑《はんざつ》にし、混乱せしめている。教祖はこういう世相や民衆を相手に道をお説き下され、向かうべき確かな方向をお示し下されたのである。そのお説き下された所は当時の人々の思いも及ばぬ高いものであった。しかし、これをお説き下された態度やお言葉は常に人々の心に触《ふ》れ、願望は満たされるものであった。すなわち教祖の教えは、先ず、「をびやほうそはよろづ道あけ」と仰せになっている如く、「をびや許し」の珍しい御守護を道開《みちあ》けとして始められ、よろづたすけと仰せられてはあらゆる方面に不思議な霊救をお現し下されている。子安地蔵や子育て観音、ほうそう神や風雨適宜の神などと霊験功利を求むることより知らぬ当時の人々の心の中に入って、先ずこうした霊救から親神様への信仰をお教え下されたのであった。全く聞く人々の身になって、その願望にふれながら次第に高い心の入れ替えへとおみちびき下されている親心である。

封建制度と個人

以上によって、仏教が民衆の信仰的指導を一手に引き受けながら、その指導力を失った結果、途方もない迷信、俗信の跳梁《ちょうりょう》にまかせられた幕末の宗教界を概観したが、かかる時代に社会道義や民衆の倫理道徳は何によってささえられていたのであろうか。

既に述べたように、徳川政策の眼目は自己の主権の下に封建制を持続するという点にあったから、信仰の問題ばかりでなく、学問も社会道義も、国民道徳も一切がこの根本からわり出された。例えば家康は、長い戦乱の時代を経過する中に殆《ほとん》ど絶滅してしまったかと思われる諸々の学問を大いに保護奨励したが、これにも表面に現れない大きな目的が伏在《ふくざい》していた。すなわち、家康が自己の主権を永続させる上から一番恐れたものは、京都におわす天皇を中心とする公家《くげ》衆の動きであった。これらの気持ちを自己の掌中《しょうちゅう》に掌握しておくことがこの上もなく緊要な問題であった。そこで名門の公家衆には、それぞれ学問乃至芸道の家元という特権を与え、その家元の門を潜《くぐ》らずしては、それぞれの道の奥義《おうぎ》をきわめることは出来ないという制度を布《し》いた。

従って都の公家衆は天下の学問芸道の家元、宗家《そうけ》という名誉と又この道を求めて師事する人々からの収入と、この二つに恵まれて安易と得意の生活を送ることになった。かくして彼らは幕府に対し敵意を持ったり、陰謀《いんぼう》を企てるというような危ない橋を渡ることもなく、満足して他意なく、それぞれの道に精進した。詩歌、書道、音楽、占星学、弓術、蹴鞠《けまり》、茶道、華道等、一切にそれぞれ皆定められた家元があったのである。現代になお残存する茶道と生花の家元制度は正にこの時代の名残《なごり》を留めるものであって、この時代には一切が皆家元を通してのみその奥義が授けられたのである。神道《しんとう》の祭儀にまで、この制度が適用されていて、神道の有職《ゆうそく》は白川《しらかわ》家と吉田《よしだ》家と定められ、神道に附する公事免許は専《もっぱ》らこの両家において取り扱われることになっていた。慶応《けいおう》三年に秀司《しゅうじ》が吉田神祇《じんぎ》管領家から木綿襷懸用《ゆうだすきけんよう》の許可を得られたという事実も、かかる時代制度の下において行われたことである。

こういう制度の下で進められる学問、芸道はどんな姿になっていくか、それはいわずして明らかである。すなわち、芸道、学問の末技、末端の練磨と洗練は行われるが、決して新しい分野の開拓や進歩はない。家元によって従来既に完成されているものを授けられ、それで奥義をきわめたものとして満足するのみで、それ以上の新工夫は断じて行わない。又新工夫や、新しい分野の開拓に対しては、自己の縄張りや特権を犯されるものとして家元たちが常に厳重な監視を怠らなかったのである。こうして一切がただ伝統と慣習のままに行われ、清新溌刺《はつらつ》とした覇気《はき》や進取《しんしゅ》、積極、革新の精神は失われて、ひたすら内容を失い、形式化の一途をたどった。これこそ幕府の思うつぼであり最も願うところであった。

かくして持続されたのが徳川三百年の覇権《はけん》であった。従って社会道義や国民の倫理道徳も、全くこれと同一の軌道を進んだ。極言すれば封建時代には社会道義や公民道徳は存在しなかったとさえいえるのである。何故《なぜ》ならば封建社会は権力による支配と統制であって、人間の人格や自由意志は認められなかった。自由意志の発動するところにこそ道義的行為は生まれるのであって、単なる命令と強制によって行われる行為は、よしんば表面上、道徳的行為の如《ごと》く見えるものがあっても、その精神が失われている。それは全く先に述べたように、家元制度によって学問芸道の華《はな》が咲き、洗練と練磨は行われたが、真の学問的精神である新しい分野への探究の精神が失われてしまって形式化し枯渇《こかつ》したのと同断である。

士農工商という階級制度が厳重に定められ、長上の命には絶対服従せよというのが封建道徳の根本である。「士は四民の司《つかさ》、農工商の輩《やから》、士に対し無礼慮外《りょがい》いたす者は、士これを討捨《うちすて》るにおいて妨《さまた》げず」などといわれている如く、全く人格の無視された時代である。人間が偉いのではなく、階級、身分が偉かったのである。人格に頭を下げたのではなく、階級や身分に対して頭を下げたのが当代であった。

人間や人格が物をいうのではなく、家柄や身分や財産が物をいうたのであるから、こうしたものに対する執着や尊重は、今日の我々の想像に余るものがある。先祖代々譲り継がれて来た家柄、身分、財産、こうしたものを後生大事《ごしょうだいじ》におとなしく守り続けて行く、これが天晴《あっぱ》れな世嗣《よつぎ》であり、孝行息子である。又こうしてこそ堂々と社会生活が続けられるのであるが、裸一貫の腕前や人格には何らの価値も認められなかったのみならず、又それらを活《い》かす余地は全然与えられなかった。従って考え方によれば一家の戸主よりは家柄、財産、身分の方が大切であって、戸主はそれらの番人に過ぎぬとさえ見えるほどであった。

教祖が中山家の財産全部を人に施され、祖先代々の家柄、身分をことごとく皆台なしにしてしまわれたのは正にかかる時代においてであった。その困難は想像に余るものがあり、今日同様の行為をなす困難さと同日に論ずることは出来ない。しかも当家の主《あるじ》がこれをするのでなくして、他家から嫁《か》した婦人である教祖が行われたところに、その困難はひとしお大きかったのである。何故《なぜ》ならば、当代ほど婦人の地位を軽視した時代はないのであって、全くその人格を無視した、いわゆる三従七去《さんじゅうしちきょ》の絶対服従の倫理が強制されていたのである。しかしてこの七去の筆頭に「子なきものは去る」といわれておったところに徴《しる》しても明らかであるように、女は大事な家督を相続する世嗣を宿す畑ぐらいにしか考えられていなかった時代である。しかして女性道徳としての、いわゆる女性訓には三従の教えというのがあって、女子は親や夫に対してはいかなる非があろうと、無理があろうと、絶対服従することを強要せられていたのである。

かかる時代にあって、婦人である教祖が、当主よりも、むしろ大事と考えられていたほどの財産や家柄を目茶々にせられるのであるから、気が違ったと思われたのも当然である。又猛烈なる反対責め苦に遭遇《そうぐう》されたのも何の不思議もない。それは単なる家族や親戚《しんせき》知人の反対ではなく、根強い社会慣習から来る反対であり、一種の社会的圧迫であったのである。かかる社会的圧迫の中で、教祖がいわゆる七去の慣習によって去られることなく、その思召《おぼしめし》を慣行《かんこう》され得たことが、むしろ不思議なくらいである。これに対して夫善兵衛《ぜんべえ》が親戚や知人や世間の思いを考えて種々心を痛めながらも、次第に教祖の思いに従い、終《つい》に世間から見離されつつ、教祖と行動を共にしているあたり、一家を挙げて漸《ぜん》次《じ》親神様の思召を悟られていた証拠である。

根強い社会的慣習の無言の圧迫の中にあっては、個人というものはまことに力弱いものである。殊《こと》に強力なる政治的目的のために権力による強制をもって、多年にわたって馴致《じゅんち》されて来た伝統慣習というものは、武力を伴う政治革命による外《ほか》、容易に打ち破れるものではない。これを政治的角度から成就《じょうじゅ》したのが明治維新の政変であり、これが新時代への暁鐘《ぎょうしょう》となったわけである。

教祖の教えはこの政治運動とは何らの関係もなかったことはいうまでもない。従ってその発足点と進み方は全く異なっている。すなわち維新への政治運動は、尊皇倒幕の志士たちが、同志的結合をもって、時の主権者たる将軍と幕府に対して実力に訴えて挑戦して行ったのに対比し、教祖の教えは先ず自ら世の下積みとなって難儀不自由のどん底にある者と苦しみを共にするところから始められている。そしてその始められた場所も政治的動きの中心から離れた、どちらかといえば時代の風波が直接には伝わって来ない、大和《やまと》の一寒村であり、当時の社会制度や組織に対しては何らの批判も反省もなく、ただ伝統と慣習のままにその日その日を送っている、表面まことに平和に見える環境の中においてであった。

ただ偶然か、必然か、とに角《かく》この政治運動が次第に活発に表面化して進められて行くのと時を同じうして教えは進められて行った。しかして両者の間には相通ずる一点があった。それは当時の社会制度に対する根本的な変革を含んでいたことである。すなわち、維新への政治運動は将軍の主権を奪い、いわゆる一君万民という四民平等の社会への変革を意図し、教祖の教えは心の入れ替えによる「よなほり」すなわち、世の立て替えを教えられるものであった。

とはいえ、教祖の教えは決して政治運動でもなければ、社会運動でもない。従って、武家政治が終わって君主政治になっても、士農工商の階級制度が打ち破られて四民平等の世となっても、ただそれだけで満足されるものではない。たとい、いかなる政治形態に改められようとも、いかなる新しい社会組織が生まれて来ようとも、必ず又異なった形において現れて来るに相違ない世の矛盾と、災悪の元である根本的な人間心の誤りが正されない限り止むものではない。従って、それは維新の政治運動が新時代への暁鐘となったのに対して、永遠に人類の心の眠りを呼び醒《さ》ます暁鐘として鳴り響く因縁と使命を持っていた。

朱子学の採用

私は先に徳川時代には社会道義や国民道徳というべきものは存在しなかったと極言した。しかし、それは決して倫理道徳の教えがなかったという意味ではない。むしろ家康は儒教倫理を尊重し奨励したのである。しかして、その中でも特に朱子《しゅし》の学を正学として採用し、これによって武士の教育を行うよう規定したのであった。従って儒者は大いに忠孝を説き、仁義を教え、礼節や信義を鼓吹《こすい》したのであった。しかし、こうした儒教道徳の採用も先述する所の仏教や諸種の学問奨励の場合と同じく、道義の高揚を願うよりは、封建社会秩序の維持を目指すに過ぎなかった。かかる見地よりする時は、儒教が教えてくれる治国平天下《ちこくへいてんか》の理論と保守的な服従の倫理は時代を制圧するのに最も好都合であった。これが儒教を採用し奨励した根本の理由である。しかもなお儒教採用の裏には、儒者たちを、専《もっぱ》ら武士階級の教育と訓練をあずかっているという誇りにおいて、仏教勢力に対抗せしめようという政治的な意図さえ附加されていた。

殊に当時における正学として採用された朱子学は、社会秩序をもって天によって認められたものであるとして、これを極度に尊重し、この社会秩序を乱さず、これに身を合わせることをもって道徳の根本としたから、家康の政策遂行の具としては最適であった。

かくして採用せられた朱子学は、大いに長幼の序を説き、絶対服従の倫理を強調し、盲目的な社会秩序に身を合わせ従うことの美徳を鼓吹した。この保守的にして且《か》つ静的な倫理は強力なる軍政と相《あい》俟《ま》って圧制と服従の社会秩序を長く維持する上に大いに役立った。かくて無理と矛盾に満ちた封建制の下に、三百年という長い平和が維持されたのであって、それは全く鎖国による無知の持続と儒教倫理の賜《たまもの》であるといっても決して過言ではない。

かくの如くにして形造られて行った当代の倫理生活は、これを具体的にいえば主君や両親や師に対する献身的な服従と尊敬の道徳であり、長上の前には絶対に己を主張しないという絶対服従の道徳であった。しかして最も悪いことは、これらの道徳が、人格の尊重や自由意志の発現によって行われたのではなく、権力による強制と社会制度から来る圧力によって行われたことである。すなわち道徳的行為の原動力が、人間精神の内奥《ないおう》にある良心におかれていたのではなく、外部的な圧力によって維持せられていたことである。

およそ道徳の根柢《こんてい》は意志の自由にあることはいうまでもない。たとい、どんな善いことであっても、命令されたり強制されたりして行われる場合には、真の道徳的行為ということは出来ない。又同じ善行でも自己の内心の命ずる処《ところ》に従って行う行為と世間態《てい》や外聞をはばかっての行為とでは格段の相違がある。一つの行為が道徳的であるかないかということは、専らその行為をなさしめた内面的精神にある。かかる意味で、私は徳川時代には社会道義や国民道徳というべきものが無かったと極言したのであった。

全く徳川時代においては階級や身分の秩序ばかりを強調して人格は完全に否定され、長上の命令に対する服従が極度に強調されて意志の自由は全然認められなかったといってよい。その上、武家に対しては教育ということにも相当考慮は払われたが、町人百姓に対しては批判を封ずる目的から殊更《ことさら》に無知の世界に放置したから、道徳意識は低下の一路をたどった。従って「忠孝をはげまし、夫婦兄弟諸親類にむつまじく召使の者に至るまで憐愍《れんびん》を加ふべし。若《も》し不忠不孝の者あらば、重罪たるべき事」などという条文を高札にして全国に立てて、道徳を賞罰の下に置いたり、朱子学の説である三年の喪の説にならって、詳細をきわめた服喪の規定を設けることなどによって、辛《かろ》うじて道義の頽廃《たいはい》を防がねばならないような状態にまで立ち至った。

かくては道義は単なる一片の形式と化し、伝統的慣習としてか、乃至《ないし》は賞罰を恐れる気持ちや世間態や外聞をはばかる気持ちによって維持されているに過ぎない有様《ありさま》となってしまった。かくの如く道徳的行為が自己内心の命ずるところによって行われたのではなく、外面的な理由によって維持され、動かされている世の中においては、義理や外形や体面というものが重大な関心となって来る。罪を犯すことに対する良心の呵責《かしゃく》よりは、それが世間に知れて体面を汚し、家柄に傷がつくということが問題なのである。人に知られずしてすむことなら悪を犯すその事は大して問題ではない。

こうした風潮の中においては既に厳正な意味で道義は失われてしまっている。かかる風潮の、なお相当強く残存する社会を背景として考えると、教祖のいわれた「この道は義理や体裁《ていさい》でする道やない」とさとされていることなども、ひとしお大きな意義を持って来る。しかして更にもっと根本的な問題は「身上はかりもの、心一つが我がの理」とお説きになり、心遣いの自由、すなわち意志の自由を教えられて、自己内心の問題として倫理を説かれているのである。これは今にして思えばなんでもないようであるが、近世になって西洋倫理の流入する以前には見られなかった思想であって、これによってこそ道義は道義としての意義と力を持ってくるのである。しかもそれが単なる道徳論や倫理説として説かれているのではなく、常にこれを身に体して実践されているのである。殊《こと》に怠け者の感化や、盗人の悔悟、使用人の改悛《かいしゅん》などに力強く現れているように、お説教や叱責《しっせき》などによらずして、無限の慈悲と同情と思いやりによって、温かく相手を抱擁《ほうよう》することによって、自ら悪への反省と、善への自発的意欲を呼びさましておられるのであって、無言の中に強力な感化力を押し進められている。かくして当時、単に義理や体裁や体面の問題として乃至は権力による強制や賞罰によって、或はまた、いたずらに外面的に道徳の徳目だけを喧伝《けんでん》される事によって、ようやく維持されていた形式、形骸《けいがい》の倫理に力強い内容と生命を吹き込まれて行ったのである。

従って当時の儒学者、道学者たちの説教が吉田松陰《よしだしょういん》の皮肉の言に「世の中に見台《けんだい》を叩《たた》いて仁義忠孝喚《わめ》く儒者」といわれているように、聞き手である民衆に対して何らの感化力も持たなかった倫理、道徳が一度教祖のお口を通して説かれる時は、たといそれが「親への孝行は月日への孝行と受け取る」とか、「朝起き、正直、働き」というような簡単なお言葉であっても、ことごとく新しい響きをもって力強く人々の魂にふれて行った。

それと同時に教祖の言行は遂《つい》に当時の社会民衆の激しい反対と攻撃に出逢《あ》った。それは主として誤解と無理解と嫉妬《しっと》や猜疑《さいぎ》に基づくものであったが、また当時の社会組織や社会観念に対する無言の中にも強い革新の精神が含まれていたことにもよる。すなわち「女松男松《めまつおまつ》のへだてない」とか、「高山にそだつる木も谷底にそだつる木も同じ魂」とか仰せられるお言葉は、正《まさ》しく人格の尊重と人格の解放、平等を教えられているお言葉であって、倫理の根本問題である。しかも人格の尊重と自由平等の思想は近世になって初めて現れてくる精神であって、単なる身分や格式を重んじて人格を無視し、厳重なる階級制度によって徹底した差別を強制する当時の社会に対しては激しい革新の叫びである。しかしてこの場合においても、決して社会改革または社会批判として論議されたり叫ばれたりしているのではなく、先《ま》ず自ら中山家の財産を人に施し、因習、伝統、身分、格式などの外に立つ赤裸々《せきらら》なる裸《はだか》の体に帰ろうとせられる御行動の中に力強く表明されているのである。

ひるがえって惟《おも》うに、当時の武士階級にあっては朱子学を基にする教育や訓練が施され、たとい、それが体面や名誉や恥辱《ちじょく》というような外面的形式的な考え方にもせよ、一応の道義礼節は維持されていたが、殊更に無知の世界に放置された庶民階級にあっては道義の頽廃《たいはい》は更に著しきものがあった。

これを救済せんとして起こったものに石田梅巌《いしだばいがん》の心学道話《しんがくどうわ》と二宮尊徳《にのみやそんとく》の創始せる報徳運動の二つがあった。前者は主として町人の間に、後者は主として農民の間に、それぞれ広く全国に行きわたって行われることになった。

心学と報徳運動

心学の教えは、日本において行われたあらゆる宗教と道徳の教説を、人道主義的精神によって折衷《せっちゅう》したものであった。しかして、その教えの創始者石田梅巌は、あたかも磨《と》ぎ澄まされた鏡の面があらゆる物象を映じるように、人の魂も、これを曇《くも》らす自己主義を克服《こくふく》して磨ぎ澄まして行く時は明らかに天理を映すものであるという。従って、この魂の内なる声に従って行動する時は、我々の生活を誤りなく導くことが出来るのであって、この魂の内なる声を聞く訓練が、真の精神的教養であると教える。すなわち、魂の本然の姿というか、魂に本具の純粋性を養うことの必要を強調するのであって、この点、直接には王陽明《おうようめい》の良智《りょうち》の説に負う処《ところ》、すこぶる多いものがある。

しかし自我の曇りを取り払って、人間本具の魂の純粋性を発揮せんとする訓練や、その磨ぎ澄まされた魂の命ずる処に従って行動せんとする教えは、単に陽明の良智の説に留《とど》まらず、少なくとも、東洋に現れた、道徳、宗教のすべてに共通するものであって、教祖の教えにも通うものがあり、また近代倫理にも通ずるものが認められる。しかも深い哲学的思索を伴う倫理宗教の教えを、無学なる庶民にも通ずるように、平易にして何人《なんぴと》にも理解出来るということを旨とし、理論より実践に重点を置いて行ったので、この心学の教えは少なくとも社会道徳の頽廃に任せられていた当時においては相当大きな役割と使命を果たしたことは事実であった。

一方、二宮尊徳によって提唱せられた報徳運動はその名の示す如く、自然と人生に対する報恩感謝を、その教えの根本とするものである。すなわち、人間の生活は幾多自然の恩恵によってささえられているものであるから、常にこれに対する感謝を忘れてはならないと教える。しかし一面、自然の恩恵は、我々の努力と相俟《あいま》って始めて、人間生活を利することとなる。努力とは自然のままに投げやりにするのではなく、或《あ》る程度これを制御する活動をいうのである。例えば農耕においては作物の芽ばえ、成長、結実等一切は天の恵みではあるが、天は作物を成長せしめると共に雑草をも繁茂《はんも》させる。従って自然の成り行きに放任する時は決して豊かな収穫は得られない。そこで雑草を除去し、肥料を施して、作物の生育を助長するように努めることが必要になってくる。これが人間の努力であって、この努力によって初めて遺憾《いかん》なく天の恵みを享受《きょうじゅ》することが出来る。

これは一見、自然に対する反抗の如くにも見えるが、むしろこれが自然の秩序、すなわち天道に従う所以《ゆえん》で、人間の本質は自然の秩序に対して敬虔《けいけん》なる帰依《きえ》を捧《ささ》げるところにあると説き、本質は人間の努力において最も大切なものは道徳的誠実と経済的節約であって、道徳的誠実とは、自己の生活を宇宙自然の秩序に合致せしめることに外《ほか》ならないと教えている。しかして宇宙の秩序は人間生活の道徳的秩序の中にも現れている。すなわち、主君と家臣、親と子、更に広く一般にしては恩義を与える人と受ける人との関係がそれであって、この恩恵と感謝が自然の秩序を反映する人間の基本的関係である。自然はそれ自身によって変化し発展するが、人は本能的な我儘《わがまま》や怠惰《たいだ》を征服して、この秩序に順《したが》うように努力しなければならないとて大いに報恩感謝を力説強調する。しかして、この報恩感謝の教えは単なる精神的な道徳の教えに終わらず、これを根柢とする実際的な生産指導や、経済政策として具体化されて行くところに尊徳の教えの特長があった。すなわち、人間の努力において欠くことの出来ない要素として教えられた経済的節約の如きも、恩義を受けているという感じから起こって来る行為であって、恩恵に対する感謝の念が具体化したものに外ならない。かくて尊徳によれば人生は共同作業と相互扶助《ふじょ》の舞台であって、その実践的方法として教えられたものが、輪作であるとか、資本運転の組織であるとか、飢饉《ききん》救済に備うる資本蓄積等々の生産指導や経済政策であった。

諸国の農民たちが重税とたび重なる凶作飢饉に苦しみ、かてて加えて政策上の理由から殊更に無知の世界に放置せられておったこととて、これらの苦しみを宿命として、果敢《はか》なきあきらめと忍従の中に日を過ごしていた当時において、この倫理的経済政策は相当広範囲にわたって実際的効果をもたらした。そして貧村が一転して富有な村に蘇生《そせい》するような著しい事実も決して少なくはなかった。

以上、心学と報徳教の二者は、その創始者の生活環境の相違から来る教えの内容の相違によって、前者は町人社会に、後者は農村にと、その活動の分野こそ異《こと》にはしたけれども、等しく封建時代に発生した倫理運動として興味ある類似点を持っていた。両者は共に理論よりは実践に重点を置き、きわめて平易に、教育のない庶民の何人にも理解しやすい道義を説いた。

しかしてその内容は、ことごとく在来から行われている神、儒、仏諸教の長所を取って裏付けしたもので、実践倫理や平民教育に有益なものをあらゆる宗教から抽出《ちゅうしゅつ》してきたのであった。この点において官僚倫理に対して有用なる補助的役割を果たし、むしろ神、儒、仏のいずれもが果たし得なかったような著しい感化と影響を庶民の間に与えることが出来た。従って、あれほど保守的にして統制主義で、新しい開拓や創造に対しては、厳重なる監視を怠らなかった幕府も、これら二教に対しては何らの干渉もしなかったのみならず、公然とではなかったけれど、かえってこれを奨励し助長する態度をすらとった。それほどこの二者は当時の時代社会の平和と秩序を保持する上に都合よく出来ていた。すなわち、前者はこれを一言にしていえば平和と服従の教えであるということが出来る。又後者は努力と活動の教えではあるが、その活動と努力も現在の社会秩序の枠内《わくない》においてであって、自然の秩序たる天道とその反映としての人道即《すなわ》ち社会秩序に身を合わすことが道義の根柢であった。

かくの如くにして両者は共に、当時の封建的な社会秩序に対しては何らの批判を加えることもなく、むしろこれを無上のものとして肯定しつつ、これに順応し身を合わす平和と服従を教えたに過ぎなかった。この点全く時代の産物であって当代においてこそ重要なる役割を果たし得たが、新時代に現れて来る社会の変転と共に、やがてその指導力を失う運命を持っていた。

これに比して教祖の教えは、同じ時代環境の中にお説きになったものであり、一見これが封建社会の倫理道徳と相通うものさえあるかに見えるが、その本質は全く異なっていることが明らかである。

教祖は言葉や理論としては時の社会組織や制度に対して、一言半句の批判もなされてはいないが、家柄と財産、身分と格式、因習と伝統、こうしたものから離れては絶対に生活し得ない仕組みになっていた当時において、これら一切のものをかなぐり捨てて、赤裸々なる神の体に帰って、そこから教えを説き始めておられる。これは明らかに人格を無視し、単なる家柄や身分を尊んだ時代意識の根本的な誤りに対して、人格の尊厳を主張せられた無言の教えである。同時に身をもって示された社会組織への根本的な批判でもある。従ってそれは前述せる二つの教えの如く、決して幕府の保護と援助の下に進められることは出来ず、激しい社会的圧迫の中に進められなければならなかった。しかし時代社会の変遷《へんせん》と共に移り行く相対の世界に根をおろす一時的な時代の華ではなく、深く人間性の根柢に根をおろす教えであった。

いまゝでもしんがくこふきあるけれど
もとをしるたるものハないぞや　三　69

そのはづやどろうみなかのみちすがら
しりたるものハないはづの事　三　70

これは、先の心学などとは全く根本を異にすることを教祖自ら説かれたお言葉である。この人生の根柢、世界の本源から説きいだされた教えの真実は、やがて人々の心を動かし厳しい反対妨害の中にも、次第に真剣なる信仰者が増していった。しかもそれら信仰者は、心学や報徳運動のそれの如く、単なる町人或《あるい》は農民という限られた階級ではなかった。すなわち「慶応二年には芝村《しばむら》藩、高取《たかとり》藩、郡《こおり》山《やま》藩、柳本《やなぎもと》藩、古市《ふるいち》藩、和彌《わに》代官所等の諸藩士に参詣《さんけい》するもの多数ありたり」と記録されているところによっても明らかな如く、正に末期とはいえ旧幕時代に武士階級にまで教えが延びていた。これは厳しい階級制度の下に倫理道徳や教育にまで階級的差別の置かれておった時代としては、まことに顕《けん》著《ちょ》なる事実として指摘されなければならない。事実それは単なる階級的差別はもとより、国境をも越えて全人類を平等にたすけの対象とせられる教えであった。

高山にそだつる木もたにそこに
そたつる木もみなをなじ事　三 125
このはなしどふゆう事であろふなら
からてんぢくも心すまして　十 3

又同時にそれは時代を超越して末代に変わらぬだめの教えであった。この事はやがて訪れて来た明治維新という我が国史上、空前の革新と進歩の時代において証拠立てられることとなった。すなわち、先述する処の心学や報徳運動の如きは、旧幕時代には殆《ほとん》ど全国的にその感化を広めていたにもかかわらず、新時代の訪れと共に一時にその影をひそめたのに反して、教祖の教えはむしろ明治の新時代に入って活発なる活動期に入っていった。しかも当時における入信者の多くが、常に革新と進歩を好む青年であったことも、顕著なる事実であった。そして更に不思議なことは、この新時代に入ってからも又異なった観点と角度から起こる社会的圧迫と迫害の中に道を進められなければならなかったことである。これは、その教えが決して単なる時代的産物でもなければ時流に乗るものでもなく、根源的にして永遠なる真理を説かれている証左である。

明治の宗教政策

明治時代は封建、鎖国の徳川時代に対比すれば、革新と進歩と自由と解放の時代であった。我が国民が長い鎖国の夢からさめて燦然《さんぜん》たる世界文化に直面した時には、如何《いか》にしてもこの世界の進運に歩調を合わしたいという熱望をかき立てられたことは、まことに当然であった。そしてこの激しい熱望がやがて新時代をおおう気風となり、時代を進運に導いた。かくて、まるで夢の国か、おとぎの国にも等しかった日本を一躍世界の檜《ひのき》舞台に立たしめ、あらゆる面において一応世界的水準にまで引き上げたのであった。この華やかな進歩と革新に彩《いろど》られる明治時代も、これを宗教信仰の上から眺《なが》める時はまことにさびしいものがある。それは徳川時代における信仰の欠如に比して大いに状況は異なるが、信仰の貧困さにおいては、いずれともいい得ぬものがある。

すなわち、徳川時代のそれは刺戟《しげき》のない静止した世界に起こった腐敗と堕落《だらく》であり、明治時代のそれは激しい動きの中に現れたエアポケットにも比すべき信仰貧困の穴であった。かくて教祖御在世の時代は徳川、明治の両時代共に信仰貧困の時代であった。しかして徳川時代の状況については、既にこれを概述したので、今から明治における信仰貧困の原因と状況を概観し、教祖出現の時代的意義をうかがう資料としたい。

先《ま》ず、これを政策の上から見るならば明治維新の政治的変革は復古神道を唱えた国学者の思想に導かれ、これを実践に移した、いわゆる勤皇《きんのう》の志士たちによって成就《じょうじゅ》された。ここにある必然さをもって神道を国教とする宗教政策が樹立される結果を招いた。かくて神祇官《じんぎかん》をもって政府諸機関の最上位に置き、祭政一致のまつりごとをなす外《ほか》、神道を国教として宣布すべく政令が発せられた。これは同時に仏教に対する激しい迫害を意味した。仏教は外来の信仰であり、且《か》つ将軍の庇護《ひご》の下に繁栄して来た宗教であるというのがその理由である。当時の為政者がいかに信仰に無知であり、無理解であったかが遺憾《いかん》なく露呈されている。これが信仰を貧困に陥《おとしい》れた第一の理由である。

しかして、この無知と無理解がやがて本教に対する迫害干渉ともなって現れてくる。政界や言論界においては、自由と人権と解放ということが時の合言葉とさえなった時代において、独り信仰の世界においてのみは、かかる時代錯誤《さくご》が平気で行われたのである。時の勢いというものは全く途方もない方向に動く危険性がある。正に目まぐるしい動きの中に現れた大きな穴であった。ともあれ、仏教に対する現実的な迫害は始められた。それは神仏分離、廃仏毀釈《はいぶつきしゃく》と呼ばれている。

元来、日本の神道や神社というものは決して今日見るような姿で発達して来たのではない。仏教が伝来してからは、いわゆる両部神道という神仏混淆《こんこう》の姿を取って人心を繋《つな》いで来た。有名な大社には大概神宮寺といってお寺を並置し、又何処《どこ》の神社にも奥の院というものがあって、表は神様であるが奥の院には観音様や妙見《みょうけん》さんが祀《まつ》ってあった。神様を拝みに行って仏さんを拝ませられる仕組みになっていた。我が国古来の神祇を極度に神聖視した復古神道の人々に、これくらい怪《け》しからんものはないと考えられたのは無理からぬところもある。

神聖なる神域を汚すものとして、一切の仏教的色彩を神道の社から追放する企てが実行された。そこにあった仏像、経文、その他あらゆる装飾が取り除かれて、或は火に投じ水に流された。かくて神社の純化が成就され、神仏の分離が完全に果たされて、千年以上国民の信仰を支配して来た両部神道は、一応形の上では姿を消すことになった。

しかも問題は、これだけには留《とど》まらなかった。すなわち、徳川三百年の間に将軍によって寺院と僧侶に与えられた優遇と特権をことごとく剥奪《はくだつ》して、これを神道と神道家に与えようとする企てを含んでおった。すなわち、前代に僧侶に対して認められたあらゆる特権は一掃せられ、仏教の各機関に属していた財産の大部分は没収された。一、二の事例を示せば、従来は僧侶に専属するものとされていた葬祭まで漸次《ぜんじ》神葬と改め、神道家によって行われるようにせよとの指令が出たり、仏教に与えられた著しい特権の一つであった戸籍の事も神道家の扱いに変更された。その上「氏子《うじこ》取調」や「氏子札」の制度が設けられた。

これは徳川時代に仏教家の手によって行われた「宗門改め」を神道家に移したようなものであって、神社に対する産土《うぶすな》、氏子の関係を密接にするため、古来から行われて来た宮参りの慣習を応用して戸籍の登録と共に、この「氏子札」を受けさせようとするものである。しかもそれは宗門を超越して信ずると信ぜざるとを問わず、きわめて積極的に命令強制するものであって、その優遇を受ける対象が仏教から神道に置き換えられただけのことで、宗教政策の精神としては徳川のそれと全く軌を一にする不自然きわまるものであった。

元来、明治維新の主力をなした復古思想は、単なる思想ではなく、死を賭《と》して実行せられた信仰であった。従って、神祇官が復興され祭政一致のまつりごとが行われるに至ると、その熱度はいよいよ高潮して政教一致にまで発展し、勢いの赴《おもむ》くままに儒を遠去け、仏を屠《ほふ》らねばやまない烽火《ほうか》となったのである。かくて神道国教の政策は一種の宗教革命を思わせるような情勢をもって進められたのであるが、これは全く時の勢いという外はない。

しかし、信仰というものが単なる一片の政策や不自然なる命令、強制によって養われるものでないことはいうまでもない。またいかに排仏を行っても、千年にわたる長い歳月を通して両部神道として国民生活に食い込んでいる信仰的俗習まで除き去ることは不可能に近い。しかし、敢《あ》えてこれを慣行しようとしたのが明治の宗教政策であった。すなわち大教宣布の詔勅《しょうちょく》と共に出された宣教師心得書の中に掲げられている「希望の者有之候共禁厭《きんえん》祈禱《きとう》之儀一切停止の事」などの箇条が明らかにこの意図を物語っている。

かくて神道は多年にわたって薫染《くんせん》して来た仏教的色彩を洗い落として、単純なる裸同様の姿となり、教化の世界に放り出されたのであるが、断じて政府の期待したような成果は挙げられなかった。

加うるに維新以来の開国と共に流入した華やかな近代的物質文明は端的に時代精神を反映する「文明開化」の合言葉を産み出し、実利実用への憧《あこが》れを刺戟《しげき》して、そのために容易に効果を見ることの出来ない精神界の問題は、ようやくこれを等閑視《とうかんし》する傾向を作った。のみならず窮乏《きゅうぼう》せる国庫をもって新たにすべての施設制度を起こして行かなければならない政府にとっては、実利的目前の急務が余りに多く、大なる抱負をもって復活した神祇官ではあったが、もはやこれを各省の上位に置いて維持することは困難となった。

かかる事情に迫られて遂《つい》に神祇官はわずかに三年の命をもって明治四年八月、神祇省へと顚落《てんらく》するの止むなきに至った。しかも、この格落ちした神祇省もわずかに半期の命脈を保っただけで明治五年三月にはついに教部省となった。これはその名の示す如く、もはや神祇のみを固執するものではなく多分に宗派的な色彩を持つものであった。すなわち一度排仏の難に逢《あ》った仏教家をも交えて教化を行わんとするものであった。しかし、その活動の共同機関として生まれた大教院は、説教師の中央委員会ともいうべきもので、これによって宗教的活動が監督指導せられることになった。

一度死地にまで陥れられた仏教が、かくも速やかにその活路を得たことは二、三の理由もあるが、先ず挙げなければならないのは、排仏というかつてない災難を前にして仏教の指導者たちが宗派の別を越えて固く団結し、共に活動をなしたことである。

過去二百年にわたって仏教はあれほど優遇もされたが、他面において宗派の別を越えての結合は、むしろ幕府の禁ずるところであって、絶えてこのことは見られなかったのであるが、当代における団結と活動は、まことに目覚ましいものがあった。

かくて仏教は一応の活路は得たが、未《いま》だ決して満足すべき解決を見たわけではなかった。当時の神道に対する期待は今なお存続されており、仏教蘇生《そせい》の原因も一部の官界人が、仏教界の活動や現実を通して、仏教を全く排棄することは決して望ましいことでもなければ、また不可能でもあることを悟ったためでもあるが、また一面、神道国教の政策を遂行するため仏教家を利用して神道教師の弱点を補わんとしたのであるともいい得られる。

すなわち維新当初において潜伏のキリシタンが復活し、新たに始められたキリスト教伝道と共に、その活動はいよいよ活発化せんとする傾向があり、政府の本心からすれば断固としてこれに禁圧を加えたかったのであるが、欧州各国との外交関係上それもならず、思想的に対抗防禦《ぼうぎょ》をなそうとした神道宣教師の制度も各種の事情のために思わしく進まないところから、窮余《きゅうよ》の切り抜け策として、たとい仏教家にもせよ、この方面に利用活動せしめんとの意志があったものと考えられる。

従って仏教家をも起用して大いに宣布しようとされた、いわゆる「大教」は要するに宗教化された神道であって、その原則は、

一、敬神愛国の旨を体すべきこと

二、天理人道を明らかにすべきこと

三、皇上を奉戴《ほうたい》し朝旨を遵守《じゅんしゅ》せしむべきこと

という、いわゆる三条の教憲であった。しかして、すべての宗教家がこの編成された原則の範囲で説教することを要求されたのであった。かかる地位において仏教家が満足して活発なる活動をなし得る道理はなく、かえって種々なる論議と紛争に勢力は費やされて、大教院の活躍は決して政府の期待するが如き充分な効果は挙げられなかった。まして全国に中教院と小教院を置かんとする積極的方策などは経済的問題も伴って、決して思うにまかせられなかったことはいうまでもない。

個人の意志による信仰の選択

ひるがえって目を社会の情勢に注げば、自由民権の声はようやく高まりつつある時代のこととて、当時、政府によって敢行《かんこう》されようとしていた無理と矛盾に満ちた宗教政策がそのままに看過《かんか》されるはずはなかった。又明治五年外遊に出た仏教者の一行は新しい西洋哲学やキリスト教の研究をなし、その中の或《あ》る者はエルサレムや印度《インド》にまで調査と視察の足をのばして帰朝した。その中でも彼らがもた

らし帰った信教自由の新しい提唱は、反対論者の気勢をあおるのに一番大きな力となった。これに加えて多大の期待をかけられている神道家の側に、その期待を負うだけの統一もなければ指導力もなかった。元来、神道は他の宗教宗派のように強い信仰情熱をもって団結されているものではなく、又神道全体として鞏固《きょうこ》な統一機関を有するものでもなかった。ただ幕末維新の政変に関連して突如、未曾有《みぞう》の優遇と期待に迎えられたものに過ぎず、全国的な教化を一手に負うて立つほどの基礎もなければ準備もなかった。又千年にわたって深く外教の薫染《くんせん》を受けて来た我が信仰界は決して、それほど単純なものではなかった。

こうした幾多の無理と矛盾が重なって、明治八年初頭に真宗本願寺派を先鋒《せんぽう》とする仏教側の分離脱退のため大教院は何とも形容の出来ないみじめな姿で崩壊してしまった。そして仏教に取り残された、いわば敗残の神道が暫《しばら》くは教部省の指導の下に、なお国教神道としての余命を保ったが、明治九年十月にはこの教部省も遂に廃止されて、内務省の一部に摂取されるの悲運に際会《さいかい》した。かくて華やかなりし神道の得意の夢も破れて、神道国教政策遂行の機関、国家組織の上における特別の官衙《かんが》はここに全くその影を没することとなった。

以上概観せる如く信仰の実際を顧みる暇もなく、ただ時の勢いをもって強行された明治の宗教政策がわずか十年足らずの短期間をもって終焉《しゅうえん》を告げたことは不幸中の幸いであった。しかし、この間においで多年にわたって国民に親しまれて来た信仰を奪って、これに代わる何ものをも与え得なかったことは事実である。のみならず表面上の国策は崩壊したが、それはただ外界の事情に迫られて、その余儀なきに立ち至っただけで、決して信仰問題に対する完《まった》き理解によるものではなかった。従って一方においては信教自由の声が高らかに叫ばれている世でありながら、信仰を統制し、監督しようとする気分は神道事務局や神道本局という、次第に影の薄い存在となりながらも相当長く尾を引いて存続した。そのことは、教祖の教えが現身《うつしみ》お隠しの後までも激しい迫害干渉の中に立ち、明治四十一年に至るまで神道本局に隷属《れいぞく》することによって、ようやく布教の自由を得て来たという事実によっても明らかなところである。

要するに政策上より見た明治宗教界は受難時代であると同時に信仰貧困の時代であった。ただ、この思いもかけぬ受難によって徳川三百年の間、保護と優遇になれて腐敗堕落の一路をたどり、活動力を失った仏教家が覚醒《かくせい》し宗派を超えて団結した事は不幸中の幸いであった。

しかし、この団結の活動もその目標としたところは主として失われた仏教の地位を回復せんとする政治的運動であって、信仰本来の生命たる民衆に対する感化力の回復ではなかった。従って明治初期における仏教家の華々しい活動も決して信仰の貧困を補うまでには至らなかった。ただ覚醒《かくせい》せる仏教家の代表者たちが外遊によってもたらし帰った信教の自由という提唱は、我が国の信仰界に与えた偉大なる功績であった。

そもそも我が国の信仰の歴史を顧みれば、鎌倉初期を例外として、信仰が個人の意志による自由選択に任せられたことはかつてなかった。すなわち、我が国固有の神道は個人信仰ではなく氏族の信仰であり、郷党社会全般の信仰であった。又、元来個人信仰であるべき仏教も我が国に伝来した時から国家的に受け入れられ、以来、為政者の興味によって一般国民に宣布せられて来たのであった。皇室が信仰と政治の権威であった飛鳥《あすか》、奈良、平安の時代には皇室の帰依《きえ》と尊崇を得ることによって、仏教は我が国民の信仰を得たのであって、やがて封建諸侯が勢力を持つ時代になっては、有力なる諸侯の帰依を得ることによってその生命を保ち、家康の天下となるやその政策のままに国教としての地位を得たのであった。その間桃山《ももやま》時代に伝道されたキリスト教は一時自由布教によって個人信者を獲得したが、信長、秀吉、家康と相次いで現れた有力なる諸侯の嫌忌《けんき》に逢って放逐《ほうちく》されねばならなかった。今、明治の時代においては、維新政府の政策によって神道が国教として全般に強制されたのであるが、はからずも輸入せられた信教自由の提唱は我が信仰界に大きな渦紋《かもん》を投じ、信仰が個人の自由選択に任せられる新時代へと突入し、感化力の強さによって人心を教導する信仰本来の面目《めんもく》を発揮することになったのである。

思えば、教祖は徳川末期の著しい信仰の貧困時代にその教えを創《はじ》められ、明治維新の信仰貧困の時代に入っていよいよその教えの手を伸ばして人々の信仰を培《つちか》われ、信仰自由の新時代において他の追随を許さない強力なる感化力をもって本格的なる活動を開始せられたのであった。

明治政府とキリスト教

明治維新は誤れる宗教政策によって作られた信仰の貧困時代であったが、同時に又当代は新しいキリスト教の活躍時代でもあった。このキリスト教の活動がどの程度に当時の信仰の貧困を補い得たか、しばらく目をこの点に向けて観察を進めてみよう。

明治維新と共に鎖国が破られ、それに伴って、間もなくキリスト教の伝道が再開された。しかして、初期における伝道の主なる中心地は、長崎、横浜、函館《はこだて》などの開港場であったが、先《ま》ず、長崎を中心としてローマン・カソリックが新しい活動を開始し始めた時、そこに二世紀以上も苛酷《かこく》なる迫害と厳重な警戒を潜《くぐ》りながら、熱烈なるキリスト教の信仰者が生存しているという驚くべき事実が発見された。

当時、明治政府は徳川幕府の政策を踏襲《とうしゅう》してキリスト教に対しては禁制を続け、神道を国教として強制的にこれに従わしめようとしていた際であったから、明治二年に千人に余る潜伏のキリスト教徒を逮捕した。この処置は俄然《がぜん》、外国勢力の激しい反対を呼び起こしたばかりでなく、捕《と》らわれた信仰者たちが断固として飽くまでも信仰に忠実な態度を示したので、遂にキリスト教に対する禁令を解くの止むなきに至った。これは明治六年のことである。かかる事実は大いにキリスト教に対する関心を深め、その伝道を刺戟せしめたことはいうまでもない。

これに加えて新しく伝道を開始した外国の宣教師たちの熱心は若い人たちの信頼を呼んだばかりで

なく、彼らの伝道は単なる伝道活動のみに終始せず、常に進歩と文明を求めて止まぬ若者たちには外国語をはじめ諸々《もろもろ》の新知識を教え教育活動と結びつけていったので、高い理想と才能に富む有為《ゆうい》の青年を数多くその傘下《さんか》に集め、やがて彼らを熱烈なるキリスト教徒として改宗せしめることが出来た。しかもこれら若者たちの改宗は少なくとも明治の初期にあっては決して円滑に進められたのではなく、未だキリスト教に対する偏見が相当残存していた時代であるから、多くの反対者や両親によって反対妨害《ぼうがい》され脅迫さえ被《こうむ》ったのであるが、これがかえって彼らの情熱に油を注ぐ結果となった。これら若き改宗者の情熱は外国人宣教師の熱心と相俟《あいま》って大いにキリスト教伝道を拡大した。これと相並んで更にキリスト教の伝道に幸いしたことは、開国と共に燦然《さんぜん》たる外国の文化に接した日本人の驚嘆は、やがて激しい憧《あこが》れとなり欧米主義が時代の風潮となるまでに高まってきたことであった。

しかして、かかる風潮の頂点は明治十年前後から教祖が現身《うつしみ》をお隠しになる前後にわたる時代であって、世は正《まさ》に「改良」の時代であった。しかも当時における改良とは社会制度や日常生活の様式を西洋風に変えたことであり、西洋風ということが文明を意味した。古い慣習は、ことごとくこれを西洋風に置き換え、社会生活の細部に至るまで、ことごとくこれを改良しようと企てられた。ダンスホールは政府によって支持され、ゼスチュアーを交えて英語を話すことが高等学校の流行になった。公の言葉として英語を採用し、西洋人との結婚を奨励して民族を改良しようという極端な提案さえ行われた。これらはすべて諸外国と肩を並べたいという国民の願望を示すものであって、その考え方や方法はまことに単純であり子供らしいものであったが、その熱望は、きわめて真剣なものであった。

かかる時代の風潮の中にあって、キリスト教が文明に欠くことの出来ないものであると考えられるようになったことは自然の成り行きであるといわねばならぬ。かくしてキリスト教の教会には宗教に対して深い関心を持たぬ人々までが雲集《うんしゅう》することになり、教会は流行の場所となった。そこには常に文化人をもって自負する男女が相会し、得意になって英語の説教に耳を傾けた。正にキリスト教は当時の花形となり教会は、教会に通うことをもって文化人なりと考えている改宗者によって大いに繁昌《はんじょう》した。かくて教祖が現身を隠される明治二十年前後におけるキリスト教徒の増加率は実に素晴らしいものがあった。従って大多数の伝道者たちは、この調子で行けばやがて日本全土をキリスト教化することも至難ではないという楽観的な確信をもって、大いに輝かしい未来に嘱望《しょくぼう》したのであった。

しかし、このキリスト教の黄金時代も明治十年前後から二十年前後にわたるわずか十年間をもって終わりを告げることになった。それはキリスト教の伝道がきわめて有望な成功振りを見せている当時において、既《すで》に反動勢力が暗々の中に勃興《ぼっこう》の準備を進めつつあって、早くも明治二十年頃には社会の表面に現れ、それが次の時代の指導力を振るうようになったからである。時流に押し流されて一掃されたかに見えた仏教の信仰がきわめて根強く、常に反動の機会を待っていたことも一つの理由である。しかし更に根本的な理由はキリスト教そのものの中にあった。すなわち一世を風靡《ふうび》したキリスト教の影響、感化は決してキリスト教信仰そのものによるものではなかった。教会に集まった大多数の人々の憧れは信仰よりは、むしろ文化であり文明であった。更にいえば西洋風に憧れるという一種の流行を追う気持ちにも似たものがあった。

従ってこの一般大衆の動きは、その昔、社会の偏見や反対の中に敢然としてキリスト教におもむいた初期の改宗者たちに見るあの実に真剣な情熱には比すべくもなかった。しかし、彼らがこの新しい信仰を抱くに至った理由もこれを忌憚《きたん》なくいえば、明治維新という新しい政治的、社会的変革に関連して国民精神の向かう所をとらえんとする熱心なる願望にあった。すなわち、命令と服従を基盤とする封建的な考え方を打ち破り、自由なる新時代の精神的理念を追及せんとする熱情にあった。全く彼らによって抱かれている興味の中心は、信仰それ自身の問題というよりは時代精神の問題である。更にいえば、祖国の文化を世界的水準にまで高めたいという善《よ》い意味における愛国的情熱が彼らをキリスト教におもむかしめたのであって、その思想的内容に高低の差はあるが「西洋風即文化」「文明即キリスト教」という当時の考え方や憧れと全くその軌を一にするものである。

従って、彼らの信仰は宗教的であるというよりは、むしろ倫理的な色彩が強い。それは彼らの志士的な気持ちや、正直とか剛毅《ごうき》とかいう伝統的な儒教的観念がキリスト教の刺戟によってかきたてられたに過ぎないからである。これら初期改宗者を個人的に調査した結果、報告が彼らに興味を与え、かつ刺戟したものは使徒行伝《しとぎょうでん》であったといっているのもまことに興味深い問題である。このことは彼らがキリスト教によって教えられる罪とか救いの教理に関心を抱くよりは、むしろキリストの生活や死によって示された性格の強さや、又彼の使徒たちの堅忍不抜《けんにんふばつ》の精神に現れている強固な性格に魅力を感じたことを物語っているのである。これは明らかに彼らが信仰そのものの魅力で動いているというよりは、あらゆる困難を克服して祖国の文化を興隆せんとする志士的気魄《きはく》に刺戟を受けたことを示すものである。

さあれ彼らの心は、この新しい信仰によって開かれた広い精神的視野に基づいて新鮮な生活を経験したことは事実である。そしてこの広い精神、すなわち世界的な覚醒と、自由と平等の理念に基づく人類愛の精神によって来るべき時代に与えた影響は決してこれを過少に評価することは出来ない。しかし同時に又、それは決して下層に眠る一般民衆の精神的悩みを癒《いや》す宗教本来の使命を果たし得たとは考えられない。単なる思想や観念の上層を走るものは往々にして切実にして具体的なる個々の悩みに触れることなく過ぎて行く欠陥を持っている。しかも明治のキリスト教の場合においては下層に浸透する余裕もなく早くも時代の寵児《ちょうじ》として一種の流行にまでなってしまった。なお且《か》つその黄金時代はきわめて華やかにして短く、わずかに十年余にして反動の時代に遭遇《そうぐう》したのであった。かくて華やかなりしキリスト教の伝道も明治初期における信仰の貧困を補うことは出来なかったといわなければならない。

人々をキリスト教に惹《ひ》きつけたのは決して純粋な信仰的興味でなく、もっと広範な西洋文化の問題であったように、その反動も決して単なる宗教問題ではなかった。それは祖国日本を世界的水準に高めたいという国民の愛国的情熱が目まぐるしく流入される西洋文化に対処して、次から次へとその様相を変えて行った変化の一環に外ならなかった。すなわち先ずキリスト教こそ西洋文化の根源であると考えた人々が、文化は必ずしもキリスト教ではないと知ったのである。というのはキリスト教の伝道が盛んに行われている一方において、既にミルの功利主義的倫理学やスペンサーの不可知論が輸入され、ダーウィンやハクスリーと共に進化論とキリスト教教理の衝突が知られるようになった。

しかして早くも明治十一年には進化論についての講義が東京帝国大学において行われ、若い科学者たちは、神による世界創造や人間の堕落などに関するキリスト教の教義を作り話だといって嘲弄《ちょうろう》し始めている。不可知論や進化論に次いでヘーゲルの哲学が輸入され、これ又当時における唯一の綜合大学であった東京帝国大学において講義せられることとなり、この我が国における最高学府が反キリスト教的影響の中心となった。しかもこの反キリスト教的な動きは単なる盲目的愛国家の宣伝ではなく、我が国における神儒仏三教によって養われた高価な遺産と伝統に向かって浮き足立った国民の心を引き戻そうとする高い目的を含んでいた。

しかして、この運動は先ず仏教徒の自覚によって始められた。華やかな物質文明に彩《いろど》られて見参した西洋文化は一にも西洋、二にも西洋と瞬時にして国民の心を魅了《みりょう》し去り、東洋的なものはことごとく古いという一語に片付けられようとしたが、その新しい西洋の学問の光に照らし見る時キリスト教より、むしろ仏教の方が合理的ではないか、これが先ず仏教徒に与えた蘇生《そせい》の息吹であった。しかしてそれは、或る若い仏教徒が、世界は絶えざる流転の過程であるとする仏教の概念や因果の教理はダーウィンの進化論を予見していると叫んだところから始められた。又恒久的実在の観念を放逐してあらゆる概念を分析する仏教哲学の弁証論的方法は全くスペンサーの不可知論に近似しており、又存在と否存在の概念を超えて、より高い総合に到達するヘーゲルの論理は全く中道の教義の核心である。これらの発見は若い学究的仏教者を驚喜《きょうき》せしめ、仏教は決して過去の遺物に非《あら》ずして未来に対して大きな使命をもっているという確信を与えた。かくて仏教は哲学的復活を通して若返ると共に、この新たに獲得した武器をもってキリスト教義を攻撃し続けた。

かかる外敵に加えてキリスト教そのものの中にも重大なる分裂が現れた。それは自由神学の輸入とユニテリヤンやゼネラル・エヴンゲリカル・ミッションの輸入である。これらは或《あるい》は教会の権威や、三位一体の教義を否定し、聖書の権威に先ず疑問を投げかけた。これをそのまま受け入れた日本人は西洋のキリスト教の間にも意見の相違があることを知って驚いた。既に無批判にキリスト教を受け入れる時代は去り、東京帝国大学においては宣教師の教授連の粛正《しゅくせい》を行うに至った。華やかな未来を夢見た伝道者は、この内憂《ないゆう》と外敵になすすべを知らず戸惑った。

時代の波に乗って繁栄したものは、やがてまた時代の波と共に去り行く運命を持っていた。しかもこのキリスト教に対する反動は、やがて欧化主義に対する反動として発展する性質を持っていた。キリスト教を迎える心と欧化の憧れは全く同じ根柢の上に立っていた。しかしてその根柢は日本を世界的水準に高めたいとの愛国的情熱に外ならなかった。更にその直接的にして具体的な目標は、日本を劣等国として扱う治外法権制度の撤廃に外ならなかった。キリスト教に改宗する彼岸の理想は案外手近な現実にあったともいい得られる。国民的誇りと実際上の不便の上から、この制度の撤廃に国民の熱望が集中されていたのも当然であろう。

実際、当時の人々が西洋の宗教、科学、法制その他一切を採用した情熱の一部は少なくともこの希望と念願の表明であった。この切なる願いがたびたびの交渉にもかかわらず実現されなかった時、やがて人々の心は外国の尊大に対する憤激へとかり立てられ、強烈なる国民運動として展開された。「軽薄なる欧化を止めろ」「我らの国民的遺産を守れ」「日本人のための日本」これらが当時のスローガンであった。しかもかかる反動的国民運動が起こされたのは、教祖が現身を隠された直後である明治二十一、二年頃からであったことは、まことに注目に値する事情である。

殆《ほとん》ど無批判的な憧れをもって迎えられ、時代の流行にまでなったキリスト教の黄金時代は、案外に短く、わずか十数年にして厳しい批判と反動の時代に入った。それは同時に軽薄なる欧化主義への反動であり、日本文化の伝統と遺産に対する反省であり再認識であった。

しかし、これら反動の時代は、教祖が現身を隠された直後であって、教祖の生き神様としての名声が近国に広まり、慕い寄る民衆を前に数々の珍しいたすけを現されつつ、末代までも親神様の真実をお伝え下さるためにお筆先を、お書き始め下さる頃は、丁度《ちょうど》欧化主義の勃興《ぼっこう》し始める頃であった。しかしてぢばの芯《しん》を明らかにし、かぐらづとめを完成し、いき、てをどりのさづけをお渡し下されるなど、いよいよ教えの真実を宣明して、広く国々までも救《たす》けの手をさし伸べられた頃は、正に欧化とキリスト教万能の時代であった。従って我が国在来の思想や信仰や道義は既に過去の遺物として葬《ほうむ》られ、その魅力と指導力を失っている。しかも新時代の心の支えとして追い求められたキリスト教も、未だ民衆の心の糧《かて》として浸潤《しんじゅん》徹底する余裕もなく、欧化という時代の波に乗って、ただ、いたずらに表面的に華やかな時代の流行と化す傾向に走った。

この間にあって教派を超えて団結を固め、目覚ましい活動をした仏教家の動きも、廃仏毀釈《はいぶつきしゃく》の難によって陥れられた窮地《きゅうち》から立ち上がって、往年の地位を回復せんとする努力であり、新しく勃興《ぼっこう》したキリスト教に対抗する理論的活動を発見せんとする努力に他ならなかった。この目的はやがて遂げられ、キリスト教化の流行と欧化に対する反動の先鋒《せんぽう》となり、中心勢力となるのに成功した。しかし、決して民衆に対する教化の力を回復したわけではなかった。自らの教義を西洋哲学によって合理的に基礎づけ、体系づけることによって法の真理性と学問的な権威こそは認められることになったが、その努力と結果は、かえって民衆の実際生活から遊離して、民衆の求むるものから、ほど遠い方向に向かう傾向をつくった。そして実際生活を導く信仰としてより、文化的遺産か単なる伝統か乃至《ないし》は学問哲学として存続する基を作った。

かようにして当代の一般民衆は政府が押しつけようと試みた神道はもとより、キリスト教によっても、また仏教によっても親しく救いの手をさしのべられることはなかった。個々の特異例は別として全体から見て、すべての宗教家の活動は全く民衆を置き去りにして、その欲求とは別の世界で動いていったということが出来る。

かかる時代にあって教祖は他のあらゆる宗教が取り残した間隙《かんげき》を満たし、きわめて卑近《ひきん》な所で親しく民衆の欲求に触れつつ人々の心の成人をお導き下された。

当時の宗教がいずれも宗教本来の使命を逸脱《いつだつ》した方向に動いて行った事実は、決して単に宗教家のみの誤りではなく正に大きな時代の特性であった。明治時代における最大の関心事は「文明」であり「開花」であった。すなわち文明開化することによって国家の地位を高めたいという熱望であった。しかし、それはやがて合理と実利に走り、理に合わぬものや実利にならぬものは、これを迂遠《うえん》なものとして一顧《いっこ》も与えない傾向におもむいた。かかる時代の性格は既に開国の始めに燦然《さんぜん》たる外国文化に接して瞠目《どうもく》したその驚きの中に胚胎《はいたい》されていた。キリスト教を選んだのも、また仏教を選び直したのも合理と実利に適《かな》うからという考えに外ならなかった。

人間精神の問題や信仰の問題は、重要なものとして考えられもし口にもせられたが、実際上は、ひたむきに合理と実利の追求に走って行ったのが時代の趨勢《すうせい》であった。維新以来、新しい西洋の学問は次から次へと輸入せられ、近代的な教育の組織や施設が行われ、嘗《かつ》てない学問の普及発達を見たことは事実である。しかし、人々の興味と関心を新しい学問教育に向かわしめた主なる刺戟《しげき》は、福祉の増進と直《ただ》ちに間に合うということに外ならなかった。学問教育は人の福祉を増進する道具であり、手段であるというのが当時の考え方の中心であった。

徳川の旧時代から明治の新時代への移行は、これを政治的社会的にみれば自由と解放であり、学問教育の面から見れば合理主義と実利主義に、その特性が認められる。

旧時代の学問教育は武士階級に独占せられておって、物に動じない人格の鍛練《たんれん》と洗練であり、武士のたしなみであり、武士の体面を保つための一種の身の飾りのようなものであった。これが新時代に入って一般庶民にも解放せられ、広く一般の学問に対する情熱を高めたことは、まことに喜ばしいことであったが、新たに輸入された外国の物質文明の刺戟によって、人格の鍛練というような精神的な問題よりも直ちに間に合うという実際の問題が最大の魅力となった。

事実、社会のあらゆる分野において、特に官界において、多少なりとも近代的な学問の知識を持っている人々が、いずれも皆高い地位に昇進した。かくていわゆる「新知識」の人々は、ほとんど偶像化されるような傾向さえ現れて、すべての若者たちが西洋の書籍、いわゆる「横文字」を読むことに大きな魅力と憧れを持つようになった。このようにして新時代の人々が新しい学問に吸いつけられていったことは、一面においては知識に対する純粋な渇仰《かつごう》も認められはするが、主として個人的な野心、すなわち官界における立身出世という功利的な問題が大きな刺戟となったことは否めない。

かくして国民は全体として新知識の利益を熱心に追求し、文化的な仕事に関係することに誇りと憧れを持った。かかる時、政府においては進歩を増進するために総合教育の新組織を採用したのであるが、その仕組みの根幹をなす観念は全く極端な実用主義の性格を示している。試みに、その教育組織の原則を要約してみれば次の如きものである。

幸運に恵まれ、仕事に成功し、立身出世を遂げて幸福な生活を営むことが人生最大の関心事であるが、これは自己訓練と知識一切を含む。人は勤勉と努力によってこれらの知識と技術を習得することによってのみ、その栄達《えいたつ》繁栄が遂げられる。かくて学問はより高き生涯を送るための投資であると呼ぶことも出来る。故《ゆえ》に何人《なんぴと》も学問をしなければならぬ。生活の資を失い、人生の敗残者となる者はすべて学問を無視したところから、その不幸を招くに過ぎない。

学問を立身出世のための投資であると見るような教育観は、相当長く今次の戦争の直前に至るまでも或る程度、尾を引いて残存していたように思われる。ともあれ、かくの如き現実主義・功利主義的な観念によって教育される人々は、永遠の魂の問題である信仰に縁が遠いことは当然であろう。教祖は、かかる思潮が一世を風靡《ふうび》するような時代に教えをお説き下されていたのである。しかして人々が狂奔《きょうほん》して求めている世俗的な立身や栄達の外に真に救われる道のあることをお教え下されたのである。

だん〳〵とこどものしゆせまちかねる
神のをもわくこればかりなり　四 65

しんぢつにこどもの心しかとせよ
神の心ハせくばかりやで　四 67

わざわざ当時の人々の最大の憧れである立身出世という言葉を用いつつ、その内容は全く異なる真実の道をお教えになったり「学者、金持ちあとまわし」とたしなめられているお言葉なども、当時の状況と照合する時に、ひとしお意義深く悟られてくるものがある。

以上、「教祖とその時代」を通観してきたが、それは徳川と明治の両者を通じて共にはなはだしい信仰の貧困の時代であった。前者は極端なる統制主義と形式主義の下に現れた信仰腐敗堕落と枯渇《こかつ》の時代であった。かかる時代を貫いて常に変わることなく親神様の御心をお伝え下されたのが教祖であった。そのみちすがらの内容について、以下に筆を進めさせて頂きたいと思っている。

御誕生と生いたち

生家・前川家

教祖は、今（昭和五十六年）から百八十三年の昔、寛政《かんせい》十年四月十八日、大和国山辺郡《やまとのくにやまべごおり》三昧田《さんまいでん》、前《まえ》川《がわ》半七正信《はんしちまさのぶ》の長女としてお生まれになった。母はきぬと申され教祖は名をみきと申された。

御誕生の四月十八日は、もとより当時慣用の陰暦によるものであって、これを太陽暦に当てはめると、六月二日に当たるから、丁度《ちょうど》、若葉の萌《も》え出る初夏の候である。しかも御誕生の時刻は夜のほのぼのと明けはなれる頃《ころ》と伝えられているから、まことにすがすがしい初夏の朝明けに朗らかな初声《うぶごえ》を挙げられたのである。

その御誕生の地、三昧田というのは、おぢばの南方約二十余町のところにある四十戸内外の村落で、未《いま》だ時代の風波も直接には伝わらない、きわめて平穏な変化の少ない村里である。又《また》その生家なる前川家は百姓家とはいえ、地方の顔役であったらしく、領主である藤堂《とうどう》家より無足人《むそくにん》として苗字帯刀《みょうじたいとう》を許されていた。教祖御誕生の頃のまま存続されて来た同家の家屋が、格式や分限の厳しかった当時に

教祖御誕生殿

おける百姓家の住居としては実に立派なもので、これだけでもその家柄を推定することが出来る。

無足人というのは、藩祖藤堂高虎《たかとら》が採用した一石二鳥の政策によって生まれたもので、無給与の士である。封建の昔、藩主が新しい封土《ほうど》に就《つ》いた場合、一番心を労したのはその土地の住民の心を収攬《しゅうらん》することであった。それがために先《ま》ず土着の豪族を手なずけて、その助力を得ることが最も手っ取り早い方法であるが、彼らをことごとく家臣として召し抱えることは自《みずか》らの封禄《ほうろく》に限りがあって出来ない相談であるから、苗字帯刀を許し、平民とは異なる名誉の地位だけを与えて禄を与えない、いわゆる無足人という特殊な一階級を設けたのである。

給与もなしに単なる名誉を与えられるだけで、よく彼らが藩主の意に服してその所期する役割を果たしたか否かが疑われもするが、それは今日の判断であって、当時、武士と町人百姓の間にあった階級懸隔《けんかく》の差は人のよく知るところである。平民は通行の途上で藩士と行き合う節などは足駄《あしだ》を脱ぎ捨て、たとい、ぬかるみの中でも洗足《はだし》のままで敬礼をしなければならなかった。この場合、相手方がその迷惑を察して「其儘《そのまま》」と声を掛けてくれて始めて、脱いだ足駄の上に足をのせながら敬礼をすることが許されたのである。これは恐らく当時全国的な階級的差別であるが、少なくとも藤堂藩にあっては礼法の等差として厳格に規定されてあったことが知られる。

かかる時代において無足人は、平民からはこのような礼遇を受け、藩士に対しては対等の礼法を許されていたのである。なお、いったん無足人に指定せられた以上は、戸主及び家督相続人たる長男はもちろん、次男でも同一戸籍内に在る間は戸主同様、名誉の印である帯刀が許され、具足一領、槍《やり》一筋は必ず所持して、有事の日は隊伍に編入されて戦場で活躍することが出来たのである。のみならず下級藩士との間に養子縁組も出来るし、非凡の才があれば立身して堂々たる武士となる望みもあった。

厳重なる階級の差別に縛られて町人百姓と生まれた以上、たとえどんな才腕があっても立身の望みのない当時にあって、これはまことに大きな優遇であり名誉であった。従って彼らは、これによって喜んで藩主を景仰《けいこう》し帰服して、よく藩主によって所期せらるる役割を果たしたのであった。

しかも事実、無足人に挙げられるほどの者は地方に顔のきく豪族であって、わずかな封禄などあてにする必要のない者であった。又、相当経済的にも豊かな者でなくては無足人という役柄は勤まらなかった。このことは津《つ》藩に残る記録の中に勝手不如意《ふにょい》になって無足人の役向きが勤まらなくなった節は、奉行所へ願い出て一時これを辞退して、再び勤まるようになれば、願い出によってその子孫が前の筋目通り許されるというような規則のあるのを見ても知られるところである。

いずれにしても無足人に挙げられるほどの人は、郷村において信望を集めている顔役であり、又経済的にも士分としての附き合いが出来、軍用の勤まる豊かな家柄であったのである。しかも又下級藩士の如《ごと》く、わずかな封禄に甘んじながら上級に仕えて暮らさなければならぬ窮屈《きゅうくつ》さもなく、城下から遠く離れた村里にあって、地方の人々の尊敬と羨望《せんぼう》の的《まと》となって、悠々《ゆうゆう》として生活を送れる身分であった。

なおかつ前川家は代々大庄屋を勤めた家柄であったことは、古い記録や言い伝えによって知られるところであって、同家に保存されている次のような回状一つによっても、その役柄と格式は明白にうかがうことが出来る。

……京都淀御奉行様に高附帳面到来に付九日朝のうち村々役人中印形御持参なさるべく候、御廻文刻付をもって御巡達下被度候

四月八日午刻出目附役

前川半七

福知堂村

丹波市村　未刻拝見仕候

河原城村　未下刻拝見仕候

別　所　村　　　　中上刻拝見仕候
田　部　村　　　　申中刻拝見仕候
石　上　村　　　　申下刻拝見仕候
岩屋谷村　　　　酉上刻拝見仕候
庄屋敷村　　　　酉下刻拝見仕候
三島村　　　　　酉下刻拝見仕候
三昧田村
　右村々御役人中

右の外にもまだ同様類似の書類が残っているが、これ一つだけで見ても前川家が単なる一村の庄屋年寄役ではなく、少なくとも十カ村の役人の上に位した目附役であったことが知られる。

教祖は、こうした財政の上からも、身分格式や権勢の上からも欠けることなく備わっている家柄にお生まれになったのである。しかもその当時の前川家の家庭内の様子はというに、両親と祖母と兄の四人家族で、祖母はひさといい、当年六十一歳、父は三十四歳、母は二十六歳、兄の杏助《きょうすけ》は六歳になっていた。

こういう家族の様子から考えるに、何一つとして不自由のない家庭に目出度《めでた》く世嗣《よつぎ》を得た喜びも既

教祖御誕生の間

に六年前であってみれば、もう一人ぐらい女の児《こ》が授かったらというような希望が言わず語らずのうちにも、家族の間に抱かれたであろうことは人情の自然であろう。丁度《ちょうど》、こんな時に全く家族の希望を一身に集めたように、玉のような愛らしい女の子として産声《うぶごえ》をお挙げになったのが教祖であった。前川家ではこの誕生の喜びの中に久方振りに、張りのある明るさと活気が漲《みなぎ》ったことであろう。又、日頃徳望の高い家柄であっただけに、この喜びはたちまち近隣にも伝わり、村中挙《こぞ》って寿《ことほ》ぎ祝ったに相違ない。万目《ばんもく》萌え出《い》ずるすがすがしい初夏の朝明けは、この慶祝にはまことにふさわしい情景をそなえたことであろう。

教祖はかかる環境の中にすくすくと成人なされたが、その様子は早くから世の常の子供とは異なり、泣いたり拗《す》ねたりなさることは滅多《めった》になく、大小用の世話なども手数がかからず、珍しく楽な子であられたと伝えられている。そして二、三歳の頃には雇い入れた近所の娘子にお守《も》りをされながら過ごされたのであるが、四歳ともおなりの頃からは、早《はや》そのお守りの人を煩《わずら》わされることもなく、母親の仕事の折などは、専《もっぱ》らおとなしく側《そば》にお座りになって、衣服の裁《た》ち方などを手慰《なぐさ》めとなされながら、決して無理を仰せになることもなく、何時《いつ》までも一人でお遊びになるのが常であった。こういう風であったから、何時しか自然に針の持ち方や糸紡《つむ》ぎの仕方を見覚えになり、六歳の頃ともなれば既に母親の側で針仕事を真似《まね》たり、網巾着《きんちゃく》などの細工物をされたり、又時には母親の向かいに坐《すわ》って糸紡ぎのお手伝いをされるようになった。

しかもこうして無心に心に合うお慰みをされている折節にも、母親から何かの用をいい付けられることでもあれば、嫌《いや》なお顔一つなさらず、いとも気軽にお果たしになるのが常であった。かかる様子をみるにつけても両親は、ひとしおその愛情を深められたことはいうまでもなく、我が子ながらも珍しい感心な子供であると、ひたすらそのたのもしい将来を期待するのであった。のみならず、この常の子と異なった日常は、やがて近隣の人々の知るところとなった。前川様のお嬢様はまことに感心なお子様であるとうわさをし合い、村中の評判にさえなって行った。

信仰心の芽ばえ

教祖六歳の年に妹のくわが生まれた。この小さい妹の出来たことは静かな家庭に賑《にぎ》わいを加え、教祖の童心にも明るさと楽しさを与えたに相違ない。そしてこの小さい妹のお守りをすることが幼い教祖の新しい楽しみの一つとなった。

のみならず、気立てのやさしい教祖は近所の子供たちをも親切においたわりになるので、何時しかまわりに大勢の子供たちが集まるようになった。教祖はこうして集まって来る子供たちを遊ばせてやることが楽しいのか、母から頂いたお菓子なども決して自分一人だけで召し上がらずに、一々みんなに分け与え、その子供たちの喜ぶ姿を楽しそうにお眺めになっていた。

殊《こと》に田植え時や収穫時など百姓の忙しい折には、母親から貰《もら》ったお菓子などをわざわざ残しておいて、近所の子供たちを集めてはそれを与えながら一日遊ばせておやりになるのであった。その様子の中には単なる自分の楽しみや遊びだけではなく、幼な心にも少しでも近所の親たちの手助けをして上げたいと思召《おぼしめ》す心配りのほどが、ありありと汲《く》み取れるのであった。こうして、前川様のお嬢さんはまことに珍しい変わった子だとの評判は、やがてお蔭《かげ》で今日一日ゆっくりと仕事をさして貰《もら》えたという切実な感謝と喜びに変わっていった。

かくして成人されて行くうちに、七歳から十歳までの頃には、父親の暇々に読み書きの手ほどきをお受けになり、又九歳から十一歳までの三カ年ほどは、近村の寺子屋に通われて、当時の子女としては一通りの勉強もなされた。この点、家柄だけに並の子供とは異なっていたに相違ないが、学問については余り奨励されなかったばかりでなく、女子や町人、百姓に対しては幕府の政策上、むしろ触れさせないように仕向けられていた当時のこととて、教祖も別段、組織的な深い学問をなされた跡はない。しかし、生まれつき至って鋭い感受性をお持ちになっていた教祖のことであるから、物に触れ事に当たっては自ら体得されたものには何処《どこ》までの深さがあったか、その全貌素《ぜんぼうもと》よりこれを測り知ることは出来ないが、その後の生活態度に現れて来たところによってその一斑《いっぱん》をうかがうことが出来る。

針仕事や編み物、機織《はたお》りなどについて見ても、一度として師匠に就いて学ばれたこともなく、ただ幼い頃から母親のお仕事の側で、見真似、物真似で手慰みをして過ごされただけであるが、八、九歳の頃には既に機《はた》織りの技も会得《えとく》され、十二、三歳頃にはいわゆる白機ではなく、縞《しま》物の機をも見事に織りこなせる腕前におなりであった。

又この頃には裁縫《さいほう》の手並みも一人前以上に上達なされ、自由に大巾木綿《おおはば》を裁《た》ち切って、立派に仕立て上げる事がお出来になった。その他編み物や押絵《おしえ》などの細工物にもきわめて堪能《たんのう》で、人がちょっと風変わりなものを持っているのを見れば、自分で工夫をして直《す》ぐに同じようなものを作ったり、鳥や獣や草花の姿形なども自由に押絵や縫《ぬ》い物におこしらえになった。聡明英敏《そうめいえいびん》で、又まことに器用であられた教祖は、すべての物事にわたって殊更教《ことさらおそ》わらなくとも、見聞きする中に自ら工夫して何時しかその技に通達して、何時の間に覚えられたのか、全く不思議なくらい非凡な技を現された。

結婚後、間もない或《あ》る日のことであるが、舅《しゅうと》が「そなた髯《ひげ》そるか」と仰せられると「はい、そらして頂きます」と仰せになり、見事剃《そ》刀を合わせて、きれいに髯をそって上げられたこともある。単にこうした手先の技事《わざごと》ばかりでなく、精神的な方面のことに関しても、一度触れたことは、その奥の奥まで見通して、これを体得する直感の鋭さと探究の熱意を持っておられた。従って、別段深い学問をお習いになった跡はないが、自《おの》ずから深く広く精神内容を掘り下げて行かれ、殊に人生の問題などに関しては幼少の中にも相当深い考えをお持ちになっていたことがうかがわれる。

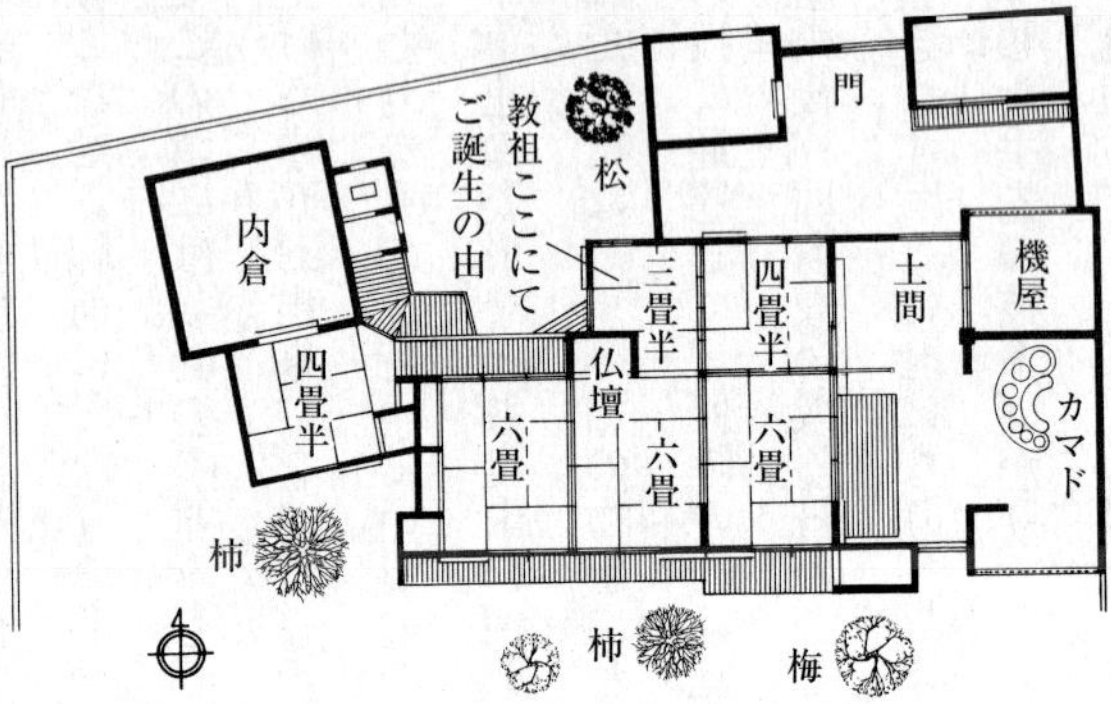

前川家母屋略図

かかる性格の故か、幼少時代の教祖は近所の子供などと遊び戯《たわむ》れて時を忘れるというような、子供らしい快活さや無邪気さがなく、どちらかといえば年齢に比して非常に大人びたところがあり、針仕事や機織りや、又細工物などに余念もなく時を過ごされる折節や、又何事か考え深げに一人秘《ひそ》かに物思いに耽《ふけ》っておられるように見えることが多かった。

かかる日々を過ごされる中に、何時の頃からか母が熱心に信仰されていた仏信心をお始めになり、母が朝な夕なに仏壇の前に念仏唱名《しょうみょう》される折には、何時もその後に坐って、小さな手を合わせて一心にお祈りされるようになった。母の信仰は浄土宗であった関係から、何時しか浄土和讃《わさん》なども暗記されるようになり、又、時折の母の寺詣《まい》りには欠かさず一緒にお越しになり、殊に住職、説教僧の法話の折は最後まで熱心に聴聞《ちょうもん》されるのであった。

母はこうした常の子と異なった我が子の様子を見るに

つけて、その深い心中は知る由《よし》もないままに、ただ珍しく殊勝《しゅしょう》な、又素直で温順《おとな》しい様子をこの上もなく喜び、我が子ながらも感嘆されるのであった。かかる中にも教祖の信心は母の思いも及ばぬ深みに進んで、十二、三歳の頃には求道の一念止《や》み難《がた》く、尼僧《にそう》となって生涯を御仏《みほとけ》に捧《ささ》げたいとの熱願を起こされるまでに至った。

御信仰

教祖幼少時代と大和地方

何不自由なくすべての点に恵まれて、至極《しごく》おだやかに幼少時代を過ごされた教祖がどうして剃髪《ていはつ》して尼《あま》になろうとなさるほどの厭世観《えんせいかん》をお持ちになったのであろうか。しかも、わずかに十二、三歳という若さにおいて、これはどうしても大きな疑問である。

熱心な念仏門の信仰者であった母の感化を受けて、信仰の道に志されるうちに、次第にその深味にお入りになったものとして一応の説明はなされている。しかし、子供心に見真似、物真似をするのは別として、齢《よわい》わずかに十歳前後で信仰の世界に真剣な関心を寄せるということが、そもそも稀《まれ》に見る事実であって、学者の統計に従えば、何か目に見えないものに憧《あこが》れを知り始める思春期の頃《ころ》が最も早い信仰発心《ほっしん》の年齢とされている。又概《おおむ》ね人が信仰に志す動機は現実において、満たされない何ものかを信仰の世界に求めようとするところにあるとされている。天理教に入信する人々の多くが身上事情の悩みを解決したいという願いを、その動機としていることなども正《まさ》にその類《たぐい》である。

しかし、教祖の幼少時代はこれを外面から眺《なが》めた場合、信仰の世界にその解決をお求めにならなければならないような事情は何一つとして見当たらない。むしろ恵まれ過ぎるほど恵まれておいでになったというのが実際の環境であった。金に恵まれ、物に恵まれ、家柄に恵まれた何不自由ない家の長女として御生まれになったことは既に述べたところである。しかも兄杏助《きょうすけ》が生まれてから六年間子供のなかったところへ生まれた可愛《かわい》い女の子として、祖母や両親の慈愛を一身に集め成人されたことや、特にその性質が殊《こと》の外優《ほかすぐ》れておられたため、いよいよ家族の方の愛情が深まって行った事実や、近隣の人々にさえ親しさと敬慕の念をもって迎えられながら成人されたことなどから考えて、人の愛情にも豊かに恵まれておられたことも今更《いまさら》改めて申すまでもない。

かく考える時、幼少時代の教祖には現実において、満たされないものとては何一つもなかったと申すのほかはない。ただ強《し》いて申せば、あまり丈夫な体ではなかったということである。しかし、これとても結婚以来、「体が弱いから働くのや」と仰せられたという特殊な信念の上からとは申せ、よく人の二倍三倍の激労に堪《た》えられた事実などから推して、頑健な体格の持ち主ではなかったとしても、決して病弱であったとは考えられない。少なくとも、それが動機であれほど強烈に信仰を求められたとは考えられない。

あらゆる点に何不自由なく恵まれ、常に人からちやほやされて育てられる子供は、我儘《わがまま》一杯で成人し、人の苦しみなどには全く理解のない人間になって行くのが世の常である。しかるに教祖は、この上もない深い慈悲と同情の持ち主であられたばかりでなく、熱烈な信仰者として成人されたのである。ここに私は教祖の魂のいんねんを拝し、豊かな宗教的天分を仰ぐのである。

教祖の境遇がこの上もなく恵まれておいでだったのに比して、当時の一般農民の生活はまことにみじめなものであった。士農工商の階級制度は今日の我々には想像も出来ないほど酷《ひど》いものであって、「花は桜木人は武士」の言葉の如《ごと》く武士だけがほんとの人間であるというのが、封建時代の武士たちの思想であり態度であった。「百姓は米を作って雑穀を食え」と、公然としていわれていたことなどが、よく当時の思想を物語っている。百姓は全く人間ではなく、米を作る機械の如く考えられていた。自分は雑穀を食いながら米を作って武士を養うことが百姓の務めとして強いられておったのである。ここに苛《きび》しい税の取り立てに悩むみじめな農民の生活があった。

教祖は足を一歩戸外に踏み出されるたびごとに、常にこのみじめな百姓たちの生活を目撃しておいでになった。我儘一杯の世の常の子供なら、周囲のみじめさは、かえってその得意さを増し、我儘を助長するのであるが、そうするには教祖は余りにも思慮深く、御慈悲の心に厚かった。我一人恵まれて周囲が皆みじめである。その懸隔《けんかく》が甚《はなは》だしいだけに、そのあわれさが強く教祖の御心を痛めた。

どうしてこの人たちの生活はこんなにみじめで、恵まれないのであろう。気の毒なことになあ……と。これら周囲にあるみじめな百姓たちの生活は、御覧になるたびごとに幼い教祖の胸を痛める感傷であった。しかもせめてその人々が、お互いに相和し助けあって気持ちの上だけでも和やかに、日々人を楽しんでいるような姿が見えるのであれば、まだしもであるが、事実は全くその反対であった。人人互いの間には心から打ち解けたところなどは少しもなく、互いに助け合うことはおろか、むしろ猜《さい》疑《ぎ》の眼をもって相手の心を探り合っているような冷たささえ感じられた。また自らの日々の生活のみじめさに対しても、その原因を探ってこれを打開しようとする積極的な気力があるわけでもなく、又或《あ》る種の精神的な諦観《ていかん》によって心の安らかさと落ち着きを持っているわけでもない。ただ、どうにもならないものとして忍従している無気力さと退嬰《たいえい》的なあきらめがあるばかりであった。平和な村里の空気は、決して積極的な明るさと希望に輝く平和ではなく、まるで淀《よど》んだ水のような、一種退廃的な平穏さでしかなかった。鋭い洞察力をもって見透《みとお》せば悪臭を放つ腐敗と矛盾にみちていた。それは正に腐った鶏卵にもたとえることが出来る。外見の平和は、ただその腐肉を包む表皮でしかなかった。

しかし、これは長年の政策によって馴致《じゅんち》されたもので、当時の農民たちにとっては、ただあきらめと忍従にゆだねる以外に手も足も出なかった。のみならず、もはや世の中とはこんなものであると思い込んで、その日その日を送るだけで、その矛盾を追求する叡知《えいち》さえ失ってしまっておった。これは単に大和《やまと》に限らず、封建時代を通じての全国的な民衆の気分であった。

その上に大和は特に諸大名の領土が煩《わずら》わしいまでに錯綜《さくそう》しておった。試みにおぢば近辺と教祖が誕生なされた朝和《あさわ》村附近の状況を眺めて見よう。

丹波市町
藤堂和泉守所領　丹波市、川原城、別所、三島、庄屋敷、岩ケ谷、石上、田部
在原寺所領　石上の一部
藤堂佐渡守所領　豊田、桃尾、針ケ尾、仁興、上仁興、苣原
織田肥前守所領　勾田、藤井、山口、内馬場
幕府直領　木堂、布留、田村
桃尾山龍福寺領　熊橋

朝和村
芝村織田氏所領　岸田、新泉、乙木、兵庫、園原
柳本織田氏所領　中山、成願寺、佐和野、東三昧田
柳生氏所領　竹之内の一部
藤堂和泉守所領　福地堂、西三昧田
幕府直領　永原、長柄、竹之内の一部

二階堂村
柳生氏所領　庵治、東庵治、西庵治、嘉幡、上の庄、中村、南柳生、六条、荒蒔、稲生、岩室
（七百余石の内四百石）

山口勘兵衛所領　小島、合場、備前（三百二十一石の内三百石）、岩室の一部、平等坊、杉本（百七十余石）、新庄、喜殿、村上、上総の一部
山口十兵衛所領　小路、杉本（二百余石）
森源三郎所領　九条村（二百余石）
粟田青蓮院知行　南管田
幕府直領　吉田、備前の一部、東井戸堂、西井戸堂、富堂、上総の一部、前栽、田井庄、小田中村、指柳、九条の一部

右によって知られる通り、わずかに丹波市《たんばいち》、朝和、二階堂《にかいどう》の三町村の領主がかくも多数に別れ、しかも狭いながらも一区画、一村落が一人の領主に纏《まと》めて所領されているならまだしも、その所領が点点として各村落に飛んでおり、又境界を接している隣村はおろか一つの小村落でさえ異なった領主によって分割所領されている実情を見るのである。その好適例としては現在教会本部のある三島《みしま》、庄屋敷《しょやしき》が藤堂和泉守《いずみのかみ》の所領であって、すぐその隣村で、現在教祖の墓地の所在する豊田《とよだ》村が藤堂佐渡守《さどのかみ》という違った領主に治められており、また教祖の御誕生の地なる三昧田《さんまいでん》は戸数わずかに四十数戸の一小村落に過ぎないが、西三昧田と東三昧田に分かれておって、前者は藤堂和泉守《いずみのかみ》の所領であり、後者は柳本《やなぎもと》藩主織田《おだ》氏によって知行《ちぎょう》されていた事実を見るだけで充分であろう。

異なる領主によって治められている不便さは、日本全体が同じ政令によって統治されている現在の我々には想像も出来ないものである。第一、日々の暮らしに切実にこたえてくるのは取り立てられる税金の高が違うことである。これがために地質や水利など全く同じ条件であるのに、領主が違うばかりで畔《あぜ》一条を隔てた二つの田地が一方は買い手があっても、他方はどんなに安く売ろうとしても買い手がないというような珍現象さえあった。それは納める税金の高が違うからであって、一方は税金が安くて作り甲斐《がい》があるけれど、他方は、税金に取られてしまうので作るだけ損だという理由である。

加うるに長年の間、違った領主によって異なる政策の下に治められていると、自《おの》ずからその土地の人々の気風にも相違が出来てくる。現在でも同じ日本人でありながら、国が異なり県が違うと多少その土地の人の気風に相違があるのは、その生活している環境の気候風土の相違にも原因はあろうが、主として多年馴致《じゅんち》された封建時代の名残《なごり》である。これほどに異なる領主の治下にあるということの影響は深刻なものである。こうして多年の間経済生活をはじめ伝統、慣習、気風等相違する点が蓄積されてくると、自ずから相互に相和し、相融合することが出来難くなってゆくのは自然の勢いであろう。のみならず多年の間に各領主によって故意に、他領の領民とは互いに隔絶するように仕向けられてさえ来たのである。すなわち戦国時代においては、各大名豪族は互いに敵国である。たとい隣村であっても他国に自国の内情を知られることは不利である。又反対に他国の事情を知っておくことは戦略

龍王山から大和平野をのぞむ

上まことに有利である。かかる事情のために自領の民が他の領民と開放的に交わることは極力これを抑えつつ、秘《ひそ》かに他領の様子を内偵し合ったことは当然である。こういう世の中には陰謀や密告はつきものである。そうなると迂闊《うかつ》に人を信用することも出来ない。勢い人々は固く心の垣を閉ざすようになってゆく。徳川将軍によって天下統一が成就《じょうじゅ》されて以来、その必要は漸次《ぜんじ》薄らいでいったとしても、中央政府から同じ政治の方針を受けて派遣せられた地方官ではなく、諸大名が銘々の封土《ほうど》を領有して割拠している限り、かかる伝統は断じて一朝《いっちょう》にして抜けるものではない。多年の間、こうした伝統の中に馴致されていくうちに、人の心は次第に卑屈となり、相和し、融合することはおろか、無意識の中にも、相手の心を猜疑《さいぎ》と警戒の目をもって眺め合うようになり、果てはそれが抜くことの出来ない人々の性癖とさえなってゆく。教祖幼少時代の村人たちが、まことにみじめな生活にあえぎながら、無気力となり、又互いに協力し助け合うことも知らずに、暗い殻の中に閉じ籠《こも》っているような暮らしをしていたのも、実に封建制度という誤った政策によって長年の間に強制されてきたものであった。

もとより未《いま》だ幼少の教祖であるから、村人たちの生活のみじめさ、暗さの原因をつきとめておられたわけではないが、天性の慈悲心と鋭い直感によって、人々の生活のみじめさと、その心の底に流れている冷たさと暗さを御心の痛むまでに強くお感じなされていたに相違ない。

深められる信仰心

幼少時代の教祖は子供らしい快活さがなく、どちらかといえば、非常に大人びておられ、何事か考え深げに物思いに沈んでおられたような折節が多かったと伝えられる。又晩年に自らも、「私は若い頃はどちらかといえば極《ご》く陰気な気質《たち》やった。それが七十の年になってから立って踊るようになりました」と申されたといわれる。しかも教祖一身の上から申せば、憂うつの原因となるような点は、いささかもこれを拝することは出来なかったが、当時、教祖の周辺にあった一般百姓たちの生活状態を以上のように眺めてくると、これこそ教祖幼少時代のあの物思わし気な態度の原因ではなかろうかと強く偲《しの》ばれてくるものがある。

かように拝察してくると、教祖が幼少時代から非常に慈悲深く、常に近所の子供たちにお菓子や手芸品などを与えては遊ばせておやりになったということも、単なる一時の思いつきや、その場限りの慈悲善行として片付けることの出来ない深い根ざしのあることが悟れてくる。

当時の教祖は未だ幼少の事でもあったから、人生問題や社会問題について深い理論的追究や理解はお持ちになっていなかったことはうなずける。しかし、きわめて純粋にして素直な、しかも鋭敏にして慈愛に富まれる御心に、無理と矛盾にみちた当時の暗い世相と、人々のみじめな生活の姿は、そのまま見過ごすことの出来ないものとして映じたに相違ない。なんとかして、この世の中をもっと楽しい明るいものにする工夫はないものであろうかとの思いは、断じて組織的、哲学的な思索ではないとしても、教祖の豊かな慈愛の心と鋭い直感に映ずる強烈さで又常にその脳裡《のうり》から離れないものであったろうと拝察する。しかし、いかに怜悧《れいり》な教祖とは申せ、未だ幼少の身にはどうしようもない、全く心に余る課題であったに相違ない。しかし一度心に映じた課題はこれを解決せずにはおられないのが教祖の性格であった。人に対する同情にしても決してこれを単なる同情に終わらしめるのではなく、直ちに反射的に慈悲を注ぎ、救いの手を差し延べられる行動として実行せずにはおれなかったのが、長い生涯を通して拝する教祖の御性格であった。

日常に教祖の心に去来する課題も幼少の身には、容易に解決し兼ねる大問題ではあったが、幼いながらも身に及ぶ範囲において、これを解決せずにはいられなかったのである。この御心から、お菓子一つも貰《もら》えない貧しい子供を見ては、自身のお菓子を分け与え、足手まといになる子供に煩《わずら》わされて充分仕事の出来ない親たちへのせめてもの手助けにと、終日近所の子供たちを遊ばせておやりになったものと拝察される。そしてこれによって、直接温かいものに触れた子供たちの喜びはもとより、その親たちの心までが感謝の喜びに明るくほころんで行く姿を御覧になっては、我が事のようにお喜びになっていたのである。

これは確かに冷たく閉ざされた人の心に投じられた明るい社会浄化の一石であった。しかし、教祖の御心は決してこれだけで御満足できるものではなく、更に深い、根本的な解決を求めて悩み続けた。かかる時、はからずもお母様に手を引かれてお寺参りをされ、住職の法話をお聞きになったのである。そしてそこに日夜胸に抱いている大きな課題に解決を得る曙光《しょこう》を発見されたものと拝察する。もとより末世の僧侶のことであるから、決して真剣な信仰信念を持っていたとは考えられないが、浄土宗に僧籍を持つ者として一応言うことだけは知っていた。

常に聞きなれている者にとっては、何の変化もない又一向魂に響きもしない、形式一遍《いっぺん》のお定まりの説教に過ぎなかったであろうが、初めて耳にせられたのであり、しかも胸中深く大きな課題をお持ちになっている教祖は驚異と感動をもってお聞きになったことと拝察する。

厭離穢土《おんりえど》、欣求浄土《ごんぐじょうど》、流転《るてん》定めなき、かりそめの世に生存して、頼りにならないものを頼りにし、当てにもならないものを当てにするところに、なげき悲しみや苦悩は絶えない――、こうした紋切り型のお説教も初めて耳にせられた教祖は、日夜身辺に御覧なされつつ痛く胸を痛めておられる人々の生活のみじめさの原因を解明する鍵《かぎ》としてお聞きなされたことであろう。

殊に――西方浄土には衆生《しゅじょう》の済度《さいど》を念じて止《や》み給《たま》わぬ大慈大悲の阿彌陀仏《あみだぶつ》がおわします。人の力には限りがあるが、阿彌陀様のお力は無限である。遍《あまね》く衆生の信を見そなわし、救いの御手をさし延べ給う。一切のはからいを捨てて阿彌陀様のお慈悲に縋《すが》れ。ただ一向に念仏唱名せよ――かく教えられるくだりに至っては教祖は片時も心から離れたことのない大きな課題を解決する曙光を与えられたような感動をもって、強く吸いつけられていかれたことと拝察する。

こうした深い教祖の御胸中《きょうちゅう》を知る由《よし》もない母は、世の常の子供ならば、たちまち退屈してしまうようなお説教を、いとも熱心に聴聞する我が子の姿を見て、この子はほんとに珍しい変わった子だと、不思議に思い、またその信心深さを喜ばれている。しかし、教祖の心中を上述の如く拝察すれば、この熱心さには何の不思議もない。むしろ不思議に思われている母の信仰よりも教祖の御信仰の方が遙《はる》かに深く本質的なものがあったのではないだろうか。これは余りに行き過ぎた推断になるかも知れないが、恐らく母の信仰は仏信心をすることによって後世の安穏《あんのん》を願う、世間普通の信仰に過ぎなかったのではないだろうか。それに比して教祖のそれは、我が身に求められるものは一つもない。天性の愛情と慈悲心に映ずる世の人々の生活のみじめさと矛盾がその動因となっている。なんとかしてこの世の矛盾と暗さをなくする道はないものであろうかという大きな願いがその信仰生活への発足となっている。それは正《まさ》しく後年になってお示し下された一列たすけの親心に相通ずるものである。従ってそれは至るべき窮極《きゅうきょく》に至らねば止まない強さと深さがあった。

かくて終始熱心に僧侶の説教に耳を傾けられたのであるが、それは決してただ単に聞くことだけに満足なされていたのではない。これを手懸《がか》りとして常に自らの心中に抱いている大きな課題の解決を求められていたのであろう。従って御家庭の仏間において、日夜母の後から小さな手を合わせて念仏唱名なされる声にも、単なる子供の見真似、物真似ではない強い力が加わっていったことと拝察する。そしてやがて浄土和讃を暗記されることともなり、遂に十二、三歳の頃には尼僧《にそう》となって一生を御仏に捧げようとの熱願をさえ起こされるに至ったのであろうと思う。

かように教祖の信仰は、外面の推移の上から見れば、浄土宗の熱心な信者であった母の感化によって進められたように見えたが、その内面はもっと本質的なものであって、専《もっぱ》ら教祖の天性としてお持ちになった信仰心と慈悲心に発している。そして母親の信仰は、これを誘発する動因となったに過ぎないものと思う。従って一度その信仰生活を始められるや、凡庸《ぼんよう》のうかがい知ることの出来ない深さと強さをもって進められ、既に母親の信仰を越えたものとなっておられた。このことは最初のほどは信心に興味を持つ我が子の姿を喜んでいた母親が、その信心がいよいよ進んで尼僧志願となって現れた時に、事の意外なのに狼狽《ろうばい》して、これを思い止《とど》まらせようとしている事実によっても察することが出来る。

且《か》つ又教祖の信仰生活の外面は、寺参りや念仏唱名というように専ら浄土宗の信者として発足され、また浄土宗の教えによって養われていったようにも見えるが、その実は教祖御自ら人生の矛盾と暗さを感得されたところに発足されたものであり、これを解決せんとする努力によって深められていったものであって、浄土宗の教えは、ただその発端の手懸りとして役立てられたものに過ぎない。やがて浄土宗の教えはもとより、一切の既成の教えを越えて独自の道において、この課題の解決をお与えになる時が来るのである。

御結婚

御縁談

教祖の信仰が至るべき窮極《きゅうきょく》に至らんとして、深く心に出家《しゅっけ》の熱願を抱かれた齢《よわい》十二、三歳の頃《ころ》、縁談が持ち上がった。その相手は生家から二十町余り北方に当たる庄屋敷《しょやしき》村なる中山善兵衛《なかやまぜんべえ》とて歳《とし》は教祖より十歳年長であった。

この中山家は以前から前川家とは親戚《しんせき》の間柄で、善兵衛の父は善《ぜん》右衛門《えもん》、母きぬといったが、その母は教祖の父半七正信《はんしちまさのぶ》の妹で、教祖と善兵衛は従兄妹《いとこ》の間柄であった。されば両家は以前から至極《しごく》じっ懇《こん》につき合いされていたのである。

一体に当時の慣習として結婚は当人同士の結びつきよりは家と家との結合に重点が置かれていた。当人の人格や愛情よりは相互の家柄や身分、格式、財産などの釣り合いによって縁談が交わされたのである。かかる時代に既に親戚として結ばれていたのであるが、中山家もまた地方の豪農として田地持ちと謳《うた》われ、村の庄屋や年寄役《としよりやく》を勤めている家柄であったことは、

庄屋敷小在所《こざいしょ》
西から見れば
足達《あだち》金持ち善兵衛さん地持ち
はなのかせやは妾《めかけ》持ち

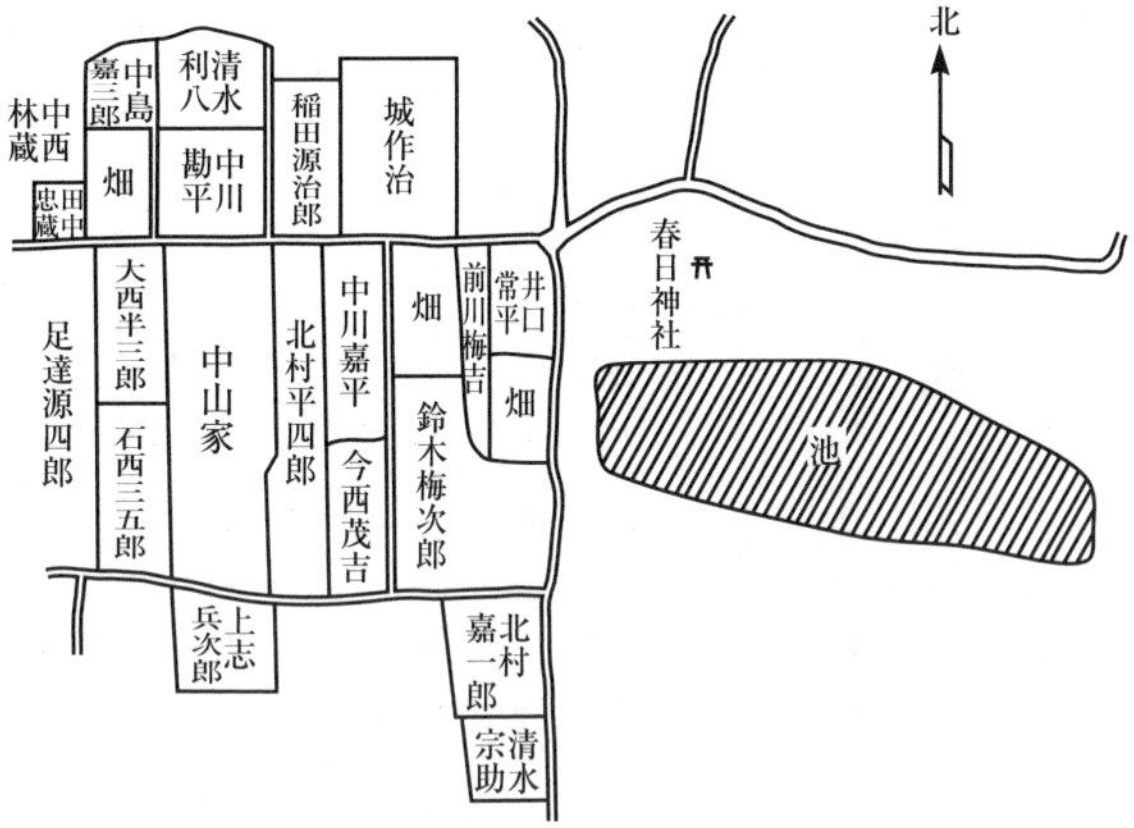

元庄屋敷図一部（明治10年ごろ）

と当時の俚謡《りよう》に歌われていたことによっても知られる。

善兵衛の母きぬは里方に行くたびごとに、すくすくと成人される教祖の姿や人柄を見ては、年頃の子息を持つ親の気持ちとして、早くからこの子を伜《せがれ》の嫁に迎えたらと心密《ひそ》かに思って、夫とも折々相談していたのであった。

一日母きぬが里方に帰って、この希望を打ち明け教祖の両親に相談した。前川家においても、まことに似合いの縁として異存はなかったが、一応は当人の気持ちも聞いてみてからというので母から話してみることになった。

ところが、これに対する教祖の返事は尼僧《にそう》となって生涯を御仏《みほとけ》に仕えたいという願望であったので、母は事の余り意外なのに驚いた。しかも教祖の真剣な面持ちには、この決意が決して娘心の一時の思いつきなどとは思われぬ深刻な一念が現れているので、これは容易ならぬことであると思うにつけ、母の驚きは深い心痛となっていった。そこで早速この由《よし》を夫にも打ち明けてどうしたものであろうと相談した。かつて一度だって両親の意志に叛《そむ》いたことのない素直な子であっただけに、こんどの我が子の態度には何かしら容易ならぬものを感じて、心痛したことは父半七とても同じであった。殊《こと》に何不自由なく育てて来た我が子の口から、事もあろうに尼僧志願を聞くなどとは思いもよらぬことだけに、一体どうしたことかと、我が子の意中をはかりかねるままに、大体お前がお寺詣《まい》りなどに連れて行ったのがいけなかったのだ、というような愚痴《ぐち》ともなって妻に当たるのであった。

もとより教祖の出家志願は断じて両親の考えるような娘心の憧《あこが》れや、結婚生活の楽しさによってまぎらされてしまうような浅いものではなく、いかなる方法をもってしても制止することの出来ない深い根柢《こんてい》から発せられたものであったことはいうまでもない。従って今回の両親の言葉は教祖の今後の生涯を決定する大問題であった。それでも教祖は、母より重ねて理を分けて話された時、結婚後も家業の合間を見ての念仏唱名《しょうみょう》とお寺詣りをお許し頂けるように、先方の諒解《りょうかい》を頂きたいという熱烈なる願いを添えて、両親の申し出を素直にお受けになったのであった。

御入嫁

教祖の快諾によって両親は甚《いた》く喜び、安堵《あんど》の胸をなでおろすと共に、せっかく決まった気持ちの変わらぬうちにと話の取りきめを急いで、文化七年九月十五日齢《よわい》十三歳にして中山家に嫁がれることになった。

この縁談がかくも速やかに又《また》なだらかに進められて行ったことは、後になって教祖のお口を通じて啓示されたように、奇《く》しくも尊い因縁の理に引き寄せられて元の屋敷にお帰りになったのであるという深い理の上から思案すれば、何の不思議もないところではあるが、未《いま》だかかる因縁の明らかにされていない当時としては、両家の釣り合いといい二人の様子といい、何人《なんぴと》の目にもまことに似合いの縁であると思われたによることはいうまでもないが、又一つには思いもよらぬ我が子の出家志願に驚いた両親がこの結婚によってこれを思い留《とど》まらせたいと願う気持ちも手伝っていたのではないかと推察される。

入嫁の日は丁度石上神宮《ちょうどいそのかみ》の祭礼の日に当たっている。村々の喜びと賑《にぎ》わいの中に、五荷《ごか》の荷物を持たれ、お籠《かご》に召されてお輿《こし》入れになったのである。全く村人たちの注目を集めた盛儀であったことと想像される。あまりに臆測《おくそく》が過ぎて、まことに畏《おそ》れ多いきわみではあるが、結婚ということは人生における一大事である。殊に心に深く出家の決意を持たれていた教祖の御心には、ただ華やかな当日の盛儀を寿《ことほ》ぎ祝う第三者には、想像も及ばぬ深い思いがあらせられたことと拝察する。出家志願から結婚生活への転向は正《まさ》しく百八十度の転換である。人は一度己の心に決意したことを第三者の強制によって変更させられる場合、非常な不快と苦痛が伴うものである。そしてそれが大きな煩悶《はんもん》とさえなっていくものである。まして教祖の場合は生涯の生き方として出家の道を心に深くお選びになっていたのである。それをしも両親の意志に従って素直に捨て去って、結婚生活へと進まれることになったのである。正にこの問題は教祖の生涯における最初の節であったと拝察される。

素直の美徳は断じて他人の意見に盲従することではない。教祖は両親の切なるおすすめを素直に受けて尼僧志願を思い留《とど》まられたが、決して信仰そのものへの志までお捨てになったのではなかった。そのことは結婚後における教祖の生活が信仰への精進《しょうじん》によって終始遊ばされている点に徴《しる》しても明らかである。

剃髪《ていはつ》して出家遁世《とんせい》し、身に墨染《すみぞめ》の衣《ころも》をまとうことは信仰の道を進める上にとられる一つの形式であり、仏教における一つの伝統に過ぎない。この形式と伝統を守るため両親のなげきもよそに我が意を通されたとしたら、そこには信仰の形式だけあって精神は既に失われている。後年、教祖によって教えられた真の信心とは人を喜ばし、人を生かすことである。ましてや親の思いを生かさずして決して信仰の道は立つものではない。ここに既に尊いひながたの教えが示されている。

この場合、教祖は全く信仰の形式を捨てて実を活《い》かされたのである。かかる点より拝察しても教祖はただ外見上浄土門によって、その信仰生活をお始めなされたように見えるだけで、その実《じつ》においては、既に浄土宗という既成宗派の信者であったのではなく、もっと根本的な、直接人生に根をおろした信仰をお持ちになっていたものと拝察される。

しかして両親のすすめにより、結婚生活にお入りになった教祖は、その後ますます真剣にこの信仰を掘り下げて行かれるのであるが、そうすると、教祖の結婚はただ一時両親の心を慰める手段に過ぎずして、その後は専《もっぱ》ら自身の好まれる信仰三昧《ざんまい》にお耽《ふけ》りになったかというに、断じてそうではない。むしろ教祖の結婚生活は、まことに真剣と誠実そのものであったことは、その後の生活の事実が明らかにこれを物語っている。

かくして教祖は、いずれか一方を捨てなければ絶対に両立しないように見えた両親の思いと、御自身の志の両方を見事に両立させ、両者を共に活かしつつ、この最初の節をお乗り越えになっているのである。

御結婚後の生活

三十振袖

舅《しゅうと》、姑《しゅうとめ》を叔父《おじ》、叔母《おば》と、かねてからお呼びになって、おなじみになって来たお家に縁付かれたとはいうものの、生家に在《あ》って祖母や父母の愛情を一身にお受けなされて乳母日傘《おんばひがさ》でお育ちになった身が、わずか十三歳にして他家の人となられての生活は、いみじくも身におこたえになり、その心労も多かったことと拝察される。殊に夫や父母に仕えるばかりでなく、数多《あまた》の奉公人を抱える大家で、人の出入りも激しい中に立ち廻《まわ》ることは、定めし気骨の折れることであったに相違ない。

しかし、入嫁されたその日から既に教祖は深窓《しんそう》に育ったお嬢様ではなかった。かいがいしい御新造《ごしんぞう》振《ぶ》りは側目《はため》にも顕著な事実であった。朝は誰よりも早く起き、朝餉《あさげ》の仕度《したく》を調《ととの》えると共に、両親や夫に満足のいくようにお給仕なされつつ、下々の使用人に至るまで、いき届いた心配りをなされ、後の始末に至るまで、決して女中まかせになさるようなことはなく、必ず自ら先頭に立ってなされるのであった。そして畑仕事への人々を送り出されると、直《ただ》ちにすすぎ洗濯や或《あるい》は又、縫い物や機織《はたお》りと次から次へといささかの時間の無駄もなくお励みになるのであった。

かくして夕暮れともなればお風呂や夕餉のお仕度にも何かと心を配られ、夫や使用人たちをお迎えになるのであった。その場合、あたかも自分だけはのん気に遊んででもおったように、言葉を尽くしてねんごろに人々の一日の労苦を感謝され、又おねぎらいになるのが常であった。

しかも教祖は、決して家庭の仕事にのみ没頭されるのではなく、好んで畑仕事にもおもむかれた。殊に秋の取り入れ時などには力盛りの使用人たちに立ち交じってもいささかの遜色《そんしょく》もなく終日働き続けられるのであった。こうして戸外の仕事にお出ましになる場合には、きまって留守中の用意などをねんごろに留守居の者に教えることをお忘れなく、野良への途次《とじ》に行き交う村人たちには愛想よく挨《あい》拶《さつ》を交わされつつ、夫や使用人たちと共に、いともにこやかに、いそいそとして仕事にお出かけになる。

しかして一日の仕事の終わる頃おいともなって、夫に疲労の様子でもあれば、後の仕舞いをお引き受けになり、自分は後に残って一足先に夫にお帰り頂かれることもしばしばであった。しかもそんな時には自分の勝手でもなされていたかのように、おそくなって申しわけございませんと、両親や夫に挨拶され、留守居をした使用人たちにも、一日の労苦にやさしい慰めの言葉をおかけになって、何の疲れも知らぬ気に後片付けなどもお手伝いになるのであった。

こうして終日にわたって寸時のお休みもなく働き続けて、なおかつ、夜は夜とて夜なべに精を出し、又両親の足腰をさすって、その心をお慰めになることをお忘れにはならなかった。しかもこれとてもただ単に手を動かして体を揉《も》みほぐされるばかりでなく、何かと老人の話しかけになる言葉にも一々嬉《うれ》しそうに相槌《あいづち》を打って、年寄りの喜びそうな話をなされながら、その心までも揉みほぐされるのであった。かくての後は何や彼《か》やと明日の準備や計画までもおつけになって、静かに仏間にお入りになり、心からなるお祈りを遊ばすことが何よりのお楽しみであった。そうして使用人たちが寝静まった後から、今一度念のために戸締まりや火の始末をおしらべになり、誰よりもおそく床にお就《つ》きになるのが、その日その日の御日課であった。

こうした、いささかの無駄もなく隙《すき》もないすべてにわたって行き届いた日々の様子を拝察すれば、とうてい十三、四の年若い御方とも思われない。一体に幼少の頃から立居振舞《たちいふるまい》や物の考え方など、齢《よわい》に比して非常に成人しておられたことが偲《しの》ばれるのであるが、それは思想や信仰ばかりでなく、体つきや容貌《ようぼう》まで齢よりは遙《はる》かに老《ふ》けて見えられたように思えるのである。

結婚なされたその年はただの一度もお里帰りをなさることさえなく、嫁としてのお勤めに余念もなくお励みになったが、その翌年、すなわち、齢十四歳の時のお正月に初めてお里帰りをなされたことがある。その折に両輪《りょうわ》という髪を自分で結《ゆ》われ、昨年入嫁の折にお召しになった振袖《ふりそで》を召してお帰りになったところが、村人たちが三十振袖というてうわさし合ったということである。これは一面教祖が、なり振りなどのことは余り御心に縣けられず、至って地味な髪形にお結いになり、お召し物だけは初めての里帰りのことでもあるから御祝儀として入嫁《にゅうか》の折の振袖をお召しになったので、その釣合いがおかしいとて、村人たちのうわさに上ったことを物語るものであるが、また一面には、教祖の日常の生活振りや御心が引き締まっておいで遊ばすので、その容姿も老けて見え、地味な髪をお結いになっていると、三十過ぎの中年婦人の如《ごと》くにさえ見えるところがあったことを物語っている。これが三十振袖というようなうわさを生んだものと思われる。

このように教祖は、結婚わずかに三、四カ月にしてその生活や心が容姿にまでうかがわれるほど、かいがいしくもたのもしい御新造におなりになっていた。しかも生まれつき至って器用な天稟《てんりん》をお受けになり、それに加えて人一倍精励されるのであるから、機織りなどをなされても、どんなかすりや縞柄《しまがら》も自分で工夫してお織りになるばかりでなく、普通一人前の腕で二日はかかるといわれているような機を楽々と一日で織り上げられるなど、非凡の技倆《ぎりょう》と精励振りをお示しになった。しかもその合間合間に親御や夫の仰せつけのことでもあれば、いそいそといとも気軽に御用をお足しになるのであった。そしていつの間に覚えられているのか、どんなお仕事にも非常によく御精通なされていた。例えば、或《あ》る日、父君が「そなた鬚《ひげ》そるか」と言われると「はいそらして貰《もら》います」とお答えになり、父君の持ち出された砥石《といし》と剃刀《かみそり》をお受け取りになり、早速刃をお合わせになって器用な手付きでお鬚をおそりなされたばかりでなく、髪まで結うてお上げになった。これには父君も深く喜んで、その後は、鬚そりはいつも教祖の御役と決まってしまったということである。これが十三歳の時であったというから、縁付き遊ばされたその年のことである。

かくも家庭にあって何なさらぬということもなく、お働き遊ばされて両親や夫に満足をお与えになるのみならず、隣近所の付き合いや、出入りの人々にもあらん限りの心配りをなされて、中山家の体面をお保ちになり、また人々の心をこの上もなく満たされた。

こうした日々が続けられて行くので、両親や夫の満足はいうまでもなく、使用人や近隣の人々も中山様の御新造はなんという行き届いたお方だろうと、たちまちにして評判となって行った。しかも教祖は、かかる評判も少しもお耳にはいらぬものの如く、ますます慎み深く、信心深くお励み遊ばすので、評判はやがて尊敬の念へと高められていった。それでも、おごり高ぶられる様子は露ほどもなく、いよいよ低く、いよいよまめにお働きなされるのであった。

しかし、そのお仕事も、婦人の勤めとされていたものに限らず、野良に出てのお仕事も普通婦人の二人分以上に及び、血気盛りの男達などに立ち交じってお働きなされても、いささかも劣る気色はあられなかった。

世帯をまかせられる

当時の農家は衣食住のすべてにわたって現今《げんこん》に比して遙《はる》かに広い範囲に自給自足が行われていた。従って各農家には綿の木なども栽培されていたのであるが、殊に中山家には綿屋《わたや》という屋号まで残っているほどであるから多量に綿の栽培などもなされておって、綿の取り入れ時には非常に多忙をきわめたのであった。こんな時、教祖も共に綿木ひきに従事されたのであるが、普通、女ならば一日に一反《たん》分、男で二反分の仕事が出来れば上々という標準になっていたのを、教祖は常に一日で二反半ぐらいの綿木をお抜き取りになって人々を驚かせられるのであった。深窓《しんそう》にお育ちなったお方として頑健な体躯《たいく》をお持ちなされておったわけでもないのに、その働き振りには全く超人的なものがあった。仕事をなさる場合には一切を忘れて、その仕事に没入なさるので常人の企て及ばぬ成果をお挙げになったものと拝察されるが、精神一つによってどんなことでも出来ないものはないという尊いお手本をお示し下されているものと拝察する。事実、教祖は人のなすことなら何一つとして出来ないはずはないという気構えで、お百姓の仕事では、何なさらぬということはなく、どんなことにも気軽に御従事なされた。後年に「私は野良仕事は何でもしましたで、唯《ただ》荒田おこしと溝掘りだけはせなかったが」と、自ら述懐されたということである。しかも自分はかくお働きなせばとて決してこれを他人に強制するようなことはなく、たとい使用人たちに目だるいところがあっても、やさしく寛大なお心でこれを見逃し、お育て下さるのみか、時に彼らが粗忽《そこつ》をして、夫や両親からお叱《しか》りを受けるようなことがあっても「これは私のしつけが至らなかったからです。どうかお許し下されませ」と代わりにおわび下され、温かいお心でその失策をさえおかばい下されるのであった。

かくては使用人たちもおやさしい御新造様に御心労をおかけ申しては申しわけがないと、親身になって我勝ちに働くようになり、以前からも和気と活気に満ちていた中山家が、ますます陽気と繁栄の気に溢《あふ》れてきた。

それにつけても教祖が余り頑丈でもないお体で、お休みなされる間もなく働き続けられるので、両親や夫も心配して「働くのもよいが、少しは体もいとうがよい」というように、やさしくいたわり、使用人や近所の人たちまでが教祖の御身を気づかって「御新造様、お働きなさるのもよろしいが、あまり御無理をなされて、もしもお体に障《さわ》るようなことでもあれば大変ですから、少しは御休養をなされませ」と申し上げるようになってきた。

しかし、そんな時にはいつでも、人々の厚意を心から感謝なされながら「いえいえ決して御心配下さるな。私は元来身体《からだ》があまり丈夫な質《たち》でないから働かして貰《もら》いますのや。働かして貰うたら身体を丈夫にして頂けますのや」と、にこやかにお答えなされつつ、なおも働きの手をお休めなさらずお続けになるのであった。

こうした頼もしい様子を見るにつけても、両親の満足と安心は日々に高まり、入嫁の後、わずかに三年目の文化十年、齢十六歳にして世帯一切をお任せになられた。

文化十年といえば、舅は五十五歳、姑の年齢はつまびらかでないが、当年四十八歳になられる里方の父半七の妹であったから、どうしても世帯を譲って隠居せねばならないほどの老体ともいえない。むしろ四十五、六歳とすれば、まだまだ働き盛りといわねばならない。

それに年長の方の目から見れば、どんなにしっかりしているといっても、若い者のすることは、どこか頼りないところが感ぜられてならないものである。従って若い嫁に世帯一切を任せることは、よほどの場合でないとなかなか出来難いものである。殊に伝統と家柄を誇る中山家の大世帯を任せるのであるから、そうやすやすとゆくものではない。それをしも、御入嫁後わずかに三年目にして、十六歳という若い嫁に安《やす》んじて譲っているのであるから、この一事によっても、いかに教祖の御嫁振りが非凡であられたかが拝察される。

もとより、自ら進んでお入りになった結婚生活ではなく、むしろ両親の心に添うために出家遁世《とんせい》の熱願をも捨てて、お進みなされた結婚生活であった。しかもこの両親への随順の御心は単にその場逃《のが》れや一時の気休めをお与えになるための手段ではなかった。真面目《まじめ》に真剣に両親のお望みになる道にお進みなされて三年、遂《つい》に皆から喜ばれ、慕われる立派な世帯人として重きをなすに至られた。御里の両親もこの我が子の成人振りに喜びと安堵《あんど》をお感じになったことと拝察される。ただ、孫娘可愛《かわい》い一念で、ひたすらその健やかな成人を楽しんでいた里の祖母おひさがこの前年に七十五歳で出直していて、この喜びの日に逢《あ》えなかったことが一つの心残りである。

しからば教祖は、この新しく展開した結婚生活に没入されて、両親の予想通り出家遁世の熱願はいつしか忘れておしまいになったのであろうか。あれほどまでに心に深く萌《きざ》された宗教心はどうされたのであろうか。それは結婚後といえども、深まりこそすれ決して薄らぐようなことはなかった。一日

五重相伝を受けられた善福寺

の仕事を終えられて後、一人静かに仏間にお入りになって念仏唱名なさることは、どんなに家業のお忙しい日でも、またどんなにお疲れなさっていても、ただの一日とてお欠かしなさることはなかった。常人の目には、よくもあんなにお続きなさると、不思議に映ることではあるが、教祖におかれては、これほど心ゆく思いのなさる一刻はなかったことと拝察される。

それは決して単なる形式的な念仏唱名の一刻ではなく、本心に立ちかえって深く自らの心をおみつめなさる一刻であり、感謝と反省と決意と誓いの尊い一刻ではなかったかと拝察申し上げる。恐らく御日々のあの超人的な活動の原動力ともなる尊い一刻であったことと信ずる。既に教祖の御信仰は日々の実生活に磨かれて、幼少時代のそれに比し格段の進展をお示しになっていたものと恐れながら拝察申し上げる。

それは既に世の矛盾に対する厭離《えんり》の情でもなければ、夢のような浄土に対する淡い憧《あこが》れでもなく、もっと力強い実生活と不即不離なものとなっていた。しかも一方、幼心に強い印象をお受けになった浄土門の信仰に対しては、御結婚後といえども、いささかも追求の手をおゆるめにならず、御多忙をきわめる家業の合間を見ては両親や夫のお許しを得てお寺詣《まい》りや説教僧の話に耳を傾けることをお忘れにはならなかった。

既に末世の堕落し切った説教僧に、こうした激しい教祖の御追求にお応《こた》え出来るはずはないが、教祖は善《よ》きにつけ悪《あ》しきにつけ、物の真底を見きわめずして、中途半端に見切りをつけるようなことはなされなかった。一度身に触れたものはどこどこまでも追求して、その真髄をおつかみなされずにはおかれなかった。かくして遂に文化十三年の春、御歳十九歳にして中山家の檀那《だんな》寺なる勾田《まがた》村の善福《ぜんぷく》寺において、同寺第二十四世の住職報誉上人《ほうよしょうにん》より五重相伝《ごじゅうそうでん》をお受けなされることとなった。

中

御結婚後の生活と信仰

五重相伝を受く

五重相伝は、浄土宗の第六祖了誉上人《りょうよしょうにん》の頃《ころ》から同宗最高の秘儀として相伝されて、これを受けた者は、浄土信仰の極致に到達し得たものとされて来た。しかし、時代を経るに従って形式化され、次第にその厳粛《げんしゅく》なる内容が失われて行ったことは否めない。そして天和《てんな》年間には、在家の者にこれを授けることの弊害を認めて、厳重にこれを禁止している事実もあって、出来得る限り、粛正《しゅくせい》に粛正を加えつつ、厳粛な内容を存続しようとする努力の跡は見られるが、初期にあっては、これを勤修《ごんしゅ》するのに百日を要したものが、やがて、二十一日となり、教祖がこれをお受けになった頃には、七日間に短縮されている。

又《また》、七日間にしてもお寺に参籠《さんろう》せず、自宅から通ってその儀式に参加したり、極端なのは、死んでから五重を贈ったりする、形式一片に化し去っている跡さえもあるから、単にこれを受けただけで浄土信仰の極致に至った証左と断ずることは出来ないが、教祖の場合は、御歳《おんとし》僅《わず》かに十九歳というお若さて、殆《ほとん》ど後世の安穏《あんのん》をのみ願って集まる老人達の中に交じって、これをお受けになったところに、その求道の熱意の程が窺《うかが》える。

当時教祖と一緒にこの伝授会に参加した人々は、勾田村、守目堂《もりめどう》村、三島村、庄屋敷村、田井庄《たいのしょう》村の五カ村から男七名、女十二名の十九名であったと伝えられる。普通、この儀式の勤修は住職一代の間にただ一回限りとされていたというから、それ程までに厳密に守られなかったとしても、何十年振りかで行われる珍しいことであり、又、めぐり逢い難い機会でもある。それにしては、五カ村を通じて十九名という人員は、決して多い人数ではない。これはかかる秘儀を各種の犠牲を払ってまでも受けようとする程の熱のある信仰者が、老人達の仲間においても、そうざらにはなかった一証左として見る事も出来る。

しかして、この時の参加者の人名は、善福寺に残る記録によれば、

勾田村＝惣兵衛、弥三郎、佐四郎、太助、おみよ、おきく、小ぎん、おいそ、おたみ、おしげ

守目堂村＝おかや

三島村＝長治郎、久七、おいち、おしげ、おしな

庄屋敷村＝おみき

田井庄村＝喜右衛門、お延

とあって、これだけでは、その年齢等は判《わか》らないが、教祖が十九歳という若さで老人達の中に立ち交

じって、これをお受けになったことは、人々に奇異の思いを起こさせ種々当時の話題に上ったと伝えられているから、ここに名を連ねている人々は、殆《ほとん》ど冥土《めいど》への土産《みやげ》位の気持ちで、これに参加した老人連であることが察せられる。

又、教祖にこの血脈を授けた報誉上人が、今度の伝授会に参加した人達の中で、心から真剣に五重を受けた人は、中山さんの御新造だけであった、と語ったという様《よう》なことも伝聞されている。こうした諸々の事実から、当時における教祖の求道の御熱意の程は充分に拝察される。又、かかる言い伝えによるまでもなく、教祖が単に物珍しさから、この伝授会に参加されたのでないことは、結婚以来どんなにお忙しい時でも、一日として仏壇の前に手を合わせることを怠《おこた》られたことがなかったという事実と、一環したつながりがあることによっても明らかである。しかし教祖の信仰への熱情は、決して単に信仰の儀式や、御話を聴聞なさる時にのみ現れたのではなく、日常生活の到る所に躍如《やくじょ》としている。教祖の信仰の真面目《しんめんぼく》は、寧《むし》ろこの日常生活の御実践であった。斯《か》く思う時、この五重の伝授会に現れた教祖の真剣にして真摯《しんし》なる態度は、教祖の信仰の本質を覗《のぞ》く事実としてよりは、一度お触れされた事柄に対しては、飽くまでその究極を究めずにはおかれない性格の現れとして、その意義を拝察する事が出来る。それと共に、両親の思いに従うために、簡単に捨てられたかに見えた浄土信仰への熱意を、一応これによって、達成されたものとして、その意義を拝する事も出来る。

思えば教祖は、御歳僅《わず》か十三歳の頃おいに、止《や》み難い出家遁世《とんせい》の発願《ほつがん》をなされながら、両親の切なるすめによって中山家にかしずかれたので、言わば教祖の結婚生活は、最初から出家遁世と、結婚生活という両立し難い二つの課題を負うて、発足されて行ったのであった。しかも教祖は、先に結婚後僅か三年、御歳十六歳という若さで、世帯一切を任せられる程の信頼を両親から得られ、今は又、十九歳という妙齢《みょうれい》の身に五重の秘儀を受けられて、この両立し難い課題を完全に両立せしめられたのであった。

しかして、斯く両立し難い二つの課題を見事に両立せしめつつ、お進みなさる御生活の中に、教祖の内面的信仰は次第に形を変え、新しくも力強い展開を示されたものと推察する。

従って、念仏唱名を一日として欠かされた事のない熱心な教祖が、いとも真剣に五重の秘儀をお受けになった姿は、これを外面から見れば、愈々《いよいよ》深く浄土信仰に沈潜《ちんせん》なされたかに思われるが、史実は寧ろ反対の結果を物語っている。

既に、激しい野良仕事や多忙な家事に、寸暇のない明け暮れを送られながら、一日として怠られなかった教祖の念仏唱名は、西方浄土の阿弥陀仏《あみだぶつ》を呼び求め給《たま》うお声ではなく、自らの御中に、今日の現実を浄化する仏性を呼び醒《さ》ましておられる御声であった。即《すなわ》ち、教祖の信仰は、外面の形式から見れば、浄土門の人々のそれと異なるところはなかったが、内なる精神に在っては、伝統的な浄土門の信仰を超えた教祖自身の独自な信仰の芽が、ぐんぐん伸びてあったものと拝察される。

五重相伝を受く、その後

かかる時にお受けになった五重の秘儀は、最早《もはや》教祖の信仰生活に、積極的な影響を与える力とはなり得なかったものの様である。と言うのは、従来念仏やお寺詣《まい》りという様に、浄土門の信仰と密接な関係をもって進められて来た教祖の信仰生活が、此《こ》の時を転期として、それが全く見られなくなって了《しま》ったからである。少なくとも史実の伝える限りにおいては、この後の教祖のお口からは一度として南無阿弥陀仏の御声は聞かれないし、お寺詣りをされて、一度の法話に耳を傾けておられる姿も見られない。この意味で五重の秘儀は教祖の浄土信仰に拍車する力となり得なかったばかりでなく、寧ろ浄土信仰に終止符を打たれた様な結果になったとさえ思われる。

即ち、其《そ》の後教祖の御信仰そのものは愈々《いよいよ》深められ、強められて行ったのであるが、浄土宗的な色彩はこれに反比例して漸次《ぜんじ》薄れて行った跡を拝する事が出来るのである。この事は、やがて詳述する処《ところ》であるが、教祖三十一歳の時に隣家の預かり子の命乞いをなされた。あの時の御様子を拝察すれば足りると思う。此の場合教祖は、最愛の我が子二人の寿命と、御身の命を捧げての祈願であるから、如何《いか》に真剣なものであったかは、申す迄《まで》もない事である。ところがこの真剣な祈りが、何を対象として捧げられたかと言えば、村の氏神様であり、稗田《ひえだ》の大師、武蔵《むさし》の大師、奈良の二月堂等々であって、決して阿弥陀様ではなかったのである。

熱心な浄土宗の信仰者としてその信仰生活を始められ、その極《きわみ》に五重の秘儀をお受けになった教祖としては、聊《いささ》か奇異に感ぜられ、殊《こと》に何等《なんら》の信念もなく唯《ただ》伝統と慣習のままに引きずられて行く様な人ならいざ知らず、一貫した強い信念を持って、常に人生の根柢《こんてい》を見つめつつ、生活された教祖であった事を思う時、ひとしお奇異の感じが深いのである。

惟《おも》うにこれは、五重の秘儀が、教祖の信仰に与えた影響は、決して深いものでなかった事を物語るものである。のみならず、浄土宗の信仰そのものにしても、教祖の信仰生活に対して、何等本質的な影響を与え得なかったのではないかと拝察されるのであって、教祖にとっては、阿弥陀様でも氏神様でも、大師様でも観音様でも、選び給うところはなかった。それよりは、真実なる人間生活のあり方の方がより重大な問題であられたのであって、教祖の信仰は正《まさ》しくこれに深い根ざしをもって、独自の展開を遂げられて行ったものと拝察される。念仏も、お寺詣りも、法話の聴聞も又五重の秘儀も、唯この独自なる信仰の展開に、よき奇縁となり参考となったに過ぎなかった。寧ろ教祖の信仰の展開に、本質的な関係を持つものを求めるならば、それは持って生まれた魂と、真実にして真剣なる日常の生活であった。

五重の伝授会にあっては、法話においても、実習においても最重点を置かれている点は、宗祖法然《ほうねん》が智慧《ちえ》第一の法然坊と謳《うた》われる程、宗学の極をつくしながらも尚《なお》晴れなかった迷いの雲を、南無阿弥陀仏の六字の名号《みょうごう》に、豁然《かつぜん》として悟りを開いた精神に基づき、弥陀一仏に帰依《きえ》の誠を捧げ、念仏三昧《ざんまい》の境に入ることであった。又、五重を受けるに当たっては、一重の終わりごとに列祖相承の名を掲げ、固く其の義を守って法持すべき旨を記し、授号の師の署名の後に、これを受ける弟子の名を記してある点等より考えると、これは正しく、父子相伝で家督の血統を継ぐ様に宗祖以来脈々として歴代に相承される宗門の極意を受けて、自らも又その血脈の中に身を置く事をその本義としているものと、考えられる。又、五重の勤修を創始したと言われる第六祖の了誉上人が制定した、五重を受けるに当たっての戒めに、

一、不レ可レ移二余宗余流一之事。

二、無二相伝一輩、血脈書籍、不レ可レ令二被見一之事。

三、口伝趣、不レ可レ出二口外一之事、但除二許可人一。

四、不レ可二心行退転一之事。

五、不レ可レ違二師令一之事。

とある。斯《か》かる条文の示す所から見れば、一度五重の相伝を受けて、宗門の信仰と血脈の繋《つな》がりを持った者は、師の命を固く守り、不退転の信心修行を続け、絶対に他宗の教え等に迷ってはならぬというのがその主意である。

斯かる厳重にして又厳粛なる秘儀を、燃ゆる様な求道の誠に人々も驚嘆する程の熱心さをもってお受けなされた教祖であった。しかも、身に触れる問題を、決していい加減な気持ちで聞き逃される様

な事のなかった、教祖であり、一度決意された事は万難を排して遂行なさる性格を、幼少の時から持って居られた教祖である。この教祖が、五重の相伝をお受けになってから、弥陀一仏に帰依の誠を捧げられるのではなく、却《かえ》って浄土宗の信仰に終止符を打たれたかの如《ごと》く、決して迷ってはならぬと訓《くん》誡《かい》されている他宗・他派に属する仏達や神々に、何等選ぶところなく帰《き》依《え》の誠を捧げ、敬虔《けいけん》な祈りをお捧げになっているのである。

これは、浄土宗の信仰も、五重の秘儀も、教祖の幼少時代から、解決を求めて止まれなかった課題に対して何等の解決も与えては呉《く》れなかったという事である。教祖が幼少時代から解決を求めて止まれなかった課題とは、此《こ》の世に住むあらゆる人間が共に睦《むつ》び、共に楽しく生活する明るい世の中の現成である。

そして教祖が未《いま》だ七、八歳の頃母親に手を引かれてお寺詣りをなされた頃から、胸中に芽生えていた課題である。それ以来十数年、激しい勤労の明け暮れにも、一日として念仏唱名を怠る事なくお続けになったのも、皆この課題の解決を求められた故と拝察する。それが今、宗門の最高の秘儀と言われる五重の血脈相承においても、その解決を得る事が出来なかったのである。

さりとて、この課題の解決は何処《どこ》までも、お捨てになる事の出来ない大問題である。最早《もはや》それが、既成の教えからでは得る事が出来ない事をお悟りになった以上、既に幼少時代からもそうであられた様に、自分の努力によって、自分の力でなし得られる範囲から、世を明るく楽しくする道に進む以外にはなかったのである。結婚以来、両親に仕え夫に仕え、使用人達をいたわり、篤《あつ》く近隣にお交わりになったのも皆、人々の睦び喜ぶ事をのみ、念ぜられる御心の発現に外ならなかったと思うのである。しかも、この方面の実践に対しては年と共に誠実の度を加えられ、天性の慈悲心は益々《ますます》強く、誰彼の差別なく、逢《あ》う人毎《ごと》に情の限りをお尽くしになった。又家業に注がれる丹精と努力も益々強さを加えられ、しかも、聊《いささ》かの疲れも見せられず、寧ろこれを唯一の喜びとなされているかに見えた。後年教祖は、「働くと言う事は、側々《はたはた》を楽さす事だ」と御教えになっているが、自ら精根を尽くす事によって、少しでも他の人々に楽をさせ、喜ばせる事を念じつつ、その努力をお続けになったものと思われる。

斯《か》く慈悲と情が年と共に深まり、家業に丹精される働きが、日と共に激しさを加えた事実も、既成の教えに望みを失われ、専ら自らの努力によって、課題の解決に精進《しょうじん》なされた結果かと拝察されるのである。

さりながら、如何に既成の教えに望みを失われ、ひたすら自らの努力をもって、課題の解決にお進みなされたとて、教祖の態度には、御自身の努力と精進を、絶対とされる様な慢心の気振り等は微塵《みじん》もあられない。弥陀一仏へのひたむきなる御帰依の御様子こそ、聊《いささ》か薄れたかにはみえるが、事ある毎に、人々が霊験あらたかなりと伝えるものであれば、たといそれが路傍の小祠《しょうし》であっても、心からなる祈りの誠を捧げる事を、お忘れにならなかった教祖であった。

斯かる事実に基づいて拝察すれば、教祖の御心の中には、人間というものは決して己の力と能力のみによって生くるに非《あら》ず、何か人力以上の大いなるものの力によって守られてあるという、人生を受け身に感ずる敬虔《けいけん》なる考え方が、おありになったと思われる。

然《しか》らば、かかる考え方は何処から得られたものであろうか。素《もと》よりこの考え方は人間の努力が取るにも足らぬはかないものである事を教え、ひたむきに弥陀の慈悲に縋《すが》る事を強調する浄土門の教えの根柢に横たわった思想である。又その他伝統的な諸々《もろもろ》の教えの中にも一応この考え方が根柢をなしている様に思われる。従って一応こうした既成の教えから学び取られたものと思われない事もない。けれども、教祖は、どんな事も人の言う事は一応は、素直にそれをお受けになっても、他面どんな小さな問題にしても、決して無批判にそのまま伝統をお受けなさる様な方ではなかった。必ず自らの経験に基づいて、それを確認されるのでなければ、自らの信念として遂行《すいこう》せられない性格を、お持ちになっていた様に拝察さして頂くのである。

さすれば、一体何処《どこ》からこれを確認されたのであろうか。斯かる事まで推察する事は、あまりにも私一個の推察が過ぎる事を恐れる次第ではあるが、今少しく私一個の推察の筆を進める事を許して頂き度《た》いと思う。

教祖が日夜精励された家業は、農業であった。一体に百姓の仕事というものは、断じて人間の努力のみによって成り立つものではない。寧ろその成否の大部分は人力によって如何《いかん》ともする事の出来ない天候に左右されている。修理や肥に汗水流して働いても、一朝《いっちょう》天候の不順に逢えば忽《たちま》ち収穫は半減される。照り過ぎても困るし、降り過ぎても困る。また順調な天候と不断の努力によって、やがて豊かな稔《みの》りの秋を迎えようとする頃、不幸にも颱風《たいふう》の惨禍《さんか》にでも見舞われようものなら、百日の努力も一朝にして潰《つぶ》れる様な事も起こらないとは限らない。また稔りの方は順調であっても、気候の加減で盛んに害虫や病虫の繁殖に悩まされる事もある。大自然の摂理の前に人間の力や努力は洵《まこと》に微弱である。

さればとて人間の努力が決して無価値なのではない。額に汗する修理肥やしの努力なくしては絶対に豊かな稔りは望めない。たとい不順な天候に見舞われても、あらゆる悪条件と闘って営々として働く人間の努力は、必ず稔りの上に現れて来る。こうした性質を持つ百姓仕事に謙虚な心をもって、日日お努めになる教祖は、自《おの》ずから大自然の摂理の偉大さをお悟りになると共に、また人間の努力の尊さを、身をもって悟って行かれたのではないかと、恐れながら拝察するのである。そして豊かに得られた稔りをも、決して単に自己の力と努力によってかち得たのではなく、自分の努めに対して与えられた天の恵みとして、敬虔なる感謝の心をもってお受けなされたのではなかろうか。

かようにして、人間というものは決して単に自分の力と能力のみによって生きるものではなく、大いなるものの力によって生かされているのである。従って自分の力によって成功し、健康を得、収穫を得るのではなく、営々として努め尽くす真実に対して成功が与えられ、健康が授けられ、収穫が恵まれるものであるという、謙虚なる人生観をお持ちなされる様になったのではないかと拝察するのである。大して丈夫なお体でもないのに、あまりにお働きが過ぎて、お体に障りはせぬかと懸念される人々に対して、「私は体が弱いから働かして貰いますのや」と仰せられたと伝えられる史実等が、こうした教祖の人生観を明らかに裏書きしていると思う。かかる人生観こそは正しく、後年月日のやしろとしてお伝え下されたかしもの・かりものの理の根柢にかようものであると申す事が出来る。即《すなわ》ち、月日のやしろとして直《じ》き直きに親神様の思召《おぼしめし》をお伝え下された教祖は、既にその二十数年も以前に真剣なる求道の生活をとおしてかしもの・かりものの理の根柢に通ずる人生観をお持ちなさるに至られていた事が拝察されるのである。

御孝養

真実の孝養

幼少にして信仰心を起こされた教祖は、母親の信仰の奇縁によって、ひたすらに阿弥陀仏に帰依《きえ》の誠を捧げられたが、やがて仏に捧げられる敬虔《けいけん》なる祈りは漸次祈りの実践となり、力強い祈りの生活にお入りになった。

祈りの生活とは、単に仏に祈るばかりではなく仏の心を心としての生活である。衆生済度《しゅじょうさいど》の弥陀の誓願を身をもって行う生活である。而《しか》も既に教祖の心に宿る阿弥陀仏は、浄土宗で言うところの既成の仏ではない、人類に祝福を与えられる大いなる意志をもって一切を摂理し給う大いなるものである。それは弥陀と呼んでも神と呼んでも、天と呼んでもよいのであって、決して既成の呼び名に拘泥《こうでい》せられるところではない。かように推察さして頂く事によって始めて、神でも仏でも太子でも大師でも、何様であっても敢《あ》えて問わず、心の限りの真実を捧げられた教祖の態度を理解さして頂く事が出来るのである。教祖におかれては神や仏が問題であったのではない。如何《いか》にまごころを捧げるかに問題があった。更《さら》にいえば凡《すべ》ての人間がもっと明るく楽しい生活をする様に真実を捧げ尽くす事にあった。従ってこの目的の為《ため》にあらゆる神仏にまごころの限りを尽くしてお祈りされたばかりでなく、身に触《ふ》れ給うあらゆるものに誠の限りをおつくしになった。夫に貞節をつくされたのも、両親に孝養をつくされたのも、家に働く人々をおいたわりになったのも、近隣の人に親切をつくされたのも、家業に丹精なされたのも、一切がその誠の現れに外ならない。それらの凡てが、教祖の力強い祈りの生活であったと拝察するのである。従って夫に対する貞節も、両親に対する孝養も、人に対する親切や情も、また家業に対する丹精も、漸次《ぜんじ》常人の常識や道義の域を超えて、深い宗教的な色彩にいろどられて行くのを拝するのである。

教祖は、元来器用であられたので、幼少にして未だ母親の頭に手が届きかねる頃にも、足台をして母の髪を結ってお喜ばせになったと伝えられる程であるから、結婚後は舅姑《きゅうこ》の髪の世話には人手を借りる事なく常に自らこれをなされた。のみならず、入嫁《にゅうか》後間もない頃、舅《しゅうと》が「そなた髭《ひげ》そるか」とお尋ねになったのに対して「はいそらして貰います」とお答えになっている、そして父君が剃刀《かみそり》と砥石《といし》を持ち出されると、剃刀を上手にあわせて器用に髭をおそりになっている事実がある。それ以後、父君の髭そりも、教祖の仕事の一つになったであろう事は申すまでもない。

また大和《やまと》地方には昔から「親に孝行銭金いらん、とかく言葉でたんのうさせ」という様な事を言われていたが、教祖は後年これをもじって「親に孝行銭金いらん、とかく按摩《あんま》でたんのうさせ」と仰せになって、親を喜ばせる道をお教えになっている程であるから、両親がこの世におわす頃には、たとい一日の激労でどんなにお疲れになっていても、両親の足腰をさすってそのお心をお慰めになる事は、一日としてお欠かしになる事はなかった。

殊《こと》に両親が世帯一切をお任せになって隠居なさるようになってからは、聊《いささ》かなりとも親に淋《さび》しい思いを与えてはならぬと、ひとしお凡《すべ》ての点に心配りをされた。元来、質素倹約を旨とせられるお心であるから、衣食等についても、ただ餓《う》えを凌《しの》ぎ、寒さを防げば充分という思いで日々の生活をお過ごしになっていたが、隠居所の方だけは常に特別の配慮を怠られなかったという事も伝えられている。

而《しか》もこうした御孝養にしても、決して単なる義理や体裁《ていさい》でなさるのではなく、身に触れる一切のものにあらん限りの真実を捧げずには止まれぬ求道の現れであり祈りの具現であるから、次第に人間の常識を超え、道義を超えた世界に進んで行かれた。

舅姑の出直し

文政《ぶんせい》三年六月十一日、教祖二十三歳の時、舅善右衛門《ぜんえもん》は齢《よわい》六十二歳で出直した。入嫁以来満十カ年、真実こめて孝養をつくした舅とのお別れに、教祖の悲嘆の程も、さこそと思われるが、それにも増して力を落とされたのは姑《しゅうとめ》のきぬであった。

夫を失い、妻に死別する悲しみは恐らく人生最大の悲劇であるが、長年連れ添うた老後になって、その悲劇に逢う時、その悲しみはひとしお深刻の度が強いのである。老人にとって唯一の語り相手であり心の慰め手は互いにその連れ合いである。

従ってその唯一の慰め手である連れ合いを失う事は正に致命的な打撃であり、救い難い淋しさにつき落とされて、最早《もはや》生きる気力さえ失うに至るのである。仲のよい心の融《と》け合った老夫婦が、その片相手を失った時、自殺する訳ではないが、残された一人が間もなく後を追うて死んで行く様な事実は、少し注意深く我々の周囲を眺《なが》めて見れば必ず遭遇《そうぐう》する事の出来る事実である。老後になって妻を失い、夫に別れるという事はそれ程までに深刻な悲しみであり、淋しさである。これをそのまま裏書きするかの様に、夫を失った姑きぬは、その後、側《そば》の見る目もいたわしい程悲嘆《ひたん》の底に沈んで居る。

明けて文政四年、姑きぬは病を発して寝こんでいる。史実はただ病と伝えるだけで、如何《いか》なる病なるかその様子を伝えては居《お》らぬが、私は、これは単なる肉体の患《わずら》いではなく、気病《きやまい》と申すか、夫を失った悲しみに、生きる気力を失い果てて、あたかも病気の如く寝たり起きたりしている悲嘆の果ての姿かと察するのである。

折から教祖には妊娠中の身であったが、この悲嘆の底に沈む姑の様子を見るに見兼ねて、如何にもして心の晴れる道はないかと思案の末、自ら姑を背負うて近隣をお歩きなされて、その心をお慰めになられた。

真に老人の心境を知る者は、同じ年頃の老人である。若い者には老人の心の淋しさ等は解《わか》らないのが普通である。姑を背負われた当時、教祖は齢僅《わず》か二十四歳という若さで、普通から言えば未だ老境の淋しさなど想像も出来ない程の年頃であった。然《しか》し、常日頃から凡ての人々の気持ちを考え、相手の求むるところに入り切って真実を捧げつくして来られた教祖には、夫を失われて、生きる気力もない程の悲しみに打ち沈んで居られる姑の心が手に取る如《ごと》くお解《わか》りになっていたものと思われる。さればこそ、この悲しい姑の心を慰める為《ため》に、あらん限りの心尽くしをなされたのであった。而も如何に心を尽くせばとて、とうていこの姑の心をお慰め申す事は不可能であり、真にその心を慰める事の出来るたった一人の方である夫は、既に此《こ》の世にいない事にお考えが及ぶ時、身も共に救い難い姑の悲しみに共感されたものと拝察されるのである。そうした配慮の果てに、姑が、若かった頃親しくお交わりになったという近所の誰彼の顔を心に浮かべられ、その方々と、たとい片時半時でも、なつかしい昔語りをなさる事が、せめて姑の心を慰める上に残された唯一の道であると、思いを其処《そこ》に巡らされる時、教祖は、もうその姑の淋しい心になり切って我を忘れてお了《しま》いになったものと拝察するのである。即ち、身は、正に子供の生まれる臨月の身重の体である事さえも忘れ果て、姑を背負うて、その好む所に従われたものと拝察する。

そして、姑が、親しい昔なじみの方々となつかしい昔物語りする間、じっとその傍《そば》につき添われていたものと思う。話に華が咲くにつれて、姑は如何にも楽しそうに日頃の悲しみも消え去って、お顔の色さえ生き生きと輝いて来られた事であろう。そうした満足の様子を、じっとお眺めになりながら、「やっぱりお供を申し上げてよかったなあ、あんなにお喜び頂く事が出来て」と、我が事のようにお喜びなされた教祖であったと拝察さして頂くのである。この心の中にはいり切った孝養に、悲嘆のどん底にいた姑のお心も、次第に温かくほぐされて、漸次、身心共に立ち直って来た事であろう。その事は、姑が尚《なお》七年の後まで生存している事実に徴《しる》しても明らかである。

一方、教祖には、この年文政四年七月二十四日、目出度《めでた》く長男善右衛門《ぜんえもん》をお生みなされた。この方は後に秀司《しゅうじ》と改名し、長く教祖と共に御苦労下された方である。教祖には、結婚以来十一年目に、齢二十四歳をもって初めて母となられたのである。久しい間、子供のなかった家庭に聞く長男の呱々《ここ》の声は、舅出直し以来、特に淋しかった家庭に、再び春の様な陽気を呼んだ事であろう。当時の世は未だ封建時代で、「子なきは去る」等と言われて、世嗣《よつぎ》を産めない様な女は離縁されるのが当然であると考えられていた様な時代である。殊に時折、両親が「家《うち》の嫁は何一

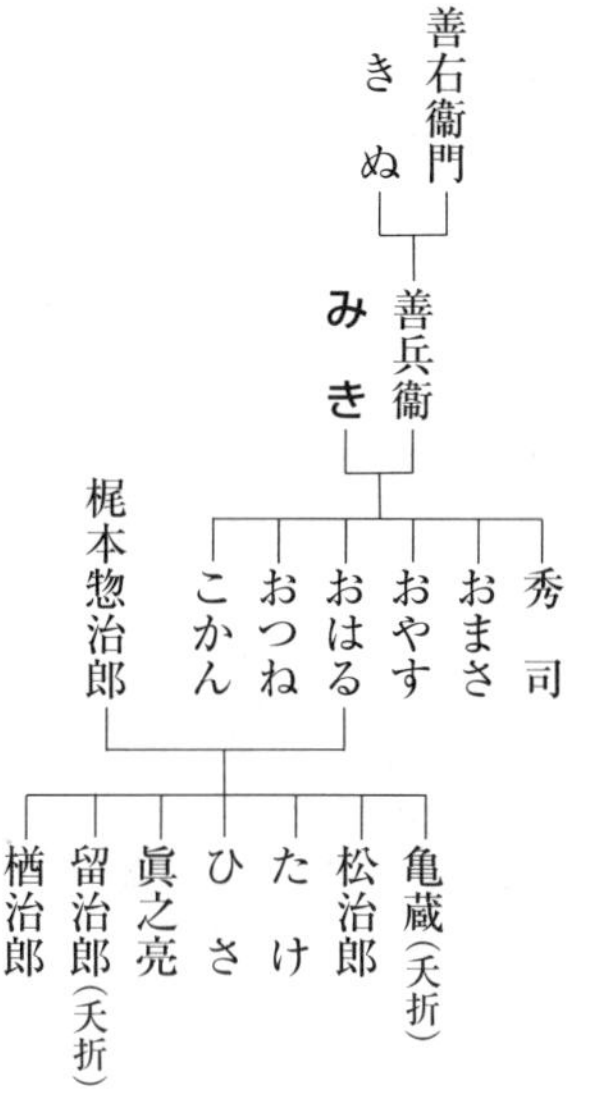

中山家系図

つとして欠点の無い、よく出来た嫁ではあるが唯《ただ》一つあれで子供さえ出来たら何も言う事はないがなあ」等と話し合われているささやきが、耳に入らぬ筈《はず》はなかったから、定めし教祖も、女としての勤めを果たす事の出来た喜びに、何とも言えぬ安らぎを覚えなされた事と思う。

また、姑も、久しい間待ち兼ねた初孫の顔を見て、生きる気力を失われたほどの淋しさも忘れられて、再び生き甲斐《がい》のある希望と喜びを見いだした事であろう。

子供を得られて育児の任をも加えられたが、教祖は単に子供だけに心を奪われる様な事なく、尚《なお》も姑の淋しい気持ちになり切って孝養を怠られなかった事は申すまでもない。斯《か》かる中に、文政八年四月八日長女おまさが誕生、更に文政十年九月九日には、次女おやすが生まれた。当時、長男善右衛門は既に数え年七つの可愛《かわい》いいたずら盛りであり、長女おまさは数え年三歳で、そろそろ片言まじりに物を言い始める年頃であった。

教祖も、今は既に三人の子持ちになられ、普通から言えば子達の世話だけでも手一杯というところであったが、尚もあらゆる方面へのお心配りを怠る事なく、愈々《いよいよ》甲斐《かい》甲斐々《がい》しく立ち廻《まわ》られたけれども、今では激しい日々の活動の中にも、可愛いお子達と楽しげに戯《たわむ》れる夫や、姑の様子を御覧になる折節等もあり、人間として楽しい一瞬もおありになったかとも思われる。

姑きぬは、可愛い孫達の顔を見るにつけても、一人の孫の顔も見ずに出直した夫の事を思い出す様な一瞬もあった事であろうが、可愛い三人の孫になつかれて、且《か》つは生みの子も遙《はる》かに及ばぬ教祖の孝養にかしずかれて、満ち足りた晩年を過ごしたが、寿命と申すべきか、おやす誕生の翌年、文政十一年満足の中に出直した。

御貞節

善兵衛とおかの

教祖が齢《よわい》十三歳で、中山家に嫁がれた時、夫善兵衛は二十三歳であった。姑《しゅうとめ》の歳《とし》は詳《つまび》らかではないが、舅《しゅうと》は齢五十二歳であった。この舅が文政三年六十二歳で出直すまで十年、又《また》姑が文政十一年に出直すまで十八年、夫々《それぞれ》孝養の限りを尽くされたのであったが、その教祖は同時に、又夫に対しても、この上もない貞淑《ていしゅく》な妻であられた。何一つとして夫にさからうような事のなかったのは言うまでもなく、寧《むし》ろ積極的に夫の思いを察し、その心にはいって、まめまめしくお仕えになった。

一体に教祖は何時《いつ》の場合でも相手の気持ちを察し、相手の気持ちになり切って、人々にお接しになるのが、幼少時代からの特徴であられたかと思われるのであって、未だ七、八歳という幼少の頃、近所の子供に菓子を与えて、その喜ぶ様を見て自分の喜びとして居られる姿の中に、既にその性格の現れを明らかに拝する事が出来るのである。幼心にも、どうすれば近所の子供が喜ぶか、どうすれば近所の子供の親達が満足するか、こうした思いやりのお心がその根柢《こんてい》に流れていたのではなかろうかと拝察するのである。中山家の人となりになって以来の、あの甲斐々々しい態度は、凡《すべ》て、どうすれば両親がお喜びになるだろうか、どうすれば夫が満足されるだろうか、又どうすれば家の者達が、ほんとうに心から喜び勇んで働く事が出来るであろうか、又どうすれば近所の人々が喜ばれるだろうか、凡て相手の心を思いやり、相手の身になり切ってお考えになるところから発したものと拝察する事が出来る。而《しか》も幼少時代においては聊《いささ》か、浄土宗の影響をお受けになっていたので当時はそのお心に抱かれた「如何《いか》にすればこの世の中の、凡ての人が互いに助け合って楽しく暮らす事が出来るであろうか」という理想の成就《じょうじゅ》を、彼岸に求めようとなされる傾向があったので、その生活には何処《どこ》か物静かな、厭世《えんせい》の匂《にお》いがあった。ところが、結婚以来は次第にこの心の課題を日常生活の実践によって、現世にこれを成就しようとする努力に進まれ、五重相伝を転機として、ひとしおその色彩を深められたかに窺《うかが》える。

従ってその日常の生活には生き生きとした現実的な生気と明るさと積極性が拝される。そして、相手の心を汲《く》み、相手の身になってお努めになる態度にも、単に相手の心を察せられる思いやりと言う様な人情的なものだけでなく、胸に抱かれる大きな課題の解決への祈りと、精進のお姿を拝する事が出来る。臨月の身重な体をもって姑を背負うて、その老いの淋しさをお慰めになった行動等は、明らかにその現れとして拝察出来るのであって、人を楽しませ喜ばせる為には、全く自分を顧みないという捨身《しゃしん》の真実をお示しになっている。而も、それは決して苦しい自己犠牲ではなく、寧《むし》ろそれを無上の喜びとなされてる様子が明らかに拝される。

斯《か》かる態度で、両親や夫は素《もと》より、凡ての人に接しられたから、誰一人として教祖を敬慕せぬ者はなかった。夫とても、斯かる妻に不満があろう筈《はず》はなかったと思われる。

然《しか》るに、何時《いつ》の頃か時代は詳《つまび》らかでないが、夫善兵衛は、家事を手伝っていた使用人のおかのという者を寵愛《ちょうあい》する様になった。自分の妻に対しては別段これという不満がある訳ではないが、かりそめにも他の女に情を通ずるという事が、今の世にもよくある男性に通有《つうゆう》の浮気心であると断じてしまえば、別にその理由を詮索《せんさく》する必要もないが、この事実が何時頃の出来事であるのか、その年代を推定しようとする上から、その理由と睨《にら》み合わせて色々な推測や臆測《おくそく》が行われている。

その一つは、斯かる問題の世に有り勝ちなのは男の四十前後、所謂《いわゆる》、結婚の倦怠《けんたい》期に多いと見て、夫の四十前後、即《すなわ》ち教祖の齢三十歳前後と推して、特に教祖の妊娠中の頃を推定しているものである。

他の一つは、教祖結婚の年齢が十三歳という年少であったので、男盛りであった夫は、早くから他の女を愛されていたという推測である。何《いず》れも、世間一般の事例から類推した臆説であって、何等の根拠もないものである。

立派な妻がありながら他の女に情を通ずるという事は、今日の常識からすれば、道の理に照らせば素より、社会道義の上から見ても許す事の出来ない不徳であるが、旧幕時代の社会は男子本位の社会であり、あらゆる制度も男にのみ都合よく造られていた。「子なき者は去る」とは、所謂、三従七去の筆頭に挙げられている箇条である。妻に子なき時は離婚されても文句の言えない世の中であった。況《いわん》や世嗣《よつぎ》の無い場合、子供を他の女の腹に求めたとて当然の事として許された。かかる時代に生活して居《お》られたのであるから、仮におかのの事件が教祖十九歳前後の事とすれば、結婚以来六年、未だ子供の無かった頃でもあるから、当時の社会通念を基にして考えるなれば、決して善兵衛を咎《とが》める事も出来ない。

然《しか》し乍《なが》ら、人間夫婦の愛情は、今も昔も変わるところがない。夫の愛が他の女に移った場合の妻の悲しみは同じ事である。唯《ただ》、浮世の習いとして悲しいあきらめに終わるだけで、寧ろ今日の如く公然と異議を申し立てる事が出来ないだけに、その心に燃える嫉妬《しっと》の情も強かったと思われる。然し、この事を前にせられた教祖は、決して当時一般の封建時代の女性の如く、悲しいあきらめに、暗い忍従の生活をして居られるのではなく、この事を悟られてからも、夫に仕える態度、又おかのをはじめ他の家の者に接しられる態度、又家業に丹精なさる御態度など聊《いささ》かも以前と変わるところなく、明るい積極性を持ち続けておられる。而も、この事件が周囲の人々の目にも余る程、あらわになっても、教祖の様子は何等変わりなく、側目《はため》からは、未だ教祖はこの事を気付いておられぬのかと思われる程であった。

或《あ》る日、隣家である足達《あだち》家の当主が、日頃から親しい中山家の事ゆえ、親切心もあり、かつは常に教祖の尊い日常に、心から敬意と親しみを感じている上から、他人事とも思われず、秘《ひそ》かに教祖にむかって二人の様子に気を付けられる様に忠告した。ところがこれをお聞きになった教祖は、聊かも心を動かされた様子もなく、心からその厚意に感謝された後、「夫の身持ちに関する限り、妻である自分が一番よく承知して居ります。決して人々の口の端に上る様な事は後座いませんから、何卒《なにとぞ》御心配頂きませぬよう」と、確信のある態度でお応《こた》えになったと伝えられている。

家人は素より近隣の人々からも、敬慕されておられる教祖の事であるから、夫とて教祖に不満などある筈はなく、寧ろ身に過ぎた立派な妻として、内心尊敬の思いさえ抱いて居たのではないかと思われる。齢僅か十六歳にして、両親の大きな信頼を得られ、世帯一切を任せられた程のお方であり、以来、大世帯を抱えて見事にこれを切り盛りなされるばかりでなく、心中深く尊い人生の課題をお持ちになって、その解決に向かって日夜努力と精進をお続けになっている教祖は、人間として何処《どこ》から見ても一分の隙《すき》もなかったに相違ない。斯かるお方を妻として持つ夫善兵衛の心持ちを思えば、余りにも尊く気高過ぎて、気楽に心の打ち解けた語らいをするのに、何かしら気のおけるものがあったのではなかろうか。教祖としては、何処までも妻として夫に満足頂けるよう心の限りを尽くされたに相違はないが、教祖の心境の高まり行くにつれ、次第に夫婦の心の隔たりが深まって行ったのではないかと恐れ乍《なが》ら拝察するのである。そして斯かる心の隙間《すきま》に姿を現したのが、使用人のおかのではなかったかと拝察するのである。

教祖におかれても、何処か紙一枚の心の隔たりを置かれる夫の気持ちがおわかりにならぬ筈《はず》はないから、早くから、何くれと心を配られて夫にお仕えなされていた事は言うまでもないであろう。それなればこそ、この事件をお知りなされても、夫の心を忖度《そんたく》なされ、妻として夫の心に充分の満足を与える事が出来ず、夫の心に隙を与えた身の不徳を、強く心に反省なされたのであろう。

恐らく、当時の教祖の心は、

「使用人を相手にしてさえ、その心を慰めにならなければならぬというのは、よくよく何処か心に淋しさがあるからだ。心に隙があるからだ。その心の隙や淋しさを与えたとすれば、それは全部妻たる自分の責任である。もしも自分が充分に夫の心に満足を与えていたなら、何を好んで使用人を相手に心を慰める必要があろうか。みんな私が届かぬからだ」

という思いではなかったかと推察するのである。

それなればこそ、夫を恨む事もなく、却《かえ》って申し訳がないという、ひとしおやさしい思いやりをもって、ますます夫の心の安まるように仕えられ、又憎い筈のおかのに対してさえ、「自分の足りないところを自分に代わって夫の心を慰めて呉れるのだ」との思いで、「ご苦労様」という労《いたわ》りさえ籠《こ》めて、益々《ますます》おかのを可愛《かわい》がって居られるのである。ここには決して悲しいあきらめの姿は見えず、積極的に事態に対処されている様子が窺える。

教祖とおかの

夫善兵衛にしても、神の如き教祖の寛大なる態度を見ては、自責の念に責められる事もあった。けれども邪恋《じゃれん》に一条なるおかのは、神の如き教祖や微妙なる善兵衛の心を察する様な心の余裕などあろう筈はなく、ひたむきに自己の情を募らせて行ったのに相違ない。後に現れて来るその行動等から推《お》して、おかのには強い妖婦的な性格があった様に思われる。二十三歳から三十三歳の男盛りまで清らかにして、又静かな結婚生活を送って来た善兵衛にとって、斯かる女の出現は通り魔の如き魅力を投げかけたものと察せられる。教祖の寛大なる様子に却《かえ》って強く心を責められながらも、確信に充《み》ちた態度で周囲の者の陰口をさえ封じて行かれる広く大きな教祖の庇護《ひご》の陰に甘えながら、次第に深みに落ちて行った様に思われる。

そして遂《つい》にはおかのを供に連れて、奈良や長谷《はせ》等と附近の名所見物に出かける様になって来た。斯かる折にさえ教祖は、

「どうぞ気軽にお出かけなされませ。たまには気保養をなされませぬと気分が鬱積《うっせき》していけませぬ」

と、直《ただ》ちに夫の申し出に賛成し、又さすがに夫が「おかのを供に」とは言い出し兼ねて居る折等には、自らすすんで、

「お出かけになるにしても、お一人では何かに不都合でございますから、誰かお供をお連れにならぬといけませぬ。お供には誰がよろしうございましょう。そうそうおかのが居ります。あの子は気転の

利く子でございますから、あれがよろしうございましょう。おかのをお連れなさいませ」

と、寧《むし》ろ自分から夫の気持ちを汲《く》んで、いそいそと旅出の支度《したく》をなされるのであった。而《しか》も、こんな折には決まっておかのを呼び寄せ、

「おかのや、旦那《だんな》様のお供をするには、そのなりではよくないからこれを着ておいで」

と、わざわざ御自分の晴れ衣《ぎ》を出して貸し与え、又、

「髪の形も、それではよくないから、此処《ここ》へお坐《すわ》り」

と、鏡の前に坐らせて、手ずから、如何にも夫の供に応《ふさ》わしい、大家の若奥様の様な髪形に結い上げて、自分の持ち物である、立派な櫛《くし》、簪《かんざし》までも出して来ては、おかのの頭に飾っておやりになって、

「さあ、それでは気を付けてお供をしてや」

と言って二人を送り出しておられるのである。

惟《おも》うに、当時は、身分や階級によって家の建て方や服装等に至るまで、生活の様式が細々と厳密に規定されていたので、髪の形や服装を見ただけで、その人が娘か、人妻か、又未亡人かが、判然とわかる事は言う迄《まで》もなく、或《あるい》は大家の婦人であるとか、又何処かに使われている使用人であるとか、そうした身分までも直ちにわかったのである。

従って二人が何処かに出かけるに当たって、おかのの衣装や髪の形にまで、細やかに気を配られたのは、凡《すべ》て夫の身になり切っての行き届いた心遣いであったと推察する。即《すなわ》ち、大家の若旦那が、使

用人と一緒に歩いている姿は、あまり見易《やす》いものではない。殊《こと》に体面を重んずる事の強かった当時の社会を思えば、夫の体面にもかかわる事である。こうした夫の身を思われ、夫の身になりきった心遣いが、ああした行いとなって現れたものと推察するのである。

これ程の行き届いた真実と、寛大さをもって遇せられたら、洵《まこと》に申し訳がないという反省の心が湧《わ》いて来るのが人情の自然と思われるが、邪恋に狂うおかのは、最早《もはや》身の非行を反省する理性を失い果てていた。のみならず如何にもして自分の邪恋を遂げようとする唯一途《いちず》なる情炎のとりこになり果てて、前後のみさかいもなく、事の善悪をわきまえる心の余裕さえも失っていた。そしてその揚げ句の果てには、

「こんなに旦那様の御寵愛《ちょうあい》を頂いているのだから、もしも、この御新造様さえなければ自分がそのあとに直れるのだ」

という恐るべき野望を起こし、遂《つい》に勿体《もったい》なくも、神の如き教祖に毒を盛って差し上げた。

毒を召された教祖は非常にお苦しみになった。この思いもかけぬ出来事に打ち驚いた人々は、同時におかのの素振りに疑惑を感じた。

「おかのが怪しい」

「もしかしたら……」

人々は直ちにおかのを捕《と》らえて糾明《きゅうめい》しようと責めたてた。時に教祖は丁度《ちょうど》毒にあたった苦しみの最

中であったが、その苦しい息の下からも、おかのを責める人々の手を押し留《とど》め、

「いいえいえおかのが悪いのではありません。これは私の下地が悪かったので、一寸《ちょっと》食あたりしただけです。きっと私の心が汚いので神様が御掃除をして下されたのでしょう。決しておかのを責めては下さいますな」

と、大した苦しみでもないような様子を装いながら、おかのを罪から庇《かば》われた。

事ここに至ってはさすがのおかのも、翻然《ほんぜん》として覚めない訳には行かなかった。申し訳なさに号泣した。そして遂にはお屋敷に居たたまれなくなったのか、何処《いずこ》へか姿を隠して了《しま》ったという事である。夫も悪夢から覚めた様に正気に帰った事は言うまでもない。

この事実は何を我々にお教え下されているのであろうか。私は、「徹すれば道開ける」という真理であると悟る。後年になって、

「捨てゝはおけん、ほってはおけんと言う処《ところ》まで行けば神が働く」

とお諭しになっているが、真実の限りを尽くして親神様が「捨てゝはおけん、ほってはおけん」と思《おぼ》し召《め》し下されるところまで徹し切れば、如何なる難局も必ず打開されるものであるという事を、身をもってお示し下されているものと拝察される。

又、我々は、常に相手の非行をのみ責めようとするが、それは決して事態を解決する道ではない。事情の縺《もつ》れの原因と責任の半分は、必ず自己にもあるものである。己の心と態度が変わる事によって

必ず事態は変わるものであるという、真理をお教え下されているものとも悟れる。

御慈悲

限りなき慈悲

教祖のお心境は、愈々《いよいよ》高く、愈々清く澄み切り、日常の行いも、最早《もはや》通常人間の道徳的行為の域を超えて、宗教的行為と言うか、一種崇高《すうこう》なる神の如《ごと》き様相を現していた。既に述べた親孝心や貞節にしても、世に所謂《いわゆる》、親孝心や貞節の域を超えた何ものかがあったように拝察された。それは単に一個人の親に対する孝養という域を超えて、世の中一般の老境の淋《さび》しさにある凡《すべ》ての人々に温かい同情と救いの手をお伸べ下されているような響きがあった。

貞節にしても、最早一個の女性が、その夫に対する忍従の生活をして居るというような消極的な態度ではなく、広く世間一般の、かかる矛盾と悲しみにある人々に向かって、円満なる解決の道を指示して下されているような感じがするのである。

それは幾度も繰り返して申す事ではあるが、如何《いか》にすれば世の中から、矛盾と悲しみと不幸を取り除いて、人皆が倶《とも》に和楽する事の出来る、明るい世の中を実現する事が出来るであろうか、という大きな課題を解決しようとする熱願が、日常生活の事々に実践としてほとばしり出る処《ところ》に、自《おの》ずから現れた行動かと推察される。

従って教祖の愛情と慈悲と真実は、両親と言わず、己が夫の愛を盗んだ、邪恋の女にさえも隔てなく注がれたのである。教祖のおわす所、たちどころに不幸や悲しみや葛藤《かっとう》は消え、喜びと感謝と悔悟《かいご》の中に、なごやかな平和と幸福が招来された。そして幼少時代から抱かれた大きな課題が、今では一歩々々解決されて行くかに見えた。

中山家は、単に家族ばかりでなく、大勢の小作人や、使用人等を抱えた大家族で、この大世帯を切り盛りするだけでも並々ならぬものがあったが、今や教祖は、単に世帯の切り盛りや、家庭の治め向きというような世俗の域を脱して、これら多くの人々の、家庭の様子や、微細なる心の動きにもよく目を注がれ、誰彼の差別なく限りない慈悲心をかけられた。時に使用人の誰彼に何か粗相があったような場合にも、一度としてその非を責めた事がないばかりでなく、他人からその粗相を咎《とが》められた場合など、きまってその罪を身に引きかぶり、

「私が注意をしておかなかったのが悪かったのです」

とか、

「平素私のしつけが悪い為《ため》にこんな事になったのですから、どうか許してやって下さいませ。今後はきっとこんな事のないようによく気をつけます」

と、その者に代わってお詫《わ》びをして下さるのが常であった。

又、たとい御自分が人一倍働いていても、使用人には出来るだけ休養を取らせるように細やかな心配りをなされ、農事の休日などには、御自分で弁当の用意までしてやって、使用人達を物見遊山《ゆさん》に出してやられるのであった。

こういう風であったから、人々は常に感謝と喜びをもって陰日向《ひなた》なく心からよく働いた。そして中山家の家中には聊《いささ》かの暗い陰もなく、常に明るい和気と喜びが満ちていた。

教祖は後年、

「一名一人《いちにん》の心に誠一つの理があれば、内々十分睦《むつ》まじいという一つの理が治まる」

とお諭しになっているが、この真理を此《こ》の当時、既に身をもって御実践下されているのである。

斯《か》くの如くにして、教祖は幼少の頃より胸の中に抱いていた大きな課題の解決を、先《ま》ずその家庭の中に実現しておいでになった。そしてやがてこれを漸次《ぜんじ》その周辺に拡大して行かれたのである。そしてその方法は無限の慈悲と深厚なる同情である。而《しか》もその同情は、決して単なる同情として留《とど》まるものではなく、一度相手を気の毒だと思えば、何処《どこ》までも気の毒でないようにしてやるまで、気が済まぬ慈悲と愛情の実践であった。

教祖は、たとい人々から嫌悪され爪《つま》はじきをされるような人々でも、決してこれを嫌悪される事はなかった。寧《むし》ろ人から嫌われつまはじきされる、その人の性質を哀れに思い、同情を寄せられた。そしてその人の身になり切って色々親切に考えられるのが常であった。

百姓家では、麦秋や米秋の穫り入れ時には、何処の家でも猫の手も借り度《た》い位、目のまわる程忙しかった。当時村には一人、評判の怠け者がいて、こんな忙しい折にでも他人にはおかまいなしに、手を懐《ふところ》にして遊んでいた。怠け者という極印《ごくいん》を押されて誰一人雇い手も無いのである。この様子をみられた教祖は、

「可哀想《かわいそう》に、こんな事では相手にして呉《く》れる人もなく終《しま》いには食う事も出来なくなって了《しま》うであろう。若い元気な、立派に働ける体を持っていながら、怠けるという性根が可哀想だ」

と心から同情されて、これを我が家の農事日傭《ひよう》人としてお雇い入れになった。

「中山さんも随分物好きだ」

忽《たちま》ちこれが村中の評判になった。然《しか》し、教祖は此の者にひとしおの慈しみをおかけになり、陰になり日向《ひなた》になって、出来得る限り、その至らぬ所をお庇《かば》いになった。

生来の怠け者は、この教祖の情けをよい事にして、まるでよい食い扶持《ぶち》が見つかったと言わぬばかりに、毎日を平気で怠け通した。

中山家の使用人達は、平素敬慕する教祖の手前、さすがにあらわに不平はこぼさないが、

「御新造様の御慈悲にも程がある」

「あんな奴まで、頭数に数えられては我々がたまらん」

と、心秘《ひそ》かに不平を抱く者もあった。そして当の怠け者につらく当たる者も出来て来た。こうした様子を察知された教祖は、常に人々に向かっては、

「どうか、今少し長い目で見てやっておくれ、あれにも少しは見所もあるんだから」

と、怠け者の側に立って、人々の不平をなだめられた。

又、怠け者に顔を合わされる度毎に、「御苦労さん」と心からやさしくお労《いたわ》り下されるのであった。常にこうしたおやさしい教祖の言葉を聞き、又その言葉にも勝る温かい教祖の温容に接する中に、世に拗《す》ねた怠け者の心にも何かしら尻こそばい思いが起こって来た。そして「これでは申し訳がない」という思いが起こり始めた。こんな思いで少しずつでも働くようになって来ると、その都度、「御苦労さん。よくやってくれるね。お前が来て呉れたので家はほんとに助かるよ」と勿体《もったい》なくも胸に響くやさしいお言葉をおかけ頂いて、そして遂《つい》には働かずには居られない気持ちになって働く中に、今迄《まで》嘗《かつ》て経験した事のない喜びを覚えるようになって来た。斯くて働く事の喜びを体得したのである。

常人の常識を超えた教祖の無限の慈悲は、世に拗《す》ねて固く心の扉を閉ざした哀れにも、かたくなな人の心をも温かくもみほぐし溶かれて、共に心を通わし、共に働き、共に喜べる世界にお導き下されたのであった。後年になって、

「あんな者あかんと言えばあかんようになってしまう。どんな者でもあかんと言うのやないで、反古《ほご》紙でも丸めて捨てて了えば、それきりのもの、皺《しわ》をのばせば何かの間に合うやろう」

とお諭し下されているから、こうした諭しに示されている真理も、既に此の当時において実践をもってお示し下されているのである。心秘かに不平を抱いた人々も、又教祖の物好きを嘲笑《ちょうしょう》した人々も、この尊い事実の前に、今更《いまさら》の如く教祖の偉大さに感嘆して、ひとしおその敬慕の念を深めて行ったであろうことは想像に難《かた》くない。

或《あ》る夜一人の村人が中山家の米倉に忍びこんで、米を盗み出そうとする所を使用人が発見して、難なくこれを捕りおさえて役所に訴え出ようとするのを、教祖が「それは貧に迫った上でした事だろう」と、米を与えて、その罪を許された。私は、断片的に伝えられる先人の手記や言い伝えに基づいて、次の様な当夜の情景を心に描きながら、教祖の御精神を拝察するのである。

教祖は、その夜も、常に変わらずその日の後始末をすっかり終えられて、使用人達も寝静まった後、念の為《ため》に、戸締まりや火の始末を見て廻られていると、裏の方に口ぎたなく罵《ののし》り騒ぐ声がする。今頃どうした事であろうかと、その現場に臨まれた。丁度其《ちょうどそ》の時、覆面《ふくめん》で顔を包んでうなだれている一人の男を中に、数名の使用人達が口々に罵り騒いでいる。

「何奴《やつ》なるか、その覆面を取って見ろ」

言うが早いか、一人の男が覆面に手をかけて取ろうとする。その場に臨まれた教祖は直《ただ》ちにその手を押し止め、

「そんな事をするんやない。覆面なんか取るんではありません」

泥棒の身になってみれば、覆面を取られて顔を見られる事が何より辛《つら》いに相違ない。ところが立場を変えて、泥棒を捕らえた野次馬の側に立てば、

「どんな男か、一度覆面を取って見てやれ」

というのが一番興味深い問題である。人は皆、銘々の立場と興味で行動するものである。其処《そこ》に立場と興味が衝突するのである。ところが此の場合、

「覆面なんか取るんじゃない」

と、お止めなっている教祖は、

「悪事を働いた後で、覆面を取られて、顔を明るみにさらされる事はさぞ辛《つら》かろう」

と既に、気の毒な泥棒の身になって考えられているのである。

しかし、血気にはやる若い者達、殊《こと》に泥棒を捕らえて興奮している者達には、そんなやさしい言葉は耳に入らない。折角《せっかく》止められているのに、早《はや》覆面を取って顔を見てしまった。顔を見た人々は驚いた。驚くのも無理ではない。見も知らぬ男かと思いの外、それは多年、中山家の小作人として、常にお屋敷に出入りを許されている村人であった。これを見た使用人達は益々《ますます》いきり立った。

「長年御恩になっているお屋敷に、物盗《と》りに忍び込むとは何という不届きな奴だ。恩知らずだ」

人々の罵る声はひとしお高くなった。此の場合、もしも教祖が、自分の立場からものをおっしゃる

とすれば、一番怒りたいのは教祖である筈《はず》である。長年の間、親しく出入りを許し、信頼し、目をかけて来た男に、正《まさ》に「飼い犬に手をかまれる」の例の様に「恩を仇《あだ》で返される」様な仕業《しわざ》は、ひとしお腹立たしい事に違いない。

けれども、この場合、教祖は、一言半句のお叱言《こごと》も仰せにはなっていない。先《ま》ず、教祖の口をついて出た言葉は、全く人々の思いの外にあった。

「可哀想に、こんな事までしなければならないというのには、よくよく何か深い事情があるに相違ない。さあさあ遠慮はいらぬから、どうぞ、お前の事情をこの私に聞かしておくれ」

と、常人には想像も出来ない、やさしくも寛大な教祖の態度と言葉に、当てが外れた様な、不満らしい人々を、やさしく遠ざけながら、だんだんとやさしくお尋ね下さるのであった。

どんな事でも打ち明けられる様な、このおやさしい教祖の情にほだされて、泥棒は一切の事情を打ち明けた。聞いて見るとお察しの通り、父と妻とは長の患いに枕《まくら》が上がらず、子供は大勢あり、二人の病人をかかえてどうにもやっていけないので、悪いとは重々知りながらも、幸いに常に出入りをしていて勝手がわかっている処から、お屋敷の米倉に忍び込んだというのが、その顚末《てんまつ》であった。それを聞かれた教祖は、

「やっぱりそんな事情があったのか、それは可哀想に。さあさあ遠慮はいらぬから、このお米はお前持ってお帰り。旦那様には後で私からよくお願いしておいて上げるから、はようこれを持って帰って

子供達に温かい御飯でも炊いて食べさしてやっておくれ。又、二人も病人を抱えておれば、さぞ、お薬も飲ましたい事であろう。はよう、これで薬でも買うて飲ましてやっておくれ」

と、今盗み出そうとしていたお米に、お金まで添えて恵まれた。

斯《か》かる態度を拝察すれば、

「お前の様に、こんな身近にいる者が、こんなに苦しんでおったのを、私は今迄知らなんだ。知らなかったのは全く私の迂闊《うかつ》であった。どうか私の迂闊を許しておくれ。その代わり、こうして知った以上は、もう決してお前に難儀はさせぬぞえ」

と、やさしく呼びかけて下さっている様な気持ちがする。全く完全に相手の身になり切って、やさしく考えていられるのである。

こんなに温かい心に、やさしく抱かれてみれば、どんな悪党でも、

「ああ申し訳がない。この神様の様な御新造様に対しても申し訳がないから、たとい、どんな事があろうとも、今後は二度と悪事はすまい」

という決心が、心の底から湧《わ》き出て来るのは人情の自然である。こうして、この哀れな村人が力強く更生の道を歩んだ事は言うまでもない。

人は、調子のよい時は、

「あなたのおっしゃる事なれば、たとい火の中水の中、命もいりません。どんな事でもさして頂きま

す」

という様な、素直な気持ちになる事が出来る。

しかし、一つ間違えば、その同じ人間が、

「たとい、首が飛んでも貴様の言う事なんか誰が聞くものか」

という様な、反感を起こすものである。正に紙一枚の相違であり、ここに微妙なる人情の機微《きび》がある。

古今東西に亙《わた》って、人間の道を説いた人は無数と言ってよい。「人間というものは斯くあるべきだ。斯くあってはならぬのだ」と、人として行うべき道、人として行ってはならぬ事、善行と悪行、道徳の徳目を教えてくれた人は数え尽くせぬ程にある。しかし、善《よ》い事と悪い事さえ教えられたら、人は必ず善い事をするのなら、世の中は甘いものである。事の善悪位なら、凡《およ》そ物心ついた程の人なら誰でも知っている。悪いとは知りつつも、悪の道にそれていくのが、世の中の一般であり人の心の弱さである。この人の弱さを誰が救うてくれるのか。

善い事や、悪い事を教えるより、もっと大切な事は、善い事をせずにはおれない様な心にして、連れて通って上げるという事ではないだろうか。斯様《かよう》に考えて来る時、世の中の道徳教育に大きな反省の必要が痛感されて来る。

厳密なる善悪の批判をする人は、この世の中に数え尽くせぬ程にある。けれども、善い事をせずにおられない様な心にして、連れて通って下されたお方は何処にもない。斯かる世に、教祖は常に善い事をせずにおられない様な心にして、人々をお連れ通りになったのであった。ここに、人類の親としての魂のいんねんを持ってお生まれになっている教祖を仰ぎ見るのである。

教祖の心に触れると、怠け者も働き者となり、邪恋に狂う女も、恩人の家に盗みを働く者も、たちどころに悔悟せずにおれなくなったのである。常に相手の身になって考えられる教祖の無限の慈悲が人の魂を打ち、眠れる良心をやさしく呼び醒《さ》まして下されたのである。斯くして幼少時代から胸に抱かれた教祖の大きな課題は、一歩々々実現されて行った。教祖の囲《まわ》りには、次第に悪の芽は消え、感謝と喜びが拡《ひろ》がって行った。

或る秋も末の頃、一人のやせ衰えた女乞食《こじき》が、子供を背にして、中山家の門先《かどさき》に立って物を乞うている。百姓家は何処も、穫り入れ物の後始末に忙しい。誰一人としてこんな無縁の者に取り合おうとする者とてもない。殊に大勢の使用人を使って居る中山家では、これ等の人々の夕餉《ゆうげ》の支度にも、忙しい日暮れ時である。

けれども、この哀れな姿を目に留められた教祖は、直ちにこれを門の内まで招じ入れ、わざわざお粥《かゆ》を温めて、香の物まで添えて恵まれた。その上、やがて冬に向かおうとするこの寒空に、ボロボロの単衣《ひとえ》一枚しか身に纏《まと》うていない様子を見られては、衣類までも出してお与えになった。まだ嘗《かつ》て、こんな温かい人の情けに迎えられた事のない女乞食は感涙にむせびながら、幾度も幾度もお礼を述べて立ち去ろうとする時、教祖は、その背にある子供に目を留められ、去ろうとする女を、再び呼び止

め、

「そなたには聊《いささ》かお腹《なか》をつくって貰《もら》ったなれど、その背の子には未だ施しをしなかった。さぞその子もひもじがっているだろう。さあ、こちらへおかし」

と、遠慮する乞食の背から子供を抱き取り、自分の乳房をふくませられるのであった。さすがに女乞食は、勿体《もったい》なさに黙って居れず、

「そんな勿体ない事を、汚《きたの》う御座います」

と御遠慮申し上げるのをさえぎって、

「なんの汚い事などありましょう。子供は罪のない可愛《かわい》い者、さあ、たんとお上がりよ」

と、我が子に乳房を含ませている時の様に、無心に吸いつく子供の様子を御覧になりながらニッコリお笑いになるのであった。

「矛盾なき世の中の現成、人皆が相倶《とも》に和し、楽しむ事の出来る世の中の現成」という大きな課題を胸に抱いて、身に触れ、目に映ずる世の不幸、人の悲しみの芽を摘《つ》み取りつつ、生活されて来た教祖にとっては、人の悲しみは己が悲しみであり、人の不幸は己が不幸として感ぜられた。たとい相手がゆきずりの人であっても、その不幸を他人事として見過ごされる事は出来なかった。全く自他の差別を乗り超えておいでになったものと察する。不憫《ふびん》な乞食の子も、可愛い我が子もその可愛さに変わりはなかった。等しく可愛い我が子として、その大愛の胸に抱きしめて下されたのであった。

斯かる神の如き心で、乳房を含ませて居られる、神々しい教祖の姿は、人の世の情けに薄い薄幸の女、他人の門先に野良犬の様な扱いを受けながら、物を乞いつつ細々と望みなき生活を続けて来た哀れな女乞食の心に、どんなに有難く映じた事であろうか。恐らく世の中の温かさを生まれて初めて経験した事であろう。そして生きて甲斐《かい》なき世の中に、何かしら力強い生き甲斐を感じ、生きる希望さえ抱いた事であろう。

感涙にむせびつつ、幾度となく教祖を伏し拝む様《よう》にして、去って行く親子の後ろ姿を見送りながら、彼等《ら》二人の行く先の幸福を念じて、教祖も亦《また》合掌なされていたのではなかろうかと思う。

斯《こ》うして、教祖は暗く冷たい世の中に温かい光を投ぜられたのであった。教祖の周囲からは次第に不幸と悲しみの影が消え、明るい歓喜と希望が拡がって行った。

足達照之丞と疱瘡

文政十一年、教祖三十一歳の春の頃であった。当時教祖の次女おやすは生後六、七カ月になっていたが、教祖には乳が充分にあったので、子供は非常に発育振りがよかった。

この頃、隣家の足達家にも、おやすと同じく数え年二歳になる照之丞《てるのじょう》という男の子がいた。この子はおやすより四カ月早く生まれていたのであるが、乳不足の為《ため》発育が悪く、寧《むし》ろ後から生まれたとしか思えない程痩《や》せ衰えて、見るからに痛々しい様子であった。慈悲深い教祖の目にこれが留まらぬ筈《はず》はなかった。

当時は、今と異なって人工哺乳《ほにゅう》の方法も発達して居《お》らぬ事とて、乳の出ない親達の心労は格別であった。教祖はどの子の時も常に乳が充分あられたので、乳不足で難渋している者があれば、誰彼の差別なく乳をお恵み下さっていた。かせやの子、惣助、源助等、教祖から乳を頂いた子供として、その名が明確に伝えられている人々もある位だから、その数は決して二、三、四に留まらない事と思う。

殊に足達家は隣家の事でもあり、格別昵懇《じっこん》の間柄でもある。別《わ》けても気の毒な事には、足達家では従来既に五人の子があったが、どういう訳か一人も育たず、全部夭折《ようせつ》している。而《しか》も、漸《ようや》く恵まれた六人目の男の子が、乳不足の為に、その充分なる発育が危ぶまれている。この気の毒な隣家の両親の心をお察し下された教祖は、自ら進んで乳をお恵みになった。

けれども、乳不足の親が子を育てる場合困るのは、昼もさる事ながら特に難渋するのは夜である。深夜、ひもじさを訴えて泣き叫ぶ子供には、どの親もほとほと持て余すものである。凡《すべ》ての点に細かく行き届いたお心配りをなされる教祖が、これをお察し下さらぬ筈はない。自分の方からこの子を、我が家に預かる事を申し出られた。心には願っていても其処《そこ》までは言い出し兼ねている足達家の両親にしてみれば、願ってもない幸いと喜んだのは当然の事と思われる。

斯うして、教祖は、一人の乳呑《ちの》み子を育てるのも容易でないのに、二人の乳呑み子を抱えてお育てになった。当時教祖にはおやすの外に八歳になる秀司と、四歳になるおまさの二人の子があった。まだどちらも手のかかる最中である。其《そ》の上に、此《こ》の頃は丁度姑《しゅうとめ》が病気中であった。孝心深い教祖の事であるから、その看護も容易な事ではなかった事と察せられる。あまつさえ、大勢の奉公人を抱えた中山家の、大世帯一切の切り盛りをする身である。

けれども、自他の差別を乗り超えて、あらゆる人々の幸福を念じて止まれぬ教祖は、乳を恵まれて日増しに太って行く照之丞の様子を眺《なが》めては、我が事の様に喜んで、その楽しみに、心労の多い日々の生活にも、ひとしおの張り合いを感じられている様にさえ見受けられた。

教祖にとって、どうしても捨てて置けないものは、目に映じ耳に入る世の人々の不幸や悲しみであった。それをなくする為には自分の心労等は何等《なんら》意に介されるところではなかった。寧ろ、人々の不幸と悲しみをなくする事の心労の中にこそ、喜びと生き甲斐を感じられていた様である。

恵みの乳に太り行く照之丞の姿は、別けても足達家の両親にとっては、何ものにも代え難い喜びであった。それが又、教祖の大きなお喜びであった。ところが、此の年の四月の初め頃照之丞は、おまさ、おやすと共に発熱して気分が悪くなった。三人の子供が同時に発熱した事故《ことゆえ》、どうした事であろうかと、早速医者を迎えて種々手を尽くされた。が、どうした事か、おまさとおやすは二、三日するうちに、次第に熱もうすれて行く様子であるのに、照之丞だけは、熱気が取れないばかりか、寧ろ次第に悪化する様子なので、看護に力を入れ、特に念入りに医者の診察を乞われたところ、

「これはどうも唯《ただ》の熱ではなさそうだ。今年も随所に疱瘡《ほうそう》が流行《はや》っているが、どうもこれは疱瘡の熱

らしい」

との事であった。これをお聞きになった教祖の驚きは非常なものであった。

種痘《しゅとう》の法が普及されてから、今日の我々は殆《ほとん》ど疱瘡の恐怖を忘れている。然《しか》し種痘の法が未だ世になかった当時、人々はどれ程これの猖獗《しょうけつ》に苦しんだかわからない。苦しむというよりは、寧ろ得体の知れぬこの病気を厄病視《やくびょうし》して恐れおののいたのである。「鎮西《ちんぜい》八郎為朝《ためとも》御宿」と書いた札を門戸に貼《は》って、疱瘡神を追い払おうとする禁厭《きんえん》が、全国的に普及している点などから推して、これに対する人々の恐怖の様が偲《しの》ばれる。種痘の法は我が国においても、既に文政七年、漂流者中川五郎治という人が露西亜《ロシア》よりこれを伝えて、蝦夷《えぞ》の地に疱瘡が猖獗を極めた時に、初めてこれを実施したと伝えられてはいるが、これは唯その場限りのものに終わって了《しま》ったのであって、愈々《いよいよ》これが本格的に世に普及される様になったのは、明治三年以後の事であった。

従って、照之丞が疱瘡になった当時にあっては、まだまだ人々は、之《これ》が猖獗に対しては何等施すべき術《すべ》を知らぬままに、唯不安と恐怖の中に手を拱《こまぬ》いておののくばかりであった。洵《まこと》に厄介な病気に襲われたものである。けれども、教祖は決して徒《いたずら》に手を拱いて打ち戦《おのの》いてはおられなかった。どんな事をしても、この子救《たす》けずにはおかないという強い信念で奮い立たれ、医者よ、薬よ、禁厭よと、尽くせる限りの手をお尽くしになった。けれどもどうした事か、照之丞の病は日増しに悪化するばかりであった。

不時は重なると申すか、この御心労のさ中、四月八日というに、かねてから病臥《びょうが》中であった姑は、教祖の手篤《あつ》い看護と養生の甲斐《かい》もなく、寿命尽きて出直した。孝心深い教祖の悲歎は、さこそと察せられる。

一方、病勢悪化の一途を辿《たど》っていた照之丞は、発病以来十一日目になって、医者の診断は一番質《たち》が悪いと言われる黒疱瘡という事にきまった。発病以来十一日目というから、四月十一、二日の事であって、姑の野辺《のべ》の送りを済ましたばかりの頃である。矢継ぎ早に襲ったこの不幸と不安に、常人ならば絶望の果て、呆然《ぼうぜん》自失為《な》す処を知らない状態に陥るの外はないだろう。

而《しか》も黒疱瘡と言えば、当時の医術では絶望と見なされていた。昔からこれに罹《かか》って救かった者は一人もいないと言われていた。これ迄《まで》にすでに五人の子を夭折させていた因縁の家の子として、この子も又やがて散るべき運命を持って生まれていたのかも知れない。絶望感は強く周囲の人々の心を支配した。

東大寺二月堂

旧三島神社（かつての春日神社）

それだけに教祖の心痛は深かったに相違ない。足達家の両親は、恐らく、

「この子供も又、嘗《かつ》ての五人の子と同じ運命を辿《たど》るのではなかろうか」

と、日夜戦々競々《きょうきょう》として、不安に打ち戦いているに相違ない。我が子可愛い親心から、かく足達家の両親の気持ちをお察しなされる時、教祖はいても立ってもおられないお気持ちであったに相違ない。殊に、

「わが世話中に死なせては」

という身の責任を省みられる時、その御心痛は、ひとしお強烈なものがあったに相違ない。

「たといどうあっても、この子救けずにはおられない」

斯《か》く決心なされてか、教祖の看護はいっそう真剣さを加えた。即《すなわ》ち、我が子おやすを人手に預け、今は照之丞一人の看護に専念する事になった。

さればとて、医者は既に、

「とても助かる事はむつかしい」

とて匙《さじ》を投げている。

最早《もはや》尽くすべき手だてが尽きたとあってみれば、この上は神仏に縋《すが》るより道は無い。幼少の頃より一際《ひときわ》信心に篤《あつ》かった教祖の信仰心は、この時に至ってひとしお強い光を発せられた。

こちらの神社、あちらの仏閣と、凡《およ》そ人々が霊験あらたかなりと伝える神仏には、悉《ことごと》く心から敬虔《けいけん》なる祈願の誠を捧げられた。わけても奈良の二月堂、稗田《ひえだ》の大師、武蔵《むさし》の大師等には、三年三月の月参りの願をかけられ、なお村の氏神である春日《かすが》の社には百日の裸足《はだし》参りの願をかけ、一心不乱に祈念なされた。そして天に向かっては、八百万《やおよろず》の神々に祈願され、

「預かり子の疱瘡むつかしきところ、お助け下さりませ、其《そ》の代わりに我が子三人ある中、男子一人を残し、娘二人の命を身代わりにさし出し申します。それにて不足で御座りますれば、願満ちたる其の上は、私の命も差し上げます」

とお誓いになった。

この至誠が天に通じてか、不思議にもこの日より験《しるし》が見えて、預かり子の疱瘡は日毎に快方に向かい、間もなく全快した。足達家の両親は泣いて喜んだと伝えられている。而《しか》も救けられた照之丞は後、源四郎と改名し七十二歳の長寿を完《まっと》うした。

人間としての教祖

惟《おも》えば、教祖は幼少の頃、信仰の心を発せられてより、常に他人の喜ぶ事、満足する事、助かる事をのみ念じ、又それをのみ努めてお過ごしになった。この事実は、既に、未だ七、八歳という頃に、泣く子を見ては菓子を与え、細工物を与えなどして遊ばしておやりになっている行動の中に見る事が出来る。

「どうすれば近所の子供が喜ぶか」

「どうすれば近所の子供の親達が満足するか」

との思いからである。中山家の人になってからは、

「どうすれば、お父様、お母様がお喜び下さるだろうか」

「どうすれば、夫様が御満足なさるだろうか」

「どうすれば、我が家に働いて呉《く》れている男衆《おとこし》や女衆《おなごし》が、真に心から喜び勇んで、働く事が出来るであろうか」

「どうすれば、近所の方々が助かって下さるだろうか」

唯この御一念でお通りになり、只管《ひたすら》これの実現にお努めになっていると察せられる。

それは又、「世の中から、人々の不幸と悲しみをなくして、和気と喜びと幸福の充《み》つる世の中を実現したい」という願い。言いかえれば、浄土を彼岸に求めようとする浄土宗の信仰から、浄土をこの世

に実現したいという願いに進まれた、これが教祖の独自な信仰課題であり、これを解決しようとする努力に終始されている。

この御一念と実践が、限りなき孝養となり、貞節となり、慈悲として発現されたのであった。そして教祖の周囲から次第に悲しみと不幸が消えて、喜びと感謝が拡《ひろ》まり、教祖の念じられる信仰課題は次第に解決されて行ったのである。

一方、常に他人の幸福や、世の中の治まりを念じ、常に相手の身になり切って考え、行動される教祖には、小我というか、自我意識というか、そうした隔壁《かくへき》が次第に薄れて行った。

相手の身になり切って考え、行動するという事は、結局、己を捨てるという事である。己を捨て切る事の出来ない、我が身思案の強い者には、絶対に相手の立場を思い、相手の身になり切って考え、行動する事等、思いも寄らぬ。我々とても、時には哀れな人を見ては同情の心を起こす。同情心が起こるという事は、少なくともその瞬間は相手の気の毒な身になって考えているのである。然《しか》し、我々の場合、決まってそれはその場限りの一片の同情に終わってしまう。必ず次の瞬間には、

「気の毒な事は気の毒だが、そうあの人の事ばかりも考えてはおられない」

という自己意識が現れてくる。結局、己を捨て切る事の出来ない悲しさである。

教祖は、一度気の毒だと思えば、何処《どこ》までも、気の毒でない様にして上げるまで気が済まれなかった。我が身を忘れ、己を捨てて、相手の身になり切って行動された。後年、

「我が身どうなっても、人を助ける心が真実誠」と教えられたが、我が身を忘れ、己を捨て、相手の身になり切って考え、行動する事こそは正《まさ》しく、「我が身どうなっても、人を助ける」心であって、此の当時の教祖は既に身をもってこの教えを実践されていたのである。

而《しか》も斯《か》くする事によって、教祖の心からは、次第に自他の差別が消え去って、我が家の門戸に物乞う乞食の子にも、我が子に対すると等しい愛情を注がれる事になった。そして、他人の子を救う為に、最愛の我が子二人の命をさえ捧げるに至った教祖は、遂に他人の子と我が子に対する愛情の差別をさえ乗り切っていられたのである。

女性として、母性として、最後まで切り難いものは、我が子に対する愛情の絆《きずな》である。これをさえ乗り超えられた教祖は、既に完全に自他の差別を乗り超え切って居られたものと察せられる。

凡《およ》そ宗教的な修行の極致については、「小我を捨てて大我に生きる」とか、「有限の束縛を超えて無限と合一する」とか、「神と一体になる」等、極めて抽象的な言葉で表現されているが、要は自他の差別を乗り超える事に外ならない。自他の対立、差別相剋《そうこく》に苦悩しているのが人生であり、これを超えて「一列可愛《かわい》い我が子」と言われる、隔てなき親神の心に近づく事が修行の極致であろう。

教祖は何一つとしてむつかしい理屈は言われなかった。そして、豪家とはいえ一農家の婦人として過ごして、素朴な当時の一般民衆と共に、神社、仏閣は素《もと》より、たとい路傍の小祠《しょうし》であっても、人々が霊験あらたかなりと伝えるものには、心からなる敬虔の誠をお捧げになった。

然し、その心は、既に差別、対立相剋の世界を超えて、「一列可愛い我が子」と仰せられる親神の心の中に住んで居られた。凡《すべ》てを隔てなく無限の同情の中に抱いて居られた。その心には憤怒《ふんぬ》もなければ嫌忌《けんき》の情もなかった。それ故に、たとい他人が悪徳や悪心をもって背《そむ》いて来ても、また互いにいがみ合い、相争うのを見ても、却《かえ》ってこれを不憫《ふびん》と思い、彼等の為に同情の涙を注がれたのであった。

而も、この同情の涙や憐愍《れんびん》の情は、決して単純なる悲哀の涙や安価な同情ではない。既に「一列可愛い我が子」との親神様の御心に住み、一切を広大なる慈悲によって抱いている、その心から発する憐愍であるから、終《つい》には、彼等にもこの誠心の感化を与えて、誠意と慈愛の中に、相倶《とも》に睦《むつ》び、楽しむ生活に入らしめる事が出来たのであった。

後年になって「一れつ兄弟」「互い立て合い扶《たす》け合い」「陽気ぐらし」等、次々と親神の思召《おぼしめし》を伝えられたが、その教えの内容は既に此の当時の教祖によって実践されている。

洵《まこと》に教祖は、身は一介の農家の妻であったが、心は高く世塵《せじん》を抜いて、神の世界にあったのである。

当時既に、近隣の人々が、

「中山家の御新造様は、まるで神様の様な御方や」

と噂《うわさ》をし合い、敬慕した事実も、明らかにこれを実証している。

洵に教祖が御歳十二、三歳にして、発せられた出家遁世《とんせい》の発願は、今ここに、全く別な姿において、否、真の姿において実現され、結実されたと申す事が出来る。全く、照之丞をお救け下された当時の教祖の心境は、人間の修行において至り得る最高の境地であったと申し上げても、決して過言ではないと思う。

心は既に親神の御心そのままの親心をお持ちになっていたのである。親神の御心そのままの心であったとすれば、此の当時において月日のやしろとして親神の教えをお伝えになっても何の不都合はなかった筈である。然し、教祖が愈々《いよいよ》月日のやしろとおなり下される迄には、尚《なお》十年の歳月があった。親神様が、じっと旬刻限の到来をお待ち兼ね下されていたのである。而も、この十年の間、教祖は尚一段の試練の歳月をお過ごし下されたのであった。この一事によっても、如何に親神様が、世界一列たすけのだめの教えをお説き下さる為、深い思召《おぼしめし》と周到なる用意をもってお創《はじ》め下されたかが拝察される。

照之丞をお救けになってから、月日のやしろとなられるまでの十年間の生活は、教祖が人間として、信仰生活に精進された最後の十年である。既に完全に自他の差別を乗り超えて人間の修行において至り得る最高の境地に進まれた、教祖の十年に亘《わた》る信仰生活は、凡俗の身として信仰の道に志す我々の、此の上もない尊いひながたとして、つぶさにお偲《しの》び申し上げ度《た》いと思われるのであるが、この十年間における史実として伝え残されている処が余りにも少ない事は、返す返すも残念に思われてならない。

唯、此の年代に起こった顕著な事実として伝えられるところは、照之丞をお救け下された翌々年、即ち天保元年、教祖の次女おやすが齢《よわい》四歳で出直している事と、翌天保二年九月二十一日、三女おはるが生まれ、続いてその翌々年、天保四年十一月七日四女おつねが生まれて、此の子が天保六年齢三歳にして出直している事実である。

最愛の我が子二人の寿命と、我が身の命を身代わりに捧げて預かり子の命乞いをされた。真実にして真剣な祈りが天に通じて、絶体絶命と思われた瀕死《ひんし》の預かり子の救かった喜びを通して、真実なる祈りというものは必ず天を動かすものである事を、身をもって経験された教祖は、今僅《わず》かな年月を隔てて、次から次へと引き続き二人の子を失うといういとも悲しい事実を通して、天に捧げた真剣なる誓いは必ず聞き届けられるものであるという、厳粛な御経験をされる結果となったのである。否この事実は、人間の経験として、信仰者の経験として、恐らくこれ以上、厳粛にして悲壮なる経験はないであろうと思われる。素より覚悟の上であり、自ら捧げられた誓いの結果とはいえ、何の罪咎《つみとが》もない可愛い子供が、次から次へと迎え取られて行く姿を見る事は、とうてい常人の堪《た》え得るところではない。而も此の間にあって教祖は、

「素より親神様に捧げた体である以上、二人同時にお迎え取り頂いても当然のところ、二人一時に迎え取ってはそのなげきが大きかろうとの御慈悲から、こうして時を隔ててお迎え取り頂く、親神様の

御慈悲の程は、洵にもったいない」

とのお悟りの上から、感謝の祈りを捧げつつ二人の子供をお見送りなされている。

後年、親神様が、

「いかに覚悟の上の誓いとはいえ、二人の子供を一時に迎え取るのは気の毒ゆえ、一旦《いったん》おやす一人を迎え取り、之《これ》をおつねとして生まれ替わらせ、又之を迎いとって、願いの理を済ました」

と仰せられているお言葉に徴《しる》する時、二人の子を次から次へと見送る様な、悲痛極まりない事実に直面しながら、親神の御慈悲を悟って感謝の祈りを捧げられている教祖は、既に幼少時代からの信仰の末、遂にこの親神のお心に参入されていたものと思われる。


教祖が、斯かる厳粛にして悲壮な経験の中に、愈々深く神の世界に歩を進められる頃、幕府の失政の為、綱紀《こうき》は弛緩《しかん》して、人心が日に頽廃《たいはい》に傾き行くに加えて、天災飢饉《ききん》が打ち続いた。

即ち、照之丞をたすけられて以来、次女おやすが出直した天保元年が、例外的に稀《まれ》に見る豊作に恵まれただけで、翌天保二年頃からは年をおうて、天候は次第に不順となり、殊に四、五、六、七、八年の如きは、大雨、洪水が毎年の様に各地を襲い、その結果期せずして米は不作となり、年々米は暴《ぼう》騰《とう》するばかりで、餓民、窮民《きゅうみん》が続出した。

幕府はこれに対して、或《あるい》は救米銭を出したり、米価の調節を図ったり、或は蔵米を頒《くば》ったり、一応は救済の策を講じてはみるが、既に己が屋台骨の傾きかけている様な、幕府の施策が充分に行き届く筈はなく、地方の窮状は今日の想像の外にあった。

何かにつけて恵まれている大和方面でさえ、この全国的な凶作については、例外である訳には行かなかった。即ち、山辺郡誌の記述に依《よ》れば、

「天保七年夏大雨連日、既に霜を見禾穀《かこく》実らず、米価騰貴し、一升銭四百匁、民大に飢ゆ、糟糠《そうこう》木実を食し遂に草根を食うに至り、餓殍《がひょう》路に満つ」

とあって、山辺郡、即ち、おぢば近辺においてさえ大雨が続いた為、夏季に既に霜を見たというのであるから、その状況は推して知るべしである。

気候の不順変調と、大雨洪水等の後には悪疫の流行はつきものであり、殊に医薬や衛生施設の無い当時にあって見れば、一度悪疫が発生すれば、その猖獗《しょうけつ》にまかせるの外は無いのである。人心の不安と動揺は正にその極に達したであろう事が窺《うかが》える。

神の如き心をもって、浄土を具現せんと念ずる教祖の心に、斯かる困窮の底にひしめく世の様が、どんなに映じた事であろうか。

月日のやしろ

秀司の足痛

幕府の威信漸《ようや》く地に落ちて統制の力を失う頃、黒船の来航に刺戟《しげき》されて、国論は、開港と攘夷《じょうい》論とに二分して鎬《しのぎ》を削り、それが、尊皇、倒幕の論と一つになって、国論愈々《いよいよ》沸騰し物情騒然として、天下の形勢唯《ただ》ならぬ中に、打ち続く凶作飢饉《ききん》に、国民の生活は窮乏のどん底に喘《あえ》いでいる。ここ幕末の天保の世は不安と動揺と飢餓《きが》の世界である。

この不安と動揺に解決を与えて呉《く》れる為政者もなければ、宗教家もない。飢餓に瀕《ひん》する民衆は、暴民と化して騒動一揆《いっき》を起こすか、不安の極、天魔、地妖の流言蜚語《りゅうげんひご》のとりこになって、恐れ戦《おのの》く外に道を知らない。斯《か》くては唯徒《いたずら》に不安と動揺に拍車するばかりである。

斯かる世の様を前にして、教祖は何をお考えになっていたか、その深い心中は拝察するの術《すべ》もないが、他人の難渋を見ては捨てておけない強い性格を持ち、しかも「一れつ可愛《かわい》い我が子」という、親神様の御心にも似た大愛に生きておられたのであるから、飢餓に瀕する人々を前にして、限りなき慈悲と施しに明け暮れされたであろう事は、拝察するに難くはない。

又、早くから教祖の慈悲と施しとは、近在の評判となって、

「中山家の御新造様は、まるで神様のようなお方や」

と、誰一人賞《ほ》めない人はなかったと伝えられているから、世の窮乏《きゅうぼう》が深まるに従って、教祖のお慈悲に縋《すが》ろうとして、中山家の門戸に物乞う人の数も、日毎に増えて行った事であろう。斯かる人々には素《もと》より、進んで広く誰彼の差別なく、米麦衣類等を施し下されたに相違ない。

斯くて過ぎ行く時、天保八年十月二十六日、当年十七歳になる長男秀司が、麦蒔《ま》きをしている最中に、突如左足に激しい痛みを感じ、堪《た》え切れぬままに、駒ざらえという農具を杖《つえ》に我が家へ辿《たど》りついた。丁度《ちょうど》この時は、教祖も共に麦蒔きをされていたと伝えられているから、我が子に附き添って共に帰られたに相違ない。

帰宅の後、早速、村の医師源助なる者を呼び寄せて、診察を乞うたが、容体は判明せず、出来る限りの手当てを尽くして見たが、当時の幼稚な医療では、一向に効きめなく、痛みは増すばかりであった。

父善兵衞は心やさしく、至って子煩悩《ぼんのう》であったから、その心痛は一方《ひとかた》ならず、我が子の苦しみを見るに忍びず、人の勧めるままに、おぢばの東方二里の山中にある長滝《ながたき》村に、わざわざ人を遣《つか》わして、同村の修験者《しゅげんじゃ》、市兵衞《いちべえ》なる人に祈禱《きとう》を乞うた。

当時は、種々雑多な民間信仰が、相当な影響力を持って盛んに行われていたが、中でも大峯山《おおみねさん》を行場《ぎょうば》とする山伏、修験者は夥《おびただ》しい数に上り、彼等が行う加持祈禱の効験は、民衆の信仰心を集める上にも大きな力を持っていた。長滝村の修験者市兵衛も、大峯山を行場とする修験者の一人であるが、権僧都阿闍梨理性院聖誉明賢法師という、いかめしい法号を持ち、当時四十六歳の壮年で、大峯山十二先達の一人として名声高く、殊に加持祈禱の法力においては、大和《やまと》、伊賀《いが》十里四方にこの人と肩を並べる者がないという評判の人であった。

修験者・中野市兵衛宅

こうした市兵衛の経歴を考え合わせると、父善兵衛が遙々《はるばる》長滝村に人を遣わして、祈禱を依頼した実情が肯《うなず》ける。

ところが此の日は不幸にして市兵衛は、仁興《にごう》村に行って不在であった。仕方なく使者は空しく帰って来た。そこで越えて二十八日、再度使者を遣わして祈禱を依頼した。幸いその日は在宅であったので、早速求めに応じて祈禱をしてくれた。そして申すには、

「その足の痛みは、石上《いそのかみ》大明神が洗場の石の上に居給いし上を踏んだ故、その祟《たた》りである」

と、そして、

「そのお詫《わ》びをすればなおるであろう」
とて、百燈明《とうみょう》を献じてお詫びをしてくれた。
使者は、帰宅早々その状況を告げ、容体と照合して見ると、丁度祈禱をして貰《もら》った時刻から痛みが止まっていた。

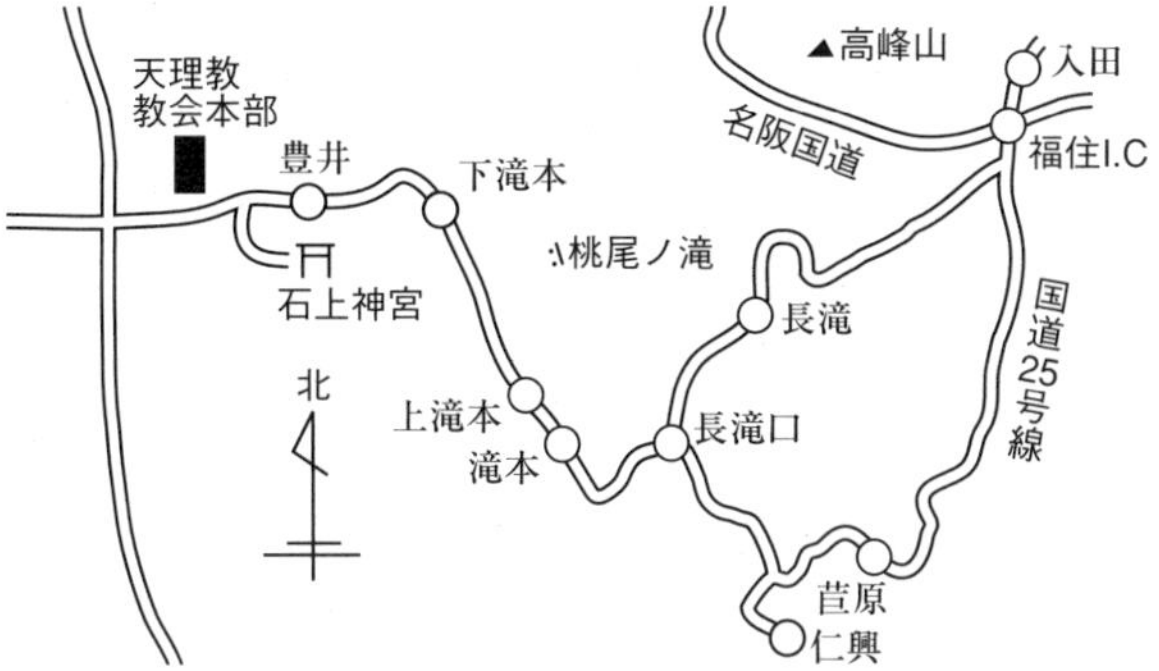

おぢばから長滝村までの道

ところが、翌二十九日になると、又元のように痛み出すので、善兵衛は我が子の苦しむさまを見るに見兼ねて使者を遣わし、再度祈禱を依頼した。使者の報告によると、此の時は天満宮が降《くだ》ったという事である。ところが此の時も、不思議に祈禱をして貰った時刻から痛みが止まっていた。

しかし、翌日になると、又元のように痛んで来る。二度の効験に信を深めているから、此の日も又、早速人を派して新しい祈禱を乞うた。連日三日に亙《わた》る祈禱の効か、秀司の足痛はここに小康を得て、一時治まったように見えた。

ところが、今度は二十日程経《た》って又元の如く痛み出し、その苦痛は以前にも増して非常に激しく、施す術もない。そこで、今度は善兵衛が、我が子可愛い一念から、自身で二里の山路を越えて

市兵衛を訪れ、種々容体を話して、如何《いか》にすればよかろうかと談じ合った。この時、市兵衛の申すには、

「それなれば、いっその事、護摩《ごま》をたいて寄加持《よせかじ》をすれば宣《よろ》しかろう」

と、そこで帰宅の上、夫婦の間で種々相談し、どうでもこれを根治しなければならんからとて、市兵衛の勧めのままに、大々的に寄加持をして貰う事に、一決した。

今度は、今迄のように市兵衛の宅において、行者一人に行って貰う祈禱ではなく、わざわざ中山家に出向いて貰って、煩悩罪障《ぼんのうざいしょう》を焼き尽くすという護摩をたき、加持台を置いて行うもので、所謂《いわゆる》真言秘密の法として、広く俗間にその効験を信ぜられていた加持と祈禱の合修である。

しかも、当時は、これを修するに当たっては、附近の人々の参集を求めて行ったものらしく、頗《すこぶ》る大掛かりなものである。それをしも、敢《あ》えて依頼する事に決した点からしても、父善兵衛の心痛の程が察せられる。

さて、此の日加持台に雇われたのは、勾田《まがた》村の九兵衛なる人の娘ソヨと言う者で、これに銭二百を遣わし、幣《へい》二本を持たしめて行ったと伝えられている。この大掛かりな加持祈禱の効験か、今度は六カ月程の間、秀司の足痛は治まっていた。

しかし、決してこれで全治したのではない。これから六カ月程経って後、即《すなわ》ち天保九年五月二十日前後と思われる頃おい、秀司の足痛は又々激しく起こった。そこで早速以前と同じように寄加持をし

て貰った。すると一時は小康を得たが、暫《しばら》くすれば又しても元の如くに痛みが激しくなって来る。他に手だてもないままに、寄加持を依頼すれば、一時は治まるという工合で、一年間に九回に亙《わた》って、祈禱や寄加持を行ったと伝えられているから、天保九年の五月以降は、殆《ほとん》ど毎月の如く寄加持を依頼している事になる。

従って、天保八年十月二十六日から、天保九年の九月に亙る一年間は、原因のわからぬ秀司の足痛の中に、仕事も手につかず、一家を挙げて心痛に明け暮れしている様子が察せられる。

しかも、一度の寄加持に要する費用は四百目であったと言われているが、その都度参集する人々には酒飯を振る舞う慣習があり、その上功徳の為にとて、家格に応じて施米《せまい》等も行う事になっていたから、金品の消費は莫大《ばくだい》な数字に上った事であろうと思われる。

物の消費位は、如何にもして我が子の苦痛をいやしたいと思う親心の前には、何等《なんら》意に介するところではなかったとしても、一家を挙げての、心の不安が大変であった。

殊に天下は、国論対立して唯ならぬ形勢にあり、それに加えて数年に亙る凶作飢饉である。外には飢饉に瀕《ひん》する民衆がある。一体世の中はどうなって行くのであろうか。この不穏と不安の中に、原因のわからぬ秀司の足痛が起こったのである。

祈禱の効験に聞こえの高い市兵衛の協力も、僅《わず》かに小康を見せてくれるばかりで、暫《しばら》くすれば以前にも増して苦痛が襲って来る。斯くして秀司の足痛は全治せぬままに丸一カ年の歳月が流れて行った。

天保九年十月二十六日

教祖御歳《おんとし》四十一歳、天保九年十月二十三日、秀司の足痛が又々起こって、その痛み殊の外に激しく、如何《いかが》した事かと心配していると、その夜の四ツ時、亥《い》の刻、即ち、夜の十時頃になって、教祖は激しい腰痛を覚え、同時に善兵衛も激しい眼痛を訴えるという風で、今度は一家を挙げて不思議な激痛に苦しんだ。

幸い、その日は亥の子祝いとて、親類縁者を招いて馳走《ちそう》する慣習で、市兵衛は親族である庄屋敷村の乾方《いぬい》に招かれて来ているという事がわかったので、近くの事でもあり、早速人を派して市兵衛に来て貰い、相談をした。すると一家の様子を見て市兵衛は、

「これは全く深い神の祟《たた》りであろうから、寄加持するより外はなかろう」

と申し、その準備を整えて、

「明早朝から寄加持にかかろう」

と言い残して、その夜は引き上げた。

翌朝、愈々《いよいよ》寄加持を行うに当たって、何時《いつ》も加持台に雇う勾田村のソヨを呼びに行った処《ところ》、幸か不幸か、ソヨは不在であった。

そこで市兵衛は、教祖に加持台になって頂きたいと懇請《こんせい》した。火急の場合でもあり、市兵衛の懇請でもあるので、自ら幣《へい》を持って加持台にお立ちになった。

市兵衛も、その日は特に丹精をこめて加持に取りかかった。やがて祈禱が進む程に、教祖の御態度俄《にわか》に厳然として、神々しい面ざし、唯ならぬ様子であった。

そこで、市兵衛は、いともうやうやしく、

「何神様でございますか」

と伺えば、一声凛《りん》として、

「我は天の将軍なり」

と言い放たれた。

常に聞き慣れぬお言葉に、恐る恐る、

「天の星様でございますか」

とお尋ね申せば、

「否、元の神、実の神である」

凛としたそのお言葉に打たれて、重ねてお尋ねする気迫もなく、ためらっていると、

「此の屋敷にいんねんあり、みきの心見すまして、世界の人をたすけるために天降《あまくだ》った。此の屋敷親子諸共《もろとも》神のやしろに貰い受けたい。返答せよ」

との仰せである。

厳然たる態度と、凛として響きわたる声に圧せられて、善兵衛を初め、その座に並びいる人々、寂《せき》

として声なく、顔も上げ得ず、その場にひれ伏すばかりであった。

多年練磨の名声高い市兵衛も、威に呑《の》まれてか、一語も発し得ない。

「天の将軍」

「元の神、実の神」

「屋敷の因縁」

「神のやしろ」

何《いず》れも皆、初めて承《うけたまわ》るお言葉ばかりである。一向にその深い真意はわからない。座に列《つら》なる人々はもとより、市兵衛にもわからない。今迄《まで》に数知れず臨んだ降神の場にも、これ程緊迫したものを感じた事がない。

（これは唯事ではない）

という強い感じだけが、ひしひしと迫って来る。余りの緊張感に何刻が経過したのか、時間の観念も無くなってしまった。長い長い時間が経過したような感じもする。一刻も早くこの緊迫の中からのがれたいとあせってみるがどうにもならない。

（何とか申し上げなければ）

と思うが、威に圧せられ、言葉にならない。これが、その時の市兵衛の気持ちでなかったろうか。

善兵衛とて、全く容易ならぬものを感じたに相違ない。殊に、仰せ出されたお言葉の意味はわから

ぬながらも、

「此の屋敷、親子諸共神のやしろに貰い受けたい。返答せよ」

との仰せが、戸主としての自分に仰せられているお言葉として強く迫って来る。返答を迫られているのは自分である。何とか早く返答申し上げねばならぬ。しかし、

「神のやしろに貰い受けたい」

との仰せは、何を意味するものか、確とはわからぬながらも、差し上げてしまえば、最早《もはや》自分の自由にならぬ事だけは、はっきりわかる。

(世帯盛りの妻)

(四人の子供の母親)

それを思うと、どんな事があっても差し上げる事は出来ない。

(どうあってもこれだけはお断り申し上げねばならぬ)

けれども、どう言うてお断り申し上げてよいのやら、思う事が言葉になって出て来ない。頼りの綱とたのむ市兵衛さえ、一言も発してくれない。

(これは、やっぱり自分から、お断り申し上げねばならないのだ)

と、意を決して顔を上げると、厳然として四囲を圧しておられる教祖の威に触れて、忽《たちま》ち平伏してしまうより外なくなってしまう。

長い長い時間が経《た》ったような気がする。

(早くお断り申し上げなければ)

とあせって来る。

しかし、他面に、戸主として返答申し上げねばならぬ責任を思い、その上から、今仰せ出されたお言葉の言々句々を、真剣に考えると、

「世界の人をたすけるために天降った」

と仰せられるお言葉が、非常に有難くも温かく胸に迫って来る。

殊に今の世の中、混濁《こんだく》と不安と飢餓に掩《おお》われている世のさまを考えて見る時、ひとしお犇々《ひしひし》と有難く感ぜられて来る。

又、我が妻ながら、常日頃、人一倍やさしく、慈悲深く、誰彼の差別なく、情けを施していた妻の様子を思い浮かべて見ると、

「みきの心みすまして、世界の人をたすける為に天降った。親子諸共神のやしろに貰い受けたい」

との仰せが、一層はっきりわかるような気がする。

夫である自分の目から見ても、全く、

「神のような慈悲深い妻」

「中山家の御新造はまるで神様のようなお方や」

と、世間の人も評判している妻、

（もしかすると、妻は深い神様の思召《おぼしめし》のかけられている人間ではなかろうか）

そう考えると、

「此の屋敷にいんねんあり」

と仰せられる、むつかしいお言葉の意味さえわかるような気がして来る。

（もしかすると、神様が、みきを道具に使って哀れな人々をおたすけ下さろうとの思召ではなかろうか）

（この慈悲深い妻は、神様から遣わされた人間であったのかも知れぬ）

（イヤイヤそんな馬鹿な事があるものか。こんな片田舎の百姓家に、そんな尊い使命が降る筈《はず》もない）

（馬鹿げたうぬぼれに心迷うてはならぬ）

（もしも、妻を神様に差し上げたら、此の家はどうなるのだ）

（可愛い子供はどうするのだ）

（どうあってもお断り申し上げなければならん）

遂に意を決した善兵衛は、恐る恐る顔を上げて、必死の力を振りしぼり、その真情を答えた。

「子供は小さくありますし、みきは世帯盛りの者でありますから、差し上げる事出来ません。外様《ほかさま》には立派なる家も沢山《たくさん》御座りますにより、どうかそれへお越し下されとう御座ります」

この懸命の言葉に我にかえったのか、はた又、この真情溢《あふ》れる言葉によって、この緊迫した状況を惹《ひ》き起こした責任を痛感したのか、市兵衛も言葉を添えて何とかして神様にお上がり頂かんものと、法力の限りを尽くしてお願い申し上げた。

けれども、威儀厳然たる教祖の態度は聊《いささ》かも変わらぬばかりか、尚《なお》も威はあたりを圧して、お聞きのがしなさる様子も見えない。今はさすがの市兵衛も全く法力を失った態《てい》である。

従来、市兵衛の経験によれば、神様がお降り下されるのも又お上がり下されるのも、彼の祈禱の法力によって意のままに聞き入れられたのであった。又お降り下される神様も、或《あるい》は石上大明神であったり、天満宮であったり、常に人口に膾炙《かいしゃ》している神々であった。

ところが此の度、教祖を神のやしろに貰い受けたいとお迫りになる神様は、

「天の将軍」

であり、

「元の神、実の神」

であらせられる。御名を承るも今が初めなり。一度お降り下されるや、如何に法力を尽くせどもお聞き入れがない。それもその筈、市兵衛は自分の祈禱によってお降り下されたとのみ信じていたが、断じてそうではない。旬刻限の到来によって世界一れつたすけのため、此の世の表にお現れ下された元なる親神様であったのである。唯、偶然にも旬刻限の到来が、市兵衛の祈禱の時と立て合ったに過ぎ

なかったのである。

斯かる深い神意は解せぬながらも、多年の経験に照らして、今迄《まで》のそれとは全く隔絶している事態を悟った。しかも事態は既に自分の祈禱の外にあり、法力の及ばぬ世界にある事を悟った。驚きと困惑が、やがて恐怖に変わって行った。と、顔色も青ざめ慄《ふる》えを帯びて、

「これまで幾度も降神あったけれども、かくの如き神様御下りなされたる事は嘗《かつ》てなかった」

と、修験者市兵衛も、法力を失った凡俗市兵衛に顚落《てんらく》して、自分の力ではどうする事も出来ない事を告白した。

これで、市兵衛の役割は終わってしまったのである。従って市兵衛の司祭する寄加持は頓挫《とんざ》を来した事になる。しかし、寄加持等とは全く別個にして、厳然たる久遠《くおん》の事実のみが存続している。

即ち、教祖の様子は聊かも変わる事なく、凛として神命の遂行を迫られている。

事態は愈々重大である。今は唯一の頼みとした市兵衛も頼みとはならぬ。すべては此の家の戸主として如何に神命に応《こた》えるかが善兵衛の決断一つにかかって来た。

しかし事は余りに重大である。

「此の屋敷親子諸共貰い受けたい」

との仰せは一体如何なる意味か。もう一つはっきり悟れないが、本来の観念からすれば犠牲とか人身《ひとみ》御供《ごくう》とか、悲惨な感じのみが強く、明るさと喜びは感じ得ない。一家の断絶を迫られている様な不安

と恐怖さえ感じられる。何《いず》れにしても、一家の浮沈に関する重大問題である。

（自己の一存によっては決し兼ねる）

（せめて妻とでも相談が出来れば）

（けれどもそれは及ばぬ事だ）

恐らくこんな場合を絶体絶命というのであろう。

（誰でもよい）

（何処《どこ》からでもよい）

（救いの手が欲しい）

これが人情であろう。頼りになり、相談相手になりそうな誰彼の顔が浮かんで来る。

（そうだ、少しの猶予を願って親戚《しんせき》の人達と相談しよう。そして肚《はら》を決めよう）

これが、その時善兵衛の到達した帰結であった。

直ちに各方面へ急使が飛んだ。教祖は依然として御容姿変わりなく、厳として神の座にあられる。しかし、善兵衛は幾分ホッとしたに相違ない。親戚の人々が来る迄の時間のゆとりがあり、皆と相談の上お答えが出来る。これは今の場合、善兵衛にとっては大きな救いである。

やがて急使を受けた親戚の人々が、取るものも取り敢《あ》えず次々と駆けつけた。その時参集した人々の顔触れについては何等の記録も残されていないが、教祖の父前川半七正信は当時七十四歳で、まだ健在であったから、きっと真っ先に駆けつけたに相違ない。それから当年六十六歳の母きぬも、又兄杏助、弟半三郎も、夫々《それぞれ》当年四十六歳と二十四歳で健在であったから、その座に列《つら》なった事と思われる。又教祖と特に気が合ったと言われている妹のくわは、当年三十六歳で、当年五十一歳になる夫である西田伝蔵と共に健在であったから、この二人も、又その場に駆けつけた人数の中に想定する事が出来ると思う。此の外に教祖の妹きくとその夫、又、善兵衛の弟に善四郎という人がいたとも伝えられるが、この三人は何れもこの当時どうしていたのか、その消息が不明であるので何とも申す事が出来ない。

尚、中山家は庄屋等も勤めた家柄であり、非常に顔の広い家であったから親戚以外でも、変を聞いて駆けつけた人々があったであろうとも思われる。その推定に浮かんで来る人々は、日頃特に親しく交際していた庄屋敷村の足達源右衛門《あだちげんえもん》、別所《べっしょ》村の庄屋荻村伊兵衛《はぎむらいへえ》等である。

一応来訪を期待していた人々の顔が揃《そろ》ったところで、善兵衛から今朝《けさ》以来の経過を話して相談した。しかし、皆の人々に深い親神様の思召が理解される筈はない。何れも現実の問題から考えるより外はない。

「それは困る」

「そんな無茶な事」

と、口々に反対意見を述べ、結論は遂にお断り申し上げようという事に一決した。

今度は親戚知己《ちき》の支援を得て、肚《はら》の決まった善兵衛は、再び教祖の前に出て、一同の意見を申し上げ断った。

ところが、教祖の態度は益々激しくなり、

「誰が来ても神は退かぬ。今は種々《いろいろ》と心配するは無理でないけれど、二十年三十年経ったなれば、皆の者成程《なるほど》と思う日が来る程に」

と、態度の厳しさに引きかえて、お言葉の内容は極めてやさしく、前途に楽しみを抱かせつつ親神様の思召の程をお伝え下されたのであって、全く人間の世界にお降り下され、人間の気持ちをお察し下されてのお言葉であった。

しかし現実的な問題と、我が身の事しか考えられぬ人間としては、これ程懇切なお言葉も、なお理解出来なかったと見えて、親戚知己の中の誰かが一同の思いを代表するかの如く、

「二十年も三十年も人間の我々は待てません。只今よりお帰り下され」

と申し上げた。

すると、厳しいお声で、

「神の思わく通りするのや、神の言う事承知せよ」

と仰せになると見るや、教祖の容姿や動作はひとしお烈《はげ》しくなり、お持ちになっていた幣の紙は振り上がり、烈しく揺れて散々に破れ、手は畳に擦《す》りつけなされて、血が淋漓《りんり》としてほとばしり流れるの

をさえわきまえなく、昼夜夢中に成られた。

その烈しさに参集した親戚知己の人々も、初めて容易ならぬ事態を察して、その場にひれ伏しながら打ち慄《ふる》えた。

当時八歳と十四歳になっていた、おはるとおまさは子供心に、お母様が如何《どう》なられたのかと思うとたまらない案じ心と、その容姿の畏《おそ》ろしさに、この先一体如何なるかと、次の間で頭からふとんをかむり、二人抱き合って泣いていた。

これはおまさ自身が後年になって述懐している処であって、如何《いか》に緊迫した状況であったかは、これによっても察せられる。

最後の頼みと期待された親戚知己の練り合いも、又一同が心を揃《そろ》えてのお断りも何等の効なく、事態は益々《ますます》重大化するばかりである。この様子に直面した善兵衛は、再び自分の身一つに迫られている重大な責任を思った。

(これは結局自分の決心を迫られているに相違ない)

先程も、

「誰が来ても神は退かぬ」

と、はっきり仰せになっている。

(誰がどんなにお断り申しても、お退き下される神様ではない。所詮《しょせん》神様の仰せをお受けする以外に

道はないのだ）

お断り申し上げた後の、あの烈しい御様子と、

「神の思わく通りするのや、神の言う事承知せよ」

と、厳として仰せられたお言葉から考えても、お受けする以外に和らいで頂く道はないと思われる。

（さてそれでは、お受け申せばどうなるのであろう）

そう思えば軽々に決断はつき兼ねる。

しかし、今朝《けさ》以来幾度か神様の仰せを承り、責任者として真剣に考え続けてきた善兵衛には、神様のお言葉に対して、親戚の人々とは多少異なった理解があった。

（困った事になった）

という思いには依然として変わりはなかったが、その中にも何かしら心惹《ひ》かれる温かさを感じていた。

殊に、

「今は種々と心配するは無理でないけれど、二十年三十年経ったなれば、皆の者成程と思う日が来る程に」

との仰せには、唯眼前の事だけしか考えられない、浅はかな人間心を越えた深い味わいが感じられた。

すると、

「世界の人をたすけるために天降った」

と、仰せられた今朝のお言葉が有難く胸に迫って来た。

(そうだ、神様が人に難儀をさせられる筈がない)

(これはきっと我々にはわからないが、深い深い思召があるに相違ない)

そう思われて、又しても我が妻ながらに、神の使いとして此の世に現れたのではないかとさえ思われる程、慈悲に充《み》ちた妻の日常生活が尊く心に描かれて来る。

(これ程強く見込まれては、とうてい断り切れないであろう)

又、

(ここまで見込まれた以上、一身一家の都合ばかりに捉《とら》われないで、深い神様の思召をお受けするのが本当なのではないか)

次から次へと善兵衛の思案は続けられて行く。けれど所詮《しょせん》割り切れない悩みは続く。人間として明日への不安という現実は容易に乗り切れるものではない。

(此の屋敷と財産は、祖先より譲られた大切なもの)

(妻は世帯盛りで、乳呑《の》み子さえ抱えている身である)

思いがここに至ると、又しても踏み越え難い、大きな苦悩が善兵衛の心を圧して来る。

息づまる様な沈黙と苦悶《くもん》の時刻が、唯徒《いたずら》に過ぎて行く。もうこのままでは片時も堪える事の出来ない窮迫感に襲われて、いっその事一切を打ち捨てて神様の仰せをお受けしようかとさえ思った。しか

し、

（我が家の重大事を案じて、取るものも取り敢えず駆けつけてくれた親戚知己の人々もいるのだ）

（今更《いまさら》人々の思いを無視して自分一人の考えでお答え申す事も出来ない）

（そうだ、今一度猶予を願って、折角《せっかく》集まってくれた人々と談じ合いの上、最後の肚を決めよう。事は決してそれからでもおそくはない）

慎重にして思慮深い善兵衛は心にこう決して、その由《よし》お願いの上、再び一同と共にその場を下がった。

再度緊迫した空気の中に、真剣な練り合いが始まった。親戚知己の人々は依然としてどうあってもお断り申し上げようという強い意見を変更していない。善兵衛から、

「お断り申し上げた後の烈しい様子から考えて、お受けするまで和らいで頂く事は出来ないのじゃないか」

との意見も述べたが、

「そんな弱い事でどうするのだ」

「今が最も大切な時だ」

「どうあってもお断り申すべきだ」

「祖先伝来の屋敷を奪う神様なんて貧乏神だ」

「第一、四人の子供がどうなるのだ」

「村の役まで勤める家だ。世帯人を取られてどうするのだ」

「左様《さよう》な難儀をさす神は神ではない。即座に退いて貰おう」

口々に発言する人々の意見は、何《いず》れも反対意見であり、語気も次第に荒くなって来る。

善兵衛とて断りたい気持ちは親戚の人々と変わりなかった。断れるものなら断って、平和な家庭生活を送りたい。これが当然の願いであった。

しかし善兵衛は、並いる人々の様に単純に割り切ってしまう事の出来ない、複雑な気持ちを持っていた。それは事態の深さを人一倍に感得していたからである。人間の都合位でお断りしても聞き入れて下さる神様とは思われなかった。さりとて断固人々の意見をしりぞけて、お受けしようと主張する程の確信があった訳でもない。我ながら煮え切らない、曖昧《あいまい》な気持ちであったに相違ない。結局、

(皆がこんなに言ってくれるのだから、今一度お断り申し上げて見よう。それでお聞き届け頂けるなら、こんな有難い事はない)

一縷《る》の望みをもって、遂に今一度お断り申し上げる事に意を決した。

再び一同と共に御前に進み出て、

「この家は、子供も多く御座いますし、又、村の役など勤めて用事の多い家ですから、何としても差し上げる事は出来ません。お上がり下さいませ」

と、言葉を尽くし、心をこめてお願い申し上げた。皆も口々に言葉を添えてお断り申し上げた。すると威儀厳然たる教祖の態度がひとしお改まったかと見るうちに、

「聞き入れくれた事ならば、三千世界をたすくべし。若《も》し不承知ならば、此の家、粉《こ》もないようにする」

との鋭いお言葉が発せられた。その凛たるお言葉や眼差《まなざ》しは、とうてい此の世のものとは思われない。その神々しき神の威に打たれてか、一同思わずその場にひれ伏して顔を上げる者はない。あれ程激しい反対意見を述べていた人々も、今は一語も発する事が出来ず、寂《せき》として声もない。その静寂が大きな圧力として人々の心を圧して来る。どうして善いのか尽くすべき手もなく、遂にはその場にいたたまれなくなって来た。

(もう一度この場を下がって相談をしては)

漸《よう》く心に浮かんで来たのは唯これだけである。相談によって活路を開き得るという自信ではない。なんとかこの緊迫した空気を逃れて、ホッと一息吐《つ》きたいという気持ちにさえなって来るのが、一同の正直な気持ちである。

又も、善兵衛から今一度、皆と協議をさして頂きたい旨を申し上げて、一同その場を引き下がった。たった今あのどうしようもない緊迫した空気を経験して、容易ならぬ事態の重大さを身にしみて感じた一同の人々ではあったが、まだ真に親神様の深い思召が悟れないだけに、さて愈々《いよいよ》最後のお答えを

申し上げる結論を得る協議に移ると、思召に従うという意見は誰の口からも出て来ない。

「困った事になったものだなあ」

「一体これはどうした訳だろう」

唯、口々に困惑の溜《た》め息がもれるばかりである。

「なんとかしてお断り申し上げなければならんが、どうしたら聞いて貰えるんだろう」

「あの様子では、なかなか聞いて貰えそうにも思われない」

「それにしても、若し不承知であればこの家、粉もない様にするとは、余りに無茶な話じゃないか」

「聞けば、なんでもこの屋敷に深い因縁があると言われたそうじゃないか」

「我々は先祖代々、別にそんな祟《たた》りを受ける様な事をして来た憶《おぼ》えはないじゃないか」

「殊に、みきさんは、あんなにも世間の賞《ほ》められ者であったんだし」

如何《いか》に話し合って見ても、深い親神様の思召の悟れない人々には、何処《どこ》までも割り切れない問題であった。徒《いたずら》に時刻が経過するばかりで、何時《いつ》果てるともわからない。

しかし、善兵衛の心には他の人々とは多少異なる思いがあった。親神様の思召を完全に悟り切っていたという訳でもないが、寄加持の最初から、その場に列して、責任者として直接親神様のお声を聞いていただけに、単なる神の祟りとは思われなかった。

(困った事になったものだ)

という思いは、人々と同じであったかも知れない。否、もっと強いものがあったかも知れない。しかし、唯それだけでなく、親神様のお言葉の中に、何かしら温かい有難いものを感じていた。

「三千世界をたすくべし」

とのお言葉が、どういう風にして実現されるかは、想像にも及ばぬ事ではあるが、この困窮の世の中が、この不安動揺の世の中が、もっと平安な明るいものにして貰えるのではないかというほのぼのとした希望が持たれた。心のやさしい善兵衛には、困窮に瀕《ひん》している当時の人々の様子を見るに忍びない思いがあった。それなればこそ並はずれた教祖の慈悲や施しもだまって見過ごして来たのであった。

（人々がこの苦しみから救われるのであるならば）

と、二十四日の朝以来、数次に亙《わた》って聞かされた親神様のお言葉を心に深く思い返して見るのであった。

けれども、教祖のあの烈《はげ》しい様子を思う時、何かしら身の内がゾッとする程空恐ろしい気持ちにもなる。しかし又恐る恐る仰ぎ見た教祖の眼差し、此の世のものと思われぬ威厳に満ちてありながら底知れぬ温かさのこもった深い神秘をたたえておられたその眼差しを思う時、普通の人間とは思われぬ程に慈悲深かった教祖の御生活との間に、何かしら深いつながりがあるのではないかという思いにもなって来る。

（何《いず》れにしても我が家にとっては、此の屋敷親子諸共神様に捧げる事は大きな犠牲であり、困った事

である）

（けれどもあの様子ではお引き受けする迄は、絶対にお許しはないであろう）

（差し上げる以外にお断りする道など絶対にあり様がなかろう）

斯様《かよう》に思案して、静かに沈黙を破った。

「お引き受けするまでは、神様は絶対にお退き下されますまい」

と申すと、

「左様な弱い事を申されてはいかん」

「今の困難は、今一時の事です」

「お引き受けなどしてしまえば、此の先長く困らなければなりません」

「神様がどんなに烈しく迫られても、お断りする道を考えなければなりますまい」

「今が大事の時ですぞ」

忽《たちま》ち一座は騒然として口々に申し立てる。どうあってもお断りせよというのが、依然として一同の気持ちである。

けれども、こうして数次に亙って果てしなき練り合いとお伺いに時を移す中に、早《はや》二十四日は過ぎ、二十五日の夜も明けて、二十六日の朝になってしまっている。此の間教祖は食事はおろか、一滴の水さえ召し上がらず、昼夜厳然として神の座におられ、烈しい御様子には聊《いささ》かもおゆるみなさる気振りも見えない。

「断じておことわりせよ」

と、口々に申し立てる一同の気持ちもわからぬではないが、今は善兵衛の心に新しい別の不安が掩《おお》いかぶさって来た。

（こんな状態で妻の体は大丈夫だろうか）

この心配であり、不安である。

僅かに数刻、神様と応答をするだけでも、全身、全霊が必死の緊張をする為か、もう片時も我慢がならぬ程、くたくたになってしまった経験から考えると、教祖の状態は全く無茶苦茶である。

自分達も緊張と心痛の連続ではあっても、御前を引き退《さ》がってホッとする一刻がある。どんなに懸命になって長い協議を続けても、烈しく応答をお迫りになる神前に坐《すわ》っているあのどうにもならない緊迫感と較《くら》ぶれば問題にならない。まるで休息さして頂いているにも等しい。しかも、自分達は一杯の渋茶に喉《のど》を潤す事もある。人々は勿論《もちろん》食事も頂いている。

（もう一刻も猶予はならん）

（断じて妻を見殺しには出来ん）

（お受けするまで断じて退いて下さる神様ではない）

（心配してくれる人々の気持ちもわかるが、所詮《しょせん》自分さえ犠牲になればよいのだ。妻と苦しみを共に

すればよいのだ）

この心情を切々として人々の前に披瀝《ひれき》した時、飽くまで反対を続けていた人々も、

（当家の主《あるじ》がそのお気持ちなら、これ以上我々とても申し上げる事はない）

（又、仰せの如く、何時《いつ》まで協議を続けても徒《いたずら》に時が過ぎるばかりで所詮解決の道はない）

こういう気持ちになったのか、今は誰一人反対意見を述べる人もない。

そこで又も御前に進み出て、善兵衛から、

「お受け致します」

と答えた。すると、初めて教祖は、いとも満足気な様子で、夢から覚めた様に平素の教祖に立ち返られた。と同時に秀司の足痛も、教祖や善兵衛の痛みも、嘘《うそ》の様に癒《い》えていた。

時に天保九年十月二十六日、朝の五ツ時、現在の午前八時であった。茲《ここ》に教祖は月日のやしろとおなり下された。時に教祖四十一歳であった。

月日のやしろとしての教祖

連日三日に亙る緊迫感が激しかっただけに、神命をお受けして一切が平静に帰った後、善兵衛は気抜けして了《しま》った様な思いであった。あれ程烈《はげ》しかった教祖の容姿も、今はまるで嘘《うそ》の様におだやかな平素の妻の姿に帰って居た。

驚天動地の大変化でも起こるのではないかとの不安に慄《おのの》き、家も家族も滅茶々々になって了いそうな恐怖さえ抱いていたが、結果はあまりにも平穏であり、何一つ変わった様子は見られない。而《しか》も、あれ程烈しく神命を受けよと迫られた教祖も、何一つ心に覚えがないと仰せられる。なお我に帰った善兵衛がフト気付いた不思議は、あれ程激しかった眼病が、今は少しの痛みも感じない事である。長男や妻の様子を尋ねて見ても、二人共に何の痛みも感じないと言う。まるで夢の様な気がする。自分や妻の痛みは三日前の事であったが、丸一年に亙って悩み続けた長男の足痛を思うとき、ひとしお不思議でならない。

加持よ、祈禱《きとう》よと、わからぬままに騒いで来たが、凡《すべ》ては、

「この屋敷にいんねんあり、世界の人をたすけるために天降った、この屋敷親子諸共神のやしろに貰い受けたい」

と仰せられた、深い親神様の思惑を実現せられる為の前ぶれであったかも知れない。

そうだとすれば事態は決して、このままでは済まされない。

「お受け致します」

と、はっきり応えた以上、この屋敷も、妻も子も、最早《もはや》自分の自由にはならない。神様が如何様《いかよう》になさろうとも文句は言えないのだ。だが、一体この先どんなになって行くのだろう。これが、善兵衛の心を支配する大きな不安であったろう。

然《しか》し、現実は何一つとして、以前と変わった処《ところ》がない。それのみか、あの得体の知れぬ長男の足痛が、あの時以来嘘の如く治まっているし、自分達夫婦の眼痛も腰痛も拭《ぬぐ》うが如く消えて了って、洵《まこと》にすがすがしい気分になっている。

「三千世界をたすけるために天降った」

と仰せられたお言葉が、又しても有難く心に蘇《よみがえ》って来る。そして早くもその有難い神の救いが、自分達一家の上に現れ始めて来たのではないかとさえ思われる。

人々は「貧乏神」だと口々に罵《ののし》り騒いで、その退散を迫ったが、決して「貧乏神」などではなかったのだ。少なくとも、この確信と安心感が次第に善兵衛の心に座を占めて来た。そして烈しく、恐ろしい中にも、何かしら温かいものが感ぜられた、あの日の情景を心に思い浮かべながら、

（やっぱりお受けしてよかったのだ）

（お受けした事は決して思い違いではなかった）

と、心秘《ひそ》かに自問自答してみるのであった。

斯様《かよう》に、善兵衛は他の如何なる人々よりも、一番真剣であっただけに、親神様の仰せに対して一応の理解と認識を持ってはいたが、善兵衛とて決して完全に凡てを理解していた訳ではなかった。

然し、人々の知ると知らざるとに拘《かかわ》らず、二十六日の朝五ツ時、善兵衛が親神様の仰せをお受けして以来、教祖の内面には一大変化が起こっていたのであった。即《すなわ》ち、外面から拝すお姿こそ、昨日に

変わらぬお姿ではあったが、心は月日親神様のお心であり、一れつ人間の親として、世界一れつたすけの上にお働き下さる月日のやしろとしての御立場が確立されていたのである。

よろつよのせかい一れつみはらせど　一 1
むねのハかりたものハないから

そのはづやといてきかした事ハない　一 2
なにもしらんがむりでないそや

このたびハ神がをもていあらハれて　一 3
ないかいさいをといてきかする

と仰せられている如く、人類の親なる親神様が、人類創造以来未《いま》だ嘗《かつ》てお聞かせ下された事のない、深い思召を世界一れつにお聞かせ下さる為に、教祖中山みきをやしろとしてこの世の表にお現れ下されたのであった。

惟《おも》えば人類発生以来、人知は進みに進み、文化は頓《とみ》に開けたが、それが為に人間の幸福は必ずしも増進されたとは言われない。寧《むし》ろ人間生活は益々《ますます》複雑となり、苦しみや悩みは愈々《いよいよ》深まり行くばかりであるとさえ思われる。これは人類が元なる親を知らず、その思召を知らぬからである。親神様はこれを憐《あわ》れと思召し、此《こ》の世元はじまりの深きいんねんの理を説き明かし、この世を本来の姿である陽気世界に立て替えてやろうとの思召をもって、この世の表にお現れ下されたのであって、

「このたび世界一れつをたすけるために天降った」

とは、これを仰せ下されたのであった。

又その後、教祖のお口を通し、或《あるい》はお筆によって順次お明かし下されたところによれば、

このよふのはじまりたしハやまとにて　十一 69
やまべこふりのしよやしきなり

そのうちになかやまうぢとゆうやしき　十一 70
にんけんはじめどふくみへるで

月日よりそれをみすましあまくたり　十一 72
なにかよろづをしこむもよふを

と仰せ下されている様に、此の処、大和国山辺郡庄屋敷村なる中山氏という屋敷こそは、太初親神様が人間をお創《つく》り下された元のやしきであり、又この家の主婦であられた教祖は、「にんけんはじめ」の「どふく」即ち、人間創造の母胎として、創造の働きに御参画下された魂のいんねんを持って、此の世にお生まれなされていたのであった。

且《か》つ又、親神様は、人間創造に際して、最初に生みおろす子数の年限が経《た》った暁《あかつき》は、元のやしきに連れ帰り、神として拝をさせようとお約束されてあった。この元初まりの約束に基づいて、人間創造の母胎としての魂のいんねんある教祖を、この世に現し、宿し込みのいんねんある元のやしきへ引き

寄せて、天保九年十月二十六日、約束の年限の到来と共に、月日のやしろに貰い受けられたのであった。

「この屋敷にいんねんあり」

「みきを神のやしろに貰い受けたい」

と仰せなされたのは、この深き思召といんねんの理をお伝え下されたのであった。

従って、二十四日の朝以来、教祖のお口を通して宣せられた数々のお言葉は、この地上に聞く親神様の最初のお言葉であって、修験者の市兵衛が現出して来た様な、在来の降神の如き、その場限りの現象等とは全く隔絶した、創造の太初に発し、未来永劫《えいごう》に亙って貫かれる、元なる親神様の深い思召の発現であった。

この事実は、その事の初めにおいては大和の一寒村にある、一農家である中山氏という屋敷に起こった奇《く》しき出来事として、僅《わず》かに中山家の近親の人々を驚かしたに過ぎなかったが、やがては全世界に伝わり、全人類を親神様の御恵みに浴せしめるに至る、地球上における一大事実であったのである。

斯《か》くして月日のやしろとおなりなされた教祖は、

いまなるの月日のをもう事なるわ
くちわにんけん心月日や　十二 67
しかときけくちハ月日がみなかりて

心ハ月日みなかしている

と仰せ下されている如く、「くちわにんけん心月日」として、そのお口を通して、親神様の御胸の中を、委細お説き明かし下される事になったのである。

斯くも深い、親神様の思召に基づいて行われた一大事実の真相は、当時の人々に理解の出来よう筈《はず》はなかった。この点についてては、善兵衛とても全く他の人々と同様であった。

従って、

「差し上げ申します」

とお誓いすると同時に、平素の教祖に復された事に、ホッと安堵《あんど》の胸をなでおろし、なお、さした変化もなくお過ごしになっている教祖の様子に、漸《ようや》く心の平静を取り戻したのであった。

然し、この善兵衛の安堵はものの十日とは続かなかった。

即ち、二十六日から十日も経たぬ頃から、内倉にお籠《こも》りになり、以来三年間、外へはほんのたまさかお出ましになるばかりとなった。こうして、家業や世帯の事等には更におかまいなさる事もなく、今迄《まで》の教祖を知る人の目には、まるで別人になって了《しま》われた様な様子であった。

これが教祖の身辺に現れた最初の大変化であった。あれ程家業に丹精され、大勢の奉公人を抱えた中山家の大世帯を見事に切り盛りされつつ、夫には充分に満足を与え、子達の世話も行き届いて、何一つとして手の届かぬところもなく、甲斐々々《かいがい》しく立ち働かれた教祖としては、大きな変わり様であったに相違ない。

「妻は世帯盛りであり、子供は小さくありますによって」という事が、神のやしろに差し上げる事を躊躇《ちゅうちょ》した最大の理由であった。ところが、今その一番懸念していた事が、現実の事実となって現れて来たのであった。

あれ程やさしかった母が、今は何一つとしてかまっては呉《く》れず、何を話しても一向取り合って呉れる様子もなく、返事さえない事があって見れば、子供にして見ればこれ程淋《さび》しく悲しい事はないであろう。

その子供の淋しさもさる事ながら、温かい母の愛情から置き去りにされた様に、しょんぼりしている子供を見る善兵衛には、子供が不憫《ふびん》でならなかったであろう。

その上、これまで手の届かぬすみもなく、甲斐々々しく立ち働く教祖の頼もしい主婦振りに、信頼し切って凡《すべ》てをまかせていただけに、今の教祖の変わり方は此の上もない痛手であったに相違ない。

(かねて恐れていた事態が遂《つい》にやって来た)

(最早《もはや》妻は自分の妻ではないのだ)

(妻は神様に捧げたのだから、今更どうしようもない)

こう観念しては見るものの、妻の愛情、母親の愛、主婦の働きを失って空虚になって了った、家庭の空気は実に寂寞《せきばく》として堪《た》え難《がた》い。

こうした夫婦の苦しみや、子供の悲しさも、何等《なんら》意に介していないかの様に、恰《あたか》も人間の感情を忘れ去って了った人の様に、教祖は、黒のお召し物ばかりをお召しなって、毎日内倉に籠《こも》り続けておられる。

お食事の時間が来てもお出ましにならぬ事も多いし、これを案じて、家人が召し上がる物を運んで行っても何のお応《こた》えもない事もあったろう。

一体如何《どう》した事であろうかと、夫や子供達が心配の余りソッと様子を窺《うかが》うと、時には端然と端座し、冥想《めいそう》されておる事もあれば、又時には何者か、余人には見えない相手とお話し合いをなされている様な様子に見える事もある。

又、時には線香を一本お立てになって、

「南無天理王命、南無天理王命」

と一心に祈念されている折節もある。

嘗《かつ》て教祖が、足達家の一子照之丞の命乞いを祈願された当時にあっては、その内面の心境こそは、既に人間の修行によって至り得る最高の境地に住んではおられたが、少なくともその信仰の形式においては、当時の素朴なる民間信仰の形式をそのまま履《ふ》んでおられた。即ち、祈りの対象が神社であろうと、仏閣であろうと問うところではなかった。たとい、それが路傍の小祠《しょうし》であっても、人々が霊験あらたかなりと称《たた》えるものであれば、悉《ことごと》く敬虔《けいけん》な祈りの誠を捧げておられたので、信仰の対象は確立されていなかった。
それが、天保九年十月二十六日を境として、それ以後は、親神天理王命の御名の外、教祖の口から出る事は無くなった。ここに信仰の対象が、親神天理王命一神に確立されたのである。

否、御身は月日親神様のやしろとして、昼夜を分かたず、刻限々々に耳うつしに身の内守護の理をはじめ、数々親神様の思召をお聞きになっていたのである。

斯かる大きな変化は、深い理合いの理解出来ない人々の目から見れば、気でも間違われたのではなかろうかとの不安さえ感じられたに相違ない。

谷底への道

貧に落ち切る

教祖の身辺に起こった変化は、決してそれだけではなかった。夫善兵衛をはじめ子供達の淋《さび》しさと不安の中に、天保九年の年は暮れ、天保十年の春四月頃《ごろ》から親神様の思召《おぼしめし》のままに果て知らぬ施しを始められた。

これ迄《まで》とても教祖は、お慈悲の上から、哀れな人々を見れば心から哀れみをもって恵みを垂れ、施しをなさる事は決して珍しい事ではなく、夫とて慈悲深い方であったから、教祖のなさる施しを止めたり、反対する事等は絶えてなかった。

ところが、この度の施しは、これ迄のそれと較《くら》べて、聊《いささ》か性質が異なり、程度を超える様子が窺《うかが》われた。そこで気のやさしい善兵衛も、時には見るに見兼ねて、

「施しも善《よ》いが、分相応、程々にするがよかろう」

と、注意する事もあった。そんな時、教祖は、

「神様が〝貧乏せよ、貧に落ち切れ〟と仰せになります」

と、親神の仰せをお伝えになるだけで、別段夫の言葉に逆らおうとはなさらないが、施しの手は尚《なお》も止まずに続けられて行った。

そして初めのうちは、自分が嫁入りの際に持参した荷物の中から、手当たり次第に施しになっていたが、やがてそれも尽きると、今度は子供達のものから夫のものまで、施す様になって来た。而《しか》も余分なものだけを施すと言うのではなく、すっかり底を払って了《しま》おうとなさる様子が窺われるので、夫も黙って見過ごす事も出来ず、しばしば注意してはみるが、一向に施しの手が止みそうにもない。たまりかねて激しく反対し、注意をすると、

「神様が、〝貧に落ち切れ、貧に落ち切らねば、難儀なる者の味が分からん。何でも落ち切れば上がる様なものである。一粒万倍《いちりゅうまんばい》にして返す〟との仰せで御座います」

と、厳かに神命をお伝えになるだけである。

そして尚も施しの手を緩めず、身の廻《まわ》りのものが無くなれば、その後は米倉、綿倉の中に一杯につまってある米麦や綿の類、果ては自分が日頃の丹精で織りためていた木綿の反物等、手当たり次第に施して行かれた。

月日のやしろとなられるまでは、凡《およ》そ夫の言葉に対しては何一つとして逆らった事のない、此《こ》の上もなく従順素直であった教祖が、一度月日のやしろとおなりになるや、殊更《ことさら》に夫の言葉に逆らう訳で

はないが、何人《なんぴと》の反対も容赦《ようしゃ》なく、毅然《きぜん》として神命を遂行される凛然《りんぜん》たる態度に変わった。

この止める術《すべ》もない教祖の行動に、善兵衛は日夜人知れず心を痛め続けた。

けれども一度、

「此の屋敷親子諸共神のやしろに貰《もら》い受けたい」

と仰せられた神命をお受けした以上、

（妻が何をしようと、この家が如何《どう》なろうと、今更《いまさら》苦情の言い様がない）

こう観念して、自《みずか》らの心に言い聞かしてはみるが、今日此の頃の教祖の度はずれた施しは、どうしても黙視する事の出来ないものがある。

たまり兼ねて、又も容《かたち》を改めて激しく忠告すると、

「水に喩《たと》えて話する。高い所よりどんと落ち切ったら、つぶしても吹き上がるやろ。その理で、もし此の道に邪魔する者あれば、梯子《はしご》昇りや、その邪魔する者が踏み段となって、一段一段上る程に。木で言うなら、末を止めたら、四方八方芽を吹く。根を掘りかけたら道具まで芽を吹くなり」

「流れる水も同じ事、低い所へ落ち込め落ち込め、表門構え、玄関造りで人はたすけられん。貧乏せ
貧乏せ」

凛《りん》として神命をお伝えになるばかりである。

家の将来をも考えず、無茶としか思われぬ教祖の施しに、今は黙視するに忍びず、勢い込んで阻止《そし》

しようとしたが、教祖の言葉に接する度に、柔らかい中にも、我が妻ならぬ威厳と道理の籠《こも》るものが感じられて、それ以上返す言葉も無くなって了《しま》う。

そして、心静かにその言葉の節々を反芻《はんすう》してみるのであった。

熟し切ったものは落ちるより外に道はない。然《しか》し、それと反対に、落ち切ったものは上がるより外に道はない。

「水でも落ち切ったら噴き上がるやろう」

との仰せである。難儀な人々への施しによって、貧のどん底に落ち切れば、高い所から落ち切った水が勢いよく噴き上がる様に、梯子昇りに昇る事が出来るとの仰せである。

「木で言うなら、末を止めたら四方八方芽を吹く」

とも仰せられた。如何にも末広がりに勢いよく家運の伸び行く道を教えて頂いた様な気もする。

然し、今のところ我が家の家運は、妻のあの度はずれた施しさえなければ、決して傾いているとも思われない。況《いわ》んや、落ちるより外に道のないまでに爛熟《らんじゅく》し切った状態にあるとは思われない。神様の仰せになるような荒療治をしてまでも、家運を挽回《ばんかい》しなければならぬ程、差し迫った状態ではない。

然し、

「貧に落ち切らねば、難儀なる者の味が分らん」

とも、又、

「表門構え、玄関造りで人はたすけられん」
とも仰せられたお言葉は、洵《まこと》に尤《もっと》もな仰せである。難儀不自由の道を通って初めて難儀不自由をしている人々の苦しみがわかるのである。難儀不自由の人を救う道は、先《ま》ず我《われ》自らが難儀の底に落ちるより外ない事はよくわかる。又いかめしい表門構えや玄関造りでは、人々の寄りつき難い事もよくわかる。

これは恐らく、
「世界の人を救《たす》けるために天降った」
と仰せになった神様が、妻をやしろに貰い受け、先ず我が家を貧のどん底に落とし切って、其処《そこ》から妻を道具にして世界だすけをお始めになる思召《おぼしめし》に相違ない。

そうだとすれば、妻は洵に尊くも大きい使命を帯びている事になる。

今迄あれ程人に情けをかけ、人を救ける事に夢中であった妻なれば、或《あるい》は、その使命が果たせるかも知れない。殊《こと》に二十六日、あの日以来、家庭も、子供も忘れ果て、人情さえも置き忘れたようになって、神様に夢中になっている妻になら、きっとその使命は果たせるに相違ない。

然し、世界の人を救けるとはあまりに問題が大きく、荷が重過ぎる。何も、それ程までにしなくとも、自分達の身近にいる難儀な人々を救う道は外にもある。もっと穏やかに困っている人々に救いの手を伸べる道はある筈《はず》だ。出来る事なら祖先よりゆずり受けた家産を破らず、家庭を乱さず平穏な半生を送り度《た》い。

これが偽《いつわ》りのない善兵衛の思いではなかったろうか。然し、こうした善兵衛の心を承知あってか、あらずでか、教祖の施しは際限もなく続けられて行った。

こうした教祖の言葉や行動は、心痛の種ではあったが、それでも善兵衛だけには一応の理解があった。けれども無責任な近隣の人々には理解はおろか、想像も及ばぬ世界であった。従って、教祖の言動が次第に近隣の目に触れ、耳に入るようになって来ると、

「近頃中山家の新造は内倉に籠り切りで、野良仕事は素《もと》より、世帯の事も一向におかまいもなさらぬそうな」

「あの働き者の御新造が、それはおかしな事だなあ」

「それに、なんでも念仏の様なものをお唱えになったり、何かわけのわからぬ事を一人で口走っておいでだとかいう話だが、もしかすると気でも違って居られるのじゃないだろうか」

「そう言えば、近頃の施しのなされ方などもあんまり法外じゃないか」

「以前からお情け深いお方で、人に物を施す事のお好きなお方だったが」

「それにしても、あんまり度を越していらっしゃる。なんでも、あの大家が、大方米倉や綿倉が空っぽになっているという話だよ」

「そりゃ、あれだけ無茶苦茶に施されたのでは、いくら大家だって、たまったものじゃなかろう」

「御門先に物乞う者には嫌《いや》な顔一つなさらず、誰彼の差別なく施しなさっていたのは、ずっと以前からの事だが、近頃は、一寸《ちょっと》でも憐れな人の話をお聞きになれば、どんな遠方まででも物を運んでおやりになるし、人通りの多い道路にわざわざ物を落としておかれるんだもの、拾った者の拾い得という訳さ。あれではまるで家財を捨てて廻《まわ》っているようなものだよ」

「たまに正直者が拾って、これはお宅の物じゃ御座いませんかとお届けすれば、新造が、――いいえ、それは宅の物では御座いません。神様があなたにお授け下さったのでしょうから頂いておきなさい。とおっしゃって、そしらぬ顔で呉《く》れて了われるんだから」

「だけど、ああして貧しい者どもに施しをなさっていらっしゃるお姿を物陰で見ていると、御新造の姿がなんとも言われぬ神々しさで、自然と頭が下がるような気がするよ。頂いた人の中にだって、幾度も幾度も後振り返って、新造の方を伏し拝むようにして去って行く人があるよ」

「そりゃ、この苦しい世の中に思いがけない恵みを受けりゃ、拝み度くもなろうじゃないか。それにしても、夫が苦しもうが、子供が悲しもうが、家が潰《つぶ》れようが一切無頓着《むとんちゃく》で、一切を人に施して了うというのは、どう考えたって普通の人間じゃないよ。気でも違ったと思うより外に考えようがないじゃないか」

「なんでも、昨年の秋、市兵衛さんの御祈禱《きとう》のあった時、御新造に神様が憑《かか》って、それ以来、あんな風になって了われたという話だから、恐らくあの時に貧乏神が憑《つ》いたんだろう」

「狐《きつね》か狸《たぬき》でも憑いての仕業じゃないかと言う人もあるよ」

こうした、各人各様で、全くとり止めのないうわさが、次第に村人の間にささやき交わされるようになって来た。それも初めのうちは中山家をはばかって、極《ご》くひそひそとささやかれていたものが、次第につつしみを忘れ、遂《つい》には聞こえよがしの悪口として拡《ひろ》まって行った。

然し、教祖の御施与《せよ》はこうした世間のうわさ等とは全く無関係に、ますます激しさを加える一方であった。そうなると、単なる無責任な評判だけでなく、教祖の施しの実情が、親戚や知己の人達の知るところとなり、やがてそれ等の人々が入れ替わり忠告に来たり、止めだてに来るようになった。ところが教祖には、如何に御忠告しても、一向に手ごえたえもなければ、また施しの手が緩む様子も見えなかった。そこで、それ等の人々も世間のうわさ通り、何か憑きもののせいに相違ないと考えるようになって行った。

そこで今度は、善兵衛に向かって、

「今のうちに憑きものを何とか退散さして了わないと大変な事になりますよ」

「うっかり放任しておいては家も財産も無くなって了う。そうなってからでは、どんなに騒いでも間に合わぬ」

等、口々に忠告するのであった。

善兵衛としては、人々よりは一そう切実な心痛もあり、深刻な思案もしているだけに、事態に対して、また格別の認識もあった筈《はず》であるが、人々が自分に対する親切の上から言って呉れる事でもあり、また万一人々の言うような方法で教祖の行動が改まるなら、幸いであるというようなお考えもあってか、人々の好意にまかした。

当時は洵《まこと》に幼稚きわまる迷信や俗信が、相当強力に人心を支配しておって、狐狸《こり》の類《たぐい》などが人間に乗りうつって、常識では考えられないような種々《いろいろ》な、異常な振る舞いをさせるものであるというような事が真面目《まじめ》に信じられていた。

そして、そんな場合には、その狐狸が憑いていると考えられる人を松葉でいぶしたり、吊《つる》し上げたり、身体《からだ》に傷をつけたり、皆が寄ってたかって打擲《ちょうちゃく》したりなどして肉体をいためつけると、その人に憑《つ》いている狐狸の類が、苦しがって退散するものであるという様な事も真剣に考えられていた。

而《しか》もそんな場合、責め苛《さいな》まれている人が苦しみ騒ぐ有様を見ても、身に憑いている狐狸が苦しがっているのだと考えて、案外平気でその非常識極まる責め苦をやり続けたものである。時には余りの苦しさに、その人が失神するような事があっても、それは却《かえ》って狐狸が退散した為《ため》に力が抜けた姿であるとの解釈さえ行われた。

斯《か》かる次第であったから、洵に畏《おそ》れ多い話ではあるが、恐らく教祖の御身にも、手を変え品を変えて、種々な責め苦が次から次へと加えられたに相違ない。

又、時には教祖の行動を、厄神《やくじん》か貧乏神の祟《たた》りによって生ずるものとの考えから、線香を立てたり、抹香《まっこう》をたいたりして、厄神退散の祈禱《きとう》等をして騒ぎ立てる事もあった。

然し、そうした一切の手だては悉《ことごと》く無益であった。そして教祖の施しの手は聊《いささ》かも緩みなく続けられた。

けれども、一方これを阻止しようとする人々の動きも容易にあきらめようとはせず、なおも手を変え品を変えて根気よく続けられた。

時には友人の中に、

「もし狐憑きであるならば、稲荷《いなり》の勧請《かんじょう》をすればよろしかろう」

と、教えて呉れる者があったので、そのすすめに従い稲荷の祠《ほこら》を造って、九条村の九平という者を雇うては、祈禱をしてみたり、種々な事を試みた事もあった。

又、憑きものは刀の威力に恐れて退散すると信ぜられた当時の風習に基づいて、教祖の面前で、日本刀を振り廻してみたり、或《あるい》は臥所《ふしど》の下に敷いてみたりなどする事も試みられた。

こうして、人々は教祖を全くの憑き者と考え、憑き者扱いにするところから、善兵衞までが、遂にその考えに釣り込まれて了ってか、はた又、困惑の果て「おぼれる者は藁《わら》をもつかむ」弱い人間心理によってか、自身で伏見《ふしみ》稲荷のお札を貰って来て、ソッと教祖の臥所の下に敷いてみる事などもあった。

何とかしてこの困った事態を解消したいと、不安と困惑の中に、あらゆる手段と方法を講じて居る善兵衛の姿や、又母親の愛を失って悄然《しょうぜん》として居る子供達の姿は、中山家に好意を持っている人々の目には、洵に気の毒に見え、限りない同情を惹《ひ》いた。

　或《あ》る日、善兵衛の役友達である別所村の萩村、庄屋敷村の足達、丹波市村の上田等の人々が寄り合《お》うて、

「中山家では近頃、あの働き手であった新造さんが気でも違ったのか、家の将来も、子供の行く末も考えず、度を超えた施しに夢中であるし、何時《いつ》行って見ても子供達が気抜けして了ったように淋しそうにしている。どうも気の毒で黙って見ている訳には行かぬ。善兵衛殿も種々手を尽くしては居るらしいが、どうにもならぬ塩梅《あんばい》らしい。一つ今日は我々三者が力を合わせて、もし憑き物ならば、どうでも退散さしてやろうではないか」

と、相談を纏《まと》め、銘々期するところあって中山家にやって来た。

　そして教祖に向かって申すには、

「今日、我々が神様を連れ帰り、お祭りもし、信心も致しますから、どうか此の場は退散して下さい」

と懇願したが、素よりお受け下さる筈もない。いよいよ憑き物かと見て、だんだん教祖の身を責めたてたが何の効果もない。遂に棒を折って引き上げて行くより外に術はなかった。

「ここはこの世の元のぢば」

とお聴かせ下さる様に、元なる屋敷に、魂のいんねんある教祖をやしろとして、此の世の表に現れ下

された親神様が、人々の試みる如何《いか》なる手段方法によっても、断じてお退き下さる筈もない。寧《むし》ろ、この深い親神様の思召と元のいんねんを悟れずに、馬鹿げた迷信や、俗習に従って騒ぎ立てている人間に、教祖こそ真に「月日のやしろ」でおわすという真実をわからせてやり度い思召から、一切の方法手段も無益である事を身をもって悟らせる為《ため》に、人々の為《な》すがままにまかせられているだけで、如何なる方法をもって臨んでも一歩もお退きならず、着々としてその思召をお進めになった。

即ち天保十二年には、教祖の御身を台として「をびやのためし」をなされた。これは、やがて「よろづたすけ」の道開けとしてお渡し下された「をびや許し」の御準備であったと拝察される。

而《しか》も一方、

「どんと落ち切った処から、つぶしてもつぶれない道をつける」

との深い思召と、

「此処へ来る者は、一人も喜ばさずに帰らされん」

との親心から、人々の反対や、止めだて、責め苦にも拘《かかわ》らず、どんどん施しを続けられ、谷底へ落ち切る道をお急ぎになった。

斯くして、五、六年の歳月は流れ、頑強に反対、妨害を続けて来た人々の精根も尽き果てようとする頃までには、米倉、綿倉等はとっくに空《から》になり、金目の道具がつまっていたと言われる道具倉にも手がつき、安市を開いて大事の家財、道具も二束《そく》三文《もん》の安値で売り払われ、それも悉《ことごと》く貧しい人々に施して了われた。

善兵衛の苦悩

斯くして過ぎ行く頃、或る日、教祖のお口から、

「この屋形取り払え」

と、厳かなお言葉が発せられた。

中山家にとっては容易ならぬ一大事である。素《もと》より善兵衛は、親戚知人が自分への好意と親切から忠告し、勧めてくれるままに、教祖の施しを阻止する為にあらゆる手段を講じて来たものの、何処《どこ》か心の奥底では、人間思案を越えた親神様の思召を感じて居た。

所詮《しょせん》、人間の力ではどうにもならぬ事態である事も感じて居た。それなればこそ、一応は阻止する態度は取っても、結局は教祖のなさるがままに施しを続けて来たのであった。そして今では家財道具までもすっかり手放してしまうところまでついて来たのであった。

親戚、知己の中にはこうした善兵衛の態度を不甲斐なしとして難ずる者もあった。善兵衛もそれがわからぬ事はなかった。けれども善兵衛は、妻として教祖に対する愛情と信頼もさる事ながら、過ぐる天保九年十月二十六日の朝、「此の屋敷親子諸共神のやしろとして差し上げる」旨、誓った事を忘れる事が出来なかった。何かの折には強くその日の様を思い浮かべるのであった。そうして常に、愈々《いよいよ》

となれば教祖の言動の中に、単なる我が妻ならぬ威を感じていたのであった。それなればこそ「不甲斐ない」という非難の声さえ耳にしながらも此処《ここ》までついて来たのである。けれども善兵衛にとって、今の状態が最早《もはや》、耐えることの出来る限度であった。

村一番の大家も、今では目ぼしいものも殆《ほとん》ど無くなってしまっているばかりでなく、日々の生活にこと欠く有様《ありさま》である。それに、なおその上に、

「此の屋形取り払え」

とは、あまりにも理不尽なるお言葉である。如何に心のやさしい善兵衛とはいえ、やすやすと受ける事の出来ないのは当然である。

（家は祖先から受け継いだもの、己の一存で処理する事は出来ぬ）

これらは、当時にあっては最も動かし難い世間一般の物の考え方である。

さすがに教祖の仰せに理解の深い善兵衛も、これぱかりは受けようとはせず、強く反対し続けた。するとと教祖の身上の悩みは激しく、床に臥《ふ》して食事も喉《のど》を通らず、非常な重態になられた。

これ迄《まで》にも、教祖の仰せに従わない時は身の障《さわ》りが起こるので、余儀なく従えば身の障りがたちどころに解消した経験はあるので、この場合も仰せを受けさえすれば身上の悩みは良くなるものとわかりながらも、事が余りにも重大であるので、決しかねて居る中に、教祖の身は重態のまま二十日余りも経過してしまった。

こんな事をして躊躇逡巡《ちゅうちょしゅんじゅん》に日を過ごしておれば、教祖の生命にかかわって来る。さりとて一存にて決しかねる重大問題なので、親族の方々と相談の上、事を決しようとの考えから親族を集めて協議した。

素より誰一人としてこの事態を喜んで受ける人のあろう筈《はず》はない。洵《まこと》に困った事態である。逃れる道があるなら逃れ度《た》い。これが人々のいつわりのない気持ちであったに相違ない。然《しか》し事態は余りにも急迫している。二十日間も床に臥したままで何一つ召し上がらない教祖の容態は、洵に重態である。このままに放置すれば、或《あるい》は一命にもかかわるかも知れぬ。

「今一度神様にお伺い申し上げてみては……」

これが漸《よう》やく到達した一同の決議であった。

今一度お伺いすれば、或は事態を穏やかに解決出来る様なお言葉があるかも知れぬ、という万一に一縷《る》の望みをかけつつお伺い申し上げた。ところがお答えは一同の期待に反し、

「辰巳《たつみ》の角から瓦《かわら》をおろしかけよ」

との厳《おごそ》かなるお言葉であった。斯《か》くては、ともあれ仰せのままにするより外に仕方がないというので、教祖の弟である前川半三郎が下男宇平をしたがえて、仰せのままに辰巳の角の瓦を形ばかり降ろしにかかると、教祖の悩みは即座に治まった。

何よりも懸念《けねん》された教祖の身上が治まってみれば、誰しも進んで家を壊したくない。これを幸いと

いう訳でもないが、親族の人々も懸念するし、善兵衛も（これで良いのであろうか）と、気に懸かるものを残しながらも瓦降ろしはついそのままに過ごした。

ところが十五、六日経《た》つと、又もや教祖の身上は急迫して、耳は少しも聞こえず、眼は見えず、声も出ないという状態になってしまった。打ち驚いて再度親族を呼び集め熟議を凝らした。今となっては愈々本格的に家を壊さない限り、教祖の身上がすきやかならぬ事は、過日来の経験によって誰にも見当はついている。さりとてそれを断行しようという決断はつかない。又々協議は結論を見ぬままに、畏《おそ》る〳〵神様にお伺いする事になった。すると、

「丑寅《うしとら》の角《すみ》より瓦をおろせ」

との仰せである。人々の最も恐れていたところである。然《しか》も、神様はいつも明確に厳粛にその遂行を迫られる。然しこの期《ご》に臨んでも人々には、何とかして逃れられるものなら逃れたいという、にえ切らぬ気持ちがつき纏《まと》う。

「家を壊してどうなるんだ」

「神様なら、難儀をさす様なことは無い筈だ」

「これは貧乏神だ」

「貧乏神なら早く退いて貰おう」

口々に罵《ののし》り騒ぐばかりで、本気で仰せに従おうとする者は一人もない。

すると、教祖の身の悩み、愈々烈《はげ》しく一刻の猶予も出来ぬ状態に差し迫って来られた。この有様を前にしては、最早口々に勝手な事を並べ合って、徒《いたずら》に時を過ごす事は許されない。一同の人々が不承不承にも、

「つまらぬ事やないか……」

と、つぶやきながらも仰せの通りに瓦をおろしにかかると、教祖の身上は嘘《うそ》の様に平静に復した。

ホッと一息安堵《あんど》の胸をなでおろす事が出来た。然し、一同の人々はこの一時の落着によって平静の日を送る事が出来たとしても、善兵衞の心は、決してこの一時の小康によって安まる事は出来なかった。

一度仰せ出された限りは、何処《どこ》までもその遂行を迫られる神様の御命の厳しさは、既に過去において痛いほど経験して来たところである。

「此の屋形取り払え」

凛《りん》として仰せ出されている以上、これでは決して一度や二度の形式的な瓦おろしだけで済まされる筈はない。必ず徹底的な家壊《こぼ》ちの御命となって現れて来る事は必定《ひつじょう》である。その場合どういう態度で臨むべきか。きっぱりとお受けするか。それとも断固おことわりを申すか。二つに一つである。今の間にはっきり肚《はら》を決めておかねばならぬ。

（お断り申せば妻の身はどうなるだろう）

(さりとてお受け申せば我が家の将来、子の行く末はどうなるであろう)

悩みは常にこの二つの間を往《い》き来して、何処まで行っても割り切れない。決断のつかぬまま憂悶《ゆうもん》の明け暮れを過ごすうち、

「明日は家の高塀《たかべい》を取り払え」

愈々憂慮していた事態が現れたのである。恐る恐るこの日のある事を予想もし、又これに対処する肚《はら》構えを日夜考え続けては居たのであるが、さて愈々これに当面してみれば決断はおろか、考えの筋道さえも見失ってしまって、唯徒《いたずら》に憂悶が深まるばかりである。結局、親族の人々の意見を聞く事より外に、この窮状《きゅうじょう》を打開する道はない。

招集に応じて集まって来たものの親族の人々にして見れば、事態の現場に直面した時だけの問題で明け暮れ、この問題に悩み続けている善兵衛ほどの真剣さもなければ、また切実感もない。責任が軽いだけに考え方も単純であり一本調子である。それだけに迷いも少なく決断も早い。

「家を取り払えの、高塀を取り払えのと、そんな無茶な話があるものか」

「そんな理不尽な事を命ずる神様は神様ではない」

「断固お断りすべきである」

唯それだけの意見である。答えは常にはっきりしている。ただ従来、現場に臨んで、教祖のお悩みの模様や、これについて心痛している当主善兵衛や子供達の心に同情し、それに惹《ひ》かされ、渋々神命

に従って来られただけの話である。心の奥底をたたいてみれば、

（善兵衛殿も、善兵衛殿じゃ、こんな重大問題に何をぐずぐずして居られるのじゃ、もっと男らしくきっぱりと決断して断ってしまえばいいものを）

こんな思いさえなかったとは言えないと思われる。然も今は二度ならず三度の招集である。既に真面目《まじめ》に相談する熱さえも薄れている。

（今更、相談も何もあったものじゃない。はっきり断ってしまえばいいじゃないか）

これが正直な気持ちであろう。協議が始まるや直《ただ》ちに、

「それはよくない事である」

口々に強硬な反対意見が飛び出して、断固お断りしようという事に一決した。そしてその勢いに乗じて、一挙にこの問題を解決しようと、強硬に反対を表明したが、神様は一向にお聞き入れがなく、その間に教祖の身上は例の如く急迫して来られた。

此処に善兵衛の苦悶、憂愁は極点に達した。今日の親族の人々の様子の中には断じて神様の御命をお受けして呉れそうな気配は無い。然も、神様は一歩もお退きにはならぬ。親族の人々の言う処は、人間の常識としては洵に理の当然である。然も、斯《か》くも強硬な反対をして呉れるのも、皆我が家の将来を思うて呉れる上からである。その親切は身にしみて有難い。さりとて人間の言い分をお聞き下さる神様ではない。それは過去数年の経験を通じて善兵衛は誰よりもよく承知して居る。

(親族や友人の親切な忠告に従えば、妻の身上の悩みは増すばかり)

(さりとて、神様の仰せに従えば親族や友人の親切に背《そむ》かねばならず、どうしたらよかろうか)

と言いつつ考え続ける善兵衛の苦悶は果てしなく、決断に至る術《すべ》もない。然もこのやるせない苦悶の中に、一面から見れば優柔不断とも見え、又女々《めめ》しくも見え、煮え切らぬとも見える善兵衛の態度に業《ごう》を煮やし、

(要は貴殿の決心次第ではないか)

(早く貴殿からきっぱりと断ってしまいなされ)

斯様《かよう》に、善兵衛の決断を促し、迫って来る人々の強い視線が感じられて来る。そして、その視線の中には、

(だいたい貴殿がはっきりせぬからこんな事になってしまったのだ)

(女房の言いなりになって家財産の無くなって行くのを黙って見送っている不甲斐ない男)

(貴殿には、世間の人々の口端《くちは》に上っている悪評、陰口が耳に入らぬのか)

こういう冷たい皮肉の棘《とげ》さえ感じられる。善兵衛は、そうした人々の心の動きも解《わか》らぬではない。然し、そうは簡単に片付ける事の出来ない、複雑にして深い感情故に、果てしない悩みを続けているのである。

「此の屋形取り払え」

「家の高塀を取り払え」

とは、洵に無茶苦茶な仰せではあるが、これは決して今、突如として現れたものではない。この源は、既に過日天保九年十月二十六日、

「此の屋敷親子諸共貰い受けたい」

と、仰せなされたその日にあったのだ。

（然も自分は〝承知しました〟と、はっきりとお受け申し上げたのだ）

（この家屋敷は素より、妻も子も既に自分の自由にならぬ筈だ）

（神様に差し上げたればこそ、妻は神様の指図のままに、この家の財産を無くする道を、まっしぐらに歩いて来たのだ）

（決して妻が悪いのではない。責任は凡《すべ》てお受け申した自分にあるのだ）

（それに自分が煮え切らず、きっぱりとその責任を果たさぬ為に、神様の督促《とくそく》を受けて、その都度罪なき妻は激しい身上の悩みを続けているのだ）

（妻には何の罪もない）

（然も、このまま対峙《たいじ》を続けるならば、とうてい妻の身は持つまい）

（妻を見殺しにする事は、どうあっても出来ない）

これが最後に残る善兵衛の気持ちであったろう。遂《つい》に決然として意を決し高塀を取り壊しにかかっ

た。すると忽《たちま》ち教祖の身の悩みは平癒して、恰《あたか》も何事も無かったかの様な有様であった。

一同の者は、唯《ただ》ポカンとして、狐《きつね》につままれた様な有様である。

「再三に亙《わた》って我々を呼び集めておきながら、我々の意見を少しも用いないならば、今後は意見も申し上げますまい」

「おつき合いする事も止めましょう」

「今日限りと思召《おぼしめ》し下され」

口々に不満の捨て台詞《ぜりふ》を残して、親族、知己の人々は帰って行った。

愛想づかしの言葉を残したまま、親族、知己の人々が帰って行った後には、中山家の家族ばかりの淋《さび》しい日々の生活が続けられて行った。

斯かる中にも、教祖は少しも変わらぬ態度で、哀れな人を見れば決して見逃す事なく、限りない施しの生活をお続けになっている。従って家運は日一日と傾くばかりであり、親戚、知己の人々にさえ見放されて了《しま》った中山家の人々に対する世間の人々の悪口《あっこう》、雑言《ぞうごん》は次第に露骨になって行った。甚《はなは》だしきに至っては、これまでに厚い恩顧を蒙《こうむ》った人々でさえ、世間に調子を合わせて中山家に嘲笑《ちょうしょう》を浴びせる様になって行った。

当時は、教祖の御歳《おんとし》四十五、六歳の頃と推定されるから、夫は五十五、六歳であった。長男秀司は

二十二、三歳。長女おまさは十八、九歳。三女おはるは十二、三歳。末女こかんは六、七歳であった。教祖こそ月日のやしろとしてたすけ一条の親心におわすけれど、夫善兵衛をはじめ子供達にしてみれば、夫々《それぞれ》歳に応じて淋しい思いを抱かれ、又将来の不安に心を悩ました事であろう。

殊に善兵衛は、神様へのお約束と、教祖の身を気遣う一念から、親族、知己の反対をもおし切って、高塀の取り払いにまで手をつけられたが、すでに年頃になる子供達の淋しそうな様子や、未だあどけなく無邪気な子供達の様子を見るにつけても、心は千々に砕《くだ》け、暗然たる心持ちに打ち沈むのであった。

（一度神様とお約束した限り、所詮《しょせん》それは果たさずには居られない。又果たさせずにはおかれない神様である）

と、そこまでは責任をもって考えるのであるが、

（どうしてここまでしなければならないのであろうか）

（又どうして、ここまで我々一家をお苦しめになるのであろうか）

過去数年に亙って、幾度となく考えた問題ではあるが、未だにどうしてもはっきり悟り切る事が出来なかった。

「三千世界を救《たす》けさす」

「表門構え、玄関造りでは人はたすけられん」

「落ち切ったら噴き上がる」

「ドンと落ち切れ、落ち切ったらつぶしてもつぶれない道をつける」

「一粒万倍《いちりゅうまんばい》にしてかえす」


　種々お聞かせ頂いたお言葉は、未だにはっきり脳裏にきざみつけられてもいる。又、嘗《かつ》ては、こうしたお言葉が、ほのぼのと心を温めて下さる様に感じた時もある。

扨《さ》て、今、余りにも苛酷《かこく》な現実に直面すると、こうしたお言葉を反芻《はんすう》して見るだけでは、この酷《きび》しい現実を喜んで通り抜ける信念や勇気は湧《わ》いて来ない。あれこれ憂慮するにつけ善兵衛には眠られぬ夜が次第に多くなって行った。


　毎夜、眠れぬままに楽しかった過ぎ来し方や、酷しい現実、また妻を狂人、憑《つ》き物と罵《ののし》り、我が家を今日の悲運に陥《おとしい》れたものは、悉《ことごと》く自分の不甲斐なさの為《ため》として、身を嘲笑する世間の悪口雑言等、あれこれと思い惑うて居ると益々目は冴《さ》えて眠れない。

（妻に憑いているのが真に神様ならば、こんなにまで人を苦しめる筈がない）

（やっぱり妻は世間の人の言う様に貧乏神に憑かれたのだろうか、それとも狐狸《こり》の為《な》す業《わざ》か、或《あるい》は神信心に熱した余り、気でも違ったのか）

（もしもそんなものに誑《たぶら》かされて、命よりも大切な、祖先からゆずり受けた家、財産の無くなって行くのを、だまって今日迄見過ごして来たのだとすれば、何という自分は不甲斐ない愚か者であったの

だろう）

（世間はまさしく自分の事を、そう言ってあざ笑っているのだ）

（〝女房の言いなりになって、大事な家財産の無くなって行くのも知らずに過ごす愚か者〟、世間はこう言って自分の事を嘲笑しているのだ）

（男として、これ以上の屈辱があるだろうか）

（それにも増して、もしも自分が不明であった為に、我が家を今日の状態にして了ったのだとすれば、どうして御先祖様に申し訳が出来ようか）

（又、いとしい我が子達の将来はどうなるだろう）

こんな事を思い詰めていると、善兵衛はもう居ても立ってもいられなくなって、ガバッと、ふとんを蹴《け》って立ち上がった。そして白刃《はくじん》を抜いて教祖の枕頭《ちんとう》に立った。

心のやさしい善兵衛としては実に思い余った突差《とっさ》の行動である。もしも、真に狐狸の業ならば、この刀の威力によっても退散させ度い。こうした切なる心の現れであったのだろう。けれども、善兵衛の心中にはなお教祖の行動を、単なる狐狸の業や、狂気のさたとして断じ切る事の出来ないものをも持っていたに相違ない。

従って、勢い込んで枕頭には立ったが、何の思い煩《わずら》いもなく、安らかな眠りを続けている神々しい迄《まで》にやさしい教祖の寝顔を見ると、突差に振るい起こした元気も抜けて、

「世界の人には笑われそしられ、親族や友人には不つき合いとなり、どうすれば宣《よろ》しかろう。憑き物なれば退《の》いて呉れ」

と、男泣きに泣き暮れながら、切なる心情を吐露《とろ》するのであった。

激しい世間の悪評や、あまりにも酷《きび》しい現実の苦しさから、つい、

（もしや狐狸の為す業か、或は気でも違ったのではなかろうか）

との疑念を持ってはみるものの、今の場合、いざとなれば、狐狸か、狂気かと疑う、その教祖以外に、真に心を打ちあける相談相手も無いのが、今の善兵衛の立場である。

枕辺《まくらべ》の物音にフト目を覚まされた教祖は、白刃を手に立っている夫の姿に目を留めて、

「あなた、何をしておいでで御座いますか」

とお尋ねになれば、善兵衛は、

「どうも恐ろしうてならぬ」

と、唯《ただ》一言答えている。

この一言の中に、善兵衛のやさしい人柄と、千々に砕《くだ》ける心中の思いが遺憾《いかん》なく言い表されている様に思われる。

時には世間の言う様に狐狸か、狂気かと疑い度くもなる様な振る舞いをする我が妻ではあるが、面と向かってその姿に接すれば、そんな疑いはたちどころに消えて了う、常に変わらぬやさしくも又た

のもしい妻であられた。

又澄み渡る心は、自然にその面ざしにまで表れて、世間の悪評や酷しい現実にも、聊《いささ》かも煩《わずら》わされる色もなく、神々しい迄に澄み渡る涼しい目元にてほほ笑みをたたえられる容姿に接すれば瞬時と雖《いえど》も、狐狸か、狂気かと疑念を抱いた浅ましさが反省されて来るのであった。

けれども又、よしそれが狐狸や狂気でないにしても、今日此の頃の酷しい我が家の現実と、何時《いつ》果てるとも知れぬ苦難の続く我が家の運命や、我が子の前途を思われると、何か物の怪《け》にでも憑かれている様な、又悪い物のたたりでも受けている様な、どうしようもない空恐ろしい気持ちにもなるのであった。

「どうも恐ろしうてならぬ」

という一言は、まさしくこうした心境を端的に言ったものかと察せられる。

斯様《かよう》にして教祖の温容に接しられると、深い愛情と信頼を呼び覚まされる善兵衛ではあったが、一方日増しにつのる世間の悪評と、暗澹《あんたん》たる我が家の現実と前途を思う時、心は底知れぬ不安の俘虜《とりこ》となって、どうしても教祖に同化し尽くす事の出来ない善兵衛でもあった。

そこに何処《どこ》まで行っても割り切る事の出来ない善兵衛の苦悩があった。そしてその苦悶に眠られぬ幾夜を明かし続けているのであった。斯くてその苦悩の続くところ、遂《つい》には自分の心一つでは消化し尽くす事の出来ない窮地に至って、その積もる不安と苦悩を何物かに向かって打ちつけずには居られない衝動にかり立てられるのであった。

こうした苦悶の極まるところ、或る時は自身白衣を着し、教祖にも白衣をお着せして、祖先の位牌《いはい》の前に対座し、諄々《じゅんじゅん》と心中に積もる苦悩の次第を話し、その果ては、

「真に憑き物ならば早く退け」

と段々と責め問うた事もあった。

祖先の霊前のその加護を受けて一挙に苦悩を解決し、我が家の運命を開かんと、思い詰めたその果てに取った行動かと察する。

こうした善兵衛の苦悶の状《さま》が、教祖にもお解りにならぬ筈がない。別《わ》けても鋭敏な感受性をお持ちになった教祖であった。そして神憑り以前には、常に人の心を察しては、それ等の人々の身になり立場になって、凡《すべ》ての人々を温かい同情にお包み下されてお通りになった教祖であった。特に夫に対しては言葉に出して仰せにならぬ先から、その心を察して、心の中にはいり込んで、かゆい所へ手の届く様にお仕えになり、お世話なされた教祖であった。

それが天保九年十月二十六日以来、親神様の御命のまま夫をはじめ凡ての人々の思いに叛《そむ》いて、お通りになって来たのである。然もそれは相当長い年月であった。その間常に夫の苦悶の様を見続けて来られたのである。痛々しいまでに心痛する様を御覧になりながらも、次から次へと心の安まる暇もない迄に、厳しい親神様の御命をお伝えになって来たのである。

善兵衛の性格の上から申せばあの酷しい神命を、然《しか》も激しい親族、知己の反対迄《まで》も押し切って遂行する事が出来ようとは思えない。それ程迄に苛酷《かこく》な棘《いばら》の道であった。それをしも、素直な心と、妻である教祖への深い愛情から、踏み越えてこられたのである。

こうした夫の苦労と心中を察する時、人間、女として此の世に生を享《う》け、人の妻となり、母となる教祖の立場から申せば、最早《もはや》これ以上自己の思いを突き通す事の出来ない絶壁に直面されているにも等しいものがあられたに相違ない。

中山家の東にあった鏡池

然も、厳しい神命は尚《なお》も強く前進を命ぜられる。夫の苦悶は日毎夜毎に高まって行く。前進か、後退か。道は二つに一つである。神命を受けてこのまま強く前進するとすれば、夫の苦悩や子供達の歎《なげ》きを冷たく踏みにじって進まなければならぬ。さりとて神命を捨てて後退する事は尚更《なおさら》出来る事ではない。こんな場合如何《いか》なる道を選ぶ事が一番親神様の思召《おぼしめし》に添い得るのであろうか。

或る夜の事、深夜、教祖は何を思召されてか、お屋敷の東方に茂る鎮守《ちんじゅ》の森の南側に、水をたたえている鏡池の堤にお立ちになった。そして何事かを念じつつ身を躍らして飛び込もうと

された。ところが体が硬直して自由に任せられず、突如耳元に、

「短気を出すのやない」

という声を聞かれた。ハッとして後に退こうとすると足は軽く、前に進もうとなさるとどうしても動かなかった。

こうした経験は、或る時はお宅の井戸に、或る時は鏡池に、総じて六回にも及んだと伝えられている。

善兵衛の出直し

教祖は月日のやしろにおわしませば、素《もと》よりその心には一点の陰影もなければ、苦しみも悲しみもない。唯《ただ》たすけ一条の親心がおわすばかりである。

然《しか》し、人間の世界は常に幾多の矛盾や対立に満たされている。一方立てれば一方立たず、両方立てれば身が立たぬと言う様な板ばさみの苦しみもある。人間として見るならば、現に教祖がお立ちになっている立場の如《ごと》きが正にそれである。厳しき神命を遂行しようとされれば、この上もない夫の苦悩を招く事になる。人間の情として夫の心中を察すればその苦悶《くもん》も又洵《まこと》に無理のない至当なる心情である。さりとて神命は絶対である。然も人間世界においてはこの二つの矛盾対立を解決する道は絶対にない。進退極まる立場と申す外はない。

然し、教祖は月日のやしろにておわします。月日のやしろとして、親神様の親心を遂行される教祖の心には、聊《いささ》かも矛盾や対立のあり得よう筈《はず》がない。然し、教祖の目指されるたすけ一条は決して現実を超えた彼岸に成就《じょうじゅ》されるのではなく、矛盾と対立に満つるこの人間世界に成就されるのである。それなればこそ現身《うつしみ》をもって人間世界に現れ下され、人の妻として、子の母として生活下されているのである。そして心月日におわせども身は、夫ある妻として、子の母として、今越すに越せない板ばさみの立場にお立ち下されているのである。

真理は絶対であって、真理の世界には、矛盾や対立のあり得よう筈はない。然し、現実には、人間の力ではどうしようもない矛盾、対立、争いが無数に存在している。そしてこの解決出来ない矛盾、対立、抗争の中に苦しみ足掻《あが》きつつ、果てて行くのが人の世の現実の姿である。これが解決されない限り、人の世の悩みは果てしないであろう。親神様はこの果てしない悩みをも解決する道をお教え下さろうとの思召である。即ち、月日やしろである教祖が、心は月日であって、現身は人の妻として子の母としてお通り下さる道すがらによって、我々の通らして頂くべき通り方のひながたを実地にお示し下さろうとの思召である。教祖が数次に亙《わた》って井戸や溜《た》め池に身を投げようとされたのは、正にこの思召の現れかと拝察する。

「捨ててはおけんほってはおけんという所まで行けば神が働く」と教え、又、「たとい我が身はどうなっても人を救《たす》ける心が真実誠」とお聞かせ下されている。親神様に守護されている世界には、断じて絶望という事はない。進退極まると感じ、絶望と見るのは、親神様のお心に触れるまで真実の限りを尽くし切らぬからである。

「たとい我が身はどうなっても、身を捨ててもという精神もってつとめるなら神が働く」

と仰せ下されている。

こうした教えの真実を、教祖はひながたとして身をもって実地に通って見せられたのである。教祖がこうした道中をお通り下されて行く中に、居たたまれない焦燥《しょうそう》と懊悩《おうのう》に明け暮れていた夫の苦悶も次第に薄らいで、平静と落ち着きを取り戻して行ったかに見える。ただ真意を解し得ない世間の人が、昨日に変わる今日の淋《さび》しい中山家をあざ笑う嘲笑《ちょうしょう》だけが、依然《いぜん》として執拗《しつよう》に続けられて行った。

斯かる頃、嘉永《かえい》元年、教祖齢《よわい》五十一歳の時、「お針子をとれ」という親神様のお指図のままに、お針子を取って裁縫の師匠をする事になった。これと相前後して長男秀司は村の子供達を集めて、読み書きを教える寺子屋を開いた。

これは、人間の常識を超えた教祖の行動が理解出来ないままに狐狸《こり》の仕業《しわざ》と疑い、狂気の沙汰《さた》とあざ笑《わろ》うて、一向にその言葉に耳傾けようとする者とてもないところから、斯くてはたすけ一条の道がおくれる結果ともなるので、先《ま》ずは世間の疑いを晴らし、教祖御一家に親しみを持たせ、一刻も早く親神様の思召を伝えてやり度《た》いとの切なる親心からであったと思われる。

然もこの企ては、思い通り、世間の人々を啓蒙《けいもう》する上に大いに役立ったものの様である。素《もと》より草深い片田舎の事とて、読み書きはおろか裁縫等教えて呉《く》れる師匠とてもないままに、日頃は好き勝手な悪口雑言や陰口を囁《ささや》きながらも、必要に迫られては、一人二人とお世話を願う入門者が現れ始めた。そして教えを受けながら親しく中山家の方々と接してみれば、狐狸か狂気かという馬鹿げた疑いなどは忽《たちま》ちにして解消して了うのは当然である。そして今度はこれ等の人々の口から伝えられる真実に、次第に人々の信頼も集まって、入門者の数も日毎に多くなって行った。然も、やがて、これ等の入門者は、庄屋敷村の人々ばかりでなく、近村にまで及んで行ったものの様である。

こうして一時は誰訪《おとな》う者も無くなった中山家にも、若い娘達や、無邪気な子供達の陽気な笑い声が賑《にぎ》やかに聞かれる様になった。大勢の奉公人を抱え、村人達の信頼と、羨望《せんぼう》の的であった往年の生活には較《くら》べるべくもないが、再び貧しい中にも賑やかな生活が蘇《よみがえ》って来たかに見えた。少なくとも天保九年以来のあの厳しい日々に比すれば、この数年間は春の様なのどかさが感ぜられる。

恐らく教祖五十年の道すがらを通じて多少ともに平穏な生活があったとすれば、この数年間ではなかったかとさえ思われる。殊《こと》にこの間に、三女おはるの結婚という慶事があった。当時教祖の許《もと》に通うお針子の中に、後年熱心な教祖の弟子となった豊田村の辻忠作《つじちゅうさく》の姉こよという人があった。こよは朋輩《ほうばい》達の皆がそうであった様に、教祖御一家の方々に親しく接して、世間のうわさに反した気品の高さと温かい心に強い親しみと敬慕の情を感じていた。殊に同女は同じ年頃の娘同士の事とて、特に心のやさしいおはるに心がひかれていた。ところが辻こよには櫟本《いちのもと》に当時二十六歳になる梶本惣治郎《かじもとそうじろう》と言う従兄《いとこ》があって、かねがね適当な嫁を求めている事を知っていたので、こんなよいお嬢さんを従兄の惣治郎に世話をしたらと思いつめ、橋渡しをしたのが縁で梶本家に嫁ぐ事になったのである。時に嘉永《かえい》五年、おはる齢《よわい》二十二歳であった。

当時中山家では既に家財も売りつくし、家運の傾き行くさ中ではあったが、未だ田地は相当残って居ったので、二差《さし》の荷物を持って嫁入りしたと伝えられている。

こうした慶事がすらすらと運んで行った事実に徴《しる》して見ても、教祖が世人の誤解を解く為《ため》にお針子を取るようになってから、五年にして既に悪評も薄れ、中山家への認識が改まって居った証左であると思われる。

それにつけても、親戚知己の離叛《りはん》や我が身一つに集まる世間の悪評に、一時は我が妻をさえ疑《うたご》うて眠れぬ幾夜かを明かした善兵衛も、ここ数年は比較的平静な日々を過ごし、今可愛《かわい》い娘の慶事にあって、老いの心にどれ程か喜びを感じた事であろう。

然しこれとても過去の酷《きび》しさに較べての話で、一見平静であったかと見える年月の間にも決して教祖の施しの手は緩められたのではない。田地等も買い手があり次第売却し、施しを続けて来たのである。殊におはるが嫁入りした前後からひとしお激しさを加えて来た模様が窺《うかが》われる。その一証左として考えられる事は、長女おまさが豊田村の福井治助《ふくいじすけ》に嫁入りしたのは、おはるの嫁入りから僅《わず》か二年の後であったと推定されるのであるが、その頃は夫出直しの後であった故もあるが、既に改まった嫁入り仕度とてもなく、僅かばかりの手廻りの品を掻《か》き集めて出かけたと、伝えられている一事によっても汲《く》み取る事が出来る。

斯様《かよう》にして村一番の田地持ちとうたわれた中山家も、今では既にその田地にさえひびが入る様になり、一歩々々谷底に落ちて行く頃、嘉永六年二月二十二日、長年の間連れ添った夫善兵衛が、齢六十六歳を以て出直したのであった。

思えば善兵衛は、大家の若旦那として何不自由なく過ごしたが、奇しきいんねんを以て、天保九年以来は筆舌に尽くす事の出来ない苦労の日々を過ごし、晩年の数年は僅かに平穏の日々を送ったかに見えたが、家運は頓《とみ》に傾くばかりで、未だ前途に何等の希望をも感ずる事の出来ないままに出直して行ったのであった。此の間、時には堪え難い苦悶と焦燥に身もだえして教祖に迫った事もあったが、愈々《いよいよ》となれば常に親戚知己の反対をも押し切って、教祖の仰せを受け入れ、最後迄《まで》教祖と歩みを共にして来たのであった。それだけに善兵衛自身は、既に避け難いいんねんを観念していたものと思われるのであるが、特に子煩悩《ぼんのう》であっただけに子供達の将来については、なお尽きぬ心を残していったのではなかろうかと思われる。

その子供達は既述の如く、三女おはるこそ、出直しの前年、目出度《めでた》く結婚していたが、後には、長男秀司が既に齢三十三歳にもなりながら、未だ正式に嫁を迎える事も出来ないままでいるし、長女おまさは既に二十九歳、末女こかんは十七歳で何れ《いず》も未だ配偶者もなく家庭に残って居る。

こうした夫の心中は切々として教祖の心にも伝わって来ない筈はない。殊に天保九年以前二十数年にわたる夫婦生活においては、あれ程夫に貞節な教祖であり、何一つ夫の心にさからわれた事もない教祖であった。それが月日のやしろとおなりになって以来は、神命とは言いながら何一つとして夫に満足を与える事もなく、寧《むし》ろ夫の心痛の種となった貧のどん底への道を急がれて来た。そして未だ前途に何等《なんら》の希望も見る事の出来ない今、子供達の前途に不安を残しながら去って行く夫の出直しに直面されたのである。人間として妻として、これ以上の悲しみはないであろう。

然し、月日のやしろとしてたすけ一条の道を急がれた教祖には、こうした人間思案の感傷に沈んで居られる余裕もなかった。次々と下る神命のまま、なおも田地其《そ》の他のものを売り急がれ、遂《つい》に長年住み慣れた本家迄も取り壊して売り払われる事になった。

これには長男秀司も可なりの反対をした模様である。父出直しの直後でもあり、祖先代々住み慣れて来た我が家を取り壊すという事は、容易ならぬ大問題である。然も秀司にしてみれば、父出直しの直後、未だその悲しみの涙も乾かぬ間に、住みなれた我が家を手放すという感傷的な執着もさる事ながら、もっと現実的な切実さもあったのではないかと思われる。即ち、嘉永元年、村の子供達を集めて寺子屋を開いて以来、世間の悪評も次第に薄れて聊《いささ》か世間の信用も回復し、家運は次第に傾いて行く中ではあったが、寺子屋の師匠という立場にあって聊か中山家の長男としての体面も保たれている。それにも増して、この定まった仕事のある事によって、前途暗澹《あんたん》たる中にも多少の生き甲斐《がい》をも感じていたのではないかと思う。

然るに今この本家を取り壊して了ったのでは子供を集める場所もなく、この寺子屋をさえ続ける事が出来ないのである。更《さら》に父無き今、秀司は一家の戸主として中山家の将来を担い、妹達の行く末も考えねばならぬ責任ある立場である。容易に態度を決し兼ねたのも当然の事と申さねばならぬ。

こうして教祖の命に従い兼ね躊躇《ちゅうちょ》していると、天保九年以来、忘れた様に治っていた足の痛みが激しくなって堪え切れぬまま、遂に神命を悟り素直にお受けした。すると教祖は、「こぼちかけ」と仰せられ一刻も早く家壊《こぼ》ちに取りかかる様おせき込みなされたが、秀司にしてみれば、買い手もないのに壊さなくとも、買い手がついた時に壊せばよいという考えもあって、その由《よし》申し上げると、

「瓦三枚でもはずせば、こぼち初めや」

と仰せになって、即時実行に取りかかる事をおせき込みになるので、意を決して家壊しに着手した。するとと秀司の足痛は嘘《うそ》の様に平癒《へいゆ》したと伝えられている。

斯《こ》うした経緯を経て本家は取り壊され、間もなく買い手もついて京終《きょうばて》の近く永井村という所に売られて行ったという事である。この時の事である、売られて行く本家の木材が奈良街道を通って曳《ひ》かれて行くのを、当時既に櫟本へ縁づいていた三女おはるが、丁度《ちょうど》街道筋にある我が家の門先に立って眺《なが》めていると、隣近所の人々が、

「あれは貴女《あなた》の里方の本家が売られて行くのです」

と物知り顔に囁《ささや》いた。おはるは後年、

「あの時の悲しさは今も忘れる事が出来ない」

と語った、と伝えられている。当時尚《なお》家に残っていた秀司、おまさ、こかんの兄妹は、どんな思いでこの荷車の出て行くのを見送った事であろう。

人間の目には斯《か》くも悲しく淋しい家壊ちも、世界たすけを急がれる教祖は、愈々《いよいよ》世界たすけの本普請にかかる時が来たとの思召から、まるで棟上げにでもかかる様な陽気な勇み心でお始めになった。そして此の日家壊ちに来た人夫達には、お祝いであるからとて酒肴《さけさかな》をお出しになり、

「今日は家の壊ち初め、貧乏のはじまりや。こんなめでたい事はないで。御神酒《おみき》をこしらえて、一杯祝うて、いさんでかかるのやで」

と仰せられた。この当時の模様を、明治三十三年十月三十一日の「刻限おさしづ」にも次の様に仰せられている。

「この道始め家の毀《こぼ》ち初めや。やれ目出度い〳〵と言うて、酒肴を出して内に祝うた事を思てみよ。変わりた話や〳〵」

斯うして夫出直しの後、教祖御一家は急転直下貧のどん底へ落ちて行かれた。

世界たすけの道あけ

こかんの大阪布教

「水にたとえて話する。水でも高い所から落ち切ったら噴き上がるやろう」

「どんと落ち切れ。落ち切ったらつぶしてもつぶれない道をつける」

斯様《かよう》に仰せられたお言葉が、早くも如実の事実として実現される時が来た。

時は嘉永《かえい》六年、夫善兵衛の出直しを節として急転直下、貧のどん底へ落ち切る道を急がれる時、教祖は突如、末女こかんに大阪の地に「天理王命」の神名を流す様《よう》御命じになった。

教祖がお針子を取られ、秀司が寺子屋の師匠を始めてから、漸《ようや》く世人の狐狸《こり》か狂気かと疑う疑惑誤解は解け始めたとは言え、未《いま》だ当時にあっては、大阪はおろか庄屋敷近辺にさえ、天理王命の尊さは素《もと》よりその神名をさえ知る者は少なかった。それに遠く浪華《なにわ》の地にこかんを遣《つか》わし、繁華な街の辻々に立って「天理王命」の神名を流せと仰せになるのである。然《しか》もこかんは齢《よわい》正に十七歳という花はずかしい娘盛りの身であり、殊《こと》に、父を失った悲しみの涙も乾かぬ頃《ころ》である。この、人の意表に出た教

十三峠に建つ石碑

祖のお言葉をどんな気持ちで聞いた事であろうか。従来とても余りにも人の意表に出た教祖の言動故《ゆえ》に、理解の出来ないままに世の人々は誤解や疑惑を持ったのである。今漸《ようや》くその誤解の解け始めた時、本家の取り壊しを敢行《かんこう》し、「この道はじめ、家のこぼち初め」と喜んでお祝い酒を振る舞ったり、今また大阪への神名流しを仰せ出されているのである。人間心をもって考えるなら、斯くては又、狐狸よ、狂気よ、とのそしりを招く結果になりはせぬかという不安さえも伴うお言葉である。

然《しか》し、それをしも、こかんは「ハイ」と素直に受けて、雄々しくも浪華の街に向かって旅立ったのであった。思うにこの当時には、既に秀司やこかんには、教祖を、単なる母としての人間感情を超えた、月日のやしろとしての尊い理において、確信するに至っていたものと察する事が出来る。

さて、旅立ちの日、こかんはつむぎを染めた裾《すそ》模様のある振袖《ふりそで》を、裾短かに着、手甲《てっこう》、脚絆《きゃはん》の旅姿も凛々《りり》しく、手には拍子木を持ち、初々しい「おはつ」髪に結《ゆ》って、又三郎外二名の従者を伴い、いそいそと晴れの旅路に出発した。

この供の人々については、一番の拠《よ》り所となる初代真柱の「教祖様御伝」には、「又吉外二名」となっている。この点について古老の人々の一致する意見は、この供の中に少なくとも一人は忍坂《おっさか》村なる西田伝蔵の子供が加わっていた筈《はず》であるという事である。西田伝蔵とは、教祖のすぐの妹に当たるくわの夫である。このくわは、教祖と一番年齢が近かったせいか、兄弟衆の中でも特に気が合っていたという事である。そんな事でくわが忍坂村なる西田家へ嫁入りしてからも、両人の間には屡々《しばしば》往来があり、教祖が月日のやしろとなられてからも、時々西田家を訪れられる事があったと伝えられている。

教祖は家族、親戚《しんせき》、近隣と、先《ま》ず手近な人々から親神の教えをお説き下されたので、くわをお訪ねなされても普通の世間話等をお好みになる教祖ではないから、常に西田家の方々に教えをお伝えになったものと拝察される。従って西田家の方々は相当早くから親神様の教えに深い理解と関心を持っていたものの様で、恐らく中山家の家族を除けば、この西田一家が一番最初の信仰者であったという推測も出来る訳である。

ところで、西田家には、勇助、藤助、又三郎、幸助、おたね、という五人の子供があって、こかんのお供をしたのはこの五人の中の誰かであろうという事である。ところが愈々《いよいよ》この五人の中の誰であったかという点になると説が二つあって、断定するのは困難である。

その説の一つは、この五人兄弟の中の一番末の妹であるおたねの伝えるもので、この人は、こかんの大阪布教当時は九歳になっているが、その後長じて宇陀《うだ》の細川家に嫁し、なほと改名した。その後も屡々おぢばには参拝して、昭和の初年頃迄《まで》長生きしている。この人の言に従えば供をしたのは、一番長兄の勇助（一名・改三郎）と三男の又三郎（別名・又二郎、或は又吉）であったと言う事になる。当時未だ九歳であったとはいえ、家の兄妹が伝える消息であるから信頼性が強い。ところが高井直吉はじめ古老の人々の中には、次男の藤助一人であった様にも聞いていると言う人々もいるので、この説も聊《いささ》か心細くなって来る。

然し「教祖様御伝」には、「又吉外二名」と明確に示しておられるので、一名説は少し怪しくなって、又三郎さんとその外に一、二名と考え度《た》くなる。ところがここでも、又吉と又三郎という呼び方の喰《く》い違いが出て来るのが聊か気懸かりとなって来る。然し、古老の人々に正して見ると、この又三郎という人は、後年にも時々お屋敷に顔を見せていた様であるが、みんな、「又やん、又やん」と通称をもって呼び合っていた様で、又吉やら又三郎やら、そんな正確な呼び名はわからんと言う。こうした実情から考えると、この呼び名の喰い違いは大した気懸かりとはならなくなって来る。然も又三郎は別名又吉とも言うと伝えられている処によれば尚更《なおさら》である。恐らく供をしたのはこの又三郎であろうとの推測が有力になって来る。すると「外二名」という二名は誰であったかという事が問題になるが、これについては、勇助や藤助という事も考えられるし、途中から信者の人が加わったという説や、中山家の使用人という説等もある。

何《いず》れが真《まこと》か、明確に断定する事は出来ないが、斯かる言い伝えが残っている事によって、当時既に数こそ僅少《きんしょう》ではあったが、教祖の教えを奉ずる人々があったのではなかろうかという事や、又、中山家が貧のどん底の一歩手前迄《まで》落ち切っていた嘉永《かえい》六年当時にも、なお昔日《せきじつ》の恩顧を忘れないで、主家と運命を共にする覚悟をもって中山家に仕えていた使用人もあったのではないかと言う事も偲《しの》ばれる。斯《こ》うした考証もさる事ながら、何と言っても大切な事は、貧のどん底への一歩手前というところに立っていた当時、「落ち切ったら噴き上がる」と、仰せ下された、お言葉のまにまに世界たすけの親心を明らかにお示し下される壮挙が行われたという事実である。然もこの壮挙が、齢僅《よわいわず》か十七歳というこかんによって、然も、父を失った悲しみの涙の乾かぬ中に、その悲しみを踏み越えて、敢行《かんこう》せられたという点にひとしおの意義を感ぜずには居られない。これぞ未来永劫《えいごう》に亙《わた》って、我が身我が家を顧みず、未知の世界に乗り出す不安も意に介する事なく、予想せられる幾多の苦難も、人のあざけり、そしりも念頭に無く、ひたすらたすけ一条に勇躍する道の布教者の取るべき態度と覚悟に対する尊いひながたを遺されたものと申さねばならぬ。

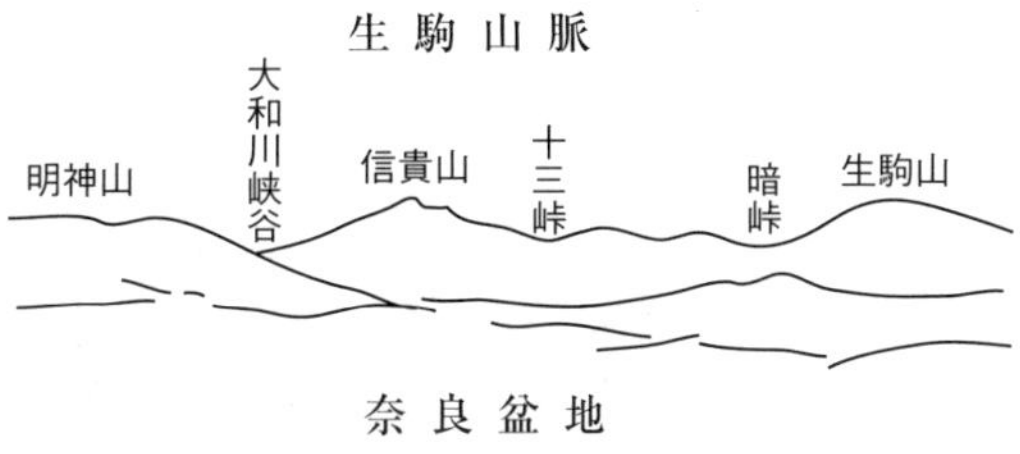

十三峠略図

　この日こかんは未明に起き出《い》で、支度《したく》を整え、旅姿も凛々しく教祖、兄に見送られつつ、ぢばの朝霧をついて一路西へ歩みを進め、安堵《あんど》、竜田《たった》を経て十三峠を越えた。峠の頂上に立てば遙《はる》か彼方に目指す浪華の街が望まれる。これに力を得、愈々希望に胸をふくらませつつ旅の疲れも打ち忘れ、一気に北高安に下り一路大阪の街へと急いだ。それでも目指す宿舎に着いて旅姿を解いた頃は、既に夕闇《ゆうやみ》があたりを包んでおった事であろう。その日泊まった宿は日本橋《にっぽんばし》北詰にあった岸沢屋であったとの説も伝えられている。斯かる点から考えると、恐らく中山家が綿屋であった頃、綿の取引に大阪へ出張の際には、ここを常宿として利用しておったものではないかとの想像も出来る訳である。

兎《と》に角《かく》、古くからなじみの宿であったとすれば、大和の中山の娘として鄭重《ていちょう》に迎えられ、なじみの気安さに、その夜はぐっすりと旅の疲れを休めたかとも思われる。けれども一夜明くれば重大な使命が待っている。神様の御命なればと、固い信念に洋々たる希望もあるが、又一面には初めての壮挙として大きな不安もあったに相違ない。

けれども、こかんは翌朝、夜明けと共に起き出でて、神命のまにまに日本橋、堺筋《さかいすじ》、天満《てんま》と、当時往来の頻繁《ひんぱん》であった街の辻々に立ち、拍子木を叩《たた》きつつ「南無天理王命、南無天理王命」と声高らかに神名を流して歩いた。

物見高いは今も昔も変わらぬ世の常である。突如現れたうら若い乙女が裾模様の振袖の姿で、真剣な面持ちに拍子木を叩きながら、神名を連呼している姿が人目を惹《ひ》かぬ訳はない。道行く人は悉《ことごと》く足を留め、その見馴《な》れぬ様子に好奇の目を注いだに相違ない。

「あれは一体何者であろう」

「何の目的であんな事を口走っているのであろう」

「南無天理王命と何やら神名らしいものを唱えている様だが、一向に聞いた事のない神名じゃないか」

「見ると田舎娘らしいが、何処《どこ》やらに犯し難い気品があるではないか」

「然《しか》もあの真剣な面持ちを見ていると馬鹿には出来ないぜ」

「然し、うら若い乙女の身で恥じらう色もなく、大勢の人前であんな事を口走る処《ところ》を見ると、可哀そうに気でも違っているのではないだろうか」

「それにしては、年の若い若者が三人も手を合わしながら一心に同じ事を唱えているじゃないか。気の違った者が四人も道連れになっている筈《はず》はない」

口さがない町人達は口々に好き勝手な思いを囁《ささや》き合った事であろう。眺《なが》め通る人々によって或《あるい》は狂気と疑った者もあろう。或は又、単なる好気心の満足に終わった者もあろう。然し中には、こかんの犯し難い気品と、真剣な面持ちに打たれ、初めて耳にする「天理王命」の神名を尊く心に印象づけられた者もあったに相違ない。又恐らく子供達は耳新しい神名を早速口真似《くちまね》してはしゃぎ廻《まわ》った事でもあろう。然し、何《いず》れにしても一日のにをいがけは色々な意味で大きな反響を与えた事は間違いない。一行はその反響を喜び合い、疲れも忘れて元気よく宿に帰ったに相違ない。

そして翌日も亦《また》、場所を変えて同じく神名を流して歩いた。こうした事を幾日位繰り返したかは定かではないが、凡《およ》そ三日位であっただろうという推測が最も穏当と思われる。

斯《か》くて無事大任を果たした一行の帰途は何れの道を取ったか、これも確《しか》と判明はしないが、お屋敷で帰りを待ち兼ねておられる教祖や、兄秀司への報告も心せかれるまま、恐らく一度通り慣れた同じ道筋を急いだものと推察する。教祖はこの一行をいとも御満足げに迎えられ、

「御苦労やったなあ」

と厚く、その労をお犒《ねぎら》い下されたであろう事も容易に想像出来る。

斯《こ》うして果たされた一行の壮挙は、直ちに信仰者を得るとか、講の結成を見るとかいう様な直接的な効果は見られなかったとしても、何千、何万という人々の耳底に親神様の御名を伝える事の出来たのは間違いのない事実である。

思えば、教祖が月日のやしろとおなり下されてから満十五年、ここに愈々《いよいよ》積極的に世界たすけへの道が開かれた。時恰《あたか》もアメリカの船艦がペリル提督を乗せて、我が浦賀《うらが》の港に来港して、鎖国の夢を破ったのと奇しくも同じ年であった。以来我が国論は頓《とみ》に進取《しんしゅ》の方向を辿《たど》り、文明開化の黎明《れいめい》を迎える気運に向かったのであるが、これと時を同じうして、親神様の教えが中山家の域を越えて広く世界に伝えられる第一歩を踏み出した事は、決して単なる偶然の一致として片付け去る事の出来ない、深い親神様の思召《おぼしめし》を感ぜずには居られない。

をびや許しのはじめ

「どんと落ち切れ、落ち切ったらつぶしてもつぶれない道をつける」
と仰せられたお言葉そのままに、嘉永六年こかんの大阪布教という壮挙によって、華々しくその道が開かれたが、続いて翌安政《あんせい》元年には、櫟本《いちのもと》村なる梶本惣治郎《かじもとそうじろう》へ嫁いだ教祖の三女おはるが長男亀蔵《かめぞう》を出産するに先立ち、をびや許しをお授けになった。前者は広く浅く親神様の御名を流したものであったが、後者のをびや許しは、女の大役と言われたお産を通して一人々々に深く親神様の自由《じゅうよう》の働きを知らせ、親にもたれつく信頼の心を呼び覚まされたものであった。前者は広く浅く、後者は狭く深くの相違はあるが、何れも積極的に世界たすけの道をお開き下さろうとする思召の現れであった事においては一つであった。

教祖が一刻も早く世界の子供を救《たす》けてやり度《た》いと思召し下さる親心は、既に天保九年月日のやしろとおなり下されたその時から、日夜お持ち続け下されていた事は言うまでもない。現に天保九年十月二十六日以来嘘《うそ》の如《ごと》く平癒していた秀司の足痛が、その後間もない頃に再発して、身動きさえ出来ない迄《まで》に苦しんだ時、教祖はお手ずからお息をおかけなされ、お紙をお張り下されたところ、十日程の間に全快したという事実があった。そしてこの時以来秀司は、母の中に不思議な力のある事を信じる様になったと伝えられている。斯うして種々《いろいろ》な機会を通じて親神様の自由《じゅうよう》をお示し下されたのではあったが、未だ本格的に且《か》つ積極的にこの道をお進め下される旬が来なかった。

というのは、親神様の世界一れつたすけは、高山も谷底もない、即《すなわ》ち貧富貴賤《きせん》の差別を越えて、世界一れつ皆等しくへだてない可愛《かわい》い我が子という親心にお立ち下されてのたすけ一条で、その意味から言って谷底せり上げの道であった。その上から、どんな谷底の人々でも気易く慕い寄る事の出来るよう、先《ま》ず自ら貧のどん底に落ち切る道を急がれたのであった。そして、家柄、身分、格式、伝統、家、財産、階級等、凡《すべ》て人間の差別を造りへだてとなるような一切のものをかなぐり捨て、赤裸々な神の体に帰って、その人間性の根柢《こんてい》から道をつけようとの思召であった、と拝察する。

この思召実現の為《ため》に、あらゆる反対誹謗《ひぼう》の中に激しい施しをお続けになったのである。然もかかる間にあってもたすけ一条の道をつける上に色々お心をお配り下されたのであった。

即ち天保十二年、教祖はをびやためしにかかられて、やがて世界の子供にをびや許しをお授け下さる日に備えられたのである。この年、教祖は御妊娠中であったが、丁度七カ月目の或る日、

「今日は何処《どこ》へも行くのやないで」

という神命のままに、朝から外出をなさらず在宅であったが、その夜床に入ってお休みのところ、親神様から御出産の予告をお受けになったので、早速起きて用意をして居られると、間もなく胎児を流産された。其《そ》の後暫《しばら》く頭痛に悩まれたが、二時間余り経た頃、夜が明けたので直《ただ》ちに起き出でて、そんな後にも拘《かかわ》らず、自身で後始末をなされ、汚れ物等も人手を借りる事なく丁寧《ていねい》にすすぎ洗濯をなされ、干し竿三、四本もほされたという。

然るにこれと共に頭痛も忘れた様に平癒なされ、常に変わらぬ元気さでお過ごしになった。

　このたびハたすけ一ちよにかゝるのも
　わがみのためしかゝりたるうゑ　　三　44

人間の身上は素《もと》より、人生百般の事は凡て親神様の自由のお働きによるもので、その御守護を頂くならば如何なる中にも聊《いささ》かの不安もないという事実を、先ず御身の身上を台として明らかにお示し下され、これを一れつ子供にお教え下さろうとの思召であったと拝察される。

斯《こ》うして嘉永七年に至って、先に述べた様に三女おはるに初めてをびや許しをお授けになった。この時おはるは産み月になったのでお産をする為に実家に帰って来た処《ところ》、教祖は、

「何もかも内から試してみせる」

と仰せになり、その腹部を撫《な》で三度息をおかけになって、親神様の自由の理を諄々《じゅんじゅん》とお聞かせになった。

おはるは固くその理を信じ切ってお産の日を待つ中、その日嘉永七年十一月五日は、近畿地方を襲った大地震と立て合って、産室の後ろ手の壁が一坪ばかり崩れかかるという様な椿事《ちんじ》が起こった。そんな中にも拘らず、おはるはいとも安らかにお産をすまし、その日から常と変わらぬ姿で起居した。

これが、「をびやほうそはよろづ道あけ」と、仰せ下されるをびや許しの始めであった。

続いてこの翌年、安政二年には長女おまさが長男鶴之助の出産に際してをびや許しを頂いて居る。

この時も教祖は腹部を三度撫で、三度息をおかけになって、こうしてをびや許しを頂いた以上、疑いの心をなくして、親神様の教え通りにさえすれば、速やかに安産をさして頂ける。をびや一切は常の通りにして居ればよいので、世間一般の人間が案じ心からしている腹帯《はらおび》や、毒忌《どくい》み、もたれもの等更《さら》にその必要はなく、又七十五日の身の汚れもない、唯々《ただただ》親を信じ、親にもたれていさえすれば、親神の自由の守護によって安産が出来る事を諄々としてお聞かせ下された。おまさは、昨年の妹おはるの不思議な事実も見聞きして居るし、こうした教祖のお諭しをそのまま心に信じ切って、教え通りにしたところ、仰せの通りいとも安らかなお産であった。おまさはこの時に頂いた親神様の自由の御守護についての感銘が非常に強かったと見え、晩年になってからでも、この当時を回想し、この当時頂いた教祖のお諭しと自ら経験した安産の確信を筆に誌《しる》して、知人達に示し与えて居る。

こうしてよろづ道明けとして教えられたをびや許しは、先ず家族の人々を台としてその自由の理をお示し下された。洵《まこと》に月日のやしろにおわす教祖なればこそ、又元なるぢばの理があればこそ、かくは自由のお働きをお見せ下さる事が出来るのである。然し、この尊いぢばの理、月日のやしろとしての教祖の理が、広い世界に輝き渡るには未だ相当なる歳月を要した。即ち、谷底せり上げの道として、どんな人でも気軽に寄りつける様にとの親心から、一切の格式を破り、家財産を捨て切って貧のどん底に身を置いて、其処《そこ》から世界たすけの道をつけようと、ひたすらその道をお急ぎ下されていたからである。

かくて安政二年、長女おまさにをびや許しをお授け下された年、従来人手に渡す事を急ぎつつも買い手のないまま売れ残っていた田地三町余反を、十年の年切りで質入れして、その資をも悉《ことごと》く貧しい人々に施して了《しま》われた。こうして中山家は愈々《いよいよ》財産とては何一つない、全くその日暮らしの境涯に身を置く事となった。以来十年教祖一家は筆舌に尽くされぬ貧のどん底に困苦の日々を通ったのであったが、これと相並行して教祖の珍しいたすけは次第に積極的となり、近隣の人々に及んで行った。

即ち安政三年には、庄屋敷村なる足達重助の娘が病《やまい》で悩んで居ったのをあざやかにたすけられ、不治と言われる病気でさえも親神様のお働きの前には不治でない事を立証された。この外に、具体的な史実として伝え残されるのものはないが、この種の珍しいおたすけは次々と現れて行ったものと想像されるのであって、その一つの証左としては、翌年、即ち安政四年、中山家が貧のどん底生活の中でも最もどん底であったと言われている頃、既に珍しいおたすけを頂いた人が心ばかりの御礼の印にと、米四合を持って御礼参りにやって来たという事実が伝えられている。

かくて翌安政五年には、中山家の北隣にあった百姓清水惣助《しみずそうすけ》の妻ゆき女にをびや許しをお授けになっている。これが一般の人々にをびや許しを授けられた最初であると言われている。ゆきは嘗《かつ》て嘉永七年、教祖の三女おはるがをびや許しを受けて安産した翌日、中山家を訪れておはるがお産の直後にも拘《かかわ》らず、常と少しも変わらぬ様子に先ず打ち驚き、然もお産の時が昨日の恐ろしいあの大地震に立て合って、産室の後ろ手の壁が一坪余りも崩れかかったと言う事実等を聞くに及んで、愈々不審に堪《た》

えず、段々お話を伺ってをびや許しの不思議な働きを知ったのであった。そして、

「私もお産の時にお許しを頂けば、これと同じ様な御守護が頂けますか」

と伺ったところ、

「だれでも同じ事である」

という有難いお言葉を頂いたのであった。

そこで自分が長男新吉を妊娠した時、その当時を回想して早速お許しを頂いたのであった。そして極めて安らかにお産をさして頂いたのであるが、彼女の教祖のお言葉に対する信頼は、おはるやおまさの様には行かなかった。安産を喜ぶと同時に、折角《せっかく》安らかなお産をしたのだから、産後の養生でしくじってはならぬという人間心の要心が湧《わ》いて来た。そしてもたれもの、毒忌み、腹帯いらぬと仰せられた教祖のお言葉を忘れ、当時の慣習に従って、産後の養生を厳重に守った。ところが、これが却《かえ》って禍《わざわい》となり、暫《しばら》く日を経てからのぼせが起こり、三十日目位には頭も上がらぬという状態になって了《しま》った。驚いて教祖に伺うと、

「疑いの心があった」

とお諭しになり、母親が患《わずら》っていては子供の世話も出来ないであろうと、生まれ子をお手許《てもと》に引き取られ、母親には、米、麦、大豆、小豆、粟《あわ》、黍《きび》、胡麻《ごま》の七種の品を煎《い》って粉とし、それで百粒の丸薬を作ってお与えになった。

おはるのお産を通して、あれ程あざやかな証拠を見ながらもなお、言葉だけでは信じ切る心の出来なかった哀れ薄信の女に、信頼の心を呼び覚ますよすがとして、わざわざこうした具体的な薬種をもって、その信をお繋《つな》ぎ下されたものかと恐れながら拝察する。

　これを頂き、日ならずして全快の喜びを味わった彼女は、今更《いまさら》の如く不思議な教祖の御守護に深く感銘すると共に、「もう今後は絶対に疑わぬ」と固く心に誓い、教祖への信頼の思いをひとしお固めるのであった。

　斯《こ》うしてをびや許しによる珍しい自由《じゅうよう》のお働きは、信ずる心の薄い人々の心にも強く深く、教祖への信頼の心を呼び覚まして行った。

　抑々《そもそも》をびや許しは、

「是《これ》は人間はじめた元の親、又元のぢばの証拠に、この屋敷から許しを出すのやで」

とお聞かせある如く、人間をおはじめ下された元なる親神様が、教祖をやしろとして、この世の表に現れ下されている尊い理合いも、又教祖がお住まいになる此の屋敷が、人間をおはじめ下された元のぢばであるという尊い理合いも悟る事が出来ないので、唯徒《いたずら》に悪罵《あくば》と嘲笑《ちょうしょう》を送っている哀れな子供達に、これ等《ら》の尊い理合いを、打ち消す事の出来ない明らかな自由《じゅうよう》の証拠を見せてお教え下さろうとの親心からお始め下されたものであった。更に申せば、先ず親を知らしめ、親への信頼を、呼び覚ましてやろうとの思召からであった。従ってをびやのお許しに当たっては、

「神のいう事うたごうて、うそと思えばうそになる。真実に、親に許して貰《もろ》うたと思うて、神のいう通りにする事なら、常の心の善《よ》し、悪《あ》しをいうのやない。常の悪しきは別にあらわれる。産に附《つい》ては疑いの心さえなくして、神の教え通りにすれば、速やかに安産さす。常の心に違いなくとも、疑ってあんじた事なら、あんじの理がまわるで」

と、お聞かせ下さる如く、別段深い理をお聞かせになる訳でもなく、又おわび・さんげや精神定めを求められる訳でもない。親を信じ、親にもたれ切る事がそのお諭しの眼目である。そして当時の慣習として、お産の後には絶対に必要とされていた、腹帯、毒忌み、もたれもの等は絶対不要であり、七十五日間の身の汚れもない。親神様にもたれ切って居《お》りさえすれば、何をしようと何処《どこ》へ行こうと、常平生《へいぜい》と少しも変わらず振る舞ってよいと力強くお諭し下されるのであった。

折角《せっかく》尊いお許しを頂いて安産の喜びを味わいながら、疑いの心が起こった為に厳しい産後の患いを経験し、然もそれをしも教祖のお諭しを頂いて鮮やかに救われたゆきは、一度の失敗を通して強く親神の自由《じゅうよう》を知っただけに、その感銘もひとしお深かった。其《そ》の後彼女は孕《はら》める人や産後の患いに悩める人を見れば誰彼の差別なく、自分の経験を物語り、をびや許しの有難さを伝えるのであった。そして安政六年再び次男秀松を妊娠した時、「今度は絶対疑いの心を起こしませぬ」とお誓いしてお許しを頂いた。さすがに今度は聊《いささ》かの疑念もなく、尊い理を信じ切ってお産をしたとみえ、いとも安らかにお産をしたばかりでなく、産後の肥立《ひだ》ちも順調に御守護頂く事が出来た。素より毒忌み、もたれもの、腹帯等、一切用いなかった事は言うまでもない。それでいて平常と少しも変わらぬ身の健やかさを味わった彼女の喜びはたとえようもなかった。逢《あ》う人毎に力を込めて自己の不思議な経験とをびや許しの有難さを物語った。

ゆきの説明を聞く迄《まで》もなく、目のあたりにその不思議な事実を見ている近隣の人々は、次第に教祖への認識を改めていった。素より未だ元の神、実の神という正しい信仰に目覚めたのではないが、その後間もなく、

「長年の間、憑《つ》き物かとうわさして来た中山の御家《おいえ》さんは、やっぱり本当の神様であったらしい」

「おゆきさんは幸せ者だよ、去年も今年も引き続き、あんな結構な御利益を頂いて」

「わし等もお産の時にはお願いするとよい」

「そうともそうとも。それに世間にはずいぶん難産や産後で患う人が多いのだから、そんな人にはお願いする様に教えて上げるが親切というものだよ」

こうした噂《うわさ》が、何時《いつ》とはなしに人々の口に交わされて行った。

然もこういう噂が、やがて、

「庄屋敷に珍しいをびや神様が現れた」

という噂となって、近在に拡《ひろ》まるのに一年とはかからなかった。

斯うして、

「をびやほうそはよろづ道あけ」

と、仰せ下されたお言葉通り、をびや許しが道あけとなって、文久・元治のすがすがしい道の黎明《れいめい》が訪れる事となった。

貧のどん底

大名暮らしの乞食

嘉永六年に行われたこかんの大阪布教と、翌七年（安政元年）に出されたをびや許しによって、世界たすけの道は力強く踏み出された。

一方これと相並んで、中山家は、いよいよ厳しいどん底生活へと進む事になった。即ち、嘉永六年夫の出直しと相前後して、長年住み慣れた本家を売り払って以来、住まいもないまま、当時中味はすっかり空っぽになっていた土蔵の一つを仮の住居と定めて移り住む事となった。

家の格式と豊かさを示していた屋根の高塀も取り壊され、今又、本家も取り払われて荒廃にまかされた広い屋敷に、親子三人の侘《わび》しい生活が続けられる様になった。然《しか》もなお、

「貧に落ち切れ」

と、迫られる親神様のおせき込みは止む事なく、遂《つい》に安政二年、売り残された田地三町余反を、足達重助へ十年の年切りで質入れし、その資をもって貧しい人々に施しをなされた。

年切り質というのは極めて安い価格で売り渡しておいて、期間内に売り手の方から金の都合のつき次第に、買い戻す事の出来る方法であるという。従来とても既に買い手さえあれば田地も手放していたのであるが、思うに金の動きの少ない寒村の事で、如何《いか》に売ろうと思っても、買い手のないまま今日に至って居《お》ったものを、親神様のおせき込みの烈《はげ》しいまま、遂にこの年、年切り質という非常手段によって、残る田地を余す所なく手放されたものかと思う。

何《いず》れにしても農家が田地を失うという事は生活の道を失う事で、ここに愈々《いよいよ》教祖の一家は、その日の生計にも事欠く、貧のどん底に落ち切られたのである。

それと共に住まいも生計に事欠くどん底生活にふさわしい、柱石もない伏せ込み柱で、隙間《すきま》漏る風の防ぎ様《よう》もなく、じかに月影のさし込むあばら家にお住まいになる事となった。

然《しか》し教祖の御心は外観のこの侘しさにひきかえて、益々《ますます》お勇みになり、たすけ一条にお心を注がれたのであった。然し、教祖のこの温かい親心が周囲の人々のかたくなな心をほぐして、真に教祖を月日のやしろと仰ぐ日の訪れる迄《まで》には、未だ数年を要したから、此《こ》の間約十年に亙《わた》る長い年月、一家は時に、水と漬物ばかりで、その日その日を過ごさねばならない事が幾日も続くという、貧苦の生活を送られたのである。

この間秀司は、一家の戸主として生計を立てる為《ため》に、柴や青物の売り荷を担《かつ》いで行商に歩いた。御大家の若旦那として中年迄過ごした人のにわか商法の事故《ことゆえ》、定めし心労も多かった事であろうと思われる。然も殆《ほとん》ど農家ばかりの寒村の事故、柴や青物等、何《いず》れも自家のもので間に合わしているのが普通であるから、心労の割には効果のなかった事は言う迄もなかろう。とうていこれで生活を支える事は出来なかったに相違ない。

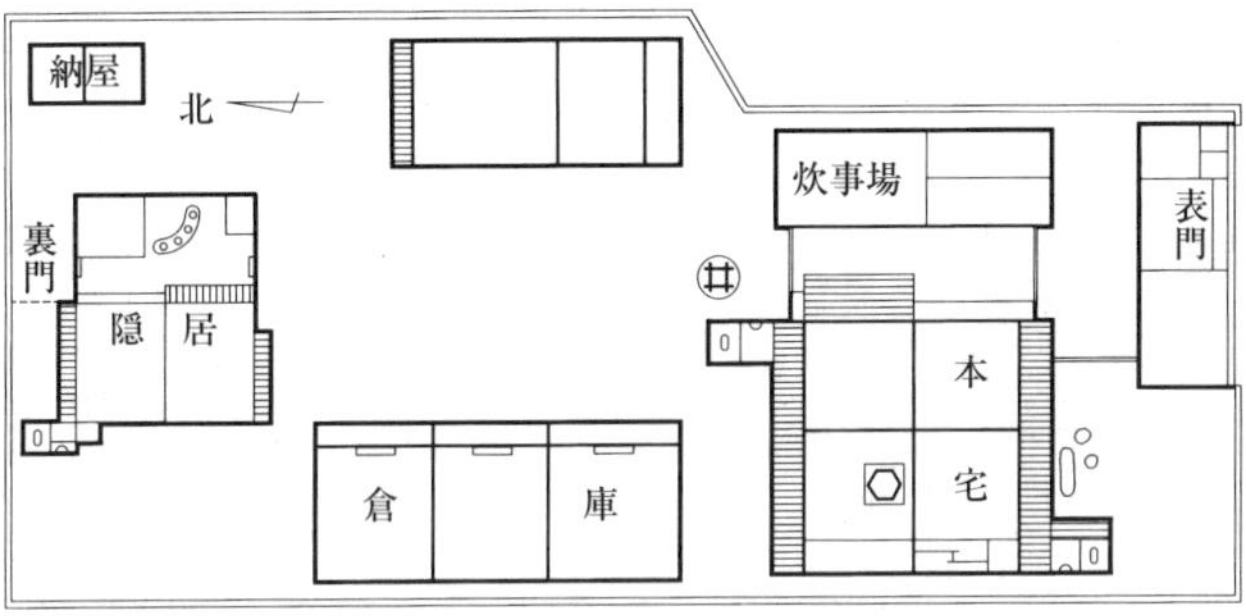

入嫁当時の中山家

従って教祖も尊き御身を、こかんと共に糸紡《つむ》ぎや、お針の賃仕事をする事によって暮らしを助けられた。時には秀司もこの糸紡ぎを手伝う事もあって、親子三人で一日に五百目程の糸を紡いだと伝えられている。普通、一人が一日に紡ぐ量は四、五十目で、夜業《よなべ》かけても百目内外と言われているから、人並みの倍にも及ぶ働き振りであった事になる。然し、糸紡ぎによって得られる賃金等は、極めて零細なものであるから一家の生活は益々苦しくなるばかりであった。素《もと》より粗末な掘っ立て小屋は荒れ傷《いた》むに委《まか》せられ、寒い冬の日にも隙間漏る風の防ぎ様もなく、又暖を取る薪炭《しんたん》にも事欠くまま、あちらの枯れ枝を拾い集め、こちらの落ち葉をかき集めては、辛《かろ》うじて暖を取りつつ過ごされた。

又、夏は夏とて吊《つ》る蚊帳《かや》もなく、竹籔《たけやぶ》と田圃《たんぼ》に囲まれた村落の事であるから、殊《こと》に猛烈な藪蚊の来襲に悩まされながらも夜を明かされた。

こうなってみると世間は洵《まこと》に現金なもので、又冷たいものである。その昔中山家が羽振りを利《き》かしていた頃には、腰をかがめて出入りをした人々も、又教祖の施しによって多大の恩恵を頂いた人々も、最早《もはや》誰一人として訪ねる者なく、荒廃に帰した広いお屋敷には、親子三人の淋《さび》しい生活が続けられて行った。

斯《か》かる中にも教祖は、愈々《いよいよ》谷底せり上げ、どん底たすけの時が来たとの思召《おぼしめし》から、心益々お勇み下されて、

「たとえ吊る蚊帳は無くても、食べるものが無くても、万人たすけは止むに止まれん」

と仰せになって、子達を励ましながら何の屈託もなくお通りになったのであった。

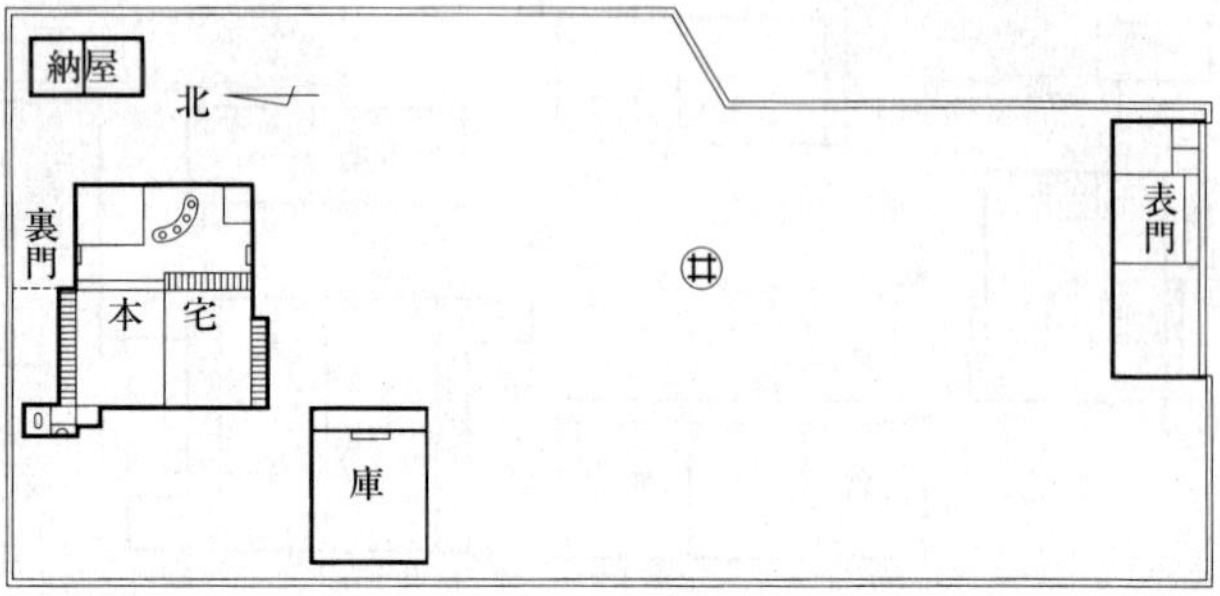

どん底時代の中山家

こうして中山家がどん底の生活を過ごした時代は、教祖の御歳《おんとし》五十六歳から六十六歳位、秀司は三十三歳から四十三歳、こかんは十七歳から二十七歳位迄《まで》の十年間であったから、世間普通から申せば、教祖は既に老年期になられ、秀司は正に男盛り、こかんは娘盛りから花の盛りの過ぎ去る迄の年齢に

相当する訳である。

従って秀司にして見れば、思いのままに腕を振るって面白く活躍出来る男盛りを、殊更《ことさら》に貧のどん底に落ち切って、教祖や妹と共に糸紡ぎや柴売りをして過ごしたのであり、こかんにしても花はずかしい娘盛りを、人に笑われそしられながら、教祖や兄の面倒を見ながら、婚期も空しく過ぎ去るまで過ごしたのである。思えばそれぞれ年齢に応じてこの貧苦の味を、身にしみて味わった事であろう。

然し、当時世間は未だ誰一人として教祖を月日のやしろと知る者はなかったとはいえ、日夜教祖に親近していた兄妹は、既に充分教祖の尊い御理を悟っていたから、如何《いか》なる中も教祖の仰せのままに勇んで通る事が出来たのであった。

けれども、十年という長い年月の間にはどんな日もあったに相違ない。春もあれば冬も来る。或る年の村の秋祭りの日の事である。秋祭りといえば、信仰と慣習と娯楽が一つとなって村全体の動く日である。既に穫り入れも終わって豊年を喜ぶ村人達が、この日一日は一切の仕事の手を休めて氏神を中心に歓を尽くす日である。殊に年若い青年男女にとってはこんな楽しい事は又とない一日である。

既に前夜から宵《よい》祭りの太鼓の音が夜空に響き、賑《にぎ》やかな人のさざめきが聞こえて来る。殊に当日は早朝から、人々の歓楽の心をそそる様に鳴り響いて来る。往年には、この日は朝から御祝儀や振る舞い酒を頂く為《ため》に、親類縁者や村人達が足繁く中山家の門をくぐり、又これ等の人々をもてなす為に立ち働く大勢の男女の賑やかな動きが見られたのに、今は一切の賑わいは全く中山家の外にあって、此《こ》の屋敷だけは、まるで真空地帯の様に外界から切り離されて、誰訪ねる者とてもない。

祭りの始まる頃が近づくに従って賑わいは愈々喧騒《けんそう》となり、村の娘達は今日を晴れと着飾って嬉々《きき》として過ぎて行く。けれども同じ娘盛りの身でありながら、こかんには晴れ着はおろか着更えさえも持ち合わせが無い。外出する事もならず、崩れた土塀の陰から一人淋しく道行く渡御《とぎょ》を眺めていた日もあったと伝えられている。

この妹の姿を見る兄秀司は、往年の華やかな祭りの日も幾度か経験して居るだけに、ひとしお懐旧の情も強く、殊更に妹の心情をいとおしく思ったに相違ない。

世の常の親なれば、こうした我が子の心情を察すれば、そのいとおしさに堪《た》えられないところでもあろうが、教祖は何処《どこ》までも月日のやしろにおわし、人類の親にてあらせられた。こうした明け暮れをお過ごしなされながらも、人々や我が子に向かって、

「世界あちら、こちら、眺めて見よ、家倉御殿《ごてん》同様に建て並べ、其《そ》の家に住む人もある。私も此の世の人間に生まれ来て、あの家に住む人と、私との区別の有るというのはどういうもの、私もあんな家に、たとい二日なりと奉公にでも住み込んで暮らしてみたい。と思う様な家でも、その人の心尋ねて見よ、とんと思う一つの自由ならんというて、不足の無いものは一つもないで」

とお諭しになり、又、

「大名暮らしの乞食《こじき》もある。その日暮らしの大名もある」

等とも諭されている。

身は貧のどん底におわしても、心大名として大らかに世界を眺めて居られるのである。否、身一人が超然として大名でおわすのでなく、物や形に捉《とら》われて心たすからぬ世界の子供に月日の心を教え、一列を明るい陽気ぐらしに導こうとの親心で、日夜たすけをせき込まれているのである。

秀司やこかんは、日夜こうした教祖のお仕込みに力づけられ、幾重の中も切り抜けて通ったのであるが、当時の中山家の生活は、単に懐旧の情に涙するという様な感傷的な問題を遙《はる》かに通り越して、その日その日の糧《かて》にも困るという切実な事実に直面する状態へと落ちて行った。

従って、時には炊事をしようとするこかんが、食膳を整える何物もない日々が続く悲しさに、愚痴《ぐち》ともつかず訴えともつかず、つい、

「お母様、又今日も炊くお米が御座いません」

と淋しそうに言うと、

「こかんや、米はなくても水はあるやろう」

「世上世界にはなあ、枕元に食べ物を山程積んでも食べるに食べられず、水も喉《のど》を越さんと言うて苦しんでいる人があるのや。その事を思えば、わし等は結構や、水を飲めばおいしい水の味がする。神様が結構にお与え下されてある。喜ばして貰《もら》わにゃいかんで」

と優しくお諭しになっている。こうしたお諭しに、どんなにか勇気づけられた事であろうか、こかん

とて決して我が身のひもじさを悲しんで居るのではない。年老いた母親や、男盛りの兄に差し上げる何物もない事が悲しかったに相違ない。

（ああやっぱりお母様は神様だ。たとい御自分は召し上がるものが無くても、病み患《わずら》っている一列の子供の事をお考え下されているのだ）

（ほんに自分達は、何はなくとも健《すこ》やかな体をお貸し頂いて、結構に暮らさして頂いている事を喜ばして頂かなければならん）

斯《か》くも悟って、なおも喜びの日々を続けられたものかと推察する。

又、教祖は常々子達に向かって、

「どれ位つまらんとても、つまらんというな。どれ位つまらんとても乞食はささぬ」

とお諭しになった。身は如何《いか》に貧困の底にあっても乞食ではない。心は常に大名である。否、天の将軍のやしろであり、人類の親として一列たすけをせき込む、尊い身である事をお聞かせになって、子達にもその矜持《きょうじ》を失わぬ様お諭し下されたものかと拝察する。従って秀司には柴売りに行く時も、青物売りに行く時も、常に紋付《もんつき》の着物を着て行く様にと命じられた。素《もと》より貧困の底に暮らしている事であるから、立派な紋付の衣裳を誂《あつら》える程の余裕はない。金気《かなけ》の井戸の底を掘ってそこから出る泥を染料として、親子で染め上げられた檳榔子《びんろうじ》色の粗末な紋付ではあるが、それを着て品位と矜持を失わず振る舞う様に教えられたのである。

然し、そうした深い思召を知らぬ世間の目には、洵《まこと》に奇異な思いを抱かせたに相違ない。これは忽《たちま》ち近在の評判となって、庄屋敷の「紋付さん」という仇名《あだな》で通る様になった。

然し秀司は、教祖の薫陶を受けて既に超然として世俗を超えて居られたのか、世間の評判等は何等《なんら》心にかける事なく、聊《いささ》かも悪びれる様子もなく、何処《どこ》へ出掛ける時も常に紋付で出掛けた。

秀司が紋付姿で柴や青物の売り荷を担いで通ると、忽《たちま》ち村の子供達が、

「紋付さんが通る。紋付さんが通る」

と口々に呼びながら群がって来た。超然として世俗を超えて居る態度が子供達に人気を呼んだのか、又かつて寺子屋の師匠をしていた為の親しさからか、秀司は子供達に人気があった様である。

又、秀司が売り荷を担いで歩くのは、勿論《もちろん》一家の生計を支える為ではあったが、決して利益を求めて汲々《きゅうきゅう》としていたのではないから、売り値は誰よりも安く、又困っている人には価を取らずに呉《く》れて了《しま》うという風であったから、自然大人の世界にも人気があって、紋付さんの通るのを待って買うという様になって来た。利を求めるのではないと言っても、一日の売り上げが夕餉《ゆうげ》の米代になる程にも達した時は、さすがに心も軽く早速米に代えて、帰りを待つ教祖や妹に、温かい御飯を上げる事の出来る喜びに、いそいそとして家路を急ぐのであった。

斯様《かよう》にしてやっとの思いで手に入れて帰ったお米でも、丁度《ちょうど》その折、門戸に物乞う人でもあれば、教祖は何の惜し気もなく施して了《しま》われるのであった。そして、

「御苦労やったなあ。さぞ疲れたやろう。けれども、お陰であの人に喜んで貰う事が出来た。結構やったなあ」

「どれどれ、それでは私もお仕事をさして頂こう」

と仰せになって、いそいそとして糸紡ぎの夜業《よなべ》をお始めになるのであった。

こうしてお過ごしになる事、五、六年にして、清水惣助の妻ゆきにお授けになったをびや許しの珍しいおたすけが道あけとなって、やがて教祖の周りに、たすけを求めに来る者が続々と現れ始めた。けれども決して、これで一躍中山家の家計が豊かになったのではない。まだまだ食うや食わずの日々は四、五年も続いたのである。糸紡ぎや針仕事を止める事は出来なかった。

然し昼は次第にたすけを求める者の人数が繁くなって、糸紡ぎや針仕事をなさる暇もない様な有様《ありさま》となり、夜が夜中糸紡ぎや針仕事をしてお明かし下さらなければならない状態となって来た。然し、これは素《もと》より教祖のお望み下さるところであって、御心は益々お勇みなされて、訪ねる者には誰彼の差別なく、時を惜しまず、やさしく親神様の思召をお聞かせ下されるのであった。又夜は夜とて、秀司やこかんを相手に神様のお話をなされながら、糸紡ぎに精を出されるのであった。

けれども窮迫の日々をお過ごしになる身には、燈《とも》す油に事欠く夜も屡々《しばしば》であった。そんな時には月明かりの夜を選び、月の明かりを頼りに夜の明けるまで糸車をお廻《まわ》しになるのであった。月が皎々《こうこう》と冴《さ》える夜、荒廃した広いお屋敷の一隅にある、あばら屋には一点の燈火も見えないのに、神々しいまでに澄み渡る糸車の音のもれて来る日が幾日あったかわからない。

明治二十九年三月三十一日の刻限おさしづには、教祖のどん底時代の様子を、次の様に仰せになっている。

「話を楽しませ〳〵、長い道中連れて通りて、三十年来寒《さ》ぶい晩にあたるものも無かった。あちらの枝を折りくべ、こちらの葉を取り寄せ、通り越して来た。神の話に嘘《うそ》は有ろまい。さあ〳〵あちらが出て来る、こちらが出て来る」

全く仰せの通り、どん底生活の極まる処《ところ》、あちらが出て来る、こちらが出て来るという道の黎明《れいめい》が明け始めて来たのである。

道の黎明

珍しいたすけ

思えば教祖は与える一方、出す一方の生活をお続けになった。幼少の時代から、又《また》中山家の嫁となられてからも、「どうすれば人が喜ぶだろうか」「どうすれば人が満足するだろうか」「どうすれば人が救《たす》かるだろうか」と、人の喜ぶ事、人の満足する事、人の救かる事ばかりをお考えになってお通りになった。

我々人間の思いは、常に己の求むる心に終始する。「ああして貰《もら》い度《た》い」「こうして貰い度い」「ほめて貰い度い」「可愛《かわい》がって貰い度い」「親切にして貰い度い」「働きを認めて貰い度い」「苦労を察して貰い度い」等々、この求める一方の心に対比して、教祖の心は相手に与える一方の心遣いであられたと拝察する。そして月日のやしろとおなりなされてからは、中山家の財産全部を人々に施し尽くして了《しま》われたのである。今度は物を与え、金をお与えになったのである。斯《こ》うして自身は食うや食わずのどん底生活をお過ごしになりながらも、尚《なお》一列の子供を救け度い一条の親心で通り切られた。即《すなわ》ち、教祖の生活は、物をも金をも、心をも真実をも、ありとあらゆるもの一切を与える一方、出す一方でお通り下されたものと申すことが出来ると思う。然《しか》も一切を与え尽くして、一物《いちもつ》も無いどん底生活の中で、

「水を飲めば水の味がする」

と、お喜びになり、お勇みになったのであった。

これに引き換え、我々人間は常に求める事に終始する。物を求め、金を求め、他人の情けを求め、真実を求める。そして己の求めるものが与えられない、裏切られたと言うては失望し、落胆し、不平を訴え、不満を並べる。又我々は時に他人に物を与え真実を尽くす事があっても、必ずその人の喜ぶ事を期待し、感謝される事を望む。そして、その思いに反した時は必ず失望を感じ、相手を悪い様にさえ言うものである。相手に与える時にさえ、求める心が強く動いている証拠ではなかろうか。

教祖は一切を与え尽くして、却《かえ》って人々の冷笑と悪口《あっこう》をお受けになった。嘗《かつ》ては教祖の厚い情けに浴した人々までが、誰一人として中山家を訪ねる者もなかった。人間心で考えるならば、何一つ報いられなかった。そこには裏切られた淋《さび》しさがあったばかりである。然《しか》し、教祖はその中を終始明るい喜びと希望に明け暮れされているのである。

この事実は何を我々に教えられているのであろうか。教祖の教えられているものは一切が陽気ぐらしへの道である。どうすれば、真に喜びの境地に至り得るかである。我々は他人から貰う事を喜ぶ。

物を恵まれれば喜び、情けをかけられたら有難く思う。然しこの喜びは相手にその鍵《かぎ》が握られているので、常に味わえるという期待は持てない。寧《むし》ろ当てがはずれたり裏切られたりする不安に隣接している。いつ何時《なんどき》不平や不満に変わるかわからない脆弱《ぜいじゃく》さを持っている。そればかりでなく、人から与えられる喜びは、その場限りの喜びであり、一時の喜びに過ぎない。実に果敢《はか》ないものである。

これに引き換え、出して出して出し切って来られた教祖、与える事に終始して来られた教祖は、自分が人々に与えて来た真実が聊《いささ》かも報いられる事なく、却って冷笑や悪罵《あくば》を受け、親族や親しい人々にさえ離叛《りはん》されてゆく淋しさの中で、十数年という長い年月、あす食う米もない赤貧《せきひん》のドン底に過ごされながら、常に明るい希望と喜びに終始されている。照之丞の救われた後、数年の間に次々と可愛い我が子を二人まで失って居《お》られる。そして何の罪咎《つみとが》もない可愛《かわい》い我が子が親神に召されて行くいたましい姿を御覧になりながらも、二人一時に迎え取ってはその歎《なげ》きが大きかろうという思召《おぼしめし》から、時を隔てて一人ずつお迎え取り下さる親神様の御慈悲を感得されて、心から親神様の御慈悲に対して感謝の祈りを捧げて居られる。真実を尽くす事に徹し切るならば、如何《いか》なる事も喜びをもって迎える事の出来る心の目が開き、不思議な喜びが心の底に湧《わ》き上がって来る事を、力強くお教え下されているものと悟る。

これとても、月日のやしろにおわす教祖である事を思えば当然の事とも言えるのであるが、他面ひながたのをやとして陽気ぐらしへの道を教えて下さった教祖である事を思えば、己に求むる心を無くして与える心に徹する所にこそ、如何《いか》なる中も喜んで通れる陽気ぐらしへの道がある事をお教え頂いているものと悟らねばならん。

然し、唯《ただ》目前に利益を求める事しか知らぬ人間には、斯《こ》うした尊いひながたの理合いは容易に理解されなかった。のみならず寧ろ奇異な思いで眺《なが》められ、狂気かとさえ疑われた。それが為《ため》にこそ教祖は二十数年に亙《わた》る長の年月を冷たい嘲笑の中にお過ごしになったのであった。けれども「をびやほうそはよろづ道あけ」と、仰せになってお始め下されたをびやのお救けは、人々に驚きの目を瞠《みは》らしめた。

殊《こと》に安政四年と六年の二回に亙《わた》って、珍しいをびやたすけを頂いた清水惣助の妻ゆきは、逢《あ》う人毎にその喜びの経験を物語ったに相違ない。

「庄屋敷のをびや神様」

「庄屋敷の生き神様」

「庄屋敷へ参ったらどんな病気でも救けて下さる」

うわさはゆきの口から、又ゆきの経験を目撃した村人達の口から次第に四方に広められ、知人を通じ、親戚《しんせき》を通して漸次《ぜんじ》附近の村々に伝わって行った。そして、ゆきが二度目の救けを頂いた安政六年から、二年後の文久《ぶんきゅう》年間には珍しいお救けを頂いた人達が近村に続出する有様《ありさま》となった。

先《ま》ず早い人には西田伊三郎《にしだいさぶろう》がいる。伊三郎はその妻ことの歯痛をお救け頂いて入信している。歯痛位はなんでもないように思われるが、歯科医もない時代には性《たち》の悪いものになれば、ずいぶん難渋したものと見え、困り果てた揚げ句、なんでも千束《せんぞく》村にある稲荷《いなり》さんに参詣《さんけい》しようと思って家を出た処《ところ》、路上で別所村に嫁《か》している知人に出会い、その人の口から教祖のうわさを耳にしたようである。早速教祖をお訪ねした処、

「よう帰って来たな、待って居たで」「一寸《ちょっと》身上に知らせたのや」

と仰せになって、ハッタイ粉の御供《ごく》を下さった。これを頂いて家に帰る頃には、すっかり御守護頂いていたと言う事である。

この西田は後に道のよふぼくとなり、永くその信仰を続けた。

又、文久二年には、安堵《あんど》村の平井伊平《ひらいいへい》の妻が、産後の悩みで危篤《きとく》に陥り、お救けを願いに来たので、教祖は早速に出掛けられ、三日目には不思議な御守護を頂いた。この場合、教祖のうわさは平井家の親族に当たる鈴木清蔵が庄屋敷村の人であったので、この親族を通して伝えられているのであって、此の時鈴木清蔵は教祖の供をして、安堵村の親戚まで案内している。この当時、教祖は既に六十五歳であるが、先方の求めがあれば、道の遠近を問わず、相手を構わず、いとも気軽にお救けにお出掛けになった。すると又そのうわさを聞き伝えて、その滞在地へ近辺の人々が押し寄せるという工合で、お救けを頂く者は日を追うて増加し、教祖の身辺は益々多忙になって行った。

「昼は救けが忙しくて、夜が夜中、糸紡ぎや針仕事をして通り越して来た」

とお聞かせ下されているのは、正《まさ》しくこの当時の事と拝察させて頂く。尚《なお》この年、前栽《せんざい》村の村田幸右《むらたこう》衞門《えもん》も入信して居る。この人も道のよふぼくとして永くその信仰を続けた。

又、翌文久三年に入ると、豊田村の仲田佐右衞門《なかたさえもん》がその妻女かじの産後の患いを救けて頂いて入信した。続いて一カ月おくれて三月、同じく豊田村の辻忠作《つじちゅうさく》が、その妹くらの病気から教祖の許《もと》にお引き寄せ頂いた。忠作は当時の模様を詳しく自らの手記に書き留めて居るが、それによると、彼は妹の病気に色々心を煩《わずら》わして諸所に祈願もこめて居た模様で、教祖のうわさを耳にした日も、奈良の二月堂にお参りするつもりで家を出かけたが、その途次《とじ》親戚に当たる櫟本《いちのもと》の梶本《かじもと》家に立ち寄り、そこでおはるから教祖におすがりするようにすすめられた。言うまでもなくおはるは教祖の三女であり、その結婚は忠作の媒介で行われたのであるから、既に十数年以前の嘉永年間から中山家とは昵懇《じっこん》の間柄であった筈《はず》である。それがこの時代になってにをいがかかって教祖に引き寄せられるのも不思議な縁である。

辻忠作

ところが此の日、忠作はおはるのすすめもあったが、その夫惣治郎から、

「折角《せっかく》今日は奈良詣《まい》りを思い立って来たのなら一度奈良へ詣って来るもよかろう」

との言葉もあり、二月堂に参詣して七日間の祈禱《きとう》札を貰《もら》って帰

宅したが、何の変化もない処《ところ》から、愈々《いよいよ》おはるを通じて教祖にお尋ねして貰った。ところが、

「此の者は先長く寿命ある」

と仰せ下された故、今度は早速自身で参詣した。すると、

「此の処八方の神が治まる処、天理王命という。ひだるい所へ飯食《まま》べたようにはいかんなれど日々薄やいで来る程に」

と仰せ下された。これを聞いた忠作は、

(もうこれから外へ信心せぬ)

と決心したと書いて居る。教祖の御容子《ようす》やお言葉が余程強く忠作の心を打ったものと想像される。以来、忠作の熱心な信仰が始まったのである。

当時は未だおつとめの様式も教えて頂いてなかった頃であるから、人々は唯《ただ》「南無天理王命」と幾度も繰り返し神名を唱えて祈願をこめていたものらしく、忠作も線香で時間を決めて朝夕神名を唱えてお願いを申し上げた。すると幾分御守護を見せて頂いた様であった。ところが今少しはかばかしく行かぬもどかしさを感じてか、又おはるを通じてお伺いして貰うと、

「つとめ短い」

と仰せになった。これについての反省を忠作は正直に書き誌《しる》している。即ち、最初は線香一本を時間の切りとしておつとめをしていたが、性急な性分のためか、線香を半分に折っておつとめをしていた。

その為《ため》と気がつき、早速おわびを申して元通り線香一本にしてお願いを続けていると、四カ月ばかりですっかり御守護頂いた。全く「日々薄やいで来る程に」と仰せ頂いたお言葉の通りであった。

ところがその御守護に引き続いて、今度は当時四歳になる忠作の長男由松《よしまつ》の顔が赤くなってむずかるので、早速祖母が背負うて教祖の許《もと》に伺うと、

「親と代わって来い」

との仰せに、母のますが代わって参ると、

「ふた親の心次第で救けよう」

と仰せになって、段々お仕込み下され、四、五日で御守護を頂いた。こうした事実によって当時の人人の素朴な信仰の姿がよく窺《うかが》う事が出来ると共に、人々の身上の障《さわ》りを通じ、次第に深い心の成人へとお連れ通りになった、教祖の御様子を拝察する事が出来る。

文久二年の十二月、安堵《あんど》村の飯田善六《いいだぜんろく》の長男岩治郎《いわじろう》というのが当時六歳であったが、激しい腹痛の為危篤の状態になった。安堵村は昨年既に鈴木清蔵のお救けに一度お越し下されて、珍しいお救けをお見せ下された所なので、充分教祖の事を承知していた筈《はず》と思われるが、自《みずか》らお救けを頂いた経験を持たぬ者は、容易に信じられないものと見え、百方手を尽くして出来得る限りの方法を講じた様であるが、遂《つい》に凡《すべ》てが無益と悟った時、教祖の許《もと》へお願いに来た。教祖はいとも気軽にお出掛け下されると、この子は忽《たちま》ち快気を覚え、早牡丹餅《ぼたもち》を食う様になったと言われている。この時の滞在は七、八日

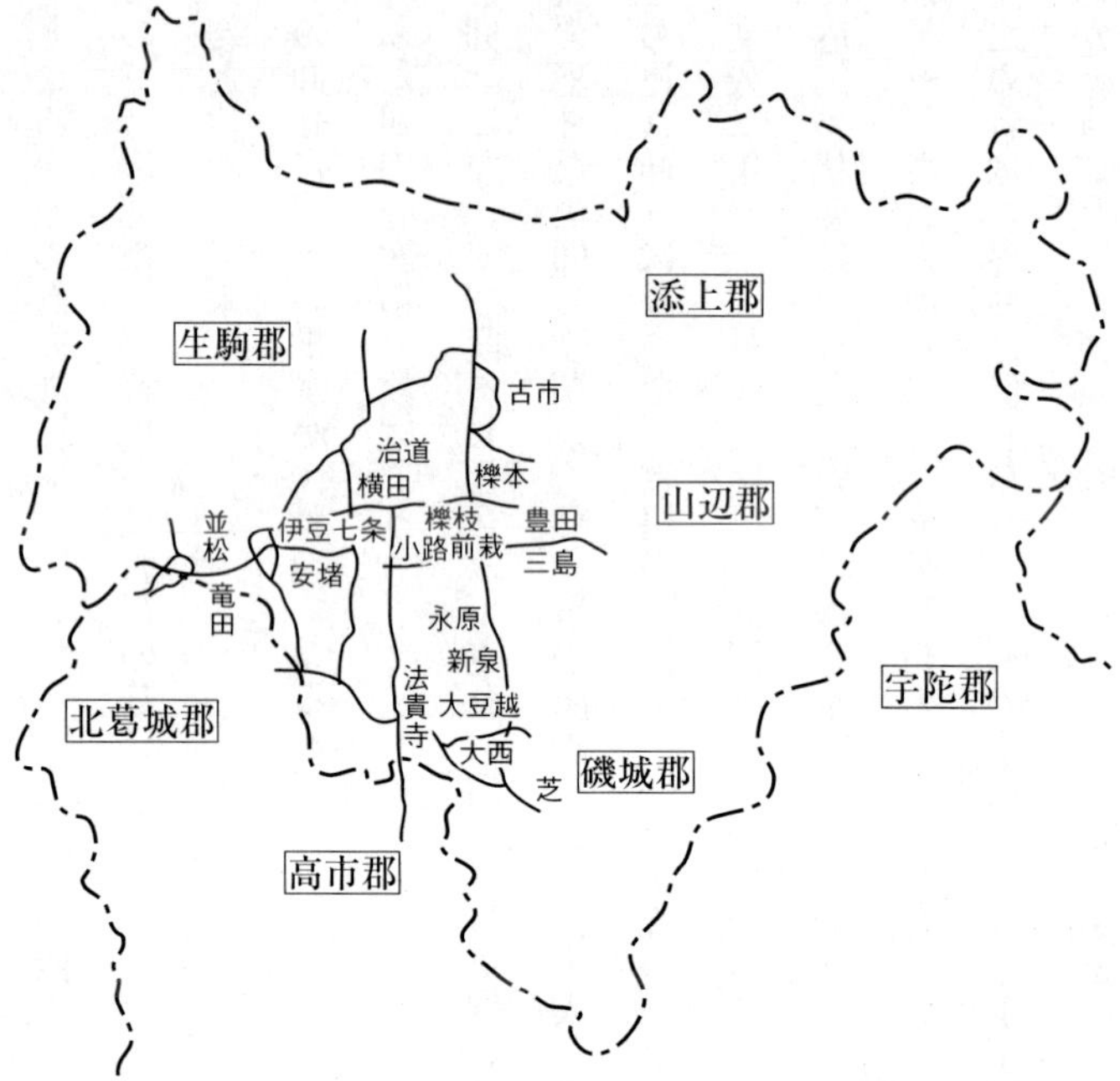

文久・元治頃の信者分布図

と伝えられているが、その間に岩治郎は完全に平癒するの御守護を頂いたのであるが、其《そ》の間又々その附近に種々珍しいお救けをお見せ頂いた事は言う迄《まで》もない。

斯《こ》うして文久年間の記録を辿《たど》れば、明らかにお救け頂いたものとして伝えられる人名は僅《わず》かに数名に過ぎないのであるが、これは筆者が求め得る記録の示す範囲であって、事実は決して数名や十数名に留まるものではない。教祖の向かわれるところ随所に珍しいお救けのあった事は疑う余地もなく、又教祖は請いに応じて何処《どこ》にでも気軽にお出まし下されもし、お屋敷を訪れる人数も日に繁くなって行った事は「昼は救けが忙しく」と、仰せ下されている処によっても、容易に拝察出来る処である。珍しい救け、不思議な救けを頂く者は、燎原《りょうげん》の火の如く彼方《かなた》此方《こなた》の村々に拡《ひろ》まって行った事は言うまでもない。

そしてこれを裏書きするものとして挙げる事の出来る一つの事実がある。それは文久二年の頃並松《なみまつ》村に稲荷下げを事として人を集めていた者が、仲間入りをせよとて難題を言いかけ教祖のもとから金二両二分をゆすり取って帰っている事実である。これは当時に通有《つうゆう》の縄張り観念から来るもので、教祖の珍しいお救けを聞きつけて人々の集まる姿を、自分達同様呪《のろ》いや祈禱《きとう》によって渡世をするものと誤認して、自分の縄張りを荒らされるという僻《ひが》みから言いがかりをつけたものである事は明らかである。

ところで、ここでこれを問題として取り上げる所以《ゆえん》は、こうした者が現れたと言う事は、教祖のうわさが高まり、人々の足がその方に吸い寄せられて、自分達の周囲がさびれて行くという現実の問題から出発しているという点であって、現実に何等《なんら》の脅威《きょうい》も感じない程度ならわざわざ遠方から言いがかりをつけに来る理由もないと思われるのである。要するに私の言い度《た》いのは、相当の距離にある並松村の、此の種の人々が一種の脅威を感ずる程に、教祖の道が拡がっていったという事実である。

斯うして長年の間、嘲笑《ちょうしょう》や冷笑を浴びせるばかりで、誰一人教祖のお言葉に耳傾けようとする者も無い暗がりにも等しい道が続いたが、文久年間には珍しい救けと生き神様のうわさが急速に拡まって、すがすがしい道の黎明《れいめい》が訪れた様な観があった。

文久四年は元治と年号が改められた。此の年に入って道の様相は又一段と活況を呈して来たように見える。

敵倍の力

この年の一月、大豆越《まめこし》村の山中忠七《やまなかちゅうしち》が、妻おそのの痔疾《じしつ》をお救け頂き入信したのをはじめ、其の親戚に当たる新泉《にいずみ》村の山沢良治郎《やまざわりょうじろう》、大西《おおにし》村の上田平治《うえだへいじ》、永原《ながはら》村の岡本重治郎《おかもとじゅうじろう》等が次々と信仰に入って来た。斯かる明るい気運の中に、此の月の中旬、教祖は請《こ》われるままに、再び安堵村なる飯田岩治郎の宅に足を向けられた。此の時は滞在が四十日の長きに亙《わた》った。するとこれを聞き伝えた人達が続々として此処《ここ》に詰めかけ、其処《そこ》に数々の不思議なお救けをお見せ頂いた。

すると、予《かね》てから素晴らしい勢いで伸びて行く教祖の名声を嫉《ねた》んでいた、並松村の医師・古川文吾《ふるかわぶんご》という者が、奈良の金剛院《こんごういん》の山伏《やまぶし》と同道で教祖を難詰《なんきつ》すべくやって来た。勢い込んでやって来た連中の事ゆえ、日頃の鬱憤《うっぷん》を晴らすべく、いきなり教祖に向かって狐狸《こり》などと暴言雑語を浴びせかけ、腕力沙汰《ざた》にも及ばんとしたが、教祖は平然として、

「問う事あれば尋ねるがよい」

と、おごそかに仰せ下されたので、聊《いささ》か気を呑《の》まれつつも種々難問を試みたが、これに対し教祖は

一々簡明に御明答下されたので、終《しま》いに返す言葉もなく平身低頭して立ち去った。

この様に道が進むに従って又煩《わずら》わしい障害も頻発《ひんぱつ》する傾向にあった。正しきもの、真実なるものを素直に受け入れる事の出来ない頑迷《がんめい》な人々も世には多いものである。殊《こと》に神官、僧侶《そうりょ》、山伏等、自己の生活に或《あ》る種の脅威《きょうい》を感ずる人々が、新しいものに反撥《はんぱつ》しようとする気運に乗じ、その先鋒《せんぽう》を承《うけたまわ》ったものと思われる。然《しか》し反感や敵意に燃えてやって来る人々も、教祖の前に出た場合、常に何か知ら大きな威圧を受けた事は事実である。頼《よ》る辺《べ》もない、か弱き人々にとってはこの上もないやさしい教祖が、常に変わらぬお姿をして居《お》られるのに、理不尽な乱暴者は常に抗し得ないまでに強い威圧を受けた事は洵《まこと》に不思議である。

いかほどのごふてきあらばだしてみよ
神のほふにもばいのちからを　　三　84

「敵倍の力」と仰せ下さる不思議な力が、相手の心を打ったものと拝察する。どうなる事かと固唾《かたず》をのんで見守っていた人々に取っては、来た時の元気に似ずすごすごと帰って行く相手の姿を見る事が、ひとしお教祖への信頼を深める動機ともなった事だろう。こうして凡《すべ》ての出来事が悉《ことごと》く道を発展に導く動因となった。教祖は常に「節から芽が出る」とお教え下された。そして如何《いか》なる事が起こっても常に一向に無頓着《むとんちゃく》で唯只管《ただひたすら》に一れつ救けの道をお進めになった。救けられた人々の中には、唯一時の喜びや感激に終わらず、熱心に信仰の道に進む人々も出来て来た。山中忠七等はその代表的な人で、二月頃より熱心にお詣りを続け、又教祖にもお越し頂ける様懇請《こんせい》した。教祖もその請いをお容《い》れ下され、三月十五日、初めてその宅に赴《おもむ》かれ、続いて四月八日にも秀司同道でお越しになったと伝えられている。

こうして教祖のうわさと珍しい救けが急速に拡まって行くばかりでなく、一方、又教祖に接して信心を深め、心の成人を遂げて行く人々も出来て来た。そこでこの春頃から熱心な信仰者に「扇の伺い」や「肥の授け」をお渡し下される様になった。こうした理を頂いた人々がその理の働きによって、親神様の不思議なお働きを他の人々に伝える事の出来る道をお開き下さったのである。

教祖の周りにこういう積極的な気運の漲《みなぎ》って来た時、偉大なる神のよふぼくが現れる事になった。それが後の本席・飯降伊蔵《いぶりいぞう》である。

飯降伊蔵の入信とつとめ場所

伊蔵は当時櫟本《いちのもと》の高品《たかしな》で大工を渡世して居たが、妻女さとの流産の後が思わしくなく、近所の医者にかかって種々手を尽くしたが一向に効がないので、河内《かわち》の富田林《とんだばやし》にお産に妙を得ている人があると聞いて、そこへ依頼に出向こうと思って居る処《ところ》へ、知り合いの椿尾《つばお》村の喜三郎《きさぶろう》という人がひょっこり訪れ、

「七条村の矢追という医者の所へ行っての帰途、横田村で人の話に、今度庄屋敷に産に妙のある神様

が現れているという事でした」

と教えて呉《く》れた。伊蔵は人々から庄屋敷への道を聞いて、早速その日の夕方に教祖の許《もと》をお訪ねした。時は元治元年の五月であった。

この時は直接教祖にはお目にかからず、こかんからお伺いして頂いたものの様である。こかんは教祖にお伺いの上、

「神様は助けてやろうと仰せになっているが、天理王命という神は初めての事であるから、ほんとにする事がむつかしかろうと仰せになっている」

と伝えると共に、親しくお札を書き、散薬を与えた。そして、

「流産でも腹帯をしていなさるだろうが、それを取り除きなさい」

と、教えた。

飯降伊蔵

伊蔵は帰宅早々、教えられた通り実行し、「夜一服、朝方一服」と、これも指図通りにさとに与えたところ、少し気分がよくなった。

伊蔵は夜が明けると再び参拝して、一々容態を御報告申し上げ、お礼申し上げた。するとこかんは、

「神様が助けてやろうと仰せになっているのだから、決して

案じてはいかん」

と聞かせて、又散薬を与えた。これを頂いて帰ってその一服をすすめたが、その日の夕方から大変楽になったので、その日の夜、又々一里の道を歩いてお屋敷を訪れた。一日二回のお礼参拝。これが伊蔵入信第二日目の信仰生活であった。斯うして三日目には物にもたれて自分で食事をする事が出来る様になった。大いに喜んで早速お屋敷に駆けつけると、今度は秀司が、

「容態はどうですか」

と尋ねたので、

「大変お救け頂きました」

と、嬉《うれ》しそうに答えると、

「よく救かって呉《く》れたなあ」

と、我が事の様に喜び、話は四方山《よもやま》話に移って行った。救けた者と救けられた者とは、その瞬間から十年の知己《ちき》以上に心が和やかに融け合えるものである。

「あなた高品なら、あそこにある私の家の親類を知りませんか」

「知りません」

伊蔵は不審顔である。

「あそこの鍛冶屋《かじや》が親類ですよ、おはるが私の妹です」

伊蔵は益々《ますます》怪訝《けげん》顔である。

（鍛冶屋なら知っているどころじゃない。長い間の朋友づき合いの間柄である。それに未だそんな事聞いた事がない）

その後、早速伊蔵は梶本家に行って、

「あの様な結構な神様を何故《なぜ》もっと早く教えて呉れなかった」

と、なじる様に言った処《ところ》、

「他人ならば知らしもするが、なまじ親族の間柄故《ゆえ》知らさなんだ」

という様な会話が交わされた様である。その後両家の交わりが益々緊密の度を加えた事は言うまでもない。

こうして一度珍しいお救けを頂くと伊蔵の信仰は日に深く、一日も欠かす事なくお屋敷に運んだ。その間おさとの身上も日々に御守護を頂き、翌月六月二十六日には立って歩ける様になったので、夫婦連れ立ってお礼詣りにやって来た。

当時お屋敷では、本家は既になく、六畳と八畳きりの粗末な建物で、座敷の床の間に御幣《ごへい》を立てかけ、それを礼拝の目標《めどう》とされていた。初めてお詣りしたおさとは感慨無量なるものがあったに相違ない。こんなに、あらたかな御守護を下さる神様だから、定めしどんなにか御立派な所であろうと想像していたかも知れん。然《しか》し、謙虚な心のおさとには、案外であったという感じよりは、これでは申し訳がないという心が先に立った様である。伊蔵とて素《もと》より同じ思いであったに相違ない。二人の間に次の様な会話が交わされた事が想像される。

「斯様《かよう》にお救け頂いたのですから、お礼の印に何なりとお上げしてはどうでしょう」

「幸い自分は大工だから、お社《やしろ》なりと造って差し上げたらどうだろう」

「それはよいところに気がついて下さった」

早速これを申し上げられる迄《まで》には至らなかったが、二人の間には心に固く期するところがあった。それだけでも二人の心の済むものがあったに相違ない。

翌月七月二十六日にも夫婦共々お詣りをした。七月には先年文久年間に母きくの信仰から父のぜん息の御守護を頂いて居た桝《ます》井《い》伊《い》三郎《さぶろう》も参拝しはじめているし、その他山中忠七を初め、横田村、大西村、古市村、芝村等からも信仰の先輩乃至《ないし》同輩が見えて相当な賑《にぎ》わいであった。この日伊蔵夫婦は二人共々おさづけを頂いた。

これより先、伊蔵がお屋敷を訪ねる以前から、教祖は、

「大工が出て来る」

と、予言され、愈々《いよいよ》お屋敷を訪れて来た時には、

「待っていた。待っていた」

と仰せ下されたと言われているが、特に深い思召《おぼしめし》で引き寄せられた伊蔵が、ここに夫婦共々おさづけ

を頂いてひとしお深い感銘を覚えた事であろう。そしてこの日愈々、

「こんなお救けを頂いて、何もお礼に差し上げるものが御座いませんが、せめてお社なりとも拵《こしら》えて差し上げ度《と》う御座います」

と、予《かね》て心に期していた事を申し上げると、教祖は、

「社はいらぬ。一坪四方のもの建てかけて呉れ」

と仰せになった。余り唐突なので、その仰せの意味がわからぬので、今度は秀司がお尋ねすると、重ねて、

「一坪四方のもの建てるのやで、一坪四方のもの建家《たちや》ではない」

との仰せ。秀司より、

「一坪四方のもの何処《どこ》に建てるので御座りますか」

と、お尋ねすると、

「米倉と綿倉を取り払い、其処《そこ》へ建てるのや」

「これから話しかけたら出来るまで話すで」

と仰せになった。

　身体《からだ》を固くして聞いて居た伊蔵は、このお話を真剣に考えて見るのであった。その当時は既に二十六日には参拝者が三十人余も集まって来ていたから、参拝所の狭隘《きょうあい》な事は最初に参拝した時から感じ

ていた。そんな思いでこのお言葉を考えてみると、

「一坪四方のもの建家ではない」

との仰せは、普通の住まいの様なものではなく、参拝所か乃至《ないし》は神様をお祀《まつ》りする場所の様に悟れて来る。

（そうすると〝一坪四方〟では狭過ぎる）

（然し〝一坪四方は芯《しん》〟〝次ぎ足しは心次第〟とのお言葉もあった様に思われる）

（殊に〝米倉と綿倉を取り払え〟と仰せになったのであるから、そこには可なりのものが建つ空き地が出来る）

（そうなると自分一人の力では手に余る）

（然し、〝これから話しかけたら出来るまで話すで〟と仰せになっているから、神様のおせき込みは急である）

（これはどうあっても、なんとかさして頂かずには居られない）

そこで、早速秀司に相談を持ちかけた。

「私は、今のお言葉はどうしても、小さいながらもお参りの場所を建てよとの仰せのように悟らして頂きますが」

すると秀司も、「私もそう思う」という訳で、丁度《ちょうど》来合わせて居た山中忠七の意見を求めると、山中

忠七も「私もそんなものが出来れば大変有難いと思っていた」と言い、一同の悟りが期せずして同じところに落ち着いた。

その頃は、こかんの口からも親神のお言葉が聴かれたので、この旨こかんにお伺いしてみると、

「心配するに及ばぬ。神がさせて見せる」

と、鮮やかに許しがあったばかりでなく、心配せずとも神がさせてやるとの力付けを頂いて、愈々《いよいよ》三人の心も定まった。

つとめ場所内部

ところが越えて八月十九日、教祖は又、大豆越《まめこし》村の山中忠七宅にお越し下されたが、そこでも、この建築の目論見《もくろみ》について種々お話があったという山中忠七からの報告であったので、これは愈々捨て置けんというので、当時の重《おも》だった信仰者にも相談を持ちかけると、参拝所の狭隘《きょうあい》さは誰もが感じていた折でもあったのか、旬が熟していたというのか、話はどんどん具体的に進んで、我も我もと寄進を申し出た。それによると、

山中忠七は費用

飯降伊蔵は手間

辻忠作は瓦

仲田佐右衛門は畳六枚

西田伊三郎は畳八枚

と、夫々《それぞれ》精神定めが出来、三間半に六間のものを建てさして頂こうという構想までが決定した。

そこで八月二十六日、お勤めが終わって一般参拝者の帰った後、重だった人々が寄附を持ち寄ると、金五両となった。これが信者の醵金《きょきん》によってなされた本教最初の寄附金であった。

これを手付として早速に伊蔵は阪《さか》の大新《だいしん》という材木屋に走って材木の注文をすました。小路《しょうじ》村の儀《ぎ》兵衞《へえ》は、守目堂《もりめどう》にあった瓦屋に瓦の註文をした。

大和神社のふしと伊蔵の真実

伊蔵のお社献納の申し出が奇縁となって三間半に六間という建築の議が急速に具体化され、熱心な信者達は勇み切って仰せの通り米倉と綿倉の取り払いに着手した。

救けられた喜びと、教祖慕わしさに参詣する信者達も、こうした仕事が始められると、お詣りをするにも今迄と異なった張り合いを感じて来る。お救け頂いたお礼に何なりと出来る事でお手伝いをという気持ちは何人《なんぴと》も同じであったろう。我も我もと手伝いに参加し、お屋敷は一層の賑《にぎ》わいを加えて来た。やがて地均《じなら》しも終わって九月十三日には愈々ちょんの始めが行われた。この間僅《わず》か半月の工程としては実に急速に運んだものである。当時の人々の喜びと勇み心もよく窺《うかが》われる。

斯《こ》うして普請が始められるとひとしお皆の心が勇んで来る。元々普請というものは陽気なものであるが、今回の普請には特別の感激がある。銘々は無い命をお救け頂いて何等《なんら》の御恩報じも出来ていない。せめてこれが出来上がればきっと教祖にお喜び頂けるだろう。それに銘々も木の香新しいお詣り場所に賑やかにお参りが出来るのだ。楽しい希望と喜びに心がはずむ。その心に陽気な鑿《のみ》の音、槌《つち》の響きがこだまして嘗《かつ》て味わった事のない雰囲気が醸《かも》し出された。

この普請は人々の心のふしんを伴いつつ順調に進んで、十月二十六日には棟上《むねあ》げを行うところまで漕《こ》ぎつけた。この日はこの教えの開かれた元一日に縁《ゆか》りの日であるので、殊《こと》の外《ほか》参拝者も多く賑やかにお祭りが行われた。定めし教祖もお勇み下された事と拝察される。愈々棟上げが始まると、特にこの普請に初めから精魂を打ち込んでいた飯降伊蔵と山中忠七の喜びは格別であったとみえ、唄《うた》などにはあまり縁がなさそうに思われる二人の口から流れ出る鼻唄が最後まで続けられていたと言われている。而《しか》もその歌が終始同じ歌であったばかりでなく、伊蔵が、

「おしゃか様さえばくちに負けて」

と唄うと、忠七が、

「卯月《うづき》八日はまるはだか」

と続けたと言う事が、一つ話のように伝えられている。当日の微笑《ほほえ》ましい風景が目に浮かんで来るような心地がする。

棟上げも目出度《めでた》く済んでお祝いという事になるが、聊《いささ》かの余裕もない当時の事、酒は一升、肴《さかな》は小さな干物のかます一尾ずつという簡素なものであった。

「せめてもう一升でも」何か物足りない気持ちもないではない。その気持ちを察するとじっとしていられなかったとみえ、おさとが徳利を提《さ》げて駆け出した。そして首尾よく一升の酒を手に入れて人々に振る舞った。然し此《こ》の時、既に先刻迄《まで》締めて居たさとの帯は何処《どこ》かへ消えていたと言う。せめてもう一杯の酒でもこの喜びに輝く人々に振る舞い度いとの真心から、帯を酒に代えたという美しい挿話《そうわ》も残っている。

間もなく感激のお祝いも終わったが、何とかもう少し歓を尽くしてみたいという気持ちも無いではない。そこで山中忠七が、

「明日は皆《み》んなで私の家へ来て呉《く》れたらどうだろう」

と提案すると、一同の人々に異議のあろう筈《はず》はない。話は直《す》ぐに纏《まと》まって、その由《よし》、教祖にお伺いすると、教祖も快くお許し下された。

翌朝愈々出発に当たって、一同の人々が教祖に御挨拶《あいさつ》すると、

「そうかや、皆一緒に行くのかや、さあさあいっておいで。一寸《ちょっと》言っておくが、神様の前を通る時には拝をして行くのやで」

と仰せになった。あざやかにお許しを頂いて天下晴れてのよばれであるから、ひとしお一同の気持ち

も軽かった。道中は普請の事から将来の夢や希望へと話がはずんで賑やかな一行であった。

やがて三昧田も過ぎ、大和《おやまと》神社の社前にさしかかった時、

「教祖は、神様の前を通る時は拝をして行けとおっしゃったで。さあ拝をして行こう」

「そうやそうや」

「何時《いつ》もの様にお祈りをすればよいのやろう」

「南無天理王命、南無天理王命」

大和神社

一同は、声を揃《そろ》えて神名を高唱し、持参した太鼓を打ち、拍子木を叩《たた》いた。はずむ心は声や動作にも現れて、時ならぬ陽気な祈禱《きとう》の声が、社頭の森の静寂を破った。
すると騒ぎを聞きつけた神官が現れ、厳しく叱《しか》りつけ太鼓を没収すると共に、一同を社務所へ引致《いんち》した。悪い事をした覚えのない一同には何が何やらさっぱりわからない。然《しか》し、先方の言い分は、恐らく由緒深い神社の社前で卑俗な鳴物を打ち鳴らし、聞いた事もない神名を高唱するとは怪《け》しからんというにあったのであろう。
而《しか》もその日は、図らずも吉田神祇管領《じんぎかんりょう》家から大和一国の神職

取締に任ぜられていた守屋筑前守《もりやちくぜんのかみ》が一週間の祈禱をしている時であったので、大切な祈禱の妨害をしたというのが、一番忌諱《きい》に触れるところであり、故意に妨害を行いに来たものとさえ誤解されたものらしい。

取り調べの上一同は神社の向かいにあった成興という旅人宿へ、監禁同様に三日間留置された。何が故にこれ程の目に遭うのかさっぱり納得が出来ない。而もこのうわさは既に四方に知れ渡っている筈だが、誰一人調停に来て呉れる者もなく、神社側からも何等《なんら》の音沙汰《さた》もない。一日は暮れ二日も暮れた。一体この先どうなるのか、何時《いつ》までこのまま留め置かれるのか、そろそろ心細く不安にもなって来る。三日目になってやっと櫟本の庄屋代理として岸甚七《きしじんしち》が調停に来て呉れた。その人の話によると、

「丁度《ちょうど》筑前守が京都から帰って来て、一週間の祈禱をしていた最中なので、その大切な祈禱の妨げをしたという廉《かど》で留置されているのだ」

との事で、思えば場所も悪く時も悪かったのだ。封建時代には由緒とかお役向きの権威というものは絶対であった。理由も言い訳もない。唯《ただ》不届き者の一言で片付けられる時代なのだ。

「これは平身低頭おわびをするより道がない」

との岸甚七の意見に、一同も、

「それではどうかおわびをお願いします」

というので、岸を通して謝罪し漸《よう》く許されたが、

「今後はかかる所へは絶対に立ち寄りません」

という受書を取られた。これで事件は終わったが、三日間の費用が凡《およ》そ三百目程かかって居り、一同の中誰もその持ち合わせがない。秀司が散々苦労の末、附近の知り合いの「かけ岩」という所から一時借用してその用を弁じた。そしてその後にこの一行に参加した一同が分担したのである。

この時の一行は、秀司を初め、飯降伊蔵、山中忠七、芝村清蔵、栄太郎、久太郎、大西勘兵衛、弥三郎、兵四郎、やす、くら、弥之助の面々であった。

今にして思えば大した事件でもなかったかも知れない。然し普請を契機として漸《よう》く人の心が揃いかけた、言わば双葉の様な道にとっては相当厳しい風であったに相違ない。これを節として、折角《せっかく》出来かけた講社もぱったりと絶えて了《しま》った。而も、この一行に参加した人々は、当時の信仰者の中でも代表的な人々であったと思われるのであるが、この面々でさえ殆《ほとん》どお屋敷への足が途絶えて了った程である。然し、さすがに飯降伊蔵と山中忠七はその後も引き続いてお屋敷に運んで居た。

如何《いか》なる節に出逢っても、その中に心を造り信仰の誠を尽くす喜びは、その後幾重の道もお連れ通り頂き、段々のお仕込みを頂いて初めて体得し、真に心に得心が出来たのであって、未だ創草期とも言うべき、この時代にはなお前途遼遠《りょうえん》の感が深い。こうした子供の姿を教祖はどんなお心でながめられていた事であろう。

昨日に変わる淋《さび》しいお屋敷の様子に、こかんが思わずも、

「こんな事になるのなら、およばれになど行かなければよかったのに」

と言うと、教祖は間髪を入れず、

「不足言うのやない。後での話の台である程に」

とお諭し下されている。こうして、たといその数は少数でも、節に伸び行く子供の心をじっと見守り下されていたものと拝察する。


然し、人間はどうしても現実の苦労や心配から超越する事が困難である。殊に当面の責任者である秀司にしてみれば、ここまで漕《こ》ぎつけた普請の後始末も、大きな気掛かりであったに相違ない。而も余裕あって始めた普請ではない。親神様の仰せのままに心一つ、意気一つで始めたものである。人の心が揃う時には心も勇み希望も湧《わ》くが、思いもかけぬ大節から、集まりかけた講社も散じ、頼りと思う人々さえも一向に姿も見せなくなってみれば、勢い心も暗くなって来る。その上教祖は、こうした現実には全く目をつむってでもおいでの様に、

「不足言うのやない。後での話の台である程に」

と、愚痴《ぐち》一つこぼす事さえお許しにならない。まして、金策等の俗事に至っては全くの無関心で超然としておいでになるので取りつく島もない。相談相手としては飯降伊蔵一人であると言ってもよい。

時に、

「どうしたらよかろうか」

と、その当時の心をそのままにぶちまけて相談すると、伊蔵の答えは洵《まこと》にたのもしい。

「決して御心配下さるな、この普請は私一人でも必ず内造りを仕上げさせて頂きます」

と答えている。伊蔵の信念と真実の程が窺《うかが》える。而も伊蔵は決して口先だけではなかった。唯一人でも、コツコツと変わりなく仕事を続けて、十二月中旬には完全にこれを仕上げて仕舞った。

「手間だけは私が引き受けます」

と、誓った心定めを完全に果たし終えたのであった。

元々伊蔵には未だ子供が無かった関係もあるが、この普請が始まると、その最初から、夫婦共々お屋敷に住み込んで、普請の上に精魂を傾け尽くして来た。そして大和神社の節の後も、人々の信仰にはそれぞれ動揺もあったが、伊蔵夫婦の信仰は微動だにもせず益々心の冴えを示した。

「節から芽が出る」とお教えになり、今回の節に当たっても「後での話の台である」とお諭しになった教祖は、この節の中にぐんぐんと心の成人を進めて行く伊蔵の信仰を楽しんで見守られていたであろうと拝察する。

こうして普請も完成した此の月の二十六日も滞りなく勤め終えた時、伊蔵は久し振りで一寸《ちょっと》櫟本へ帰らせて頂き度いと申し出た。此の時秀司は、

「お前が帰ったら、あとはどうする事も出来ん」

と言っている。伊蔵を絶対に信頼している言葉である。歳月から言えば今年の五月以来、僅《わず》か入信後半年余りの伊蔵が、既に親からこれほどの信任を受けているのである。これ程の言葉を聞いては伊蔵もそのまま帰る事もならず、山中忠七に今後の事を種々相談をかけたが、あまりはっきりした返事も聞けなかったようである。

これは捨ててはおけぬと考えたのか、その日は一寸櫟本まで帰ったが、翌二十七日には、早々にお屋敷に姿を現し、直《ただ》ちに材木屋や瓦屋へ足を運んで年末の支払いを延ばして貰うようにたのんで廻った。

正直な伊蔵が事情をそのままさらけ出して真心から頭を下げてたのむと、先方も否とは言えなかった。話は借金のことわりというようなぎこちないものではなく、何処《どこ》も極めて和やかに進んだ。殊に守目堂の瓦屋等では快く受けて呉れたばかりでなく「自分の家は天保銭八枚から商売を始めて今日で四年目である」というような身の上話から、四方山の話に花が咲く程の和やかさであった。

この顚末《てんまつ》を秀司に報告すると、秀司とて一番心に懸けていた問題だけに、その喜びは非常なものであった。こかんも大いに喜び、伊蔵の苦労を深く感謝しながら、

「私のほうも田地は三町余りもあるけれども、今は年切りで預けてあるから、自由にならぬけれど、暫《しばら》く辛抱すれば戻るから、その時一、二反の田地を売ればそれで借金は返せるから、神様が捨て置かれても、私等が捨てて置かぬ。決して損はかけぬ」

と言った。

その言葉の如く、安政二年に十年の年切り質に入れた田地は、丁度この翌年戻る予定になっていたのであった。従って翌年になれば何とかなる見込みも立つが、この年の瀬こそ全くどうにもならぬ難関であった訳である。それも伊蔵の真実からどうにか越せる見通しがついたのであった。

こうして愈々暮れ迫る十二月三十一日、中山家の家族以外で、お屋敷にいる人とては伊蔵唯《ただ》一人であった。朝から、庭掃《は》きからつとめ場所の拭《ふ》き掃除、又元旦の神祀《まつ》りの準備までせっせと勤め終えた伊蔵は、

「お蔭でやっとお正月を迎える準備も整いましたので、これから一寸我が家の正月の支度《したく》に帰らせて頂きます」

と暫《しば》しの暇《いとま》を告げると、秀司は、

「お前は普請の始めから今日迄《まで》一文の物も持って帰らんから、お前の帰るのを見るに見兼ねる。幸いに今、肥の米三斗《どう》あるからこれを持って帰ってお呉《く》れ」

と言った。これと言う蓄えもない大工渡世の伊蔵が、普請の始めから賃仕事もせず、お屋敷のひのきしんを続けて来たのだから、今家へ帰ったとて正月の準備はおろか、明日の糧《かて》さえおぼつかない実情にある事はよくわかっている。このまま素手で帰すには忍びない。さりとてお屋敷も同様の有様《ありさま》であるから、思いはあっても心付けをするだけの余裕はなかった。幸い暮れの事とて年間下肥《しもごえ》を貰って行

く百姓家から肥米を貰ってあったので、せめてこれでも持たし度いとの思いであった。然し、それを頂いて帰っては、お屋敷の方々の明日の糧に差し支える事は充分に知れている。お互いに台所の実情までも知り合っている仲である。

「それは頂く訳には参りません」

「そんな事を言っても、私はお前を素手では帰せない」

二人の間に一しきり押し問答が繰り返された果てに、

「それではお言葉に甘えて一斗だけ頂戴して帰りましょう」

と、一斗の米を頂いて櫟本へ帰って行った。


ところが、春以来、家を外にして家業なども全く打ち捨てている伊蔵の様子に、もしも家賃を踏み倒されでもしてはと心配して、伊蔵の帰りを待ち構えていた家主の『よし佐』事、吉岡佐助が、伊蔵の姿を認めるや、早速に家賃の請求にやって来た。

もとより家賃を支払う準備等あろう筈はなく、詮方《せんかた》なく、今頂いて帰ったばかりのお米をすっかり提供して家賃に代えた。然し先方の細かな計算によると、それでもまだ足りなかった。外に手だてもないままに、入信以来特に昵懇《じっこん》になった同村の梶本惣治郎に、金子百五十目を借り受けて一切の義務を果たした。

その夜も更《ふ》けて十時頃「今帰った」と弟の久米三が戻って来た。久米三は長く京都へ大工職を働きに出掛けていたのであった。ひさし振りに四方山《よもやま》の話もあり、長らく働いたが、何や彼《か》やと入用もあって、これだけしか残らなかったと、五両の金を兄の伊蔵に差し出した。伊蔵はその中一両を小遣いにと弟の手に残し、残る四両を受け取って越年の費用に当てた。

こうしてあわただしい晦日《みそか》を送った伊蔵であったが、あけて元治二年（慶応《けいおう》元年）元旦、未明に起きてお屋敷に参拝した。さすがに秀司もこかんも、

「早かったなあ」

と言って喜んだ。参拝を済まし、挨拶《あいさつ》を終えるとお暇《いとま》をして我が家の正月に帰った。

ところが建築の始めからぢば一条に勤め切って来た伊蔵の信仰は、最早《もはや》お屋敷や教祖の許を離れては、生活が出来ないところまで進んで来ていた様に思う。正月も早々に済ませ、夫婦共々お屋敷に詰めかけ、未だ子供もなかった事とて常詰《じょうづめ》の様な形で、何や彼《か》やとお屋敷の御用を勤める様になった。

当時、お屋敷では若い神様としてこかんが教祖の代わりとして神意の取り次ぎをしていた。又山中忠七も常にお屋敷に詰めていて、先年頂いた扇の伺いによって、帰参の人々に神意の取り次ぎをしていた。山中忠七は大和神社の節にも狂わず信仰を続け、以来一段と心の成人を遂げていたものと思われる。こうしてたすけ一条のよふぼくとして勤める外、当時なお苦しかったお屋敷の経済面にも、種々心を配ったものの様で、この年に綿を売った売上金の中から、金五両を寄附されたという様な記録も残っている。昨年五両の金でつとめ場所の建築を始めている事等と思い合わせば、当時にあって

五両の金は相当なものであった事が偲《しの》ばれる。

一方伊蔵は、大工という言わば日給仕事をしていた身であり、それが入信以来稼ぎ仕事を打ち捨てて信仰精進《しょうじん》を続けているのであるから、経済的には何等お屋敷の力になる程の余裕もなく、寧《むし》ろ山中忠七が寄進された五両の中の幾分かを、お与えとして頂いていた程であった。然し何をおいても、お屋敷大切と勤め切る心止《や》み難く、三年間を常勤者として勤めたばかりでなく、その後丸九年の間、大晦日と言えば何処《どこ》の家庭でも、あわただしい越年の準備に忙殺《ぼうさつ》されて、家を空ける等思いも寄らぬ事であるが、それを朝からお屋敷に詰めかけて、拭き掃除、掃き掃除から、神祀りの準備に至るまで、心を配って勤めると、日はとっぷりと暮れて了《しま》うのが常であった。従って大晦日の夕食はきまってお屋敷で頂いて帰ったと伝えられている。

「変わらぬが誠」

「続いてこそ道という」

等とお教え頂いているが、伊蔵の心の勤め、身の勤めは正《まさ》しくその尊いひながたであった。後年のおさしづに

(前略)それより又一つ〳〵あちらからこちらから、だん〳〵成って来たる間、丸九年という〳〵。年々大晦日《おおつごもり》という。その日の心、一日の日誰も出て来る者も無かった。頼りになる者無かった。九年の間というものは大工が出て、何も万事取り締まりて、よう〳〵随《つ》いて来てくれたと喜んだ

日ある。これ放《ほ》って置かるか、放って置けるか。それより万事委《まか》せると言うたる。そこで、大工に委せると言うたる。これが分からん。（後略）

（明治三十四年五月二十五日）

と仰せられている。後に本席という尊い理を頂かれたのは主としてこの間勤めた理によるものかと拝察する。

顧《かえり》みれば文久年間の初めから、教祖の不思議な御守護を頂いて、お屋敷に慕い寄った人の数は無数と言ってよい。而もそれ等の人々の中から「扇の伺い」や「肥の授け」を頂いた人が五、六十人もあったと伝えられている。それにしては、その人々の中で後の世までも信仰を続けて末代の理を頂いた人は余りにも少ない。思うに多数の人々は、唯《ただ》教祖の尊い理と徳によってお救けを頂いただけで、当人自身としては、何等お救け頂くだけの理も徳も積んでいなかったのである。従って折角《せっかく》頂いた御守護の喜びも一時の花として散って了ったのであった。その中に唯一条に報恩の誠を貫いて、偉大な理と徳を積んで行った先人の足跡は、道を通る後進の尊いひながたである。

ただお救け頂きたさに、吸い寄せられて来るだけで、未だ理も道もわからなかった当時において、つとめ場所の建築は人々の信仰を培う大きな心の普請であった。

又、折角芽をふき始めた道の出鼻を挫《くじ》いた様に思われた大和神社の大節も、人々のしっかりした信念を固める試金石であった。教祖は、こうした事態の推移を通して、じっと子供達の心の成人を見守られていたのであろう。

種々曲折はあったが、つとめ場所が見事に完成された事の喜びは大きかった。大和神社の事件は、折角出来かけた講社も途絶えるかと危ぶまれた程の大節ではあったが「節から芽が出る」とお教え下さる教祖のお言葉通り、却《かえ》って力強い活《い》き節《ぶし》となって、数カ月の後には以前にも増した活気が現れて来た。その勢いは再び四囲にある僧侶《そうりょ》や山伏《やまぶし》等に、大きな驚異を与え反感を買う結果となった。

山中忠七宅へのお出張り

慶応元年六月の夕景、田《た》村の法林寺《ほうりんじ》と田井庄《たいのしょう》村の光蓮寺《こうれんじ》の僧侶等が打ち連れてお屋敷に難詰《なんきつ》にやって来た。法林寺はその昔、由緒深い大社である石上神宮の神宮寺として創建されたもので、往年には田井庄一円に七堂伽藍《がらん》の備えを誇っておった名刹《めいさつ》であるが、当時はその殆《ほとん》どが焼失して、僅《わず》かに一坊を留めるばかりの姿になっていた。伝統と格式を誇りながらもその実の伴わない寂《さび》れた姿に引きかえて、続々と人足の吸い寄せられて行くお屋敷の様子を黙視する事の出来ない気持ちがあったのであろう。言下に説伏しようとの勢いで乗り込んで来た。

この時応待に出たのは、こかんであった。当時こかんは二十九歳であった。この時勢い込んだ荒くれは、座側に刀を控えて威嚇《いかく》しながら問答に及んだ。然しこかんは、聊《いささ》かもひるむことなく、平然として一々相手の問いに対して明答した。

当方が威に恐れて縮み上がれば相手の思う壺《つぼ》であったのかも知れない。しかし、事実は全く予想に反した。やさしい中に気品があり、しかも口をついて出る話は一々理があって一言もつけ入る隙《すき》がない。相手ははやる気持ちのやり場に困った。その揚句《あげく》、刀を抜いて畳を切り、太鼓を破る等の乱暴を働いて立ち去った。

如何《いか》なる事かと其《そ》の場の成行きを固唾《かたず》をのんで見守っていた伊蔵はじめ二、三の信者達は、ようやくほっと安堵《あんど》の胸を撫《な》でおろした。先《ま》ずこかんの無事を喜んだのである。けれども辺り一杯手のつけ様もない迄《まで》に打ち散らされた狼藉《ろうぜき》の跡をながめては、暫《しば》し呆然《ぼうぜん》としてなす術《すべ》もなかった。

後年、刻限のおはなしに、

(前略)何処《どこ》の坊主やら分からん者が、門口さして暴れさって〳〵、どうしょうや知らんと思た事もあったなあ。そら六月頃やあったなあ。その時の事を思えば、夢見たような事に成ったなあ、……(中略)……畳へ刀を抜きやがって、ぐさと差しよった事もあって、どうしょうやなあ、こうしょうやなあ、その時の事第一思う。(後略)

(明治三十一年十二月三十一日)

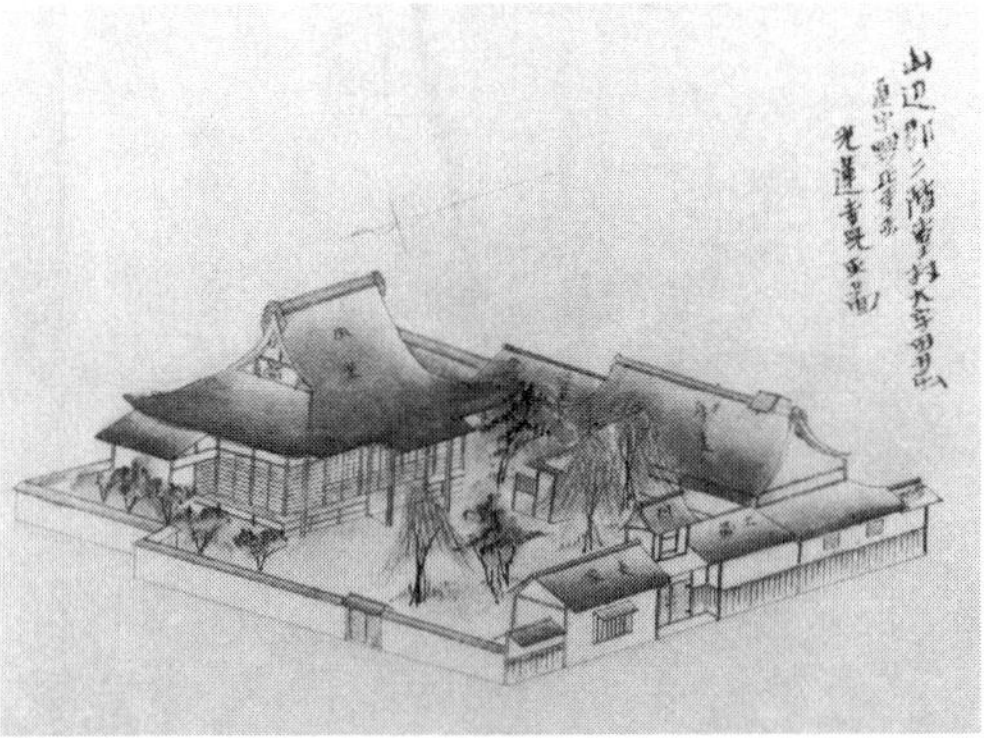

光蓮寺

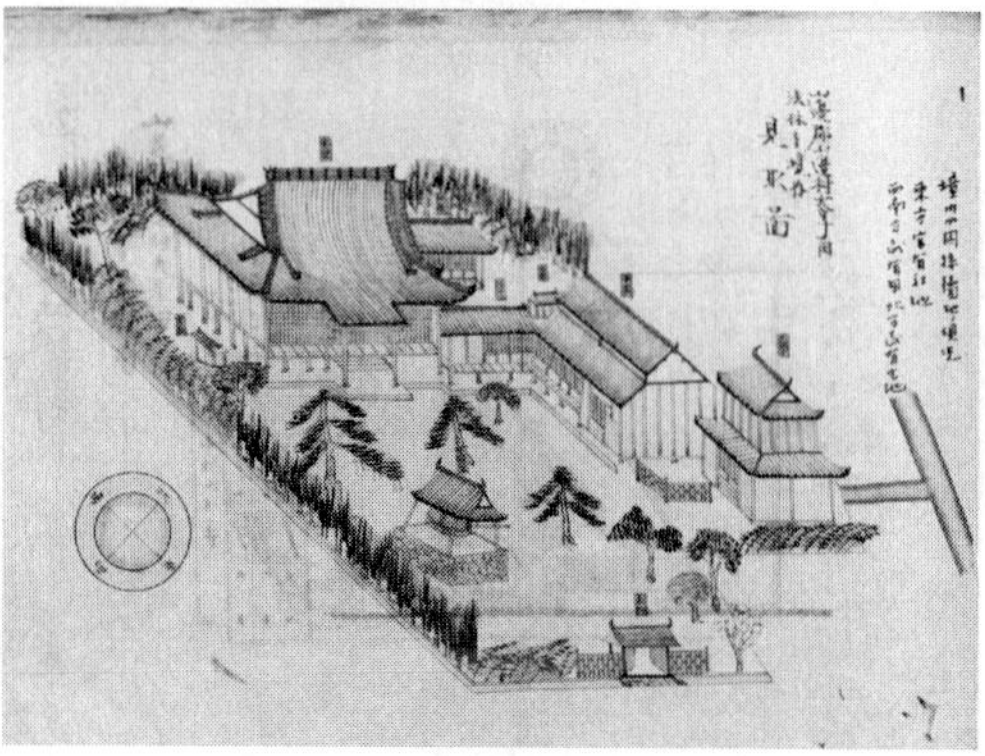

法林寺

と仰せられている。全くなす術もなく途方に暮れた当時の様子を回想されながら、その当時に比すれば、夢の様な結構な道になった事をお聞かせ下されているのである。

過ぎ去って了えば一つの話として伝えられるに過ぎないが、その場に直面した人々にとってみれば越すに越せない一瞬である。しかも、こうしたことは一度や二度ではなかった。この事件を最初として慶応三年迄の間に幾度となく繰り返された。そんな時、中には、教祖やこかんの身を守る為《ため》に身を挺《てい》して立とうとした様な人もあったであろう。けれどもこれ等の人々に対しては、

「ほこりはよけて通りや、ほこりに逆ろうたらおのれも亦《また》ほこりをかぶらにゃならんが程に、決してほこりに逆らうやないで」

とやさしくお諭しになった。

又中には、救けられた喜びにお屋敷を訪れて、図らずもこんな恐ろしい場面に遭遇《そうぐう》して、再びお詣りする気力もない程、恐怖に襲われる小心な人もあった事であろう。そんな人々に向かわれては、

「真実もってこの道つとめるなら、こわきあぶなきはない。神が連れて通るほどに、けっしておめも

おそれもする事はいらんで」

と力強くお励まし下された。

こうして事に当たり場面に臨んで、夫々《それぞれ》人の心に応じてお諭し下され、お導き下されたので、教祖の評判は益々《ますます》高く広まった。

そうなると反感や嫉妬《しっと》は、僧侶達の間ばかりでなく、神職等の中にも今迄にない神名を流布《るふ》するのは不都合だという非難が高まった。やがてそれが、神職取締役をしている守屋筑前守の耳にも入った。筑前守は嘗《かつ》て大和神社の事件以来目をつけていたのであるが、非難の声が高くなるにつれて、役目柄としても捨てては置けぬ気持ちになって自らお屋敷を訪れた。この時は、教祖自身で応接されたのであるが、筑前は教祖の温容《おんよう》に接した瞬間から、何か知ら強く心打たれるものを感じた。それだけではない。お尋ね申し上げる事に対してお応《こた》え下されるお言葉の節々が、悉《ことごと》く温かく心の底に流れ込んで来るのを覚えた。

さすがに筑前は、単なる嫉妬《しっと》や反感の感情に走って、真実に目を掩《おお》う様な人ではなかった。世間の悪評などとは全く相違する事実を、はっきりと己の目と心に確認して、素直に頭を垂れた。そればかりでなく、

「こんな結構な教えを、このままにしておくのは惜しい。その筋に届け出て公認を得て布教なさるがよろしい。その節は私もお力になりましょう」

と頼もしい言葉を残して帰って行った。当時の人々は、時の権威者によって教祖の偉大さを立証された喜びを覚え、前途に明るい希望を感じた。

しかし、教祖の目には時の権威者も、名もなき庶民も等しく可愛《かわい》い神の子であった。聊《いささ》かの隔てもなく、変わらぬ態度で教えをお説き下された。又、求めがあれば気軽にお出かけにもなった。

慶応元年八月十九日には、大豆越《まめこし》村の山中忠七宅にお越しになった。この時は二日おくれて二十一日、こかんも教祖の後を追って来た。こかんは三日の滞在で、二十三日に帰ったが、教祖は二十五日迄滞在された。

山中忠七宅、教祖お泊まりの間

この間教祖は山中家の家族に対し、諄々《じゅんじゅん》として道をお説き下されたのであった。当時忠七には、彦七、元造という子供があって、兄の彦七は当時十七歳であるが、弟の元造は僅《わず》かに四歳であった。こんな子供にまでも、将来の進み方について種々お聞かせ下さるところがあった。

山中家の家族ばかりでなく、教祖お出張《でば》りのうわさが広まるや、忽《たちま》ち近隣から人々が詰めかけて来た。これ等の人々に対しても、一々懇切に教えをお説き下され、珍しいお救けが周囲に広まった。

助造事件

この頃、東山間部にある福住《ふくすみ》村一帯に道が広まり、続々お屋敷に参詣《さんけい》するものがあった。その中に針《はり》ケ別所《べっしょ》村の助造《すけぞう》という者があった。彼は元、眼病をお救け頂いてから、熱心にお屋敷に参詣を続けていたが、急にお参りに来なくなったと思っていると〝天理王命の本地《ほんち》は針ケ別所で、庄屋敷はその垂迹《すいじゃく》である〟等と、本地垂迹説をもじった異端邪《いたんじゃ》説《せつ》を唱え、元なる屋敷なるが故《ゆえ》にお出し下さる許し物等も、自分の所で渡すなど盛んに信者を惑《まど》わし自家に引き寄せる画策《かくさく》をやり始めた。

思うに、これは本教最初の異端であって、一つの大節であるが、見方に依《よ》れば、斯《か》かる草創の時代に早くもその中から異端が現れたという事は、当時道は既に、それ程有力な存在になっていた事を裏書きするものとも言える。大和神社の節により、折角《せっかく》出来かけた講社が一時ばったりと途絶えたと見られてから、未だ一年にもならぬ間に、早くもそれ程の進展を示していたの

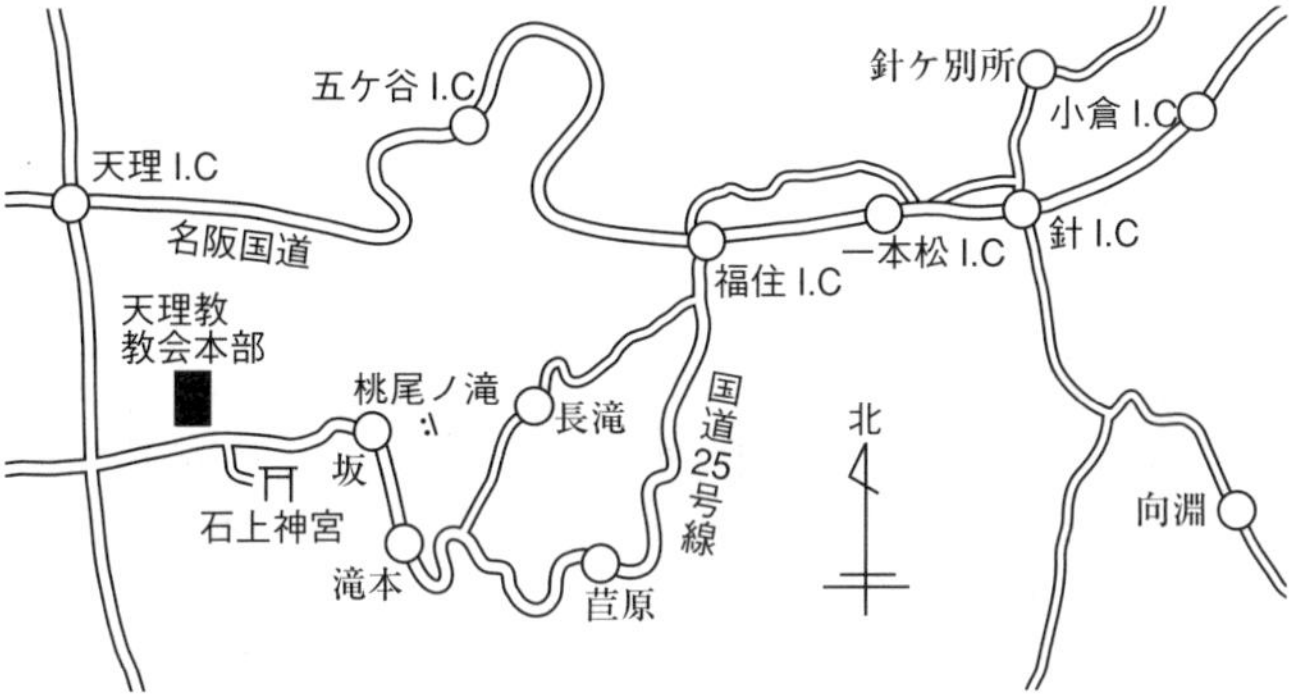

おぢばから針ケ別所までの道

である。当時の道の広まり方の速さを偲《しの》ぶ事が出来る。

一方教祖は、助造の事に関しては一言もお触れにならず、山中忠七宅から帰られて暫《しばら》くの後、九月二十日頃からか、と推定されるが、約一カ月余り、少しもお食事を召し上がらず、

「水さえ飲んでおれば、痩《や》せもせぬ。弱りもせぬ」

と仰せ下されていた。側近の人々が心配して、何かお召し上がり下さる様にお願い申し上げると、少しばかりの味醂《みりん》と野菜をお上がりになるばかりで、依然、穀気《ごくけ》は少しも召し上がらなかった。それでもお言葉の通り、聊《いささ》かもお弱りの様子はなく、以前と何等《なんら》変わりなく振る舞われた。まさしく月日のやしろとして自由自在のお働きを目のあたりにお示し下されたものかと拝察される。

こうして十月二十日頃までお過ごしになったが、俄《にわか》に針ケ別所村に出張《でば》る旨仰せ出された。一度仰せ出されると、聊かの余裕もなかった。明日とは言わず、その日の中に出発である。当時教祖は六十八歳という御老体であり、而《しか》も三十日の断食の直後である。それを三里の山路を徒歩で、その日の夜九時頃に針ケ別所の旅宿に着かれた。

この時お供した人々は飯降伊蔵、山中忠七、西田伊三郎、岡本重治郎で、一両日おくれて、後より山沢良治郎も加わった。全く当時の重《おも》だった方々が、殆《ほとん》ど顔を揃《そろ》えている事になるのである。この供揃えから見て、事の重大な様子が充分に窺《うかが》える。

一行が針ケ別所に到着したと聞くと、先方では天理王命の本地へ教祖がお越し下されたと勘違いで

もしたものか、大いに喜んだと伝えられている。

ところが翌朝教祖は「取り払うて来い」と仰せられたので、飯降伊蔵と山中忠七の両名は、早速先方へ乗り込んで礼拝の目標《めどう》として祀《まつ》られてあった御幣《ごへい》を引き抜いて、これをかまどの中へ折りくべて引き上げた。その由《よし》教祖に報告し、

「是迄《これまで》にしておけばもう帰ったらどうやろう」

と話し合っていると、教祖は、

「いぬのやない」

と仰せになった。

人々の考えは洵《まこと》に単純であった。何の反撃もなしに礼拝の目標を取り払う事が出来たのだから、先方が全く慴伏《しょうふく》して了《しま》ったものと思ったのであろう。しかし教祖は寧《むし》ろ、これから事件の始まる事を予見されていたのであった。

案の如く助造側では、カンカンになって怒り出した。そして、

「このままでは断じて帰す事は出来ん。帰すなら庄屋敷へではなく、奈良の監獄へ帰す」

と息巻き始めた。

これを聞いた当方でも、決して負けてはいなかった。それに「いぬのやない」との教祖のお言葉もある事であるから、

「なに、断じて帰るものか。そっちが詫《わ》びて来るまでは決して帰らぬ」

という固い気持ちであった。

ところが、先方には一つの策があった。助造という男は、異端の説によって人心を吸引しようと企てる程の人間であるから、聊か小才の利《き》く人物であった様である。認可を得ずに人を集める事の不利を知ってか、既に奈良の金剛院と通じ、その部属の講社として事を進めていたのであった。これに反し、当方は全くの無策であって、権威の前には無力である。その虚を狙《ねら》ったのか、早速金剛院に連絡し、これを迎えて、その後盾《うしろだて》によって当方を圧伏しようと図った。しかも早《はや》金剛院の住職は、乗物に乗って威風堂々針ケ別所へ乗り込んで来ると伝えられた。

これを聞いた当方では、教祖の理の絶対なる事を信じるものの、何か対応の策を施す必要を感じた。これが人間心の常識である。その時一同の心に浮かんだものは、守屋筑前であった。過日、教祖を訪れて、唯《ただ》一度の面接で教祖の理の尊さを悟り、「私も何かの力になりましょう」と、力強い言葉を残して帰って行ったその人を、頼もしく思い浮かべたに相違ない。

「守屋筑前守に頼んで、来て貰《もら》ったらどうだろう」

「そうや、あの人なら金剛院よりは上やろう」

「けれども、あの人がわざわざこんな所まで来て呉《く》れるやろうか」

「筑前守の奥さんは山沢から行っているという事やから、山沢さんから頼み込めばきっと聞いて呉れるやろう」

「それにこの間も、きっと力になりますと言うておったのやから」

相談は一決して、岡本重治郎が使者として山を下り山沢良治郎に急を伝えた。程なく山沢良治郎は守屋筑前守の代理であるとの触れ込みで上って来た。何かの都合で筑前守その人は来る事が出来なかったが、代理という名目で乗り込む事だけは諒解《りょうかい》したものと思われる。

事は愈々《いよいよ》大きくなって来た。先方は奈良の金剛院、当方は吉田神祇管領《じんぎかんりょう》家によって許された大和一国の神官取締役である守屋筑前守の代理という後盾《うしろだて》によって、問題を解決しようという緊迫した空気が、針ケ別所の山村を掩《おお》った。こうした態勢の整う迄《まで》に、二、三日の日数は経過した。そして愈々対決の場となったが、教祖は、そうした人間的権威は一向に問題にはなさらない。対決が始まった時には、自ら諄々《じゅんじゅん》として、天の理をお説き下された。その理の前には、金剛院の住職も、小才にたけた助造も歯が立つ筈《はず》はない。もとより非は助造側にある事は明白である。けれども慾《よく》と高慢に固まっており、又、事が針ケ別所の死活問題であっただけに、なかなか素直にお言葉を受ける事が出来なかったとみえ、この談判は三日かかったと言われている。

けれども三日にわたって倦《う》む事を知らず諄々としてお聞かせ頂くうちに、さすがに金剛院は最早《もはや》反抗する事の出来ない尊い理の力を感じた。殊《こと》に助造にとっては、元々救からない重患をお救け頂いた親である。じっとお話を聞かせて頂くうちに、その救けられた日の喜びのさままでが心に蘇《よみがえ》って来る。

そして、この親に叛《そむ》き、慾と慢心から、尊いぢばの理を歪曲《ゆがま》した罪の恐ろしさと申し訳なさに、じっとしていられない様な心地になった。

突然二人は、教祖の前にひれ伏して前非をお詫《わ》びした。そして心の底から今後共に神名を唱える事だけはお許し頂き度《た》いとお願いした。

前後一週間の日数を要したが、遂に事件は完全に落着したので、一行は山を下りる事になった。その時先方では土産《みやげ》として、天保銭で一貫、櫟炭《くぬぎずみ》一駄《だ》と、鋳物《いもの》の燈籠《とうろう》一対あったもののうち、その片一方とを人足を雇い入れて送り届けて来た。

常に、

「ほこりはよけて通りや」

とお諭しになり、理不尽な乱暴者が来ても、一切無抵抗で、おだやかにお見過ごしになっていた教祖であったが、この事件に臨まれた教祖には、嘗《かつ》てない峻厳《しゅんげん》さが拝される。惟《おも》うにぢば一つの理を歪曲《わいきょく》する事に対しては、寸毫《すんごう》も容赦《ようしゃ》出来ぬ事を、明白にお示し下された御態度かと拝察される。

教祖の理に照らされて、異端は完全に慴伏《しょうふく》され、理の前には人間の小才や謀略《ぼうりゃく》は、全く無力である事が明らかに立証された。

この一行に加わった人々も、今更《いまさら》の如く教祖の尊さと、元の屋敷の理を強く心に焼き付けた事と察せられる。異端の出現という暗い影のさす出来事も、却《かえ》ってぢば一つの理を顕揚《けんよう》される活き節となった。

又これは大勢の人々の動いた大きな事件であっただけに、そのうわさは忽《たちま》ち四囲に伝わり、「やっぱり庄屋敷の神さんは偉いものや」という評判を生み、教勢は愈々伸展する一方であった。

初代真柱の誕生

教勢頓《とみ》に伸び行くうちに慶応二年の春を迎えた。この年五月七日、櫟本の梶本家へ嫁いでいた教祖の三女おはるは、三男眞之亮《しんのすけ》を生んだ。

これより先、おはるが懐妊《かいにん》した時から、既に教祖は、

初代真柱生家

「今度おはるには、前川の父上の魂を神が宿し込んでおいたで。これを眞之亮と名附けて、ぢばに連れ帰り、道の真柱とするのやで」と仰せになって、その誕生を待ち兼ねられていた。ところが案の如く玉の様な男の子が生まれたので、早速この事をお知らせすると、大そうお喜びになって、

「今なる真柱は、木に譬《たと》えて言えば細いもの

や。なれど外から肉を巻けばどんな偉いものになるや知れんで」

と仰せになって、眞之亮と命名された。これが後の初代真柱中山新治郎《しんじろう》である。

聞かせて頂くところによると、この年から十二年前、安政元年おはるが長男亀蔵《かめぞう》を生んだ時、既に
「この者は道の真柱となるいんねんの者であるから、やしきへ貰《もら》い受け度《た》い」

という様な意味のお言葉を仰せ下されていたが、充分にその理を悟れぬままに、

(我が家の相続人であるから差し上げる事は出来ない)

という思いで過ごしていた。ところが安政六年、六歳で出直した。その時、教祖は、その遺骸《いがい》をお抱きになって、

「これは庄屋敷の真柱眞之亮やで」

と仰せになったと言われている。

斯《か》くて七年の後、眞之亮誕生に際して、これこそ先の亀蔵の生まれ替わりである事をお聞かせ頂いて、人々は今更の如く、奇《く》しきいんねんの理に粛然《しゅくぜん》としたのであった。

信仰の拡がりと反対

教祖の仰せは、常に人々の意表を突いて、しかも厳然として実現されて行く。こうした事実を常に目撃している人々は、愈々《いよいよ》強く月日のやしろという尊い理の前に襟《えり》を正さずにおれなくなって来る。

こうして教祖への信頼と敬慕は益々《ますます》強く深くなって行くと共に、その範囲も次第に拡大されて行った。若井《わかい》村の松尾市兵衛《まつおいちべえ》が、その妻はるの産後の患いをお救け頂いて入信したのもこの年であった。

なお、この頃の道の動きの中で特に見逃す事の出来ない顕著《けんちょ》な事実は、お屋敷に参詣する人々の顔ぶれが、単に百姓ばかりでなく、芝村藩、高取藩、郡山藩、柳本藩、古市藩、和爾《わに》代官所等に所属する諸藩士が数多く現れて来た事である。即《すなわ》ち、道の信仰者が、階級を超えて、武士階級の中にまで拡《ひろ》がって行ったという事実である。

既に世は幕末とは言いながら、未だ士農工商という階級制度は、厳として持続されていた時代である。身分、格式、面子《めんつ》という様な外面的、形式的なものが、強く人心を支配していた時代である。こうした時代に、武士が町人百姓の中に唱導されていた教えに、素直に耳を傾けるという事は、洵《まこと》に稀《け》有《う》の事と申さねばならん。これを思えば、如何《いか》に教祖の理とその教えに魅力があったかを拝察する事が出来る。

恐らく教祖の理によって示される珍しい救けが、一切の障壁《しょうへき》を打ち破って下されると共に、その説かれる「心の入れ替えによる世の立て替え」の教えが、不安と動揺の中にあって、明日への理想を見失っている若い武士達の心に、明るい希望の光を与えたものかと思われる。

こうして、道の黎明《れいめい》は愈々《いよいよ》輝かしく世の暁闇《ぎょうあん》を照らし初めた。然《しか》し、世には徒《いたずら》に伝統の殻の中に閉じ籠《こも》って、移り行く時の足音にも耳を傾けようとしない頑迷《がんめい》な輩《やから》も数多くいる。彼等は唯《ただ》神統を保持し、小さな自己を守るに汲々《きゅうきゅう》として、新しいものに目を開く心の弾力に欠けている。従って如何《いか》に素晴らしいものが眼前に現れても、それを受け容《い》れる素直さのない事は言う迄もなく、そのよさを判断しようとさえしない。相手が素晴らしいものであればある程、却《かえ》ってこれを妬《ねた》み、反対し妨害をなそうと企《たくら》むばかりである。自然、彼等の行動は常軌を逸した乱暴狼藉《ろうぜき》に終わるのである。

教祖の道は幾度となくこうした理不尽な乱暴狼藉に見舞われて来た。しかし、常にそれは朝日の前に照らし出される塵埃《じんあい》の類《たぐい》の様なものに過ぎなかった。

慶応二年の秋にも不動院の山伏が乱入して、暴行の限りを極めた事件が起こった。

不動院というのは、大和平野の西北の隅、生駒山脈の麓《ふもと》なる小泉《こいずみ》という村にあって、おぢばより直線にて三里余の地点にある。今では荒れ果てた小さな堂宇《どうう》を留《とど》めているに過ぎないが、維新前は山伏寺で、松尾寺へ上る修験者の取り締まりをしており、一々ここに挨拶をしなければ登山する事の出来ない定めになっていた。その特権を笠に相当な権勢を振るっていたものの様である。

伝統と特権を誇り、それに頼って徒食《としょく》している者にとっては、新しく起こって来る勢力は唯《ただ》目障りとなり、邪魔ものと感じるだけで、正しくこれを眺《なが》めて見る心の余裕などは微塵《みじん》もない。近頃頓《とみ》に高まって来る庄屋敷の生き神様の名声は、どうしても黙止する事の出来ないものであった。自分達が次第に落ち目になって行く時であるだけに、唯妬《ねた》ましいだけでなく、自分達の権威をないがしろにされている様な、言いようのない腹立たしさを感じ、ひと思いに説破《せっぱ》するつもりで乗り込んで来た。

こんな権幕《けんまく》でどやどやと押しかけたのであるから、その様子を一目見た時から唯ならぬ気配を感じたに相違ない。教祖に万一の事があっては大変だから、出来る事なら教祖に会わせずに追い返し度《た》い。これが居合わせた信仰者の心に湧《わ》いた同じ思いであろう。けれども勢い込んだ闖入者《ちんにゅうしゃ》達は、人々の制止位に止まる訳はない。つかつかと教祖の御座所近くへ進み寄った。

教祖は常に変わらぬ姿で、上段の間に端座《たんざ》されている。その神々しいお姿に接した時、さすがに、直《ただ》ちに暴言を吐いたり、乱暴を働く事も出来なかったとみえ、一時はその場に坐《すわ》ったが、早速に次々と鋭い難問を発した。教祖は終始微笑さえたたえられながら、一々これに明答を与えられた。忽《たちま》ち彼等は理に詰まり、言葉に窮《きゅう》して了《しま》った。何とか優勢を保ち度いとあせればあせる程、どうにもならない窮地に追い込まれて行く感じである。而《しか》も、微笑さえたたえられている教祖の温容《おんよう》は、少しも変わらない。すさんだ心でこれを眺めると、何だか翻弄《ほんろう》されている様にさえ思われて来る。これでは勢いこんでやって来た面子《めんつ》も丸つぶれである。窮し切った者は自暴《やけ》になり、捨て鉢《ばち》となったら何をやり出すかわからない。彼等は矢庭《やにわ》に立ち上がって、座側にあった刀を抜くなり、太鼓を二つまで突き破った。更に勢いに乗じて

小泉不動院（現・大和郡山市小泉町）

提灯《ちょうちん》を切り落とし、障子を切り破る等、さすがに教祖には一指も触れる事は出来なかったが、あたりかまわず乱暴の限りを尽くして立ち去った。

それでも、腹の虫が治まらなかったのか、更にその足で大豆越村の山中忠七宅に乗り込んだ。当時山中忠七は、教祖から頂いた扇の伺いによって、熱心に神意の取り次ぎもするし、又その宅には度々教祖もお越し下される事もあって、あたかもたすけ一条の出張所の様な観もあり、ここを中心に附近の信者達の参集も相当あった様に思われる。そんな事で、彼等もここを襲ったのではないかと想像される。

突然あばれ込んだ者達は、いきなり礼拝の目標《めどう》となっていた御幣《ごへい》を引き抜き、それを制止しようとした忠七の頭をたたき、散々に狼藉《ろうぜき》を働いた。

剰《あまつさ》え、そのまま小泉には立ち帰らないで、古市《ふるいち》代官所を訪れ、ある事無い事を悪し様《あざま》に訴え、厳重な取り締まり方を要請した。これがため代官所としても捨て置く訳にも行かず、監視の目を注ぐ様になって来た。

下

ぢば定め

慶応時代

教祖がお見せ下さる珍しいおたすけに引き寄せられ、真剣にそのお言葉に耳を傾ける人々が現れた文久時代に至って、初めて教えを説くに説き甲斐《がい》のある時代が訪れたかに見えたが、大和《おやまと》神社の事件というただ一回のふしに逢っただけで、講社が途絶えてしまったという文久時代の人々では、まだ、どの程度に教祖のお言葉をこなし得たか、少々心細さも感じられる。が、いつ狼藉《ろうぜき》者が乱入して来るかわからない物騒な環境の中にも堅い信仰を持ち続けて来た慶応時代の人々ならば、いかなるお言葉もがっちりと受け止め、どんな中も貫き通るだけの、信仰的素養が出来ていたと見ることができる。この意味で、慶応時代こそ、初めて訪れた説き甲斐のある時代であったと言うことができると思う。教祖も、かく思召《おぼしめ》されたればこそ、この慶応時代に入って初めて、おつとめをお教えくだされたのではなかろうか。

すなわち慶応二年秋、教祖は、

あしきはらひたすけたまへ
てんりわうのみこと

と、つとめの歌と手振りとを教えられた。

明けて慶応三年、教祖七十歳の年、正月から八月までに十二下りのお歌をお作りになった。

思えば、教祖は月日のやしろとおなりくだされてより、親類縁者や友人知己からは見捨てられ、世間の人からは笑われ、そしられ、誰一人訪れる者もない、貧のドン底にありながらも、常に明るい喜びを失わず、心一つでどんな中も喜び勇んで暮らすことのできるひながたの道をお通りくださること三十年。ここにめでたくお迎えになったのが、慶応三年の新春であった。

月日のやしろとおなりくださるや、瞬時も早く、一れつの子供にたすけ一条の道を教えてやりたいとの、切なるおせき込みをお待ちくださっているはずの教祖が、三十年の歳月を経た今、初めてこれをお教えくださることになったのは、一体どうしたことだろう。

言うまでもなく、子供に聞き分けがなかったからである。聞き分けのない子供を相手に三十年、聞き分けのつくまで、じっとお待ちくださった根気強さ。しかも単に、手をつかねてお待ちくださったのではない。幾重の道を通って陽気ぐらしのひながたを示され、なお疑いの晴れない子供の前に、親神ならでは絶対お見せいただくことのできない不思議なたすけを示された。

これによって、ようやく疑い晴れて、親を慕い始めた子供達に、今度は理の御用を与え、ふしを与えてお連れ通りくだされ、今ここに、ようやく聞き分けのつくまでの成人に到達さしていただいたのであった。

すると今度は、教祖の評判と、おやしきの賑《にぎ》わいをそねみ、ねたんで、乱暴狼藉を働く、暴徒の跳《ちょう》梁《りょう》するにまかさなければならぬ日々がつづいた。考えてみると、何時《いつ》なんどき白刃《はくじん》が降ってくるかわからぬ不安の明け暮れである。人間の常識からすれば、悠然《ゆうぜん》と筆など執れるのどかな時ではなかった。けれども子供の聞き分けがつき、受け入れ態勢さえ出来れば外界の状況など、たとえどうあろうと、そんなことを気にかけられる教祖ではなかった。筆をお執りになると、一気呵成《かせい》に十二下りをお書きくだされた。一刻も早く教えてやりたいとのおせき込みのほどが、拝察される。しかも、こうした中にお書きくだされたお歌ではあるが、十二下りを通じて、溢《あふ》れ出ているものは、親神様のお望みくださる、陽気ぐらしの喜びである。

過去三十年にわたってなめてこられた嘲笑《ちょうしょう》、離反の淋《さび》しさや、貧乏生活の陰影など、何処《どこ》にもない。また現に受けつつある身の危険など、何処にも感じられない。ただ、そこにあるものは、一切の人間心を超越した、陽気ぐらしの喜びの、如実の姿である。

それは、声高らかに陽気ぐらしを謳歌《おうか》し、その喜びを歌っておられる。それと共に、その喜びに至る道を教え、早々と足並揃《そろ》えてその道に進むことを、おせき込みになっている。それと同時に、みかぐらうたを拝聴する者は、誰もが皆、誰彼の差別なく、必ずこの陽気ぐらしの喜びを味わうことができるという、力強い希望と、楽しみを与えられる。どんな悲境に打ち沈んでいる人でも、親に抱かれているような安らかさを与えられると共に、悲しみを越えて、奮い立つ勇気と力をお与えいただくことができる。

みかぐらうたは、従来、折に触れ事に当たって、断片的に、教祖のお口を通して説かれてきた教えを、まとまった形に歌い上げられている。従って、これに接するものは、陽気ぐらしの理想像を、目のあたりに見るような気持ちになる。当時これをお示しいただいた人達は、自分達のお連れ通りいただいている道の全貌《ぜんぼう》を、ここにお見せいただいたような思いで、どんなにか力強い喜びを与えられたことであろうか。しかも、みかぐらうたは、単に教祖の教えを、わかり易《やす》く、まとまった形でお示しくださろうとの目的だけで、お書きくださったものではない。それは、つづいてお教えくださろうとしている、陽気てをどりつとめの地歌としてお書きくだされたものであった。

そもそも教祖は、月日のやしろとして、また、ひながたの親として、教えをお説きくださるばかりでなく、自ら実地に通って、たすかる道のひながたをお示しくだされた。その教えを守り、そのひながたを十分間違いなく通らしてさえいただけば、たすけていただけることは、絶対に間違いない。

ところで、どんなにわれわれが努力をしても、果たして教祖の教えに違《たが》わず、ひながた通りに十分間違いなく通ることができるであろうか。もしできなければ、たすけていただくことができないとすれば、おたすけいただくということは、われわれにとってはまことに至難な事となる。

ところが、ひながたの万分の一にさえ届きかねているお互いでありながら、皆、勿体《もったい》ないほどの有難い御守護をいただいて、お連れ通りいただいているのが実状である。これぞ、親神様のたすけ一条の親心のお蔭である。

親神様は、世界の子供たすけてやりたいが一条の親心から、教祖をやしろとして、この世の表に現れ、口に、筆に、ひながたに、たすかる道をお教えくだされ、なおその上に、たすけ一条の道として、つとめとさづけをお教えくだされたのである。従って、月日のやしろとして、人類の前にお立ちくださっている教祖の御使命は、口に、筆に、ひながたによって、親神様の思召《おぼしめし》をお伝えくださると共に、たすけ一条の道としての、つとめとさづけをお教えくだされることにあった。それが、天保九年から三十年後の今までお教えいただけなかったことは、ひとえに子供の側に聞き分けがなかったことによることは申すまでもない。幸いにも、今、子供の成人をお認めいただいて、これをお教えいただけたことは、いよいよ教祖の教えが、本格的な段階に入ってきたものと拝察できる。

これより以後、現身《うつしみ》をお隠しになるまでの二十年間は、もっぱらつとめの完成と、つとめの理を教えることと、つとめのせき込みを主軸として、御生活をお進めになっている、と申すことができる。

こうして、道はまさに黎明《れいめい》期を終え、いよいよ本格的な伝道期に入ろうとする時、慶応四年は明治元年と改元、歴史の舞台は一転して新時代に入った。

おふでさきの御執筆

明けて明治二年、正月早々からおふでさきをお書き始めになった。以来、明治十五年まで、十七号、一七一一首のお歌をお書きくだされた。

ただ、口で説くだけでは、とかく忘れ勝ちになり易い人々の上を思い、何時《いつ》々々《いつ》までも忘れることなく、理を思案することのできるようにとの親心から、自ら筆を執ってお誌《しる》しくだされたものである。従って、その内容は言うまでもなく、万般に亙《わた》っての親心を切々とお誌しくだされたもので、これをお遺《のこ》しくだされたればこそ、われわれは今日でも、直接じかに、教祖の教えに触れることができるのである。しかも、それは、その時その時の思いつきをお誌しになっているのではなく、首尾一貫した教義の一大体系である。これぞ、教祖の教えの根幹をなすものである。

子供に道を教えることを、切におせき込みくだされていた教祖が、月日のやしろとなられて三十二年も経過する今、初めてこれをお書き始めになったということは、みかぐらうたの場合と同じく、これを受け入れることのできるまで、子供の成人をお待ちくだされていたものと拝察する。と同時に、その執筆年代は、おつとめを完全に整えられた年代と一致する。すなわち、おつとめは、慶応二年に始まり、明治十五年に、現在行われている形に整えてくだされたが、おふでさきは、それより三年おくれて明治二年正月、七十二歳で筆を起こされ、おつとめの完成した明治十五年、八十五歳で筆を終わっておられる。これは決して偶然の一致ではなく、かくあるのが、むしろ当然であると拝察される。と申すことは、おふでさきは、おつとめの理を説き、おつとめの整備を促《うなが》し、教え通り、一刻も早く、おつとめをおせき込みくだされているのであって、まさしく、つとめせき込んでお諭しくだされたものと申すことができる。

先に、万般にわたって親神様の思召をお諭しになっていると申したが、それは、何処《どこ》までもおつとめの理を主軸として、それに関連する問題、そこから派生する問題として万般にわたっておられるので、おふでさきは、まさに、おつとめの理をお教えくだされた書物であると申して、決して間違いはない。

教祖は、口と心と行いが常に一つであるから、口でお説きくださることと、筆にお諭しくだされていることと、身をもって行っていらっしゃることの間に、一点の矛盾もないのは当然であるが、同時に、口と、筆と、行動は、常に平行して進んでいる。すなわち、口で何かの理をお説きくだされている時は、必ずそれを行動にお示しになり、同時に、筆をもってもその同じ理をお書き誌しになっている。従って、普通人間の場合であると、体の方が忙しく動かなければならない時は、筆を執ることはお留守になるし、反対に、筆で物を書くことに熱中している時は、それが手一杯で、体でする仕事の方は滞《とどこお》り勝ちとなるものである。ところが、教祖の場合は、まさにその逆である。お体の忙しいような時ほど、御執筆くださるお歌の数も多くなっている。

従って、お書きくだされているお歌の数は、毎年々数の上で平均しているのではなく、驚くばかり不揃《ふぞろ》いである。今、その状況を参考までに誌してみよう。

明治二年　一号と二号の二号
明治三年　なし
明治四年　なし
明治五年　なし
明治六年　なし
明治七年　三、四、五、六号の四号
明治八年　七、八、九、十、十一号の五号
明治九年　十二号
明治十年　十三号
明治十一年　なし
明治十二年　十四号
明治十三年　十五号
明治十四年　十六号
明治十五年　十七号

これで見ると、明治七、八年の二カ年で、おふでさき全号の半分以上をお書きになり、明治三、四、五、六、十一年の五年は御執筆なく、明治二年は二号、九、十、十二、十三、十四、十五年の各年は一号ずつということになる。

そして、おふでさきの御執筆のなかったような各年は、教祖のみちすがらの上から見ても特筆すべき事実はなく、おふでさきの過半数をお書きくだされた明治七、八年の両年は、おつとめの整備という上から見れば、まさにピークであったと申すことができる。すなわち、かぐらの面が出来たり、かんろだいのぢばを定めて、つとめの場所を明らかにされるなど、おつとめを整えていかれる上での一番大切な部分が、明治七、八年の間に明かされていったのである。

そうなると、おつとめのよってきたる、この世の元を明らかにしなければならぬし、お話は勢い根本教理に触れて、口でも説けば、筆にも誌すという工合に、おふでさきの御執筆量も増えていく。こうして、おふでさきは、つとめの理を教えることを主軸にして、親神様の思召《おぼしめし》を万般にわたって、お説き明かしくだされたのであった。

ぢば定め

これと平行して、明治時代に入ってからは、教祖のみちすがらも、たすけ一条の道であるおつとめを整備することを主軸として進められていった。

今、その角目《かどめ》々を年代順に列記すれば、次の通りである。

明治元年、二年の頃《ころ》は、先年お書きくだされた十二下りの、節づけと振りつけをお教えくだされたので、おやしきの中は、何時《いつ》もお手振りの稽古《けいこ》で賑《にぎ》わっていた。明治三年、よろづよ八首のお歌を十二下りの初めに加えられた。また「ちよとはなし」の歌と手振りを教えられた。

明治七年陰暦五月五日にかぐら面が出来上がった。この事はおふでさき第四号に、

このひがらいつの事やとをもている
五月五日にたしかでゝくる　　四 3

とお誌しになっているが、これより先、教祖は里方の兄・前川杏助《まえがわきょうすけ》にかぐら面の制作を依頼しておられた。杏助は生まれつき器用な人であったので、先《ま》ず粘土で型を作り、和紙を何枚も張り重ね、適当な厚みをもたせた上で粘土を取り出し、それを京都の塗師《ぬりし》へ持って行って、漆《うるし》を塗り上げて完成した。これを前川家に保管されていたのを、親神の思召のまにまに、時旬の到来を待って、教祖は秀司、飯降、仲田、辻等の人を供として前川家へ迎えに行かれた。この日が、おふでさきにお誌しになっている五月五日であった。

教祖は出来上がったかぐら面を見て「見事に出来ました。これで陽気におつとめができます」と、大そう御満足なさると共に初めてお面をつけてお手振りを試みられた。以来毎月二十六日には、お面をつけてかぐら、次にてをどりと賑やかに本づとめを行い、毎夜つとめの後で、お手振りの稽古を行

った。

越えて明治八年陰暦五月二十六日、かんろだいのぢば定めが行われた。

教祖はこの前日、「明日は二十六日やから、屋敷の内を綺麗《きれい》に掃除して置くように」と仰せられ、このお言葉を頂いた人々は、特に入念に掃除して置いた。

教祖は先《ま》ず自ら庭の中を歩まれ、足がぴたりと地面にひっついて前へも横へも動かなくなった地点に標《しるし》をつけられた。然《しか》る後、こかん、仲田、松尾、辻ます、櫟枝《いちえだ》村の与助《よすけ》等の人々を、次々と目隠しをして歩かされたところ、皆、同じ所へ吸い寄せられるように立ち止まった。辻ますは、初めの時は立ち止まらなかったが、子供のとめぎくを背負うて歩くと、皆と同じ所で足が地面に吸い付いて動かなくなった。こうして初めてかんろだいのぢばが明らかに示された。この事をおふでさき第八号に、

そふぢしたところをあるきたちとまり
そのところよりかんろふだいを　八　83
したるならそれよりつとめてをそろい
はやくかゝれよ心いさむで　八　84

と誌して、手を揃《そろ》えておつとめをする事をせきこまれている。そしてこの年「いちれつすますかんろだい」の歌と手振りを教えられた。ここにかんろだいのつとめの手、一通りが整い、続いて肥、萌出《はえで》など十一通りの手を教えられた。

明治十五年に、手振りは元のままながら、「いちれつすます」の句は「いちれつすまして」と改まり、それに伴って「あしきはらひ」もまた「あしきをはらうて」と改まった。

こうして、次第におつとめを整備されながら、いよいよ積極的にたすけ一条をお進めになるに従って、親里を慕うて寄り来る人の数は日増しに増加し、各地に講社の結成を見ると共に、人々が教祖をお慕いする気持ちも、益々《ますます》強烈となっていった。

こんな時、突如起こって、道の行く手を厳しく阻止しようとするものがあった。それは、慶応時代のそれのように、神官、僧侶《そうりょ》、医師、山伏《やまぶし》などの暴行や、村人の嫌《いや》がらせの程度ではなく、国家の権力を背景とする警察官憲の迫害干渉であった。

学問にない、古い九億九万六千年間のこと

何故《なにゆえ》に、悪事をなさらない教祖や、当時の信者達に、時の政府が迫害を加えなければならなかったのであろうか。

それは、善悪の問題ではなく、政府の宗教政策に起因するものであった。

そもそも三百年の間、政権を握って天下を支配した、権力の座にある幕府を倒し、天皇親政の明治政府を樹立することのできたのは、各地に蜂起《ほうき》した勤皇《きんのう》の志士達の活動によるのであるが、彼らの行動理念として、力強く彼らを駆り立てたものは、一部国学者達が唱え始めた復古思想であった。従っ

て、皇政復古という大目的が達せられ、新政府が樹立するや、復古思想は時代を風靡《ふうび》する支配勢力となり、天皇親政は、祭政一致、政教一致へと進み、政治も、宗教も、教育も、一切を、わが国固有の神《かむ》ながらの道にのっとってやることになり、その神ながらの道も、一切の夾雑物《きょうざつぶつ》を交えない、純粋なものが要求されるようになった。かくては多年、その神ながらの道と習合して、大きな影響を与えてきた儒教、仏教をはじめ、その他一切の外来思想は、徹底的に剪除《せんじょ》せよという、極端な方向に走っていった。その勢いの赴《おもむ》くところ、いわゆる神ながらの道でない教えであるこのお道も、他の諸教と同じく、政府の弾圧を食う運命にあったことは言うまでもない。

この政府の方針からすれば、明治維新となるや直《ただ》ちに、本教への弾圧が始まっていても当然であるのに、新政府が樹立されて七年も経過した明治七年に至って、初めて迫害が始められたというのが、おかしいくらいである。これには、大きな理由があった。勿論《もちろん》、皇政維新となるや、神ながらの政治を行い、神道を国教として民心を指導し、かつ国民教育をやろうとする大方針は決まっていたのであるが、他面「諸事一新」に力を入れた明治政府は、諸外国の進歩した文明、文化を吸収することに追われ、末端の宗教信仰などの指導監督に、充分な力を注ぐほどの余力はなかった。

ようやく明治七年になって、末端の宗教信仰や行事などを取り締まる細則が出来上がった。規則が出来れば、これが適用されることは当然であるから、そろそろ宗教活動に対する干渉が始まるという雲行きは、少しく政界の事情などに通じている人がおれば、予見できるはずである。

しかし、当時は今日のごとく、政治知識も普及せず、また、政治や法律の問題を積極的に国民に知らそうともしなかった時代である。殊《こと》にお道の信仰者は、主として百姓や職人が多く、そうした問題に関しては、特に無知な人達ばかりであったから、官憲の動きなど知る由もなかった。

しかし、見抜き見通しの教祖は、この事あるを、ちゃんと予見しておられた。そして、この事のある数カ月前に、お書きになったおふでさきに予言しておられる。

けふの日ハなにがみへるやないけれど
八月をみよみなみへるでな　五 56

みへるのもなにの事やらしれまいな
高い山からをふくハんのみち　五 57

このみちをつけよふとてにしこしらへ
そばなるものハなにもしらすに　五 58

このとこへよびにくるのもでゝくるも
神のをもハくあるからの事　五 59

今日の日は、何も見えないけれど、やがて変わったことが見えてくる。それは何かと言えば、高山から往還の道がつき始めるということである。実は、その道をつけようとて、親神の方では、いろいろと手立てをしているのだ。やがてこのところへ呼び出しに来たり、止めだてに来たりすることがあるが、決して驚くには当たらない。皆、親神の思惑があってのことである。

かような事を仰せられているばかりでなく、このお歌をお書きくだされている前後に、やがて、後日警察の干渉の原因ともなった、中南《なかみなみ》の門屋の建築を仰せ出されている。そればかりでなく、この年十月のある日、仲田、松尾の両人に、「大和《おやまと》神社へ行き、どういう神で御座る、と尋ねておいで」と仰せられた。二人は、言われた通り質問に行くと、神職は記紀《きき》二典から得た知識を振り回して、とうとう神社の祭神、並びにその縁起をまくし立てた。静かにその話を聞き終わった両名は、「それでは、その神様はどんな御守護をくださいますか」と尋ねた。これに対して神職は一言も答えることはできなかった。そこで二人は、「われわれの神様は、これこれの御守護をくださる元の神・実の神であります」と、十柱の神名に配してお教えいただいている御守護を諄々《じゅんじゅん》と話した。神職達の話のように、お定まりの形式論ではなく、現実の実生活に則した、しかも純真なる信仰のまことから溢《あふ》れ出る一言一句は、彼らの持たない、ある種の迫力をもって迫っていったに相違ない。

中南の門屋（明治８年竣工）

けれども、神道国教の時の流れに乗って優遇され、国民信仰を指導する権威さえ与えられて得意になっている彼らには、真理を真理として理解し、受け入れるような雅量よりは、目の前に現れた邪魔者を追い払おうという気持ちで一杯だったに相違ない。「そんな愚説を吐《は》くのは、庄屋敷の婆さんであろう」と、居丈高《いたけだか》になって二人をどなり散らした。のみならず、二人が帰って来ると、その後を追うように神官二名が参拝者を装うて、隙《すき》あらば乗じようとしてやって来たが、なすところなく帰った。さらにその翌日、石上神宮の神官五名が弁難にやって来た。これは前日、仲田、松尾の両名が大和神社を訪れた時、「庄屋敷村は、石上神宮の氏子である。自分の氏子の中に、あんな愚説を吐く者がいるのを、そのままにしているということは、石上神宮の取り締まりが不充分であるからだ」と、皆から責め立てられたためであった。

しかし、この時は教祖が自らお相手くださったのだから、彼らの理屈が歯の立つはずはない。けれども感情に走っている彼らに、真理がわかるわけはない。「もしわれわれが言うのが嘘《うそ》で、その方の言うことが真《まこと》なれば、学問が嘘か」とどなり立てた。彼らが典拠としている記紀二典こそは、最高の学問であると自負しているからである。ところが教祖は平然として、「学問に無い、古い九億九万六千年間のこと、世界へ教えたい」と仰せになった。

これぞ、まことに含蓄のあるお言葉で、「親神様が文字、学問の仕込みをしてくだされた近々三千九百九十九年間のことは、学問なりと思想なりと、なんでも人間の力で一生懸命勉教するがよかろう。

ここでは、それ以前の、学問などの手の届かぬ元始まり以来のよろづ委細の道すじを教えたいのだ」との意味を、柔らかく仰せくだされているのである。これが彼らにわかるはずもないが、さりとて、それにはもはや反抗する気迫もなく、唖然《あぜん》として立ち去った。

だからと言って、これで彼らの腹の虫が納まったわけではない。思うようにならなかった腹いせに、そのまま足を丹波市《たんばいち》分署に向けた。「庄屋敷村は、丹波市分署の管轄内である。その管轄内でご政令にそむくような妄説《もうせつ》を吐かしておいては、貴公らのお役目が立つまい」、こんな意味の言い草で、警察分署の人々をあおり立てたに違いない。こうなっては、丹波市分署もじっとしていられなくなり、日ならずして、おやしきに闖入《ちんにゅう》して、神前の幣帛《へいはく》、鏡、簾《みす》、金燈籠《かなどうろう》などを没収し、これを村役人に預けた。こうして遂《つい》に、迫害干渉の口火は、切られることになったのである。こんな経過を見ていると、この迫害の口火に火を点じたのは、むしろ教祖の側にあったような気さえする。「このみちをつけよふとてにしこしらへ」と仰せられているが、かかるところにあるのではなかろうか。

いずれにしても、こんな経緯から始まった迫害干渉。それが、やがて教祖はじめ熱心な信仰者達の拘引、留置、投獄という、何よりもいまわしい出来事として発展していったのである。

教祖、山村御殿へお出まし

殊《こと》に、教祖は七十七、八歳から八十九歳の高齢に至るまでの間に、十七、八回にも及ぶ獄舎での御苦労を、おなめくださる結果にさえなっていったのである。そうなることは百も御承知の教祖であるのに、かえってこれを誘発するような行動に出られているのである。たとい、時勢の雲行きがどう変わろうと、親神様の思召《おぼしめし》は、機会あるごとに、これを伝えていかなければならん。否、機会を作って伝えていかずにおられない、との切なる思召の現れである。なればこそ、われわれの常識からすれば、肝をつぶして縮み上がらなければならない、警官の闖入、取り調べ、留置、投獄などの出来事さえ、かえって、高山へ道の理を伝える絶好の機会として、活用なさろうとの思召である。

「このところへ呼びに来るのも、結構なおぼりた宝を掘り出しに来るようなものやで」というような意味のことを仰せくだされているが、その思召のほどを拝察すれば、いかなる出来事が起ころうと、一切はにをいがけの機会であり、また、どこまでもにをいがけの機会としてこれを喜び勇んで通らなければならぬことを、お教えくだされているのである。

こちらから、わざわざ話しに行かなくとも、先方から迎えに来てくれるのである。しかも、いろいろ訊問《じんもん》してくれるのに対して、こちらの信ずることを話してさえいけば、勢い、自然ににをいがけの絶好の機会となり、彼らの取り調べや調査は、ことごとく埋もれている宝物を掘り出してくれるようなものである。おそらく教祖のお考えは、こんなところにおありになったのであろう。しかも、教祖の御目から見れば、「反対するのも可愛《かわい》いわが子」と仰せくださる通り、ひとしく可愛い子供であり、役目柄とはいえ、わざわざおぼりた宝を掘り出しに来てくれたのだ、という御心でお迎えくださるから、何時《いつ》も「御苦労さん」と、やさしくおねぎらいくだされ、時に、その時刻が食事時に当たっていれば、食事さえお与えになっている。

しかも、お出かけになる時は、「神様が、また高山へにをいがけに行けとおっしゃるで。じきに帰って来るで。案じなや」と仰せになった。その御表情には、楽しそうな御様子さえうかがわれた。まるで親類か友達のところへでも、訪ねて行くようなお気軽さで、お出かけくださるのが常であった。従って、先方へお越しになって、よしやそれが、どんなにいかめしい取り調べの庭であっても、時には孫や子に話しかけるようなやさしさで、また時には、聞く人々の身が引き締まるような厳かな御態度で、思召のままをお聞かせくだされた。

役目柄とはいえ、まるで教祖を罪人のような態度で取り扱おうとしていた警官達も幾度か、こうした常人には見ることのできない御態度に接するうちに、教祖こそ真に唯人《ただびと》ではないということに、心の目が開き、熱心な信仰者になった人さえ幾人かあった。まさしく、そのお言葉のごとく、高山へのにをいがけとして活《い》かされていった。たとえ、相手に悪意があろうと、害心があろうと、こちらに真実の心さえあれば、必ず同化することができるという、尊いひながたを拝することができる。

こうした尊いひながたを目のあたりにお見せいただきつつ、お連れ通りいただいていたとはいえ、迫害干渉は次第に激化して、明治七年から十九年まで、十二、三年の間に、顕著な事実だけを拾っても二十七、八回にも及んでいる。こんな、わずらわしく、また恐ろしい事実の頻発《ひんぱつ》する中に信仰生活をつづけていくには、よほどの強靱《きょうじん》な信念が必要であった。気の小さな人間は、いかに教祖を信じていても、時には突差《とっさ》の判断に迷い、不安や恐怖に襲われることもあったであろう。そんな時、常に教祖は、「ふしから芽が出る」とお教えになり、ふし毎に、何時も輝かしい芽を出して、教祖のお言葉が千に一つの間違いもない証拠を見せながら、ふしに処する心構えや、明るいさとり方をお教えくだされた。

こうして、教祖の御晩年の十数年は、全く波瀾万丈《はらんばんじょう》の時代であったが、その嵐《あらし》や怒濤《どとう》を乗りきって、教勢は大和の国境を越え、東は東海、関東に、西は中国、四国に激しい勢いで伸びていった。しかも、ただ数の上で増大したばかりでなく、教祖を慕う人々の気持ちも益々《ますます》強烈となった。これに刺激されて、官憲の取り締まりは益々厳重の度を加える一方であった。この三つ巴《どもえ》の渦《うず》巻く中に、一れつたすけをせき込み、つとめをおせき込みくださる教祖のみちすがらが、力強く進められていったのである。

今、そのみちすがらの角目《かどめ》々々を、「ふしから芽が出る」と仰せくだされたお言葉を中心に辿《たど》ってみよう。

大和神社での神祇《じんぎ》問答の噂《うわさ》が刺激となって、次第に当局の目が本教の動きに注がれるようになっていったことは事実であった。中でも、この後間もなく、すなわち明治七年陰暦十一月十五日、教祖は奈良県社寺係の命で、伏見宮文秀女王《ふしみのみやぶんしゅうじょおう》のおられる山村《やまむら》御殿へお出ましになることになった。教祖が、

山村御殿（円照寺）山門

時々人間の常識を越えた不思議な力をお見せになったりすることを、当時の迷信的な考えから、狐狸《こり》の類《たぐい》と同一視し、高貴なお方の前に引き据えたら、その威光の前に正体を暴露するであろうというような、幼稚極まる考え方であったらしい。

教祖は呼び出しに応じ、いそいそとお出かけになったが、お供の面々にして見れば、県庁からの呼び出しともあれば、一体どんなことになるのであろうか、と薄気味の悪い不安で一杯であった。時も時、途中田部《たべ》村の小字車返しで、ふと躓《つまず》いてお転びになり、下唇《くちびる》に怪我《けが》をなさった。ただださえ不安一杯の人々の間には、言いようのない狼狽《ろうばい》とざわめきが起こった。と、教祖は平気な顔で、下唇にお怪我をなさったことについては、「下からせり上がる」と仰せになり、血のにじんでいることについては、「明るいところへ出るのやで」と、いとも朗らかな御様子であった。どうなることかと、お先真っ暗な思いであった一同も、ホッと救われたような明るい気持ちになることができた。

先方へ着いて見ると、社寺係を中にして、石上の大宮司と他一名の神官が立ち合い、まさに威嚇《いかく》の態勢である。居丈高《いたけだか》になって、「いかなる神ぞ」と尋ねたのに対し、教祖は平然と、「親神にとっては世界中は皆我が子、一列を一人も余さず救《たす》けたいのや」と、真実の親の心をお聞かせくだされている。しかし、護身のために汲々《きゅうきゅう》として、自分の職責を事なく進めたいという以外に何ものもない俗吏《ぞくり》などに、真実の親の声がわかろうはずはない。恐れを知らぬ教祖の態度は、かえって神経病としか思えなかった。立ち合いの医者に脈を取らすと、医者は驚いて、「この人は老体ではあるが、脈は十七、八歳の若さである」と言った。この一言は、お供の面々にとって、どんなに大きな喜びであっただろう。まさに、教祖が常人ではないことを、医者の診断によって証言されたのである。「われわれの教祖は、何時《いつ》々々までも変わらぬ若さとお元気で、われわれをお導きくださるのだ」と、この信念が、どれほど当時の人達に、力強い思いを与えたことであろう。

「今日は芸のあるだけをゆるす」と言われた時は、取り調べの庭に引き据えられている不安や恐怖など、とっくに何処《どこ》かへ消し飛んで、いとも陽気にてをどりのつとめを四下り目まですました。その時、「もう宜《よろ》しい」と止められたが、まだあと八下りあります、とつづけようとするほどの、はずんだ気持ちになっていた。

とらわれの多い俗吏の心には、教祖の偉大さも、信仰者達の純真無垢《むく》な心根も通じないが、とらわれのない宮殿下の心には、何ものか通ずるものがあったのか、茶菓の馳走《ちそう》にまであずかり、丁重なおもてなしをいただいて帰られた。どうなることかと思われた不安の出来事も、すべてを明るく明るくさとることをお教えくだされた教祖のお導きによって、帰りはかえって意気軒昂《けんこう》、かつまた、常人に見られぬ教祖の健康の様子を知らされ、まさに、「ふしから芽が出る」とのお言葉さながらの結果を見る事が出来て一同の心は喜び一杯であった。

赤衣を召される

こうして、人々の信仰は、このふしを通してかえって強固となり、熱烈となっていったが、真理を真理として素直に受け入れることのできない、取り締まる側の人達に対しては、かえって反感をそそり、取り締まりを助長する結果を招いた。すなわち、この日以来、県庁は、おやしきへ参拝人が出入りできないよう、厳重に取り締まり始めた。のみならず、山村御殿での翌々日の陰暦十一月十七日、奈良中教院から辻、仲田、松尾の三名を呼び出して、信仰をやめるよう勧告し、その上おやしきへやって来て、幣帛《へいはく》、鏡、簾《みす》などを没収した。

出る杭《くい》は打たれるのたとえのごとく、何ら悪びれることなく、堂々と振る舞う当方の態度が、かえって先方の反感を買う結果になるのだから、人間の常識からすれば、こんな雲行きの悪い時は、暫《しばら》くそっとして、時機を見て動き出すという、利巧そうな考え方も出るわけだが、教祖には、そんな人間思案の影は微塵《みじん》もなく、この中教院事件のあった翌日、陰暦十一月十八日赤衣《あかき》をお召しになって、その理についておふでさきに、次のように明かされている。

いまゝでハみすのうぢらにいたるから

なによの事もみへてなけれど　六 61
このたびハあかいところいでたるから
とのよな事もすぐにみゑるで　六 62
このあかいきものをなんとをもている
なかに月日がこもりいるそや　六 63

今までとて、教祖が理をお説きくださるのに、何かに気を兼ねて控え目になさっていたなどとは思いもよらないが、このお歌からすれば、「いまゝでハみすのうぢらにいた」と仰せられ、「このたびハあかいところいでた」と仰せられるのだから、いよいよ今までとは異なって、容赦なく天理を鮮明にしていく、と宣言されているのである。しかも、その宣言は、言葉だけの宣言ではなく、何よりも顕著に人目をひく、真紅のお召し物をお召しになって、「なかに月日がこもりいる」と仰せられるお言葉のごとく、教祖こそ、月日のやしろにておわしますという尊い理を、姿の上にも、はっきりと明示されたのである。

ふしから芽が出る

思えば、周囲には官憲の迫害が、益々厳重を加え、教祖をはじめ、おやしきに出入りする人の動きに対して、日増しに厳しい監視の目が光っていることなどは全くの無頓着《むとんちゃく》で、とらわれの多い小さな人間思案などでは、夢想もできない天衣無縫《てんいむほう》の行動である。まさに月日のやしろたるの理を明らかに、その態度に示されている。と同時に、それはまた、ひながたの親として、天理の道を歩む者は四囲の事情や人々の思惑などに心労せず、まっしぐらに親神様の思召を貫き通せ、とのひながたをお示しくだされたものと思う。

こうして、赤衣を召して、月日のやしろにおわす理を、その姿の上に明らかにすると共に、益々積極的な活動を進める旨をおふでさきに宣明されたばかりでなく、その赤衣を召した同じ日に、仲田、松尾、辻、桝井の四名に、いき、てをどりなどのおさづけの理をお渡しになった。そして、この意義をおふでさきに、次のように明示されている。

いまゝでハやまいとゆへばいしやくするり
みなしんバいをしたるなれども　六 105
これからハいたみなやみもてきものも
いきてをどりでみなたすけるで　六 106
このたすけいまゝでしらぬ事なれど
これからさきハためしゝてみよ　六 107
どのよふなむつかしきなるやまいでも
しんぢつなるのいきでたすける　六 108

これが、身上たすけのために、おさづけの理を渡された始まりであるが、これこそ先に、みすの中から明るいところへ乗り出して、積極的な活動をするとの宣言の、具体的な裏づけに他ならない。すなわち、従来のおたすけは、ほとんど教祖じきじきのおたすけである。生き神様の噂《うわさ》を聞いた人人がおやしきを訪れ、教祖じきじきか、あるいはこかんの取り次ぎによって、理をお聞かせいただいて、おたすけをいただいたので、他の人々にでき得たことは、せいぜい生き神様の有難さを伝える、にをいがけの程度に留《とど》まっていた。それが、今ここに、有難いおさづけの理を授けられた人々が、その理の効能によって、いかなる痛み、悩みもたすけさしていただくことのできる道をお開きいただいたのであって、活発な伝道活動の第一歩を踏み出すこととなったのである。しかも、よふぼくとしてたすけ一条の御用にお使いいただけるようになった人々は、その尊い御用を通して、今まで想像もできなかった信仰の喜びをお与えいただき、銘々の成人の歩みに素晴らしい道が開かれたことも事実である。たすけていただきたい願いから導かれて、たすけ一条の喜びを味わわしていただける道にお連れ通りいただけるに至ったことは、まさに信仰上の一大躍進であった。

山村御殿のふしから中教院の干渉と、引きつづいたふしも、道の動きを萎縮《いしゅく》させるどころか、今ここに述べたように、信仰上の一大飛躍を与えられ、まさに、「ふしから芽が出る」というお言葉が、如実の事実として実現されていくのであった。

ふしから芽

中南の門屋の建築とこかんの出直し

一応、おつとめのお歌とお手は教えられた。また前年に、かぐらの面が出来て、本づとめができるようにはなっていたが、肝心のつとめの場所が定まっていなかった。今、これを明示されたことは、つとめ完成に向かって、大きく一歩を進めたことになる。

このつとめとさづけを両翼として、たすけ一条の道は、いよいよ本格的な活動に進んでいくのであるが、官憲の監視の目が益々《ますます》厳しさを加えていく中に、こうした積極的な動きをつづけていくのであるから、そのまま黙って見過ごしてくれそうなはずはない。

殊《こと》に、おやしきにおいては、この積極的な布教活動と平行して、中南《なかみなみ》の門屋の建築が行われていた。たとえ、どんな小さなものにもせよ、建築というものは人目を避けて内密に行えるものではない。こうして、すべての動きが取り締まり当局の目を刺激するものばかりであるから、なおさらである。

明治八年陰暦八月二十五日、ついに、奈良県庁から教祖と秀司に対して、明日出頭せよとの呼び出しがきた。折しも秀司とこかんとが、二人とも身上の障《さわ》りで、殊に、こかんは病危篤《きとく》の状態であった。教祖お一人でお出かけいただくわけにもいかぬから、付き添いとして長女おまさがお供をした。従って、おやしきには病人のわが子二人を、看病人もない状態のまま残してお出かけにならなければならない有様《ありさま》であった。それでも、教祖は何の躊躇《ちゅうちょ》もなく、いそいそとお出かけになった。

ふしというものは、種々《いろいろ》と立て合ってくるものである。それから三日後、取り調べのための拘留中に、陰暦八月二十八日、教祖のお帰りも待たず、三十九歳でこかんは出直した。その報《しら》せによって、特別の許可を受けてお帰りになったが、すでにこかんはこの世の人でなく、可愛《かわい》いわが子の臨終に、立ち合われることさえできなかったのである。世の常の者ならば、これに過ぐる悲しみがあるだろうか。それでも教祖は、すでに冷たくなったわが子の遺骸《なきがら》を撫《な》でて、「可哀そうに。早く帰っておいで」と、優しくねぎらわれただけであった。

思えば、天保九年の前年に生まれ、貧のドン底時代誰一人相手にする者もない、淋《さび》しい時代に成人して、幼少時代からあらゆる苦労をなめながら、よく教祖の教えを守り、いささかの不平不満もなく、教祖の心に添いきってきたこかんであった。殊《こと》に嘉永六年、長年住みなれた母屋《おもや》さえも取り壊されて人手に渡り、これと前後して、慈愛深い父に死別した深い悲しみの中に、教祖のお言葉を受けて、十七歳の若さで、生まれて初めて踏む浪速《なにわ》の町角に、天理王命の神名を流された事跡は、道を信ずる者として、絶対に忘れられない事実である。

その後、道が開き始めて、たすけを求めて訪れる人足が繁くなり始めるや、小さい神様として、教祖に代わって、日夜尊い親神の教えを取り次いだのであった。世の常の考え方からすれば、まさにかけ替えのない、片腕とも頼む大切な方であり、愛情の上から言っても、これからの御用の上から考えても、こうした方と、こうした別れ方をすれば、悲しみを通り越して虚脱状態にもなりかねないところであろう。

しかし、たすけ一条の道をお進めくださる教祖の態度には、いささかの変わりもなかった。しかも、今回の拘引の直接原因ともなり、また取り調べの対象ともなった、問題の門屋の建築も、この干渉による渋滞はいささかもなく、この年内には何事もなかったかのように、立派に内造りも完成し、西側の十畳の部屋を居間として、日夜を分かたず寄り来る人々に、親神様の思召《おぼしめし》をお伝えになった。

こうして積極的に、道をお進めくださることによって、道はますます伸び広がり、おやしきを訪れる人足も、いよいよ多きを加えるにともなって、官憲の取り締まりの目も、これに比例して厳しさを加え、何かこれを防止する策を講じなければ、このままではすまされない状態に立ち至った。

それで、明治九年、宿屋、蒸風呂《むしぶろ》の営業鑑札《かんさつ》を受けて、人の集まる口実とした。しかし、こんな糊《こ》塗的《とてき》な方法手段が、教祖の思召にかなうはずはなく、この願い出に赴《おもむ》く時などは、「親神が途中で退く」とさえ、仰せになったほどである。それをしも、あえてこれを実現した秀司の胸中は、とみに激化していく官憲の干渉を思えば、このままに捨てておいては、教祖の身に迷惑のかかることは火を見るよりも明らかである。戸主としての責任上、また親を思う子の真心から、たとえわが身はどうなってもと、捨て身の覚悟で敢行《かんこう》したのであった。

しかし、もとより警察の干渉など、問題になさっていない教祖は、それがどんなに激化しても、そんなことには全くの無頓着《むとんちゃく》で、何のためらいもなく、ただ一筋に、たすけ一条の道をお進めになった。

秀司の出直し

かくて明治十年、自ら琴、三味線《しゃみせん》、胡弓《こきゅう》など、おつとめの鳴物を教えて、思召通り、鳴物入りの陽気なおつとめを勤めることをおせき込みになった。

この上もない家庭の不幸も、外からの激しい迫害も干渉も、何一つとして教祖の行く手を阻《はば》むことはできなかった。否、むしろそれらは、かえって教祖の活動を一層活発化し、より一層大きな成果を挙げさせる跳躍台《ちょうやくだい》の役割を果たす結果とさえなった。取り締まる側からすれば、自分達の指図通り柔順に従い、禁止したことは素直にそれを改めて、平身低頭してくれれば、干渉を加えた張り合いもあるから、一応それで心も治まり、得心もできるのである。ところが、器物を没収しても、直《す》ぐに新しいものを作るし、信仰をやめろと命じても、何の利《き》き目もないどころか、かえって積極的な動きさえ見える。少しは悪びれる様子でもして、せめて人目をはばかり、ひそやかな動きにでもなるならともかく、わるびれた様子どころか、明るく陽気に勇み立っているようにさえ見えるのでは、取り締まる側

金剛山地福寺

にして見れば、おそらく、これほど癇《かん》にさわることはあるまい。
こうした当方の信仰態度が、当局の心を刺激して、取り締まりの態度をますます厳重な方向へと、追いやっていったことも事実であろう。しかし、これは人間の常識であり、人間の心理であって、教祖の思召は、そんなことには一切無頓着で、一日も早くとつとめをせき込み、たすけをせき込む一念があるばかりである。殊《こと》に鳴物までも教えられてからは、ひとしお、そのおせき込みは急となった。しかし、鳴物を入れてのおつとめとなると、なおさら内密に勤めることができない。殊に、いよいよ監視の目が激しくなる時代に向かっては、なおさらのことである。

ここに至って、金剛山《こんごうざん》地《じ》福寺《ふくじ》との話し合いによって、転輪王《てんりんおう》講社を設置して、何とか警察の目を逃れようという弥縫策《びほうさく》が持ち上がった。これとても人間の案じ心から出たもので、教祖がこんなごまかしを、お許しになるわけがなかった。「そんな事すれば、親神は退く」と仰せられて、厳しくお止めになった。

しかし、この応法《おうぼう》の道も、教祖の身の安全と、人々が不安なくおやしきに出入りできる道を開くものなら、たとえ、この身はどうなってもという秀司の真実によって実現され、明治十三年陰暦八月十八日に開筵式《かいえんしき》を行った。これが一時的にもせよ、警察の目を塞《ふさ》ぐ防壁となったのか、陰暦八月二十六日には、初めて三曲をも含む鳴物を揃《そろ》えて、よふきづとめが行われた。また、この講社は、もとより取り締まりの目をごまかす手段として作られたものではあったが、これを一つの契機として講社名簿が整頓《せいとん》され、大和、河内《かわち》、大阪に跨《またが》って一千四百四十二名の名が連ねられている。今となっては、これが当時の教勢を偲《しの》ぶ、この上もない資料となっていることも、思いもよらぬ好結果である。

しかし教祖は、こうした中途半端な応法の道は、一日も早く一掃して、外部からの圧迫などに心を奪われず、ただ一条に、世界たすけの道として教えられているおつとめに精励する事を促され、世界たすけをおせき込みになった。

かくて過ぎゆく中に、おやしきには、またまた大きな悲しみが訪れた。それは、中山家の戸主として、暗雲低迷とでも言いたい取り締まり当局の動きを眺《なが》め、教祖の身を思い、寄り来る信者の上を気遣い、教祖の厳しいお叱《しか》りを受けながらも、身を犠牲にしてもみんなのためにと、奔走しつづけた、秀司の出直しである。前年の暮れから身上勝《すぐ》れず過ごしていたが、明けて明治十四年陰暦三月十日、六十一歳で出直した。転輪王講社の開設から、半年余を経た頃である。

思えば秀司の足痛は、天保八年に始まり、それが前兆ともなり媒介ともなって、教祖が月日のやしろとおなりくだされた。以来、中山家の生計を立て、教祖を扶《たす》け、妹のこかんを労《いたわ》り、共々になめて来た苦労の数々は、到底筆舌に尽くし難いものがあった。いわば秀司は初めから、教祖が世界たすけをお進めくださる上の、尊い犠牲者であったとさえ考えられる。従って、時には厳しい言葉で秀司をお責めになっているような場合もしばしばあったが、一方においては秀司の、親を思う真実と、寄り来る人々の便宜《べんぎ》を考え、八方苦心している功績は功績として、ちゃんとお認めになっているので、おふでさきの中には、次のような労りと、ねぎらいのお言葉も見えている。

みのうちにとこにふそくのないものに　十二　118
月日いがめてくろふかけたで
ねんけんハ三十九ねんもいせんにて　十二　119
しんばいくろふなやみかけたで
それゆへに月日ゆう事なに事も　十二　120
うたこふているこれむりでない

しかも、肉親の上から言えば可愛《かわい》い我が子であり、頼みとする長男であり戸主である。
先年、こかんと別れて六年目の今、秀司を失えば、後は、その妻のまつゑと、ようやく五歳になる孫のたまへとの三人暮らし。しかも当時、教祖すでに八十四歳の高齢であり、警察官憲の取り締まりの目は虎視眈々《こしたんたん》として、教祖はじめ信者達の動きの上に注がれている。これを仮に人間感情から見るならば、悲しさ、淋《さび》しさ、前途の不安等々が一時に重なって襲いかかり、身も世もない悲歎《ひたん》のどん底に打ち沈み、立ち上がることも不可能と思われるような事態である。けれども、この場合も、教祖は、こかんと別れた時と同じく、「可哀そうに、早く帰っておいで」と、その長年の苦労をねぎらっただけで、決して、その悲しみに沈潜《ちんせん》などなされている暇もない。どこまでも、世界たすけの道であるかんろだいづとめの理を明かし、しきりに、かんろだいの石ぶしんをおせき込みになっている。

――しかも、それは単に、筆や口でのおせき込みに留《とど》まらず、秀司の出直しから涙の乾く暇もない、僅《わず》かに一カ月後の陰暦四月八日には、早《はや》滝本村の山で石見が行われ、つづいて大阪の講社までも交えた大勢の信者達のひのきしんで、連日、賑《にぎ》やかな石材の切り出しや、運搬が行われた。肉親との死別も、恐ろしい官憲の監視も、教祖の心には何の影響もない。一点の陰影を与える力もない。一見、教祖は非情の方とも拝される。

なに事もこのところにハにんげんの
心ハさらにあるとをもうな　六 67
どのよふな事をゆうにもふでさきも
月日の心さしすばかりで　六 68

と仰せくだされるところから思案しても、教祖には人間心さらにない、と仰せられる以上、人間の情はない。つまり、その意味では非情なのである。しかし、この非情は、われわれ人間世界において間《ま》間《ま》見受けることのある非情とは、全く似ても似つかぬものである。似て非なるものを引き合いに出して拝察するのは申しわけないことではあるが、人間世界には、時に仕事の鬼とか、事業の鬼と言われるような人を見受ける。こんな人は、自分の仕事をやり遂げるためには、人の事など顧《かえり》みる暇はない。人の苦しみや悲しみなどにかまっていては、わが事業は達成できないという、自分の事だけしか考えられない非情であって、これは冷酷というものと同居している。こんなものとは、全く次元の異なった世界のものである。

教祖の心には、わが家もなければ、わが子もない。否、わが身さえないのである。あるものはただ、世界一れつの子供をたすけたい一条の親心月日の心であって、小さな自己というものから完全に離れきっておられる。従って、わが子に対する愛情と、人の子に対する愛情との間に、何らの区別もなかった。

わが身のことや、わが子のこととなると、目の色を変えて大騒ぎをするのが世の常の人心で、むしろ、これが普通人間の姿として慣れきっている人の目には、わが子との死別に際して示された教祖の態度は、まさしく非情とも思えるであろう。涙一つ流さず直《ただ》ちに次の行動を進められる教祖の姿は、われわれの仲間の中からその類を求めると、いわゆる事業の鬼と言われる類《たぐい》の人間と相通ずるところがあるようにさえ思えるであろう。しかし、これは非情どころか、無限に深く大きい情であって、これを裏返せば、全人類を温かく抱いてくだされている無限の親心、愛情なのである。その無限の親心をもって、教祖は常に周囲の人や、帰り来る人々に語りかけてくだされたのである。「よう帰って来《き》なさったなあ、神は待っていたで」と、やさしくお声をかけていただいた人々は、心の中の憂いも、悲しみも一遍《いっぺん》に吹き飛んで、実の親、生みの親以上の大きな、しかも温かい親心に抱かれている安心と喜びに浸《ひた》ることができた。

また、このやしきこそは、実の親以上の大きな愛情をもって、一れつ子供の帰りをお待ちかねくださっているをやのいます親里だということを、身をもって感得することができた。この人間創《はじ》めた元のぢばに、かんろだいを建てて、かぐらづとめを勤めることによって、世界一れつをたすけるのだと仰せになり、肉親との死別も、官憲の迫害も、一切無頓着《むとんちゃく》に、非情の方かとさえ見えるような態度で、ただただ目指すつとめの完成をおせき込みになっている教祖を仰いでは、その世界たすけの親心がいかに切なるか、勿体《もったい》ないほど、はっきりと感得させていただくことができる。そして教祖こそ月日のやしろにおわし、人類のをやにておわす、という尊い理を益々強く心に焼きつけられていった。

度重なる御苦労

かく、月日のやしろとしての尊い理を思えば、この当時の教祖の行動は、悩みと迷いの海にさ迷うわれわれには、もはや縁の遠い、手の届かない高いところのもののようにも見えてくる。

ところが、同時にこれは、ひながたのをやとして、この変転極まりない人生の大海に棹《さお》さしてわれわれが遭遇《そうぐう》するであろう、あらゆる激浪《げきろう》を乗りきって、見事彼岸《ひがん》に漕《こ》ぎつけるひながたを、お示しくださっていることを忘れてはならぬ。

広い世界には時に、泣くにも泣けないような悲しみに遭遇して、立ち直ることもできずに、そのまま倒れていく人もある。これは皆、わが身思案の囚《とりこ》になって、事態に対処する正しい判断力を失う結果に他ならない。こんな場合には、わが身にとらわれ、わが身の安否にばかり気を取られるような、けちな小さな考えを捨てて、非情とも見える冷静な、広く大きい心で正しく事態を判断し、これに対処せねばならぬ。航海中に台風に遭遇し、狂瀾怒濤《きょうらんどとう》に揉《も》まれた時には、どんなに狼狽《ろうばい》し泣き騒いでも、決して逃げられるものではない。波におびえ、風を恐れて逃げようとすれば、かえって沈没の悲運を招くであろう。しかも恐れて逃げようとすればするほど、心の恐怖はどれくらい大きくなるかわからない。こんな時には身の安泰などに気を奪われるより、むしろ、吹きつのる風の方向に向かって、常にエンジンを作動しつづけて、風のやむのを待つより他には道がない。合理的な判断をもって、事態の処理に敢闘《かんとう》しつづけている時は、恐怖心などを抱く隙《すき》がない。心はかえって落ち着いてくるものである。しかも吹くだけ吹けば、やがて風もなぐ。風治まれば浪《なみ》も静まり、さんさんとして日の光が射し始めたら、おだやかな元の海に返ることは必定《ひつじょう》であろう。船を難破させるような嵐や激浪は、決して尋常の現象ではない。異常な気象が何時《いつ》々々《いつ》までもつづくものではない。これだけの平静な見通しと、誤らぬ処置が大切である。人生行路に吹きすさぶ運命の波浪も、これに似たものがあるのではないだろうか。

教祖や、おやしきを中心にして吹き荒れた官憲の迫害を、風波にたとえて見ればどんなものであろう。弁難攻撃、祭具の没収、人々の拘留取り調べなどは、政府の政策という風の吹き回しによって立ち騒ぐ波浪のようなものである。いくら逃げようと避けようとしても、政府の政策という風向きが変わらぬ限り、やむものではない。なまじ、糊塗的《ことてき》な手段で弁明したり、ごまかすのは、かえって弱味を見せることで、横波を受けて転覆したり、思いもよらぬ方向に流されてしまうのと、同じ理である。

真実もって人をたすける活動が、つまらぬ形式論によって、弾圧されるというような政策が正常とは言えぬ。異常な現象は長くつづくものではない。必ず正常に戻る日のあることは当然である。誤った政策の風がやむまで、狼狽して横波を受けたりせぬように、堂々と風に向かってエンジンを作動しつづけられたのが、教祖の態度ではなかっただろうか。

しかも、それは決して風に逆らわれたのではない。極めて柔順素直に、まともに風を受け、風に従われたのである。そこには、いささかのごまかしも、逃避もない。問われるままに有態《ありてい》に答え、真実の姿をそのまま、そこに展開してお見せになっている。これがかえって、形式に捉《とら》われて真実の見えなくなっている彼らの誤解と疑惑を深めたり、反感を買って迫害を助長する結果になった一面もあるにはあったが、この堂々たる真実の姿が信者達の心にどれだけの感動を与えたことか。そして、益々一手一つに結束を固めることに役立ったことか。その証拠に、日増しに迫害は激化し頻発の度を加えながらも、迫害のあるたび毎に、また教祖が御苦労くださるたび毎に、信者の数は増えまさり、その信仰の火は、益々強烈に燃え盛っていった。

「ふしから芽が出る」とのお言葉のごとく、「一度は一度のにをいがけ」と仰せくださる通り、まさしく迫害干渉という、この上なくわずらわしい、困った出来事が、かえって本教発展の跳躍台となり、信仰の情熱を燃やす熱源ともなった。と同時に、教祖の仰せくださるお言葉が、千に一つの間違いもなく実現されていくところに、月日のやしろとしての尊さが強く焼きつけられると共に、「このみちをつけようとてにしこしらへ」と仰せくださるごとく、善《よ》きにつけ悪《あ》しきにつけ、一切は子供可愛《かわい》い上から、一日も早くたすけの道をつけたさに、お見せくださる道すじと、しっかり心にさとれてくるにつけても、いよいよ強く、深く固められてくるのは教祖に対する信頼感である。いかに信仰が深まり、心が出来たと言っても、思いもかけぬ出来事に遭遇すれば、狼狽もし、動転もする。こんな場合に、何よりも大きな力となり、頼りとなるのが教祖であり、教祖の仰せと、その足跡についていけば、絶対に間違いはないというのが、なんといっても当時の人達の信仰の実体である。

荒海を航海する者が、その方向を決定するに当たって、何より大切なものは、正確な羅針盤であるが、それ以上の信頼感と思慕の情を、教祖に集中していたのが当時の人々の信仰であり、教祖のお言葉一つによって、人々はどんなにでも動くようになっていった。

こうして、強固なまとまりが出来、しかも次第に、その集団が広い地域に広がりを持つようになった。

どうでもしん〴〵するならバ
かうをむすぼやないかいな
五下り目　10

と、みかぐらうたにお歌いくだされているが、明治十四年当時には講社の数は、大和、河内《かわち》、京都、大阪などを合わせて、二十有余を数えるようになっていた。それだけに、その動きは相当顕著に人目をひくようになっていた。こうなると、ただでさえ神経を尖《とが》らしている取り締まり当局としては、いよいよ捨ててはおけない気持ちをつのらせてくるのは、当然のことであった。

明治十四年には、秀司の出直し後日なお浅く、悲しみの涙も乾かぬ六月のある日、つづいて陰暦七月二十四日、陰暦八月初旬、陰暦八月十五日と、引きつづき四回にわたる手入れがあり、それが、ただ頻度を加えるだけでなく、その取り調べの態度も次第に激しさを増してきた。

かんろだいの没収

かくて、明治十五年に入り陰暦三月二十五日、奈良警察署長上村行業《うえむらゆきなり》が数名の警官を引きつれて出張し、二段まで出来ていたかんろだいの石を取り払《はろ》うて、これを没収するという事件が起こった。これは、考えようによると教祖の思召《おぼしめし》に、真っ向から挑戦してきたことにもなる。

教祖は、ぢば・かんろだいを取り囲んで、かぐらづとめを勤めることによって、世界一れつたすけを思召《おぼしめ》され、さとりの鈍い子供達にだんだんと理を教え、おつとめの整備を急がれてきた。そしてここに天保九年から数えて四十五年目、今ようやく二段まで出来上がったかんろだいである。思い巡らせば、明治八年かんろだいのぢば定めの後、「いちれつすますかんろだい」と、すでにおつとめの歌と手振りを教えられ、かんろだいの建設を、どんなにかお待ちくだされたことであったろうか。「いちれつすます」とお歌いくだされているように、このかんろだいづとめによって、一れつの心を澄ませてやりたい。そして陽気ぐらしへとたすけ導いてやりたい。これが教祖のひたむきな親心であった。その、多年待ち望まれたかんろだいの石ぶしんが、思いもよらぬ事故のため、一時頓挫《とんざ》をしていたとはいえ、今、心ない人々の手に取り払われ、しかも没収の運命に遭遇したのである。

さすがにこれに対して教祖は、

それをばななにもしらさるこ共にな
とりはらハれたこのさねんわな　十七 38

このざねんなにの事やとをもうかな
かんろふ大が一のざんねん　十七 58

と、お筆につけられ、世界の子供たすけたさに、親が折角《せっかく》始めたものを、親の心も知らぬ者共に取り払われた、厳しいもどかしさを述べておられる。

しかし、断じてこれによって、親心のわからぬ子供達の成人の鈍さに絶望したり、見限ったりなさ

っているのではなく、むしろ反対に、どうあってもこのさとりの鈍い子供達の胸の掃除を急ぐという強い決意を表明して、

このさきハせかへぢううハとこまでも
高山にてもたにそこまでも　十七 61

これからハせかい一れつたん／＼と
むねのそふぢをするとをもへよ　十七 62

と、お述べになっている。

それと共に、このふしを機に、「いちれつすますかんろだい」と教えられていた、おつとめのお歌を「いちれつすましてかんろだい」と改められ、かんろだいの石ぶしんより、まず一れつ人間の心のふしんをせき込まれた。

かんろだいを建設して、これによって一れつの心を澄ますと教えて、その石ぶしんをせき込まれていた教祖が、ここに先《ま》ず、一れつの心を澄ますことが先決で、その後にかんろだいの建設をするとお歌いくだされたことは、一見大きな計画変更とも受け取れる。しかし、心静めて拝察すれば、すべては、子供の成人をおせき込みくださる親心ゆえの配慮であって、思召の上には何らの変更もない。まさに最初から、予定通りにお進めくださされていることがさとれてくる。

当時お連れ通りいただいていた人々の成人の段階の上から見れば、先述のように、文久、慶応、明

治と進んで、ぢば定めの後「いちれつすます」のお歌をお教えくだされた明治八年当時、道はようやく活発な伝道期に入り始め、この道の本質についても、だんだんとお教えいただいてはおったが、ちょうどこの出鼻をくじくように、わずらわしい官憲の迫害が始まり、いよいよ前途暗澹《あんたん》たるものがあった。この中に、明るい前途をしっかりと見据えて、いかなる環境の変動にも、微動もしない確固たる信念の人が、果たして幾人あっただろうか。

こうした時代の人々には、遠き未来の楽しみよりは、まず今日の安心が何よりも大きな問題であったに相違ない。常に周囲の人々の身にもなり、その心を汲《く》んでお導きくだされたのが教祖であった。すなわち、まず目前真近にかんろだいという理想像を具体的に示し、これを心の拠《よ》りどころとし、これに希望と楽しみを懸けながら、いかなる中も通れるように、お導きくだされたものと拝察する。

こうしてお連れ通りいただく中に、幾重のふしも通り抜けてきた。しかもそれは、常に教祖がお聞かせくださる通り、かえって芽の出る活《い》きぶしであることを人々は自ら体得することができた。たとえ、どんなに、こわき、あぶなき道筋であっても、教祖の仰せのままにお連れ通りいただきさえすれば、絶対に間違いはないという固い信念を、幾度かのふしを通して人々は身につけていた。

これら信念ある人々の活動により、これを講元とし、周旋《しゅうせん》として、すでに各地に数々の講中組織も結成され、それらが皆、ぢば中心、教祖目標《めどう》に強い信仰の紐《ひも》によって結ばれていた。教祖のお導きくだされる方向なら、どんなところへもついていこうとする、信仰の団結が出来ていた。しかもまた、教祖の教えにしても、明治七年の初めまでは、すでにおふでさきの御執筆は始まってはいたが、僅《わず》かに明治二年にお書きくだされた第二号までが、ようやく出来ていたばかりであるが、かんろだい事件の起こった明治十五年には、すでに終結編である第十七号までに、お筆は進んでいた。すなわち、本教教義の大体はすでにお説き示しいただいたのである。従って、本教信仰の眼目は何であるかが、すでに当時の人々には、よくわかっていたはずである。すなわち、道の信仰は、心の入れ替えによる陽気ぐらしの世の実現であって、心の入れ替えなくして御守護をいただくなどは思いもよらぬ。何よりも先《ま》ず心のふしんが先決であることは、充分に承知できていたはずである。

しかし今まで、かんろだいの建設によって、理想の実現をお見せいただけるものとして、それを楽しみについてきた人々にとって、このかんろだいの撤収という事件は、全く出鼻をくじかれたというよりは、もっと深刻な打撃であったかもわからない。けれども、人々の目は期せずして、教祖が、どんな風にこれに対処されるだろうかと、ただ、その一点に注がれていたに相違ない。

こんな時、教祖は、人々の心の成人の鈍さに対するもどかしさを、ざんねん、りっぷくという強い言葉で仰せくださると共に、高山・谷底の差別なく、世界中の胸の掃除を急ぐ旨、激しくおせき込みになり、「いちれつすましてかんろだい」と、おつとめの手をお教えくだされたのである。すでに下地は充分出来ていたのである。これを、大変な方向転換か、あるいは模様替えと受け取って戸惑うような人は、おそらくなかったことだろう。

むしろ、ここに仰せいただく通り、胸の掃除、心の成人こそ、目指す理想実現への何よりも大切な前提であることを、今更《いまさら》のごとく、強く心に印象づけていただけたことであろう。そして、目前に夢見た理想の壊された淋《さび》しさよりも、むしろ前途が洋々として開かれた思いで、親から子へ、子から孫へと、幾代々を重ねても、このありがたい教祖の道にお連れ通りいただきたい、との思いを固めたことであろう。同時にまた、「いちれつすますかんろだい」が、「いちれつすましてかんろだい」になったからとて、かんろだいの建設が、われわれに絶対に手の届かない永遠の彼方《かなた》に遠のいたのではない。否、心澄ますことによって、今にも実現していただける問題なのである。むしろ、この力強い希望をもって、どうでもかんろだいの実現を目指し、心の入れ替え、胸の掃除に突き進もうとする気宇《きう》が、教祖はもとより、その当時の人々の間に満ちていたことが感ぜられる。

毎日づとめと我孫子事件

一方、かかる間にも、官憲の取り締まりは強化される一方であり、しかも、かんろだいの石を没収してからは、その取り締まりの対象が、おつとめと教祖の身に集中されてきた感がある。

そんな中にもかかわらず、教祖はただ一条におつとめをせき込まれ、特に陰暦九月一日から九月十五日まで、教祖自ら北の上段の間にお出ましの上、毎日々々おつとめが行われた。

人間の常識からすれば、こんな危険極まることはなかった。取り締まり当局の厳しい監視の目が、教祖の動静一つに集中されている時である。しかも、かかる時も時、大阪府泉北《せんぼく》郡我孫子《あびこ》村というところで、信仰の浅い信者達の間で、大審院にまで持ち込まれたような重大な不祥事が起こった。当時の報道機関は得たりとばかり、これを大々的に取り上げて、全国的に報道した。全く、当時の大きな社会問題となっていた。

こんなことがあってみれば、いよいよ監視の目は厳しく、本教の動きの上に注がれるのは必至である。こうした環境の中で、最近特に警察が目壺《めつぼ》に取り始めているおつとめを、しかも毎日公然と勤めつづけるのだからたまらない。さすがに心配になった人々が、親神の思召《おぼしめし》を伺うと、

「さあ海越え山越え〳〵、あっちもこっちも天理王命、響き渡るで響き渡るで」

とのことであった。従来、いかなるふしも皆芽の出る活きぶしとしてお連れ通りくださった教祖の事だから、これほどの悪評の流れも、かえって親神の御名を天下に伝える活きぶしとして活かせてくださるのであろうと、辛《かろ》うじて愁眉《しゅうび》を開いた。

ところが、毎日づとめが九日目まで事なく勤められた九月九日の夜、泉田藤吉《いずみたとうきち》が大阪で警察に拘引された際、悪びれて小さくなるどころか、堂々と所信を披瀝《ひれき》した。それが痛く警察の神経を刺激した。

相次ぐ事件に気を揉《も》んだ人々がお伺いすると、その夜、

「さあ〳〵屋敷の中〳〵。むさくるしいてならん〳〵。すっきり神が取払《とりはら》うで〳〵、さあ十分六

だい何にも言う事ない、十分八方広がる程に。さあこの所より下へも下りぬもの、何時何処《いつどこ》へ神がつれて出るや知れんで」

と仰せられた。

思えば、この当時から丸二年前、教祖を思い、道を思う真心からとはいえ、金剛山地福寺に属する転輪王講社を開設して、それがまだ、そのままになっていた。もとより官憲の目をごまかす手段にすぎず、これに本腰を入れているわけではないが、清らかなおやしきを、神仏混淆《こんこう》のむさくるしい姿のままで、丸二年間も放置されているのだから、お叱《しか》りを蒙《こうむ》ることは当然で、何時取り払っていただいても結構である。それにしても、「この所より下へも下りぬもの、何時何処へ神がつれて出るや知れんで」と仰せくださる最後のくだりが、何としても気掛かりでならぬ。

殊《こと》に、先述のような悪条件が重なり合って、取り締まり当局の厳しい目が、教祖の動静に、親里の動きに集中されている真っただ中に、一番警察の忌避《きひ》し、警戒するおつとめを、しかも毎日、鳴物入りでつづけているのである。よくもまあ、これが無事につづくものだと、不思議なくらいであった。それだけに、何時踏み込まれるか、どんな事態が発生するかは、全く予想もつかないことである。人々の心は、何とも言えない無気味さで一杯であり、隠しきれない不安の明け暮れであった。

こうして打ち過ぎて、毎日づとめの最終日を迎えた。この日は十月二十六日（陰暦九月十五日）で、石上神宮の祭礼の日であった。年に一度の秋祭りとて、近郷からも人の出が多く、酔漢《すいかん》の喧嘩《けんか》などもつきもので、それらを取り締まるために、多数の巡査が集まって来ることが、毎年のならわしであった。今日こそは巡査に発見されて、とがめられるのではないだろうか。これは、一応誰もが抱く人間心の不安であった。

この日、炊事当番を勤めた山本利三郎《やまもとりさぶろう》が、餅《もち》につく餅米を、誤って朝のご飯に炊いてしまった。誰もが心に不安を抱いている時だけに、笑ってすませる些細《ささい》なことも、益々縁起をかついで不安をつのらせる種となった。しかも、いよいよおつとめにかかろうとする時、つとめ人衆の一人前川半三郎《まえがわはんざぶろう》が、琴につまずいて倒れた。これは、益々もって唯事《ただごと》ではない、と不安の空気に輪をかけた。ところが不思議にも、この日は何の事もなく、教祖が仰せくだされた毎日づとめは無事に終了した。

人々が心配していた警官のやって来たのは、一切が無事に終わった翌二十七日（陰暦九月十六日）のことであった。種々の事件が重なり、警察の方としても、徹底的に叩《たた》きつぶせるものならつぶしたいと、準備を進め、画策していたものと見え、その行動は、今までにないほどの激しさであった。

おやしき内にあるもので、およそ信仰の用に供していたと思われるものは、何から何まで一つ残らず没収して、これを村総代に一応あずけた上で、引き揚げた。

ところが、皮肉なことには、その時没収されたものは、転輪王講社開設以来そのままになっていた曼陀羅《まんだら》をはじめ神仏混淆《こんこう》の祭祀《さいし》用具一式であって、お道の祭典には必要がないばかりか、「むさくるしいてならん。すっきり神が取払う」と、仰せくだされたものばかりであった。相手は、今度こそは根こそぎ徹底的にやっつけたと思い込んで、意気揚々と引き揚げて行ったが、むしろ教祖の手足となって、教祖が取り払うと仰せくだされているものを、一切きれいに清掃して帰ったような結果になってしまった。

十五日間も、白昼堂々とつづけられた大事なおつとめには、なんらの支障もなく、足かけ三年の間、親神の思召に添わないことを重々承知しながらも、取り除くことができないままに過ぎてきたものを今、警官の手によって、教祖のお言葉通り清掃されようとは、誰が予想し得たであろうか。しかも、これらのすべてが、警官の目をごまかすために仕組まれたものであったのを思えば、ひとしお奇異の感が深い。

こうした事実を身をもって経験した人々は、今更のごとく教祖のなさること、仰せくださることの不思議さに驚くと共に、この教祖の仰せのままについてさえいけば、絶対に間違いないとの信頼を、また一層深めたことであろう。

奈良監獄署への御苦労とまつゑの出直し

人々が、こうして一息ついたのもつかの間であった。すなわち、この没収事件の翌々日、十月二十九日（陰暦九月十八日）、教祖をはじめ五名の人々が、奈良監獄に御苦労くだされることになった。人人が一番恐れ、心配していたことが起こったのである。しかし、教祖は「この所より下へも下りぬもの、何時何処《いつどこ》へ神がつれて出るや知れんで」と先から仰せられているほどであるから、もとより、この事のあるを御承知であったのは言うまでもない。十一月九日（陰暦九月二十九日）まで、十二日間の御苦労であったが、この間、監獄のものは水一滴もお口になさらず、しかも元気でお帰りになった。

教祖を、月日のやしろとは知る由もない獄吏《ごくり》達にしてみれば、何時も何時も、水一滴お口にされることなく過ごされてみれば、いささか気掛かりになるのも当然である。断食一週間以上に及んだ時、心配して、

奈良監獄署跡（現・奈良市西笹鉾《にしささぼこ》町）

「婆さん、ちょっと手を出して御覧」

と言った。言われるままに手を出して、言われるままに先方の手をお握りになった。獄吏が、

「もう、それだけしか力がないのか、もっと力を入れて御覧」

と言うので、教祖はニッコリ笑って、少し手に力をお入れになると、手がちぎれそうに痛むので驚いて、

「もうよし、もうよし」

と恐れ入った。こうした事実を見るにつけ、信者たちの心に、益々強く、月日のやしろにおわす尊い理がしみ透っていったこ

なおまた、お帰りの前日、風呂に薬袋を投げ込むという悪企《わるだく》みをされたが、幸いに発見が早かったので事なきを得たが、これを機会に蒸風呂は即日廃業した。同じく宿屋営業も、数日の後に廃業した。いずれも先年、人集めの口実として開業したものであったが、教祖の思召にかなわなかったのは言うまでもない。

こうして、愈々《いよいよ》お帰りの日は、お迎えの人力車百五、六十台。人は千数百人と記録されている。この日、奈良、丹波市界隈《かいわい》に空いている車は、一台も見当たらなかったと言われるから、かつて誰もが見たことのないおびただしい車の列と、喜びに湧《わ》く群衆の列に迎えられてお帰りになったのである。

これほどの事実を目のあたりにお見せいただいては、「連れに来るのも親神なら、呼びに来るのも親神や。ふしから大きいなるのやで」と仰せられ、更にまた「何も心配はいらんで。この屋敷は親神の仰せ通りにすればよいのや」と、お諭しくださるお言葉に、疑念をはさむ者はいなくなるだろう。しかも、廃業については、「親神が、むさくるしいて〳〵ならんから、取り払わした」と仰せられるのであるから、今後は、いかなる事態に出会っても、ただ教祖のお言葉を信じ、そのお指図を肝に銘じて通らせていただこうという、強い一途の信念が、いよいよ堅く人々の心に固められていったことは、当然である。

こうして、当方の信仰はいよいよ燃え盛るばかりであるが、これを、立場を替えて取り締まる側か

とは、言うまでもない。

ら見れば、おそらく、これほど心のいらだつことはないだろう。叩《たた》けば叩くほど伸びてくる。こうなれば意地からでも叩かずにいられない。だからと言って、拘引して取り調べてみても、これという罪状がない限り、いつまでも留置するわけにもいかぬ。僅《わず》かな拘留期間で釈放せねばならん。従って、次から次へと何らかの口実を見つけては、手を打っていくより道がない。

こんなわけで、教祖が出獄される前日、飯降伊蔵が、大工の弟子である音吉なる者の寄留届を怠《おこた》っていたのを口実に、出頭を命じてきた。しかし伊蔵は、寄留届を怠っていたくらいの理由なら、ちょっと叱責《しっせき》されるくらいですむだろうと軽く考えて、

「警察に立ち寄ってから、明日お迎えに行く時に持参する教祖のお召し物をもらって来る」

と、言って出かけた。罪人の入る獄舎でお召しいただいたような、汚れたお召し物のままでお帰りいただくことは申しわけないという上から、仕立ておろしの新しいお召し物とお着替えいただいてお帰り願うようにと、仕立屋へ注文してあったものを受け取りに回ったのである。

ところが、その伊蔵がいくら経《た》っても帰って来ないので、変だと思って尋ねてみたら、

「伊蔵さんなら、とっくに腰縄つきで奈良の方へ引かれていかれるのを見た」

と言う人があった。早速、人をもって警察へ尋ねにやったところ、

「そんなものは、とうに送ってしまった」

との返事であった。仕方がないので、注文してあった教祖のお召し物は、娘のよしゑが受け取りに行

東金堂と後継花の松――このあたりで教祖と飯降伊蔵が行きちがった

って、お迎えの時に持参した。ところが、いよいよお帰りの当日、教祖をお迎え申すついでに、父の伊蔵に差し入れ物をするために尋ねてみたが、

「そんな者は来ておらん」

とのことであった。丹波市ではとっくに送ってしまったと言うし、奈良ではおらんと言う。変な話だと思いながら、仕方がないから、教祖の一行の跡を追って帰途についた。すると、伊蔵は奈良の文珠《もんじゅ》の前でお帰りになる教祖の一行とすれ違った。一行の跡を追って帰途についたよしゑが、前方から腰縄つきで大手を振ってやって来る人を認めて、よく見ると、それが父の伊蔵であるので驚いた。監獄にいなかったはずである。今ごろ曳《ひ》かれていくんだものと、思いながら近づいて行くと、キッと、こちらを見た伊蔵は、

「行って来るで」

と、大きな声で言った。その声に応じて娘のよしゑが、

「家の事は心配いらぬさかえ、ゆっくり行てきなはれ」

と言うと、これに安心をしたのか、伊蔵は後をも見ずに悠々《ゆうゆう》として曳かれて行った。

お帰りの一行と、曳かれて行く人が途中ですれ違いになったのは、実は当局が、わざわざ仕組んだ意地の悪い計画であったわけである。すなわち、前日に些細《ささい》なことを理由に引致《いんち》した伊蔵を、その日一日帯解《おびとけ》の分署で留置して、教祖お帰りの時刻を見計らって、奈良監獄に送ったのである。教祖のお帰りを迎えて喜びに湧《わ》く人々の心に、暗い衝撃を与えようとの悪企みであった。しかし、これくらいのことで、教祖の健やかなお顔を拝して喜びに湧いている人々の心を曇《くも》らすことはできなかった。曳かれて行く人も、これを見送る家族の人も、教祖のひながたを踏ませていただけるという信仰の喜びに徹していたことは、先程の短い会話の中にもよく現れている。いわんや、久方振りに御無事な教祖をお迎えした信仰者達は、言いようのない明るい喜びと感激の中にお供をしてお帰りいただいた。

ところが、何としたことであろう。この少し前から、気分勝《すぐ》れなかったことも勝れなかったのであるが、教祖御帰宅の翌日、まつゑが三十二歳を一期《いちご》として出直した。もとより教祖は、こかんや秀司とお別れになった時と同じく、いささかも明るさをお失いなさるようなことのなかったのは言うまでもない。のみならず当時の信仰者達は、すでに「ふしから芽が出る」と教えられる教祖のひながたと教えが、心に徹していたものか、教祖お迎えの喜びを前にして現れた伊蔵の投獄、まつゑの出直しという大ぶしにも心倒さず、むしろ反対に、「こんな御苦労くださる教祖に、何とかして、少しでもごゆっくりお休みいただきたい」との真心をもって、御休息所のふしんを計画した。しかも、そのふしんは、教祖のお帰りくだされた月のうちに始められているのである。わが身忘れて、教祖に御満足していただきたい一心に進んでいた当時の人々の信仰の状態が、よくわかる。

このように、ふしに出会えば出会うほど、人々の信仰は鍛《きた》えられ磨かれて、いよいよ深く、強く固まり、それが外面に現れては講社の結成となり、各地にその数が次々と増えまさり、前年の明治十四年には二十余りであったものが、十五年上半期には、大和、山城、河内、大阪、堺、伊賀、伊勢、摂《せっ》津《つ》、播磨《はりま》、近江《おうみ》の国々にわたって、二十有余にも及んだ。

信仰の炎

初代真柱の手記

こうして、その活動が益々《ますます》活発に目立ってくるにつれて、いよいよ捨てては置けない気持ちから、当局の取り締まりが厳しい上にも厳しさを加えてくることは自然の勢いで、初代真柱の手記に、「此《この》時分、多き時は夜三度昼三度位巡査の出張あり」と記されているが、もって、その当時の執拗《しつよう》な取り締まりぶりを想起することができる。

こうして、もしも宿泊者や参詣人《さんけい》がある場合は、厳しく説諭を加えたり、また警察に連行した。のみならず、おやしきの人々に向かっては、その都度絶対に参拝者を入れてはならぬ、また宿泊は親戚《しんせき》の者たりともさせてはならぬ、と厳しく申し渡した。

そこで一策を案じ、参拝者を入れないという申し開きの口実として、入口々々に、「参詣人御断り」の張札《はりふだ》をした。しかし、これしきのことで、思い思うてやって来た参詣人をせき止めることのできようはずはない。

「信徒の人参詣し、張札を破るもあり。参詣人来《きた》らざる日ハ一日もなし、巡査の来らざる日もなし」と初代真柱が書き残しているが、当時参詣人の熱心さと、取り締まる巡査の執拗ぶりが、端的に物語られている。

たとえ警察に連行されようが、説諭を受けようが、どんなことをしても参拝せずにおられないのが、当時の信仰者の心情であった。また厳しい監視の中を危険をおかして参拝するだけに、皆それ相応に、不思議な御守護をいただいたことも事実であった。

これは高井直吉《たかいなおきち》から聞いた話であるが、おそらく、この当時のことであったろうと思われるものに、こんなのがある。

せっかく参詣に来たが、折悪《あ》しく巡査が入口のところに立って見張りをしているので、入るわけにいかぬ。さりとて、遠路はるばる来たのだから、目的も果たさずすごすご引き揚げる気にはなれない。当時の信仰者達は毎度のことで、そんなことには慣れきっている。わらを積んだすすきの陰に隠れたりしながら、じっと根気よく、巡査の立ち去るのを待っている。ところが、意地悪くなかなか去ろうとはしない。こうなったら根競《こんくら》べである。暇と根とで隙《すき》をねらわれたら、巡査も人間である。必ず乗ぜられる隙が出てくる。僅《わず》かな隙でも見つけたら、それに乗じておやしきに飛び込む。当時は、二段まで出来たかんろだいを没収された後に、小石を積んであって、その側《そば》に手洗い鉢《ばち》が置いてあった。

ぐずぐずしてはいられない。飛び込むや否や、手を洗って参拝しようとして、手洗い鉢に手を入れたところで、巡査に発見されて追われる。そうなれば参拝する間はおろか、手洗い鉢から抜いた手を拭《ぬぐ》う暇もない。濡れ手のままで一目散に飛んで逃げる。ようやく追手を逃れ、やれやれとわれに帰って、フト気づいてみると、相当ひどく患っていた眼疾《がんしつ》が、うそのように平癒《へいゆ》している。眼疾をおたすけいただきたいと思って、参拝にやって来たことは事実だが、まだ、何のお願いも申し上げてはいない。やにわに、手洗い鉢に手を入れて逃げ出しただけなのである。それに、こちらの心をちゃんと見抜き見透《みとお》されて、御守護をくだされているという。こんな事実は、当時にあっては、決して珍しいことではなかった、との話である。

高井直吉

激しい迫害のために、信仰をつづけていくことは相当困難な時代であったけれど、そうした時代環境や、人々の成人の度に応じて、種々結構な御守護をお見せいただいたので、たとえ成人未熟な人達でも、喜びと感激でお連れ通りいただくことができたのである。

こうして、益々おやしきに慕い寄る信者の動きが活発となるので、取り締まりはいよいよ厳重となり、そのしわ寄せは、教祖やおやしきの人々の上に降り注がれてきた。その状況は、次のごとく記されている初代真柱の手記によって、ありありと偲《しの》ぶことができる。

「眞之亮ハ、十五、十六、十七ノ三ケ年位、着物ヲ脱ガズ長椅子《いす》ニモタレテウツ〳〵ト眠ルノミ。夜トナク昼トナク取調ベニ来ル巡査ヲ、家ノ間毎《まごと》〳〵屋敷ノ角々迄《すみずみまで》案内スルカラデアル。甚《はなは》ダシキハ、机ノ引出し箪笥《たんす》戸棚《とだな》迄取調べナシタリ。巡査一人ニテ来ル事稀《まれ》ナリ。中山家ニ常住スルモノハ、教祖《おや》様《さま》、眞之亮、玉恵、久《ひさ》ノミナリ。」

初代真柱は当時、数え年僅《わず》かに十七歳であったが、前々年、明治十三年に中山家に入籍し、戸主として、また当時中山家に在住するただ一人の男性として、一切の責任を背負って、ひっきりなしにやって来る巡査の応待に当たっていた様子がよくわかる。

激しい迫害と御休息所の棟上げ

こんなに間断のない取り調べをつづけられたら、いつかは当局に言いがかりの種を与えるような問題も見つかるであろう。また、拘引の口実となるようなことも起こり得るのは当然である。いわんや、明治十六年に入ると、絶対に人を寄せてはならぬという厳しい達しであるから、参拝者を完全に閉め出さない限り、誰かが取り締まりの網にかかるのは防ぎようがない。

明治十六年三月二十四日（陰暦二月十六日）、突然一人の巡査が巡回にやって来た。折悪しく鴻田忠《こうだちゅう》三郎《ざぶろう》が、入口の間でおふでさきを写していたばかりでなく、他に泉田藤吉《いずみたとうきち》や数名の信者たちも居合わせた。巡査は、「貴様達はなぜ来ているのか」と咎《とが》めた。参拝してはならぬ、させてはならぬ、と厳しく禁止していたからである。

「私共は親神様のお蔭で御守護を頂いた者共で、お礼に参詣して参りました処《ところ》、只今《ただいま》参詣はならぬと承《うけたまわ》り、戻ろうと致して居《お》ります」

と、参詣を黙認しているおやしきの人々に迷惑のかからぬようにとの配慮をこめて、巧みに言い逃れた。すると巡査は鴻田に向かって、「貴様は何をしているか」と尋ねた。

「私はこの家と懇意の者で、かねがね老母の書かれたものがあると聞いて居りました。農事通信委員でもありますから、その中に、良い事が書いてあらば、その筋へ上申しようと、借りて写して居ります」

と答えた。この答えは決して、その場限りの言い逃れではなく、彼が農事通信委員であったことは事実であり、その職責を利用して、すでに三月十五日付をもって大蔵省に建白書を提出していたことも事実であった。

彼は若いころから、非常に進歩的な人で、穀物の改良品種を作っては、その種子を人々に頒布《はんぷ》していたが、そうした経験を買われて、明治維新早々、大阪府で綿糖共進会が開かれた際、大阪府三大区から人選されてこれに臨み、農事集談会に会員として加わった。その際、農事通信委員を命ぜられ、その後東京において第二回博覧会が開催された際にも、農事集談会に会員として加わった。こうした経歴を買われて、米どころである新潟県の勧農教員に雇われて、二年間これを勧めて帰国し、明治十五年三月この道に入信したのである。入信後、教祖の教えに感銘すればするほど、この有難い教えが弾圧されることに、たまらない矛盾を感じ、何とか当局に正しい認識を与えたいと種々苦心の末、この建白書となったものである。

従って、この建白書には、まず先述するような略歴を記し、それにつづいて、〝最近触れた教祖の教えが、世の人々の心を正しきに導いて、珍しいおたすけを現してくださるばかりでなく、肥、はえ出、みのり、虫払いなど、農耕にまで実効をお見せくださる結構な教えでありながら、当局から不当な弾圧を受けている。この教えの有難さを知って慕い寄る者は、十六、七カ国にまたがって日毎つづいているが、皆当局を恐れて、この真相を上申する者もない。これはまことに矛盾したことで、自分は幸い、農事通信委員という職責を許されているが、その職責の上から考えても、万民を導きたすけて、農作の増進を図るをもって目的とする、この教えを広めることは、世を裨益《ひえき》し、皇国のためになることを確く信ずる〟というような内容を持つもので、自分の立場を利用して、何とか当局の理解を得たいという、真情溢《あふ》れるものである。

おそらく、こうした事実は、この時の巡査が知っているはずもないが、おめも恐れもせず、事実を語っている彼の答弁に対して、これ以上は追及できないと見たのか、「戸主を呼べ」と言った。参詣人を入れてはならぬとの達しに反し、参詣者を入れた責任を問おうとしたのであろう。が、幸か不幸か、

この時、ちょうど戸主の眞之亮は、奈良裁判所へ出かけていて留守であったので、その旨答えると、
「戸主が帰ったら、この本と手続書とを持参して警察へ出頭せよと申せ」と、言い残して引き揚げた。

　御守護とは申せ、よくぞこの時、巡査がそのままおふでさきを没収して持ち帰らなかったことよと思うと、ヒヤリとする場面である。

　奈良から帰って、この事を聞いた眞之亮は、驚きもし安堵《あんど》もしたが、また、明日の問題に当惑した。言われるままに、おふでさきを持参して没収でもされたら、それまでである。どんなことがあっても、これだけは持参できない。そこで、この本は、おまさとおさとが焼いてしまったということに口を合わそうと、相談一決して翌日、手続書だけを持って出頭した。

　まず最初に、蒔村《まきむら》という署長は、「鴻田の写して居た本を持参したか」と尋ねた。いきなり、一番痛いところをつかれて、肌寒いものを感じたが、
「留守居の女達の話によりますと、あの時、ご巡回の巡査が、天輪王命に属する書類は焼き捨てるようにとの仰せでありましたとかで、叔母《おば》のおまさと同居人の飯降おさとの両名が話し合って、焼却した由《よし》に御座います」
と答えると、署長の側《そば》にいた清水巡査が立ち上がって、「署長、家宅捜索にまいりましょうか」と言った。眞之亮はひやっとしたが、署長が「それには及ばぬ」と言ってくれたので、安堵の胸をなでおろした。つづいて署長は、

「あの時、お前の家に来ていた者は、何処《どこ》の者で、名は、何と言うか」

と尋ねたので、これに対して、

「私は、不在でしたので存じません」

と答えた。留守居の人に、留守中の出来事は詳しく聞いているはずであるから、知らないはずはない。参拝の人達に迷惑の及ばないようにと、心を遣《つか》っている様子がよくわかる。が、これがために、「自分の家に来ていた者が誰ともわからぬと申すは、不都合ではないか」と叱責《しっせき》され、その夜、一夜留置された。理由にならぬような、つまらぬ理由で留置されても、問題の核心が、一番心配されていたおふでさきから外れて、大事なおふでさきを事なく守り得たことは、何より有難い御守護と、心から喜んだことであろう。


こんな厳しい迫害と不安な環境の中にも、この年の五月、御休息所の棟上げが行われた。そして、月変わって六月一日、この日は陰暦四月二十六日に当たるので、参拝人取り締まりのために、警官の出張を頼んだ。

当時、参拝人を入れてはならぬという達しは厳しく、これに違背《いはい》すればとがめられるが、当方の手で参拝者を阻止することなどできようはずはない。門前に参拝人お断りの貼《は》り紙をして、かくのごとく、お断りしておりますという口実にしていたが、最早《もはや》そんなことくらいでお茶を濁していることのできない事態となった。そこで考えた末、特に参拝の多い二十六日には、当方から警官の出張を依頼することにしたのであった。黙っていても巡査の来ない二十六日はあり得ないのであって、参拝者を入れた責任は当方が問われる。こうして、あらかじめ頼んでおけば、いくら参拝者があっても、責任は取り締まり当局にあるのであって、当方には責任がないばかりか、かえって積極的に、取り締まり当局に協力しているという口実になるからであろう。

願い出によって、朝から三名の巡査が出張して来たが、参詣人が多くて防ぎ切れないので、午後になって、更《さら》に私服二名を増員して来た。ところが、午後三時頃になると、さすがに参拝者も閑散《かんさん》になってきたので、この五名の巡査は、「本官等はしばらく他所巡回をして来るから、その間、そちたちは、参拝者を入れないように充分気を配れ」というような意味の、しかつめらしい注意を残して、出かけて行った。その実、彼らの行く先は、当時、布留《ふる》にあった魚磯《うおいそ》という小料理屋であった。ここで憂《う》さ晴らしをした後、一杯機嫌で再びやって来た。署へ帰って報告する材料でも、さがしに来たのであろうか。そのまま真っ直ぐに、神前に進んだ。そして小餅《こもち》をお供えしてあった三方《さんぼう》の上に、一銭銅貨が一枚混じっているのを見つけると、早速これを口実に、眞之亮を呼び出し、

「この餅の中に一銭銅貨の入れてあるのは、定めし本官らが他所巡回中に参拝させたのであろう」

と、どなりつけた。

「あなた方がお出ましになった頃は、参詣の人は極《ご》く少数でありましたから、私は門についておりまして、一人も入れません」

と答えると、巡査は怒って、いきなり小餅を壁土の中へ投げ込んだ。初めから言いがかりを求めて来ている連中であり、その上一杯機嫌だからたまらない。勢いの赴《おもむ》くままに、ついに親神様のお社《やしろ》や祖先の霊璽《れいじ》に至るまで、焼き捨てるという乱暴を働いた。

ところが、さすがにここまできた時に、酒に狂った彼らの頭にも、いささか冷静な反省が戻ってきた。これは、少々度が過ぎた。うっかりすると自分たちの失策になりかねないぞ、という不安である。そこで、これを糊塗《こと》するために、自分たちに都合のよい文案を考え、眞之亮の名義で手続書として提出させて、これを言い逃れの証拠書類として持ち帰った。それをやさしい言葉に焼き直すと、

「本日午前九時からご出張くだされ、参詣の信者の取り締まりは勿論《もちろん》のこと、家宅内の不審と思われる場所は残らずご巡視の上、取り調べをいただきました。その際、特に祖先の亡霊を祭祀《さいし》してあるところがいけないので、取り除くようにとご注意をいただきながら、そのご注意を守らず、午後ご巡視にお越しくだされた時も、まだそのままになっておりましたので、お叱《しか》りを蒙《こうむ》り没収を受けました。勿論、ご注意を守らなかったのは当方の落ち度でございますので、この没収を受けた品物に対してはいかようのご処置にも不服は申し上げないことを証認する意味で、私も現場に立ち合いの上で焼却していただきました。今後も、ご巡視の際に不審の物がございました際は、即時没収を受けましても、決して不服は申し上げません」

というような、この上もない、得手《えて》勝手な文案である。

問題の真相を究明するというような、筋の通った真摯《しんし》な取り調べであるならまだしもとして、ここに見るようなでたらめを、しかも権力を笠《かさ》に着てやられたのでは、やられる方にとって、こんな迷惑なことはないであろう。初代真柱はじめ当時側近に仕えていた人々の苦労と心中、さこそと察する事ができる。

他面、こうして頻度《ひんど》を増してくる迫害の事実の中に、当時、取り締まりにやって来た役人たちの無《む》定見《ていけん》と焦りの様子が露呈《ろてい》されているのが見える。彼らは、ただ命を受けて取り締まりにやって来るだけで、どこを、どう取り締まってよいのか、肝心の点には全く定見がない。従って彼らが、犯罪の用に供したと思われる参考物件という、しかつめらしい名目をもって好んで押収していく物件は、常にお供えであったり、教祖のお召し物であったり、全く手当たり次第のでたらめである。こんなものを幾ら取り調べても罪の臭《にお》いがしそうなはずはない。また人を捕らえてみても、取り調べてみても、どこにも罪に問わなければならぬような問題が見つかるわけでもない。さりとて、取り締まれという命令を受けている以上、参拝の人波をそのまま黙って見過ごすわけにもいかず、またおやしきで行われる信仰の行事を黙認するわけにもいかぬ。ここに彼らの焦りがあり、何とか参拝を思い止《とど》まらせる方法はないものかと、八つ当たりをしたり、無定見ないやがらせをやっている姿のように見えた。

雨乞いづとめ

明治十六年八月十五日（陰暦七月十三日）の雨乞《あまご》いづとめに対して行われた当局の弾圧を見ると、村人たちの不誠実と、当局の無定見ぶりが露骨に見える。

この夏は、近畿一帯にわたっての大旱魃《かんばつ》で、三島村も長い旱魃《ひでり》つづきで、田んぼは水がなくなり、かわききってひびが入り、稲は葉も茎《くき》も黄色くなって、まさに枯死《こし》寸前の有様《ありさま》となった。村人たちは鎮守《ちんじゅ》におこもりをして、三夜にわたって雨乞いをしたけれども、何の効験《こうけん》も見えなかった。困り果てた末、おやしきにやって来て、おこもりをさせてくださいと頼んだ。

この年は、年頭から厳しい取り締まりがつづき、昼も夜も巡査の回って来ない日とてはないという有様で、殊《こと》に〝参詣《さんけい》人は一人も寄せつけてはならぬ。おつとめをしてはならぬ。おつとめをしたら教祖を連れて行く〟と厳重に申し渡されている頃《ころ》であるから、おやしきではこの由《よし》を述べて、言葉を尽くして断った。しかし村人たちにとっても事は死活問題であり、殊に万策つきての頼みであったので、簡単に引き下がるはずはない。〝おこもりをさせていただけないのなら、雨乞いづとめをしてください。それも、おやしきでするのがいけなければ、氏神様の境内でしてください〟と頑強に言い張って、一昼夜退かなかった。

当時、村人たちは、お道を信仰するどころか、信仰者に対する理解や同情さえもなく、むしろ、信仰に反対し妨害する側にあった。その村人たちが、どんなに断っても引き退《さ》がろうとはせず、繰り返し繰り返し雨乞いづとめをお願いする姿の中には、困惑しきっている様子がありありと現れており、その上、警察から取り調べに来たら、私たちが頼んだのであると言って、決してご迷惑はかけません、と幾度も幾度も懇願する態度の中には、満更《まんざら》その場限りの口実とも見えない真情も読み取れるので、眞之亮も気の毒に思い、遂《つい》に断りきれず、教祖に伺った。すると、

「雨降るも神、降らぬも神、皆、神の自由《じゅうよう》である。心次第、雨を授けるで。さあ掛《かか》れ〳〵」

という、鮮やかなお許しであったので、これに力を得て、村総代の石西計治《いそにしけいじ》と相談の上、先《ま》ず村の氏神の境内に集まることとして、おつとめの準備にかかった。そして、この日（八月十五日）午後四時頃おやしきを立ち出《い》でて、氏神の境内へと向かった。空には一点の雲もなく、いつまでつづくかわからない、見るからに大旱魃を思わせる空模様であった。

この日、おつとめに参加したのは、辻忠作、仲田儀三郎、仲田かじ、桝井伊三郎、高井直吉、山本利三郎、岡田与之助、沢田権治郎《さわだごんじろう》、博多藤平《はかたとうへい》、村田かじ、中山重吉《なかやまじゅうきち》、西浦弥平《にしうらやへい》、飯降よしゑ、辻とめぎく、音吉《おときち》らの人々である。眞之亮と飯降伊蔵の二人は、おやしきに留《とど》まっておつとめが終わるまで、一心にかんろだいにお願いしつづけていた。

当日、面々が着用した服装は、男女とも教祖のお召し下ろしの赤衣《あかき》を、差し渡し三寸の大きさに切り、十二弁の縫い取りした紋を、背中に縫いつけたものであった。そして、人衆は完全に揃《そろ》ってはいなかったが、それぞれお面を用い、鳴物も入れ、村の四隅において、四座のおつとめを勤めた。

まず三島領の南の方を回って、村の巽《たつみ》（東南）の隅、当時牛はぎ場と言っていたところで、一座のおつとめを勤めた。この間、空にはまだ一点の雲らしきものもなく、旱魃の形相《けいそう》そのままの空模様であった。ところが、西に下って坤《ひつじさる》（西南）の隅、すなわち村の西はずれ、布留《ふる》街道の北側でおつとめを勤めた時、東の空に一点の黒雲が現れ、空模様が動き始めた。つづいて北に回り、乾《いぬい》（西北）の隅でおつとめにかかった時、墨をすったような黒雲が、東山の上からたちまちにして空一面に広がり、篠《しの》つくような大雨が、雷鳴さえも交えて降り出し、激しい大夕立となってきた。一同の喜びは、全くたとえるにものもなく、感謝と感激の中に、最後までおつとめを勤め、更《さら》に、降りしきる豪雨の中を東へ進んで、艮《うしとら》（東北）の隅で四座目のおつとめを勤め終えた。

おつとめを終えて、一同が氏神の境内で休んでいると、余りにも鮮やかな御守護をいただいて感激している村人たちが、是非《ぜひ》とも、かんろだいのところへ行ってお礼をさせてもらいたい、と言って来た。

もとより、何をおいても、いち早くかんろだいへお礼に駆けつけたい心で一杯の面々である。ところが、かんろだいに参拝しているところを警察に見咎《みとが》められて、教祖に累《るい》を及ぼしてはとの懸念から、わざわざ、はやる心を抑えつつ、遥《はる》かに氏神の境内から、心ならずも精一杯のお礼を申し上げていた一同である。この村人たちの持ちかけた誘いの水を拒む力はなかった。日頃信仰に反対の村人さえが、かくも御守護に感激している様子を見せられては、もはや冷静に落ち着いていることはできなくなって、期せずして、一同かんろだいに駆けつけて、抑えようのない喜びと感激でお礼を申し上げた。

折悪《あ》しく、一同がうち揃ってお礼の参拝をしているところへ、丹波市分署から数名の巡査が駆けつけて来た。「何をしているか」と厳しくとがめたので、「村の頼みで雨乞いを致しました」と答えた。「それなら、村役人を呼んで来い」とのことで呼びに行くと、やっては来たが、その場の空気の厳しさに怖《おそ》れをなして、「知りません。頼みません」と言い遁《のが》れた。自分たちが頼んだと申し立てて、決しておやしきに御迷惑はかけないと、あれほどはっきりと誓っておきながら、いざとなれば、知らぬ存ぜぬで、何とか遁れることしか考えない、村人の不実と言うか、人間の勝手さが露骨に現れている。けれども、そんなことを綿密に調べてくれる巡査ではない。得たりとばかり、おつとめに出た一同に縄をかけた。もとより、着替える暇など与えてくれるはずはない。篠つく雨に打たれた、ずぶ濡れのままである。

折しも、三島の川筋は水かさが増して番破れとなったが、川上の滝本村の方では、水が不足で水喧《みずげん》嘩《か》が起こったので、二人の巡査はそれを鎮《しず》めるために、その方に駆けつけなければならなくなり、大勢の一同を連行するために残った巡査は、ただ一人であった。一人で十数名の人々を連行するということは、まさに、前代未聞の事であったろう。皆、素直な人たちばかりであった。誰一人逃げ隠れする人もなければ、反抗したり抵抗したりする人もない。従って、縄などかける必要もない。おそらく一人の巡査の引率によって、言われるままにおとなしくついて行く人たちである。それをよいことにして、一本の縄を一人々々の帯に通し、両端の二人の帯にそれぞれ縄の端を結びつけ、まるでめざしイワシの目にわらを通して結《ゆ》わえたようなと言うか、或《あるい》は穴あき銭にわらを通して結わえてあるような格好と言うか、文字通りの数珠《じゅず》つなぎの姿で、布留街道を人目にさらしながら西に、丹波市分署へと連行した。

先方に言わせれば、今後の見せしめのためであり、こらしめのためと言うであろうが、全く人を人とも思わぬ、言語道断のやり方であったと申さねばならぬ。けれども、これを現在の目で冷静に眺《なが》めてみれば、真剣な気持ちでおつとめを敢行《かんこう》して、不思議な御守護をいただいた人々は、ずぶ濡れのまま数珠つなぎの姿で人目にさらされるという、一見この上もない、みじめな姿のようでありながら、心の底には、傍観者の想像も及ばぬ悔いのない満足と、底知れぬ深い喜びと、限りない感謝と感激が溢《あふ》れていたことであろう。

一方、雨乞いづとめのお蔭で不思議な雨の御守護をいただき、枯死《こし》寸前の田んぼの稲に、起死回生の生気をお与えいただいた恩人であるつとめ人衆に礼を言うどころか、自己保身のために虚偽の申し立てをして、こんなみじめな姿に陥《おとしい》れた村総代の心には、まさに言いようのない申しわけのない悔恨《かいこん》と、砂を噛《か》むような空しさが残ったことであろう。また、こうした深い心の動きには無関係に、ただお上のご威光を笠に着て、十数人の人々を数珠つなぎとして、これを一人で得々として連行する巡査の姿には、まるで子供達のままごと遊びの兵隊の大将を、大の男が得意になって演じているような、空《むな》しい滑稽《こっけい》さが感じられる。

こうして、分署に連行された一同は、だんだん取り調べを受けたが、今度の事は、村人の依頼を受けて、一同の発意によって行ったことで、教祖には何の関係もないと言い張ったに相違ない。何と言っても、一同の一番気掛かりになるのは、自分達はともかくとして、累が教祖に及んではという一点にあったからである。けれども、おつとめによって御守護をいただいたことを明らかにするためには、教理を説かねばならず、教理を説けば、教祖にお教えいただいたことを否定することができない。勢い、話は教祖に関連してくるし、また、雨乞いづとめに出られた飯降よしゑと辻とめぎくの二人が、赤い金巾《かなきん》に模様のある着物を着ていたのが、人目についていたため、警察は、教祖も雨乞いづとめに出られたと思ったらしい。

おやしきに留《とど》まって留守をあずかっていた人々も、万一、教祖に累が及ぶようなことがあっては大変と、それを何より案じていたが、夜の九時頃になって、突然一人の巡査が教祖を拘引しようとしてやって来た。お側《そば》についていた長女おまさが、

「何故《なぜ》、老母をお連れになりますか」

と勢い激しく、さえぎろうとした。そのはずみに、思わず知らず巡査を押しのける結果となった。

すると巡査は、

「何故とは不都合千万である。老母に尋問の筋あって連れに来たのだ。しかるにその方は、何故、本

官をたたいた。その方も老母と同道で来い」

と言って、共に連行した。

取り調べの庭において、教祖は、

「雨降るのも神、降らぬのも神の自由《じゅうよう》」

と仰せになり、今日、目のあたりにお見せいただいた恵みの雨を通して、親神様の自由のお働きをお教えくだされている。けれども、お役目柄、事件の処理という当面の問題にとらわれて汲々《きゅうきゅう》としている役人達には、教祖の親心などわかろうはずもない。今日の一日の行動に対してくだされた判決は、水利妨害と道路妨害というかどで、教祖には二円四十銭の科料《かりょう》、辻、仲田、高井の三人は六十二銭五厘《りん》、その他の人々は五十銭の科料、他におまさには、巡査をたたいたというかどで一円の科料を申し渡した。

これだけの結論を出すために深夜二時迄《まで》かかった。それでも、一同は皆、午前二時過ぎに釈放されたが、教祖だけは徹夜《よどおし》留置となり、午前十時頃まで御苦労くだされた。教祖を張本人と見なしてのことである。一同にしてみれば、たとえ自分たちは釈放されても、教祖お一人を後に残して帰ることがどんなにか気掛かりであり、悲しいことであったであろうか。こうした人々の心理も見抜いた上で、わざと、こらしめのためにやっている、嫌《いや》がらせの手でもあったろうか。

それにしても、人々が渇仰《かつごう》してやまぬ恵みの雨を降らして、それが水利妨害というかどで罪に問われるということは、何としてもおかしな話であるが、それはまた、それなりの理屈があった。ということは、この日の雨は実に不思議な雨で、おつとめと共に降り始めたというところに、不思議さがあるばかりではなく、その降雨の範囲が非常に狭かったことである。三島領内こそ激しい雨が降り、溜《た》まる水だけでも田んぼに溢れるほどであったから、今まで厳重に守られていた引き水の順番もたちまち不要となり、いわゆる番破れとなったが、その川上の滝本村辺りでは、水喧嘩が起こっているという始末であり、隣村の豊田、守目堂、川原城など、ごく近い村々が、ほんの少しパラパラときただけで、雨らしい雨は殆《ほとん》ど見られなかった。殊に川原城では、雷鳴だけが殊の外激しく、落雷が一カ所あり、被害さえ出ているとのことである。こうした事実と、「雨降るのも神、降らぬのも神の自由である」と仰せになった教祖のお言葉を目壺《めつぼ》にとって、雨乞いづとめにより、近村へ降る雨まで皆、三島領へ降らせてしまったとの言いがかりである。

　また、道路妨害との判決は、街道傍《ばた》でおつとめをしたことがそれに当たるということであるが、そんなに交通量のあった時代ではない。妨害になったなどとは思いもよらないことであって、これとても、何とかして難癖《なんくせ》をつけようとする言いがかり以外の何ものでもない。

　この事があって一週間ほど後、河内国刑部《おさかべ》村でも、村人からの切なる依頼によって、同村の信者松田氏の宅で雨乞いづとめが行われた。この時、先方からの願いにより、高井、桝井、辻、宮森、博多らの人々が出向いている。いずれも一週間前、三島村での雨乞いに参加している面々である。

村人達の懇願によっておつとめをして、願い通りの不思議な御守護をお見せいただきながら、感謝されるどころか、結局村人の不実さに裏切られ、濡れ鼠《ねずみ》のまま夜の二時頃までも取り調べを受けるという、普通の常識で考えると、この上もない馬鹿を見た面々である。それが、先日の辛《つら》い経験にこりるどころか、一週間後に再び勇躍、河内に赴《おもむ》いておつとめをしているのである。

この時も巡査に踏み込まれたが、一同危機を脱して首尾よく老原《おいはら》村へ逃げのびたが、あいにく、この時、高井が紙入れを落とした。それを巡査に拾われたばかりでなく、その中に、先日の雨乞いづとめの時、丹波市分署で支払わされた科料の領収書が入っていたからたまらない。それを証拠に、高井だけが呼び出され、一円五十銭の科料を申し渡された。先日の科料に比べると、倍額以上になっている。この時巡査が、「こ奴《やつ》はあっちでもこっちでもする奴だ」と言って、怒っていたという。まるで楽しい思い出でも話すように、高井がよくこの話をした。

これと相前後して、同じく河内国法善寺《ほうぜんじ》村で、これまた、三島村の雨乞いづとめに参加した経験者である山本利三郎が、その土地の講元、周旋らを集めて雨乞いづとめを行っている。

当時の人々の心の中には、真実の心からお縋《すが》り申し上げるところに、お見せいただく自由《じゅうよう》の御守護の有難さが、活《い》き活きと座を占めているので、その有難さと喜びの前には、拘引や、説諭や、科料など問題にはならなかったのであろう。こういう信仰の喜びに活きている人々の心中を、理解することのできない取り締まり当局にしてみれば、止めても聞かぬしぶとい奴とも見え、性懲《しょうこ》りもなく禁を犯す不埒《ふらち》者とも見え、何とかして、一刻も早く止めさせたいと思う心のいら立ちを、かき立てられていったに相違ない。そして、これが益々おやしきに対する取り締まりの厳しさを増す原因ともなっていったのであろう。

雨乞いづとめに賑《にぎ》わった夏も過ぎて、ようやく秋深みゆく頃、十月十六日（陰暦九月十六日）巡査が二名、理由もなく突然出張して来て、尋問の筋ありと称して、いきなり教祖を引致し、教祖のお側《そば》にあった屏風《びょうぶ》と、戸棚の中にあった毛布とを犯罪の用に供したものである、と言って、封印して戸長の石西計治方へ運ばせた。屏風や毛布に、一体どんな犯罪の臭《にお》いを彼らは感じたのであろうか。もとより、そんなものがあろうはずはない。何とかして、言いがかりの種を見つけたいとのあせりから、手当たり次第にお側にあるものを没収しているので、ここには明らかに取り締まり当局のあせりと、戸惑いが感じられるばかりである。

どんなに調べても、当方に犯罪の事実がない限り、正当な理由によって犯罪として指摘することのできるようなものが、見つかるはずはない。それくらいのことは、彼らにもわかっていたと思われる。それでも、許可なくして行っている宗教結社は解散させなければならない、とする国家の方針がある限り、彼らとしては取り締まりの手をゆるめるわけにはいかぬ。だから彼らとしては、人々が素直に言いつけを守って信仰さえやめてくれたら、そして、おやしきに参拝することをあきらめてくれさえすれば、何も言うことはないのである。ところが、当時の信仰者にとって、信仰はすでに死活の問題になっている。お上のご威光というものが、ご無理ごもっともとして従わせる威力のあった当時ではあるが、そのご威光を笠に着ても、人々に信仰を思い止《とど》まらせることはできなかった。これが取り締まりに当たる人々の反感を買い、どんな手段に訴えても、一刻も早くやめさせたいという、焦り心を駆り立てる結果を招いた。

こうして、弾圧はいよいよ頻度を増し、激しさを加えたが、当時の信仰者にとって、いかに理不尽な取り扱いを受けようが、不条理な嫌《いや》がらせをされようが、信仰の喜びの前に一切は、物の数ではなかった。教祖への信仰と思慕の情は、それほど深いところで実を結んでいた。

梅谷四郎兵衛の話

教祖への思慕の情がいかに強く、深く人々の心を占めていたかを物語る挿話《そうわ》に、こんなのがある。

御休息所の建築当時のことであったと言われるから、ちょうどこの当時のことであったと思われる。明治十四年二月に信仰を始めた梅谷《うめたに》四郎兵衛《しろべえ》は、日を追うて信仰の熱度を高めたが、明治十五年十一月に始まった御休息所の建築が、十六年の五月棟上げが行われ、やがて壁塗りの行われる頃、入信前から左官職を営んでいたので、身についた職をもって御奉公させていただきたいと決意し、昼は、朝

梅谷四郎兵衛

から忙しく大阪で立ち働いて、一日の仕事を終えた後、夜の時間を利用して徒歩でおやしきに帰り、翌早朝から甲斐々々《かいがい》しく御休息所の壁塗りひのきしんに精を出すという、まさに夜を日に次いでの大活躍をしていた時、どこにも心を磨く砥石《といし》はあるものである。誰が言ったのか、梅谷の仕事をしている姿を指しながら、

「あれ、見てみなされ。大阪の食い詰め左官が、大和三界《さんがい》までやって来て、のらりくらりと、仕事をしておりますわい」

というような、陰口を囁《ささや》く者があった。これが本人の耳に入ったのだからたまらない。いかに信仰があるとはいえ、一生懸命に真実を傾け尽くしていただけに、思いもよらぬ悪口は、痛く梅谷の心をかき乱した。それが、神のやかたと信ずるおやしきでの出来事であっただけに、ひとしお大きな衝撃を与えられる結果になったのかも知れなかった。抑えようのない激しい憤《いきどお》りから、〝二度とこんなところへ来るものか〟と、これが梅谷の心を占めた決意であった。

けれども、売り言葉に買い言葉と、その場で直《ただ》ちに激しい言葉の応酬《おうしゅう》をやり、捨てぜりふを残してその場を立ち去るというような、はしたないことは、さすがに信仰者としての梅谷の人格が許さなかった。じっと忍び難い怒りを抑えて、深夜この決意を決行しようと心に固めた。そしてその夜、人々の寝静まるのを待って、秘《ひそ》かに荷物を取りまとめ、おやしきの門を出た。

ちょうど当時は、まだ御休息所は完成しておらず、中南《なかみなみ》の門屋、すなわち、中南の門につづく西側のお部屋が、教祖の御住居であった。従って、門を出て西に向かう人は、当然、教祖のお部屋の軒下を通らなければならないようになっていた。梅谷が足音を忍ばせつつ、お部屋の軒下にさしかかった時、お部屋の中からコホンと一つ、咳《せき》をなさる声が聞こえてきた。そのお声が梅谷の耳に届いた瞬間、梅谷の足はその場に立ち竦《すく》んで、前に進めることができなくなった。それと同時に、梅谷の胸中には、激しい反省がつき上げてきた。〝自分は今、昼間のことに腹をすえかねて、おやしきを逃げ出そうとしているが、こんな去り方をすれば再びここには戻れない。もとより、二度と足を向けないと心に決めた上での行動ではあったが、そんな事をしてしまえば、もう二度と、あのおなつかしい教祖にお目にかかることができなくなってしまうのだ〟と。思いがここに及んだ時、抑えることのできない教祖への思慕の情が、強く梅谷の胸元につき上げてきて、昼間の意地も腹立ちも、何時《いつ》しか、どこかへ消えてしまった。こうなるともう足は、一歩も前へ進むどころか、無意識の中に元の方向にそろそろと引き返していた。そして、再びおやしきの門をくぐり、人に気づかれぬように夜具の中へもぐり込んだ。

翌朝、起き出て見ると、

「四郎兵衛さん」

と教祖のお呼びがある。おっかなびっくりで、教祖の御前に出ると、

「四郎兵衛さん、人がめどうか、神がめどうか。信心というものはなあ、長ぁい思案と、深ぁい心でするのやで」

とのお諭しがあった。

「あの晩、もしも教祖のお咳が聞こえなかったら、また、翌朝あのお諭しをいただかなかったら、短慮な自分はどうなっていたかわからない」

と、梅谷が述懐していたという。これは梅谷の次男、喜多秀太郎《きたひでたろう》から聞いた話である。

御休息所の竣工

教祖のお咳一つを聞いただけで、意地も憤怒《ふんぬ》も、一度に雲散霧消して、ただ、教祖なつかしさの気持ちで胸が一杯になってしまう。ひながたの親として、日夜限りない親心で人々をいつくしみ、お連れ通りくだされた教祖の親心が、これほどまでに力強く、信仰者たちの心の奥深くに影響をお与えくだされていたのである。また、月日のやしろとして、いかなる人々の心底をも見抜き見透《みとお》され、その人の心の動きを、掌《たなごころ》を指すような正確さで御指摘くだされ、お諭しくだされる適切なるお仕込みは、その人の生涯をも動かす力をもって、聞く人たちの心にくい込んでいった。

かくて人々は、教祖のひながたに習い、教えに従って通らせていただくことに至上の喜びを感じ、何ものをもってしても動かすことのできない心の安らぎを覚えた。教祖にお目にかかり、その教えを受けるためには、どんな労苦もいとわなかった。それを果たすためには、警察官憲の迫害干渉も、世人の嘲笑《ちょうしょう》も、なんら意に介するところではなかった。教祖にお喜びいただけることなら、困難も苦労も、かえって不思議な喜びとなり、万難を排して進もうとする勇気を与えられた。こうして、人々の信仰は教祖中心に、教祖目標《めどう》に進められていったから、めいめいの苦労や困難は物の数ではなく、かえって喜びでさえあったが、そのかわり、教祖に御苦労をおかけすることだけは、何とも申しわけのない限りであり、この上もない心配の種となった。

その教祖が、われわれ人間をたすけるために、高齢の身をもって、一日の日の平安もなく御苦労をおつづけくだされている様子を見るにつけ、せめて、ゆっくり御休息くだされる場所をと願う真実から、迫害激しい、困難のさ中ではあったが、御休息所の建築は順調に進んで、丸一年の後、内造りが完成した。三間に四間の建物で、四畳と八畳の二間である。

十一月二十五日（陰暦十月二十六日）の深夜、教祖は、親神のおさしづのままに、刻限のくるのを待って、八年間お住まいになった中南の門屋から、この新築なった御休息所へお移りになった。

この日、お移りのことを聞き伝えて参集した信者たちが、教祖のお渡りになる両側に、それぞれ講名入りの提灯《ちょうちん》をつけて、庭一杯になって待ち受けていた。その中を、当年八十六歳の教祖が、七歳になる嫡孫《ちゃくそん》たまへの手をお引きになり、提灯の光に照らされながら静々と進んで行かれると、居並ぶ人垣の間からパチパチと拝む拍手《かしわで》の音が起こり、教祖が歩みをお進めになるにつれて、次々と響きつづいていった。おやしき内のことであるから、そう大した距離ではないが、後年、たまへがこの当夜の様子を述懐して、「相当長い距離であったように思うた」と言っている。厳粛《げんしゅく》にして、かつ壮厳な当夜の様子がよく窺《うかが》われる。

御休息所（明治16年竣工）

御休息所にお着きになった教祖は、静かに上段の間にお座りになり、眞之亮とたまへに、「ここへおいで、ここへお座り」と仰せになり、御自分の左右にお据えになって、それから信者一同の挨拶《あいさつ》をお受けになった。御挨拶申し上げる者が整然と座り終わると、静かに襖《ふすま》を開いて、取次から、「ただ今は、真明《しんめい》組でございます。ただ今は、明心《めいしん》組でございます」と、一々お取り次ぎを申し上げ、次々と回を重ねて、組ごとに講ごとに御挨拶を申し上げた。

教祖にお目通りさせていただき、お言葉をおかけいただくことに、無上の喜びと生き甲斐《がい》を感じて帰参していた講中と信者の数は相当な数にのぼっていたとみえ、この夜の挨拶は夜通しつづいたと伝えられている。講社の数も多かったのであろうが、教祖も、一々ねんごろなお言葉をおかけくだされたものと拝察される。

親を慕う子供の真実と、子供の成人をお待ちかねくださる親心との温かい触れ合いは、人々の胸中深くに燃える信仰の火に、ますます力を加えていったことであろう。また、人々の胸中に燃え盛る信仰の火は、やがて自《おの》ずから外に向かって燃え移り、燃え広がっていったのである。

御苦労

度重なる御苦労

こうして教勢は、強い勢いで伸び広がり、この年（明治十六年）には、講社は大和《やまと》、山城《やましろ》、摂津《せっつ》、河内《かわち》、和泉《いずみ》などの近国だけに留まらず、西は播磨《はりま》、備中《びっちゅう》、四国の阿波《あわ》、東は遠州《えんしゅう》方面にまで伸びるという勢いであった。教勢が広がり、その動きが活発になるに従い、勢いその地方々々の警察の目に止まるような問題も起こってきた。すると、その都度それは、地元の警察へ問い合わせや通報、連絡がやってくるので、勢い、奈良、丹波市の地元警察では、益々《ますます》躍起《やっき》となって取り締まりを強化することとなるのは当然である。

こうして、年明けて明治十七年には、年の初めから厳しい取り締まりがつづいたが、三月二十三日（陰暦二月二十六日）の夜十二時ごろ、突然二名の巡査が、辻忠作を伴っておやしきへやって来た。それは、その夜おやしきへお詣《まい》りした忠作が豊田村へ戻ろうとして、鎮守の森の北側の道を東へ急いでいた時に、この二名の巡査に行き会ったのである。まだ中山家を辞して間もないところである。陰かっていたわけである。

今様を唱えて、教祖のもとへ参拝に来る人々を取り調べるため、ちょうど引っかかった……

暦二月二十六日であるから、何事かあろうと見当をつけて網を張っているところへ、ちょうど引っかかったわけであろう。殊《こと》に、おやしきへは常連である辻のことであるから、おそらく巡査に顔も見知られていたに相違ない。従って、あまり見え透《す》いた嘘《うそ》も言えない。

「どこへ行って来たのか」

との問いに、

「用事あって中山家へ参りまして、ただ今戻るところでございます」

と答えたために、辻を先導として取り調べにやって来たのである。おそらく、まだ居残っている者がいるくらいのことは、嗅《か》ぎつけていたのであろう。居丈高《いたけだか》になって乗り込んで来ると、ちょうど、教祖のお居間の次の間に、鴻田忠三郎が居残っており、そこに御供《ごく》と、鴻田が古記《こき》と唱えて書いていた書き物もあったので、巡査は帯剣《サーベル》を抜いて、「この刀の錆《さび》になれ」と言って、脅《おびや》かした。このみならず、翌日には御供と書き物を証拠として、教祖と鴻田を分署へ拘引すべくやって来た。この時、教祖は、拘引に来た巡査に向かって、

「私、何ぞ悪い事したのでありますか」

と、お尋ねになった。まことに柔らかいお言葉ではあるが、巡査にとっては、この上もない手痛いお尋ねでもあった。一体、教祖のなされていることのどこが悪いのであろうか。これに対して、さすがに巡査は、悪いとは一言も言えなかった。

「お前は何も知らぬが、側《そば》についている者が悪いから、お前も連れて行くのである」と、実に苦しい言いわけである。

「さようですか。それでは御飯をたべて参ります。ひさや、このお方にも御飯をお上げ」と仰せられて、食事をなさるために、奥へお入りになった。

まことに、何のとらわれもなければ、ためらいもない。また何者の指図も、拘束もお受けにならない。なんという自然で、自由なお言葉であり、お振る舞いであろうか。これには、さすがの巡査も何の反発も、制止もできなかった。言うべき言葉もなく、ただポカンとして後ろ姿を見送るだけであったろう。全く、親と子の、否、神と人くらいの相違である。お上のご威光を笠《かさ》に着ての権勢も、教祖の御前には何の威力も発揮することができないのである。

さりとて、教祖は権勢に対するに、権威や威光を以《もっ》て立ち向かわれたのではない。そんなものとは似ても似つかない、柔らかくも温かい親心に、相手を抱いておられるのである。世上でよく言われる「柔よく剛を制す」というような表現も、この場合には当たらない。柔らかく、温かい春日の光が、厳しい冬の山野を、のどかな春景色につつんでしまうのにも似ている。

教祖は、巡査の職務執行に反対なされたり、相手を手こずらしたりなされたことは、ただの一度だって、あったためしはない。むしろ、子供の言い分が、いかに理不尽であっても、常に素直にその言い条に従われ、彼らの職務の遂行を助けてやっておられるのである。「反対するのも可愛《かわい》いわが子」と仰せくださる通り、へだてない親心は、何時《いっ》いかなる場合にも、常にあらゆる人々の上に注がれている。この時にも、御飯をおすませになり、お召し替えを終えられると、ニコニコとして、

「お待ちどおさま。さあ、参りましょう」

と、遊山《ゆさん》にでもお出かけになるような、いそいそとした態度でお出かけになっている。


当時の役人たちに、こうした教祖の御様子の中に、教祖が、唯人《ただびと》ではないことを感じ取ることができなかったのであろうか。自分の保身のために、上司の命に汲々《きゅうきゅう》としている小吏《しょうり》根性のとりこになっている者は別として、警察官の中にも、仕事の上とは言いながら、しばしば教祖に接している中に、その偉大さや、また教祖を慕う人々の真実に打たれて、時には見て見ぬ振りをして見逃してくれるような人もなかったとは言えない。中には、心から教祖の偉大さに敬服して、こんなお方を取り調べなければならぬ自分の勤めに嫌悪《けんお》を感じ、警察官を辞して熱心な信者になった人さえあるほどである。

これより一、二年後のことかと思われるが、備中笠岡《びっちゅうかさおか》の警察官で、教祖の身辺を探るために、わざわざおやしきを訪れ、信者を装い、信者たちに立ち混じって、あれこれと様子をさぐっていたところ、ある日教祖が、その人に向かい、

「人のあらを探して回る者は、世間でも犬やと言いますで」

と仰せになった。すでに、教祖のお言葉が、唯人のものではないと気づき始めていた矢先、この見抜

き見透《みとお》しの慧眼《けいがん》に照らし出されては、ただただ、恐れ入るのほかはなかった。この時限り職を辞して熱心な信仰を始めるようになったと伝えられる。しかし、こうした特殊な人々は別として、一般は、好むと好まざるとにかかわらず、職務上、国の掟《おきて》に従って、厳しい取り締まりをつづけるしか他に仕様もなかった。

この時も、分署に拘引の上、先に見つけた御供《ごく》と書き物とを証拠として、教祖には十二日間、鴻田には十日間の拘留を申し渡し、奈良監獄署へ護送した。深い驚きと悲しみに動転しながらも、眞之亮や側近の人々はじめ国々の信者に至るまで、おやしきの留守居から、奈良への御慰問、差し入れにと、あらん限りの真実を尽くして立ち働いた。

驚きと悲しみが大きいだけに、無事に刑期を終えられ、健やかにお帰りくださる日の喜びは、また、この上もなく大きい。

獄舎からお出ましの日は殊更《ことさら》に触れ回るわけでもないが、次から次へと聞き伝えて、一刻も早く健やかな教祖のお顔を拝したいと詰めかける信者たちの人波で、監獄署の門前は早朝から一杯になり、お帰りの沿道にまでつづいている。この日、午前十時に獄舎をお出ましになったが、そのお姿が目に入るや、人々は一斉に拍手《かしわで》を打って拝んだ。まさに、たちまちにして感激の嵐である。

こうして、獄舎を出られた教祖は、定宿になっていた「よし善」で御入浴、獄中の汚れを洗い落と

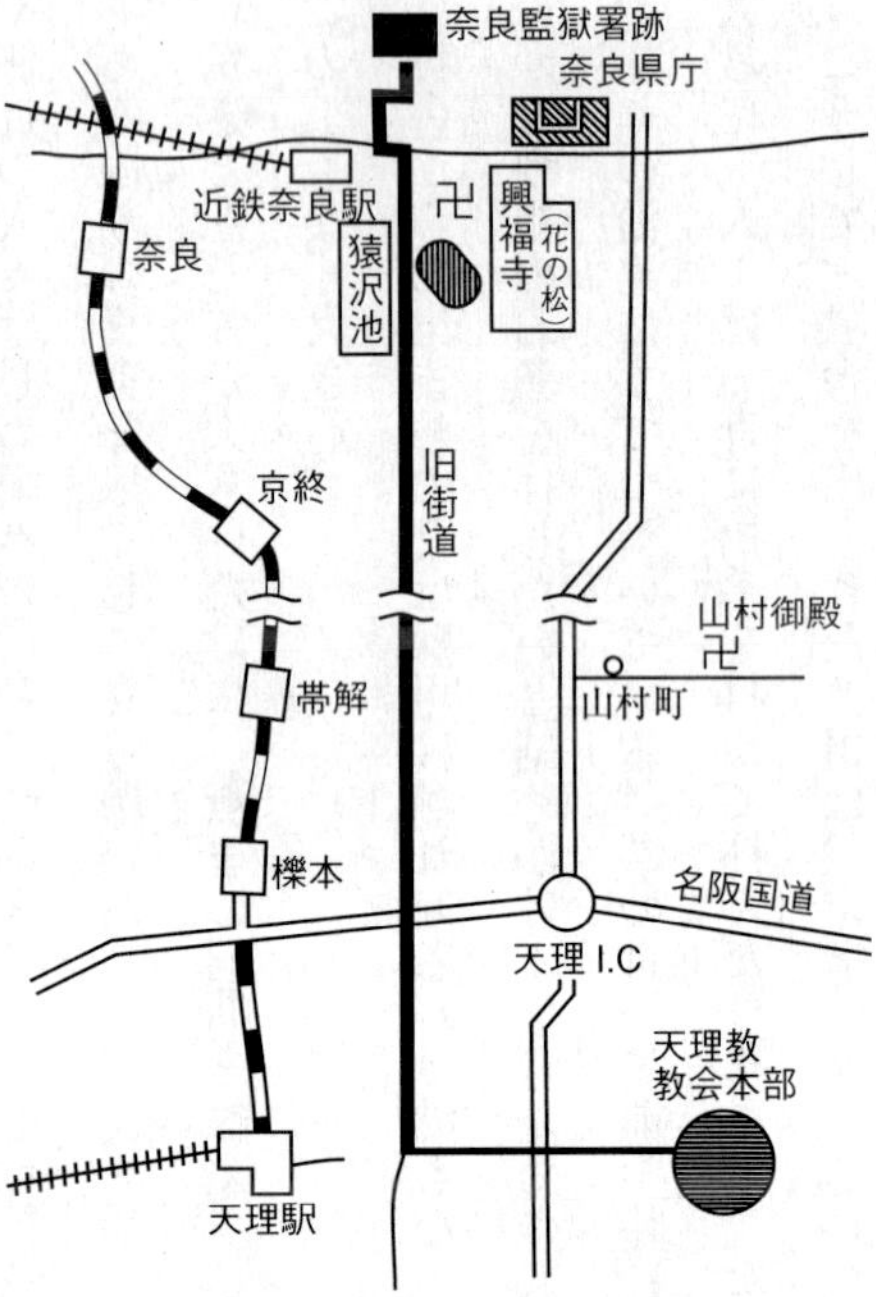

おぢばから奈良監獄署までの道

されて、昼食をすまされた。そして、お迎えの信者たちにもお目通りを許され、酒飯《しゅはん》をくだされて後、村田長平《むらたちょうべい》の挽《ひ》く人力車に乗って、おやしきに向かわれた。これに遅れず、少しでもお側《そば》近くお供を申し上げたいと念じつつ、われもわれもと、人力車でお供をする人々の車が数百台もつづいた。沿道は至るところ人の山で、なかんずく猿沢《さるさわ》池《いけ》の付近には、殊《こと》のほか人々が密集していて、一斉に拝む拍手の音が四囲に響き渡った。取り締まりの巡査が物々しく抜剣《ばっけん》して、

「人をもって神とするは、警察の許さぬところである。拝むことは相ならん」

と叫びつつ、制止して回ったが、そんなことくらいで制止しきれるものではない。

「ない命をお助けいただいて、これが拝まずにおられるかい」

と、ささやく群集の表情には、いかなる制裁も処罰もいとうところではないという真剣必死の色が漲《みなぎ》っていた。こうして、つつがなく、おやしきへ帰り着かれたのは午後の二時頃であった。

このたびの御苦労は、三月二十四日から十二日間であったから、お帰りになったのは月を越えて四月五日になっていた。この日、取り締まり当局は、教祖を目標に集まる、すごいばかりに強烈な人々の信仰の姿を、まざまざと見せつけられ、それに恐れをなすと共に、益々《ますます》捨てではおけないという気持ちにかられた。それと同時に、人々は、教祖を目標に集まって来るのだから、人々の集まる日に、教祖さえおいでにならなければ、集まって来た意義と感激を失い、拍子抜けするであろう。それがたび重なるに従って、やがては信仰の熱度も薄らぐであろうとでも考えたのか、四月、五月、六月と三カ月間引きつづいて、信者の人々がおつとめに集まって来る陰暦二十六日を中心に三日間、特別の理由もないのに、教祖を警察へお連れして留置した上、一応の取り調べもせずして帰宅させた。警察が躍起《やっき》となって、いろいろな手を考えていたことがよくわかる。

こんなことで、教祖は四月の月は二回、以下、毎月連続に御苦労くだされ、七月だけが無事にすんでホッとしていると、八月十八日（陰暦六月二十八日）巡査が巡回に来て、机の引き出しにお守りが一つあったのを発見した。たったそれだけの事を理由に、丹波市分署へ拘引し、十二日間の拘留に処する旨申し渡して、奈良監獄へ送った。御入監は午後三時頃であった。

こうして、教祖は八十七歳の高齢の身をもって、八月十八日から三十日まで（陰暦六月二十八日から七月十日まで）、暑さ酷《きび》しい折柄《おりから》、狭苦しく汚《けが》らわしい監獄署で御苦労くだされた。

教祖に、かくも頻繁にこんな御苦労をおかけすることは、何としても申しわけのない限りであるが、こういう風にして、教祖を引致《いんち》して信仰をやめさせようとする、警察の意図は常に失敗に終わるばかりであった。弾圧によって、信仰の火を消そうとするが、それは、かえって信仰の火に油を注いで、あおり立てるような結果となった。すなわち、事態は常に、「ふしから芽が出る」と仰せくださる教祖のお言葉通りになってきて、それが一層信仰者の信仰に確信を与えた。

この時も、お帰りの日は、ちょっとでも教祖のお側《そば》近くお供さしていただきたいとの思いから、われもわれもと人力車を雇って馳《は》せ従うので、その数は数百台を数えられ、また、お迎えの人数は万をもって数えるほどであったと言われている。

しかし、おやしきの門まで来ると、警察の取り締まりが厳重で、中へは一歩も入らせない。門前までお供して、心ならずも、そこから教祖の後ろ姿を伏し拝み、かんろだいのぢばを遥拝《ようはい》して、あるいは近在の村々へ、あるいは遠方の国々へと、無量の感慨を懐《いだ》いて引き揚げた。できることなら、もっとお側近く、何時々々《いついつ》までもはべらせていただきたい思い一杯を胸にしながら、心ない官憲の手にはばまれて、追い散らされるようにして去り行くことは、この上もない心残りではあるけれど、いともお健やかなお姿を拝し、「一度は一度のにをいがけ」と、お聞かせいただくお言葉の通り、御苦労のたび毎に信者の数は増加し、その信仰の熱度も一段と強さを加えていく有様《ありさま》を、如実にお見せいただいたことは、この上もなく力強い限りであった。

教会設置運動

さりながら、高齢の教祖御一人に何回となくこんな御苦労をおかけすることは、何とも申しわけのない極みであり、しかも、何時その事態が教祖の身に、またまた降りかかってくるかわからない不安がある。それだけが、どうしても払いのけることのできない陰影として、人々の心におおいかぶさってくる。いわんや、常に教祖の側近に仕えて、たび重なる御苦労の姿を目のあたりに拝しながら、これを防ぎ守らせていただくことのできない無念さや、夜となく昼となく、何時やってくるかわからぬ危険にさらされている不安はどんなに大きいものであったかわからない。

とりわけ、ここ両三年来、西も東もわからない道の子供達が、熱心のあまりとは言いながら、警察の取り締まりの目をくぐって行動することが、ことごとく皆、教祖に御迷惑をおかけする結果になっていることを思えば、このままでは何としても申しわけがない。教祖に御迷惑もかからず、信者たちの思いも遂げさせてやるためには、教会の公認を受けるより他に道がない。どうしても教会設置の手続きをしたい、という堅い決心が、この年の初めごろから湧《わ》き起こっていた。

そして、すでにこの年の四月十四日には、おやしきから山本利三郎、仲田儀三郎の両名が、教興寺《きょうこうじ》村へ出向いて行って、この事の相談をするという実動が始まっていた。そして、四日後の十八日には更《さら》に相談の範囲を広げ、大阪の西田佐兵衛《にしださへえ》宅に、眞之亮をはじめ、山本利三郎、仲田儀三郎、松村栄《まつむらえい》治郎《じろう》という、十四日に教興寺村で相談をした三人に、梅谷四郎兵衛と、京都の明誠《めいせい》組の人々をも加えて、協議をしている。けれども議論は、なかなかまとまらず、一度おやしきへ帰って教祖にお伺いの上、更によく相談をして、方針を決めようということになった。

何分にも、この当時は、政治、行政などに関する知識は、今日のように普及しておらず、殊《こと》に本教の信仰者の中に、そうした方面に深い知識のあるような人はなかった。どうでも教会を設置したいとは思っても、誰を相手に、どんな手続きをしてよいものか、折衝《せっしょう》のツボがわからないままに、あれこれと、いろいろな糊塗的《ことてき》な手段を試みることにもなる。そして、もしそれが、いささかでも効果があるということになると、われもわれもとこれを見ならう者が続出する。こうした気運の中には、これに乗じて、小才の利く不純分子が策動する余地が充分にあった。また、彼らが策動を始めると、人のよい人々は、たちまちこれに乗ぜられて、とんでもない方向に脱していく危険性があった。当時の教会設立運動の動きの中には、多分にこうした危険性を包蔵していた。

すなわち、当時、京都では明誠組が、心学道話《しんがくどうわ》を用いて迫害を避けているのを見て、大阪では、明治十七年五月九日（陰暦四月二十二日）付で、梅谷四郎兵衛を社長として、心学道話講究所天輪王社の設立を出願した。これは、五月十七日付をもって、

「書面願之趣《ねがいのおもむき》指令スベキ限《かぎり》ニ無之依《これなくよっ》テ却下候事」

と却下はされたが、ただし、願文の次第は差し支えなし、との回答であったので、大阪の順慶《じゅんけい》町に天

輪王社の標札を出して、布教活動をやることにした。

これと相前後して、北炭屋町《きたすみや》でも、天恵組《てんえ》一番、二番の信者が中心となって、竹内未誉至《たけうちみよし》、森田《もりた》清蔵《せいぞう》の二人を代表者として、心学道話講究所を作って、お道の布教をしていた。

こうした方法によって、一時的にもせよ、取り締まり当局の目をごまかし、無事に布教活動をつづけていけることに気をよくした竹内は、更にこれを大きくして、大日本天輪教会を設立しようと計画した。明治十七年九月頃のことである。

彼は先《ま》ず、天恵組、真心《しんじん》組、その他、大阪の講元に呼びかけ、つづいて兵庫、遠江《とおとうみ》、京都、四国にまでも呼びかけようとした。

当時は、道の伸びると共に、迫害は、ますます激しくなり、迫害の厳しくなると共に、何としても布教の自由を得たい、と焦《あせ》慮る人々の思いが日ごとに高まり、こうした地方の動きと相呼応して、おぢばにも、信者達の定宿にしていた村田長平《むらたちょうべい》の家に、教会創立事務所の看板をかけるまでに至っていた。

天輪王社の標札

こうした、全教的に、澎湃《ほうはい》として起こってきた教会設立を求むる気運、すなわち、何とかして布教の自由を得たいと焦慮る人々の思いを背景として、竹内らの計画は次第に全国的に広げられ、明治十八年に入ると、彼らはすでにおぢばにも連絡を取り、ある程度の理解を得ていった。

かくて彼らは、明治十八年三月七日おぢばの教会創立事務所で、眞之亮はじめ、その側近に仕える人々をも交えて、教会設置の会議を開くことに成功した。当日出席の面々は、眞之亮、藤村成勝《ふじむらなりかつ》、清《し》水《みず》与《よ》之助《のすけ》、泉田藤吉、竹内未誉至、森田清蔵、山本利三郎、北田嘉一郎《きただかいちろう》、井筒梅治郎《いづつうめじろう》の人々であった。

この時、すでに竹内の他にもう一人、彼と心を合わせて動いていた藤村成勝という策士が、何時の間にか加わっていた。この会議の席上、その藤村が、「会長、幹事の選出に投票を用いることの可否、同じく、月給制度を採用することの可否」などという、お道の信仰者としては、考えも及ばないような提案をしている。さすがに、これについては議論が沸騰《ふっとう》して、容易に決定しなかった。あまつさえ、この席上で井筒が、激しい腹痛を起こして倒れるという事故が起こった。何となく、これは親神の思《おぼし》召《めし》に添わない、途方もないところにきているのではないか、との不安もあったに相違ない。そこで、教祖にお伺いしたところ

「さあ〳〵今なるしんばしらはほそいものやで、なれど肉の巻きよで、どんなゑらい者になるやわからんで」

との仰せであった。ここに一同は、道本来の進むべき方向を明確にお教えいただくと共に、危うくも親神の思召に添わない方向に、逸脱しようとしていたところを、くい止めていただいてホッとした。

このふしから、人々の教会設置運動は、心学道話の名を借りるというような糊塗手段を脱して、い

ささか、本格的な線に添うて動き出した。すなわち、三月、四月にわたって大神《おおみわ》教会の添書を得て、神道本局の管長宛《あて》に、眞之亮はじめ十名の人々の教導職補命の手続きをした。幸いにも、この件は早速聞き届けられて、五月二十二日付で、眞之亮の補命が発令された。それのみでなく、翌二十三日付で、神道本局直轄の六等教会設置が許可され、更《さら》に、その他の人々の補命も聞き届けられ、その指令が到着した。

また、これと並行して、四月二十九日付で、天理教会結収御願を、大阪府知事宛に提出した。これは、その本願に、十二下りのお歌一冊、おふでさき第四号及び第十号、この世元初まりの話一冊と、合わせて四冊の教義書までも添付した、相当整った出願であった。ところが、これに対する地方庁の認可は容易に下らず、約二カ月を経た六月十八日付をもって却下された。それも、ただ「願の趣聞き届け難し」というだけで、何故《なにゆえ》の却下か一向にその理由もつかめない。けれども当時の人々にとって、一刻も早く布教の自由を得たいという願いは、まさに懸命の願いであって、一度や二度の却下くらいで泣き寝入りをしたり、あきらめたりできるような生やさしいものではなかった。

その熱願は、やがて約半月を経た七月三日に、再度の出願として現れた。この時の宛先も前回同様大阪府知事宛であるが、この時の願書は前回の「天理教会結収御願」といささか異なり、「神道天理教会設立御願」となっている。これは言うまでもなく、この時はすでに、六等教会とはいえ、神道本局直轄の神道天理教会の設置が、本局から許可されていたので、この既成の事実を後ろ盾《だて》として書かれたものであったのであろう。ここまでは至極《しごく》、もっともなこととして受け取れるのであるが、今一つ理解できないのは、この時の出願が、お道の信者でもない男爵今園国映《いまぞのくにはえ》を担任として出されていることである。

しんに肉を巻け

僅《わず》かに四カ月前に、「しんに肉を巻け」と、いとも明確に進む方向をお示しいただいたばかりであるのに、どうして信仰者でもない人を、担任としてかつぎ上げたのだろうか。

相当に力を入れて整備した前回の出願が、「聞き届け難し」の一言で却下された理由がわからぬままに、担任者は官庁でも熟知しているような、知名の名士でなければ許されないのではなかろうか、などという臆測《おくそく》の結果、何としてでも許してもらいたさの一念から、再びこんな失敗を繰り返したものであろうか。

それともまた、小才を弄《ろう》する策士たちの策動に乗せられたものか。こう考えてくると、そうとも受け取れるような事実もないではない。二回目に提出した願書が、三カ月も経過しているのに一向に何らの沙汰《さた》もないままに、十月八日教会創立事務所で、眞之亮も出席の上、講元らを集めて教会の問題について、あれこれ相談している席上に、藤村成勝、石崎正基《いしざきまさもと》という、純粋な信仰者でない二人の顔が見えている。言うまでもなく藤村成勝は、先般、竹内未誉至と腹を合わせて、心学道話を表看板に、全教を統合しようとしていた策士である。第一回の企てが、教祖のお言葉によって瓦解《がかい》して以来、竹内は姿を隠しているのに、藤村は、いまだに教会設置の相談の中に姿を見せ、新しく、石崎という仲間までもが現れている。今園国映を担任としてかつぎ出したのは、彼らの策動に引きずられた結果であったのかも知れない。

ともあれ、この十月八日の会議では、純粋な信仰者である講元達の出す意見が、藤村や石崎には不利な方向に力強く傾いていったのか、この二人はにわかに中座して布留《ふる》の魚磯《うおいそ》へ行った。ここで彼らは、どんな相談をしていたのか知る由《よし》もないが、しばらくして使者を寄越《よこ》して、眞之亮と清水与之助、増野正兵衛《ますのしょうべえ》の三名に、ちょっとこちらへ来てもらいたいと言ってきた。おそらく、こうした重《おも》だった人々を、自分たちの方へ抱き込んで、事を有利に転回しようと図ったのであろう。しかし、さすがに当方も、これは必ず彼らの悪企《わるだく》みに相違ないと見破ったのか、その誘いには乗らなかった。これで彼らの策動も、失敗に終わった。それでもなお、藤村は帰って来て、清水に何かと小言を並べ、自分達への不実をなじっていたらしいが、比較的正直な石崎は、居たたまれなくなったのか、その夜中に逃亡した。

かくて二度目の出願から約四カ月の後、すなわち、十月二十八日付で、またまた聞き届け難しとの一言で却下の指令が届いた。聞き届けられることを首を長くして待っていた当時の人々にとって、それは大きな失望であったろう。

しかし、考えてみると、よくぞ却下になったことだと思う。もしもこれが聞き届けられ、公式に認められた担任者や、その腹黒い取り巻きたちが、担任者としての権威を盾に取って、自分たちの野望を満たすために、親神の思召に反した勝手なことを企てたとしたら、まさに前門の虎《とら》を防ごうとして、後門の狼《おおかみ》に襲われるのたとえのごとく、官憲の迫害よりも、もっと困った事態をひき起こしていたかもわからない。まさに、却下されたのも、有難い親神の御守護であったと申さなければならぬ。

却下の指令が来た時、これについて教祖の思召《おぼしめし》を伺うと、

「しんは細いものである。真実の肉まけバふとくなるで」

という、前回同様のお言葉であった。お言葉はまことに柔らかな、やさしいものであるが、しんに肉を巻くという大切な心構えを忘れて、いかに教会設置をあせればとて、何の理もない人を、たとえ一時的にもせよ責任者とすることは、この上もない逸脱した行動であることを、たしなめておられるのである。

いかに迫害が激化しようと、その都度道は、かえって伸びてきたのであって、この確かな真実に心を据えるならば、決して人間心で、あれこれ小細工をろうする必要のないことが、よくわかるはずである。そんなことよりも、親神の仰せを受けて真一文字に進むことこそが、何よりも大切である。これを忘れて、あさはかな人間思案で画策しようとすると、かえって途方もない落とし穴に落ち込む危険があるということを、こうした種々《いろいろ》な事態を通して、懇切にお教えくだされているのである。ひな

がたの親なればこその、行き届いた親心の御配慮である。

教会設立も大切な事であるが、それにも増して神一条の理を立てきり、しんに肉を巻いて通ることが、いかに大切な事であるかを、重ね重ねのお仕込みによって、今度こそは肝に銘じたことであろう。

最後の御苦労

月日のやしろとして、お見せくださる不思議な御守護や、ひながたの〝をや〟として、物に当たり事に触れては、お示しくださる行き届いた親心のお仕込みをいただいて、次第に、人々の信念は固まり、教勢は益々伸び広がっていった。

年が明けると明治十九年、教祖は八十九歳の新春をお迎えになった。

この年二月十八日、陰暦で言うと、まだ正月半ばの十五日、講元上村吉三郎《うえむらきちさぶろう》に引率された大勢の心《しん》勇《ゆう》組の講中が参詣《さんけい》にやって来た。勇みきっている人々は、じっとしていることができず、十二下りのおつとめをさせていただきたいとお願いした。ところが当時は、警察の取り締まりはまことに厳しく、もしも十二下りのおつとめでもしようものなら、たちまち教祖に御迷惑のかかることは必定《ひつじょう》であるから、おやしきではこの由《よし》を話し聞かせて、断った。やむなく一同は参拝だけをすませて、信徒の宿泊所になっていた門前のとうふ屋こと、村田長平方に引き揚げた。そこまではよかったが、何しろ勇みきっている人々のこととて、誰がはじめるともなく、自然にお手振りが始まり、ついには、居合わせた者皆がこれに加わり、相当な人数が声高らかに唱和し、お手を振り始めた。

常におやしきの動きに対し、虎視眈々《こしたんたん》として監視の目を集めている取り締まり当局が、こんな派手な動きを見逃すはずがない。早くもこれを探知した櫟本《いちのもと》分署から、時を移さず、数名の巡査が来て、直《ただ》ちに居合わせた人々を解散させた。

これだけで事がすむなら、当時の人々の心配もなかったのであるが、何か言いがかりをつけることが起これば、それを口実に、おやしきに踏み込もうとして、狙《ねら》っている取り締まり当局であるから、ただですみそうなはずはない。直ちにおやしきへやって来て、表門も裏門も閉めさせた上、お居間へ踏み込んで、戸棚からタンスの中までも取り調べた。一人の人も逃すまいとの配慮か、門まで閉めさせての取り調べとは、なかなか厳重な調べ方である。取り調べが次第に激しさを増している、その当時の様子が窺《うかが》える。

こんなにされたら、何か言いがかりをつける種が見つかるのは、当然のことであろう。ところがそれほどにしても、この時彼らの手によって押収されたものは僅《わず》かに、お守りにするために、字を書いた布片《ぬのきれ》だけであった。たったそれだけのものを証拠として、教祖と眞之亮を引致し、合わせてその時おやしきに居合わせた桝井、仲田の両名をも、引致するという物々しさであった。しかも、この時、赤衣《あかき》を召していらっしゃる教祖を見て、「老母に赤衣を着せるから人が集まって来るのである」と厳しく言われたので、黒紋付をそえて差し入れをし、教祖は分署におられる間は、赤衣の上に黒紋付を召しておられた。

なお、この時の取り調べは、拘引された日の翌朝午前二時頃の深夜であった。彼らの知りたいところは、一体どこに魅力があって、かくも熱心に人々が集まって来るのか、また集まって来る人々に教祖は一体、どんな事を、お説き聞かせになっておられるのか、などのことであったと思われる。その彼らの訊問《じんもん》に対し、教祖がお話しになっていらっしゃるのは、神がかりがあったこと、身の内御守護のこと、ほこりのことなどであった。特に、この時はお守りを証拠物件として持ち帰っているので、これに関する訊問もあったが、これに対しては、

「御守りは、神様がやれと仰せられるのであります。うちの子供は何も存じません」

と、お答えになっている。眞之亮に責任がいかないようにと、やさしい配慮をなされている様子が窺われる。

桝井伊三郎

つづいて、桝井と仲田の取り調べが行われたのは、午前三時頃であった。ここでも、彼らの知りたいことは、何の魅力でかくも人々が熱心にお詣《まい》りをするのか、また、そこでどんな事をしているのか、等々の点であったろうと思われる。そうした訊問に対し、二人は簡単明瞭《めいりょう》に、きっぱりと、
「御守護をこうむりし御恩に報いるため、人さんにお話しす

るのであります」
と答えている。少なくとも、道の信仰のわかる者にとってみれば、迫害があろうと干渉があろうと、命にかけても駆けずりまわる心境は、この一言で遺憾《いかん》なく言い尽くされていることがわかる。

初代真柱

最後に、眞之亮の取り調べが行われたのは、すでに午前四時頃からであった。眞之亮は主として、戸主として、中山家において行われている、種々《いろいろ》な行事などについての責任を問われたものと思われる。特にこの場合は、お守りに関する訊問が中心になっているようである。これに対して、
「お守りは私が渡すのであります。私は教導職で御座ります。教規の名分によって渡します。老母は何も御存じは御座りません」
と答えている。これは、この前年に眞之亮以下十名の人々が、教導職の補命を受けていたからの申し開きである。

かくて深夜、約三時間に及ぶ取り調べであったが、何時《いつ》もながら、いささかでも罪の匂《にお》いのありそうなものなど、何一つとして出てはこない。ただ、公認を受けることなく宗教行為をしているという一点が、法に触れるだけである。ただそれだけのことで、このたびの御苦労も十二日間に及んだので

あるから、当時の人々が躍起になって教会設置をあせっているのも、もっともなこととして理解ができる。

その夜一同は、そのまま分署の取調室の板の間で夜を明かした。教祖は部屋の艮《うしとら》（東北）の隅におすわりになり、そのお側《そば》にひさが付き添っていた。眞之亮は、その反対側、すなわち坤《ひつじさる》（西南）の隅にすわり、いずれも、そのままの姿で夜を明かした。部屋の中央には巡査が一人、一時間交代で、椅《い》子《す》に腰をかけて番をするという物々しさであった。桝井と仲田は別の檻《おり》に入れられて、そこには居なかった。

この時、教祖は、眞之亮の方へ手招きをなさって、

「お前、淋《さび》しかろう。ここへおいで」

と仰せられた。あたりは、しんと静まりかえって音もなく、一声、声でも出そうものなら、たちまちどなりつけられそうな、物々しく警戒されている場面であるのに、教祖は一向無頓着《むとんちゃく》に、可愛《かわい》い孫に、極めて自然に話しかけていらっしゃるのである。警察の取調室も、また目の前にいかめしい姿で監視をつづけている警官も、一向に眼中にないのである。全く何者の支配も、指図も、圧迫をも受けない、また、なんらのこだわりもない、まさに天衣無縫《てんいむほう》のお姿である。眞之亮は、あわててひさに目顔《めがお》で合図して、

「ここは、警察でありますから、いけません」

と申し上げてもらったところ、教祖は、

「そうかや」

とおっしゃって、それからは、何とも仰せられなかった。

このようにして、この夜は端座なされたまま、まどろまれる暇もなく夜が明けて、太陽が東の空にのぼったが、見張りの巡査は夜番の疲れにうつらうつらと居眠りをしている。巡査の机の上にはランプの火が昨夜以来、なおも薄ぼんやりと灯《とも》りつづけている。教祖は、つと立ってランプに近づき、フッとその灯《ひ》を吹き消された。この気配に驚いて目をさました巡査が、あわてて「婆さん、何する」とどなると、教祖は、ニコニコなされて、

「お日様がお上りになっていますに、灯がついてあります。もったいないから消しました」

と仰せられた。普通の人間ならば縮み上がってしまわなければならないような、いかめしい取り調べの場の雰囲気も、教祖の御心には、いささかの影響も変化ももたらすことはできないのである。わが家にいらっしゃる時と少しも変わらない、まことに自然な態度と物腰でお過ごしになっている。

夜が明けると早朝から、教祖を道路に沿った板の間の、受付巡査の傍《そば》に坐《すわ》らせた。外を通る人に見せて、こらしめようとの考えからである。

果たせるかな、外を通る人々は、好奇の眼で中を覗《のぞ》き見ながら、口々に好き勝手なことをささやき合ったり、また中には、聞くに耐えないような悪口雑言《あっこうぞうごん》をあびせて行き過ぎる者もある。これに過ぎ

来た侮辱《ぶじょく》と嫌がらせがあるであろうか。しかもなお、これにさえ飽き足らず、新しい犯罪人を連れて来ると、わざと教祖のお傍に坐らせた。何処《どこ》の誰ともわからず、また、どんな凶悪な罪を犯して来た者やら、どんな拍子に何をしでかすかもわからない不安な者と同座させられるという、こんな薄気味の悪いことがあるだろうか。それでも教祖は平然として、ふだんと少しも変わりなく過ごされた。

それのみか、ある日のこと、表通りを通る菓子売りの姿を御覧になって、付き添いのひさに、

「ひさや、あの菓子をお買い」

と仰せられた。

「何をなさりますか」

と伺うと、

「あの巡査退屈して眠って御座るから、あげたいのや」

と仰せられたので、

「ここは警察で御座りますから、買うことできません」

と答えると、

「そうかや」

と仰せられて、それから後は、何とも仰せられなかった。

人間は、場所や立場や、その他種々なものの拘束を受ける。しかし、教祖には全くそれがない。警

察署も、留置所も、住みなれたわが家も変わりがない。いかめしい顔をして見張っている警官も、凶暴な面構えをして横に坐っている犯罪者も、ひとしく可愛い我が子として見なす、をやとしての大きい御立場があるばかりである。

それなればこそ、尊い身を、こんな場所に引き据えて、罪人扱いをするのみか、次から次へと嫌《いや》がらせの手を打っている警察官吏《り》にさえ、退屈しているから、菓子でも買って慰めてやろうという、まるで可愛い孫にでも接するような、愛情を注がれているのである。

もとより、教祖こそは、何者の拘束をもお受けになることのない、一切を超越した月日のやしろにておわすのである。それと同時に、一れつの子供をたすけたい一杯の親心にあふれる、ひながたのをやなればこそ、子供の従わなければならない法の定めにも素直に従い、拘引留置という不名誉な、かつ不自由この上もない拘束の中にさえ、自ら進んで身を置いてくださったのである。

かつて、ただの一度だって警察の引致や取り調べに逆らわれたことなく、易々《いい》諾々《だくだく》としてお受けくだされ、いそいそと、言われるままに足をお進めくださった。さる代わり、いかなる仕置きも断じて、教祖の御心にまで影響を及ぼすことはなかった。身の引き締まる思いのする監視の中でも、可愛い孫には御心のままに、平気でやさしいいたわりの言葉をかけられるし、表を通る菓子売りの姿が目に入れば、捕らわれの身であることも忘れたように、お菓子を買ってくれとお命じにもなる。さりとて、ここは警察ゆえ、そんな自由は叶《かな》いませんと申し上げれば、まるで子供のような無邪気さと素直さで、

「そうかや」と仰せになって、何事もなかったような御様子で過ごされる。まことに円転滑脱《かつだつ》、自由自在の御態度である。

たとえ、いかなる中に身を置いても、心一つで何者にも犯されない、自由で、明るい世界に住む事のできる道のあることを、身をもってお示しくだされているのである。

夜になって、おやすみになる時間がくれば、もとより夜具の備えなどはないが、上に着ておられる黒の綿入れを脱いで、それをかけぶとん代わりにおかけになり、御自分の下駄《げた》にひさの帯を巻きつけ、これを枕《まくら》として、着のみ着のまま、板の間にゴロリと横になって、寒さも不自由も、全くお感じにならないもののように、平気でおやすみになった。時は、まさに厳寒のさ中であり、殊《こと》に、その冬は、三十年来の寒さであったと言われている。しかも、八十九歳という高齢の身で、暖房はおろか、夜具や枕の備えさえない板の間で、十幾夜かを明かされるという、言語に絶する環境を与えられながらも、全くお宅においでの時と変わらぬ安らかさでお眠りになった。

こうして教祖は、警察が与えるどんな理不尽な取り扱いや、不当な処置にも、一言の不平をおもらしになるでもなければ、苦痛をお訴えになるでもなく、むしろ、そこに安住されているような素直さで、これをお受けくだされている。そうかと思うと、事いやしくも理の問題ともなれば、思わず粛然《しゅくぜん》として襟《えり》を正さずにいられない、荘重《そうちょう》な威厳をお示しになる教祖でもあった。ある日のこと、

「一ふし一ふし芽が出る……」

と、お言葉が始まりかけた。見張りの巡査が、付き添いのひさにこれを止めさせようとして、「これ、娘」と、どなったので、ひさは驚いて、これをお止め申し上げようとして、「おばあさん、おばあさん」と、お声をかけた途端に、辺りを圧するりんとしたお声で、

「このところに、おばあさんはおらん。われは天の将軍なり」

と仰せになった。その語調は、平素のやさしさからは思いもよらぬ威厳に満ち、肉親の孫であるひささえ、畏敬《いけい》の念に身の震えるのを覚えるほどであったという。これには、巡査も呆然《ぼうぜん》と手をつかねる他はなく、お止め申し上げる術《すべ》もない。教祖こそ、月日のやしろにおわす理を、厳然としてお示しくだされるのであった。

こうして、捕られの身として警察に御苦労くだされている間でも、刻限がくれば誰はばかることなく、親神様の思召《おぼしめし》をお聞かせくだされた。教祖が、こうして、かかるところに御苦労くだされることについては、

「親神が連れて行くのや」

と仰せくだされ、形の上から見れば引致取り調べを受けておられるように見えるが、決して、法の裁きをお受けになっているのでもなければ、警察官の引致をお受けになっているのでもない。親神様の思召のままに、行動されているのだということを、いとも明瞭にお諭しくだされているのである。

また、官憲の取り締まりや干渉についても、

「このところ、とめに来るのも出て来るも、皆、親神のすることや」

と仰せられたり、また、

「このところ、とめに来るのは、埋《おぼ》りた宝を掘りに来るのや」

と仰せになって、すでに明治七年、警察の迫害干渉の始まる直前に、

　このみちをつけよふとてにしこしらへ
　そばなるものハなにもしらすに　五 58
　このとこへよびにくるのもでゝくるも
　神のをもハくあるからの事　五 59

と、筆におつけくだされているのと、一貫して変わらぬ思召をお伝えくだされ、すべては親神の思召のままに行われていることであって、断じて、人間が目で見、心で案ずるように取り締まりを受けたり、拘束されたりしているのではない、ということをお諭しくだされている。従って、いかなるふしがあろうと、決して悪くなるはずはなく、事態は常に好転していくことを、機会あるたび毎に、

「ふしから芽が吹く」

と、いとも明るく、力強いお言葉をもってお諭しになり、ともすれば驚き迷う人々を勇まし、励ましてお連れ通りくだされた。

　全く、何者の拘束をも受けず、何時《いつ》いかなる場合にも、この上もなく自由に振る舞われる教祖の御

行動こそは、すべては、親神の思召に基づいて行われているのだと仰せくださる、この刻限々々のお言葉を、力強く裏づけしてくだされているものと、拝察することができる。

こうして、刻限のお言葉や何者の拘束をもお受けにならぬ御行動を通して、教祖こそ月日のやしろにおわすという理合いは、最早《もはや》疑う余地もなく、また教祖の仰せに従っていきさえすれば、いかなる中も断じて不安はないという信仰は、人々の胸裏に深く刻みつけられていた。だからと言って、教祖は人間ではない、神様なのだから、どんなところにおられても御不自由はないんだ、警察や監獄も、深い思惑から自ら進んでお入りになるんだから、決して苦痛などお感じにならないのだ、というような単純な割り切り方は、絶対にできなかった。教祖こそ月日のやしろにておわし、生き神様に相違ないという理がわかればわかるほど、一方において、この尊くも大切な教祖に御苦労をおかけしては申しわけがないという人間感情が益々強烈になっていくことは、どうしようもない事実であった。教祖の身辺に起こる、どんな些細《ささい》な出来事も、人々の最大の関心事であり、それが何よりも大きな喜びの種ともなり、また、何よりも大きな心配、不安の種ともなった。

従って、教祖が警察に御苦労くだされると、勢い人々の関心と注目は、自然とその方に集まっていった。さりとて、大事なおやしきの留守居はおろそかにできないから、その方には、飯降伊蔵、高井直吉、宮森与三郎などが居残って、留守居に当たったが、出先の櫟本には、清水与之助、増野正兵衞、梅谷四郎兵衛らが出張して、梶本松治郎宅に詰めきっていた。そして、昼となく夜となく、警察の門まで、そっと、御機嫌を伺いに行くのであった。

常に、教祖のお側にいたのは、付き添いを許されているひさだけであるが、この人の食事は外から差し入れることになっていたので、それを幸いに、弁当を差し入れに行っては、その都度、教祖の御様子を伺って来るのが、清水と増野の大切な役割であって、これこそが、人々の最大の関心事である教祖の動静を知る唯一《ゆいいつ》の目であり耳であった。

いかに心を注いでも、警察まで教祖をお見舞いに行くことは許されないので、せめて一番近いところまでと、清水、増野の詰めている梶本宅まで見舞いに来る信者の人々は、連日引きも切らぬ有様《ありさま》であった。しかもその都度、こまごまと教祖の御様子を二人に尋ねるのであった。こうして、教祖の御動静はいち早く、次から次へと全国の信者たちに伝えられていくのであった。

増野正兵衛

従って、人々の一番嬉《うれ》しい教祖御帰還の知らせは、矢よりも早く、待ちに待っている人々に伝えられていったのであろう。教祖が十二日間の御苦労を終えられて、櫟本分署からお出ましの時には、お迎えの人は前年より、更にその数を増し、門前一帯に人の山を築き、櫟本からおやしきまで、お迎えの人と人力車の行列が切れ目なくつづいたと伝えられている。

当時、八歳であった筆者の母は、この日親に連れられてお迎えに行ったとみえて、当日の様子を鮮明な印象として子供心に留めている。

それは、前を見ても後ろを見ても、延々としてつづく人力車の列、その中に、自分も車上の人として、加わっていることの嬉しさである。おそらく、当時こんな田舎で、これほどのおびただしい人と車の群列を見たことはなかったであろう。おそらく子供のこととて、この事実の含む重大なる意味内容は知る由《よし》もなかったであろうが、かつて見たことのない人と車、そしてその群衆が一様に明るい喜びに湧《わ》き返る賑《にぎ》やかさが、無性に嬉しかったのであろうか。他愛のない子供心の印象ではあるが、なお、その様子を偲《しの》ぶ一助とはなると思う。

こうして、おだやかな教祖をお迎えした人々の、湧きかえるような喜びと感激も、櫟本からおやしきに到着するまでの道中だけのことであって、帰り着いてみると、わざわざ櫟本から出張した四名の警官が、固くおやしきの門戸を固めていて、誰一人として中へは入れてくれない。お迎えの人々は、限りない名残《なごり》を留《とど》めて、心ならずも、それぞれの家路につくより仕方がなかった。一体、何時《いつ》になったら、この厳しい取り締まりが緩《ゆる》むものやら、こんなことではまたまた、何時どんなことで教祖に御苦労いただかなければならぬ事態が起こるやらわからない。またしても前途の不安に、暗澹《あんたん》たる気持ちに誘われたことであろう。

しかし、幸か不幸か、これが教祖の最後の御苦労であって、この年には、もはや教祖に御苦労いただくような事態は起こらなかった。さりとて、決して取り締まりの手が緩んだわけではなかった。

この年の五月二十五日には、櫟本分署から眞之亮に呼び出し状が来た。出頭すると、大阪で茨木基《いばらぎもと》敬《よし》がみかぐらうたを警察に没収された時に、大和国三島村中山宅でもらったと答えたため、この件について、大阪の警察署から櫟本分署へ通報してきたからである、ということがわかった。

たったこれだけの事で、わざわざ警察署に呼び出され、厳重な取り調べを受けて、答書まで提出させられているのである。些細《ささい》なおやしきの動きにも、いかに監視の目が注がれていたかがよくわかる。殊に、この場合、問題がみかぐらうたであり、おつとめに関連しているところに、ひとしお神経を尖《とが》らしているのではないかと思う。と言うのは、最初のほどは、教祖に赤衣《あかき》を着せるから人が集まるのである、また、おつとめをするから人が集まるのである、というような極めて単純な考え方であったが、この頃になってくると、おつとめの理は、元はじまりの理に深い根ざしがある、ということや、その、元はじまりのお話にお聞かせくだされている親神様の御守護や、その御守護を道具雛形《ひながた》に配してお説きくだされているお話や、道具雛形の泥海中における元のお姿や、これに名づけられた十柱の神名など、その深い真意がわからぬままに、当時、最重要視されていた記紀《きき》二典を元とする、神道《しんとう》の教説に大きく違背《いはい》するものであるとの考え方が、取り締まりの眼目となりつつあったもののように思われる。

その事は、つづいて起きた次の事件によって、明瞭に察知することができる。

ふしを乗り越えて

眞之亮に呼び出し状がきた日から三日後の五月二十八日、神道管長稲葉正邦《いなばまさくに》の代理、権中教正古川《ふるかわ》豊彭《とよみち》、その随行として権中教正内海正雄《うつみまさお》、大神《おおみわ》教会会長小島盛可《こじまもりよし》の三名が、取り調べのためにおやしきへやって来た。

取り締まり当局でもないものが、なぜ取り調べに来るのか、また、そんな権限があるのだろうかと言えば、これは昨年、大神教会の添書を得て、神道管長宛《あて》に教導職補命の手続きを取り、それが聞き入れられると共に、神道本局直轄の六等教会設置が許可されていたから、当時、本教は信仰団体としては、神道本局の監督下にあったわけで、神道管長の側から言えば、本教に対する指導監督の責任があるわけである。従って、もしも本教の動きの中に政令に違背するようなことがあった場合、神道管長は、当然その指導監督の責任を問われることになる。

察するに、当時益々《ますます》厳密の度を加えつつあった取り締まり当局の方針と、本教の動きを眺《なが》めていると、このように放置しては、神道管長もその指導監督の責任を問われることになるかも知れぬ、という懸念が感じられたのであろう。そこで神道管長の代理が、先年添書を書いた責任者でもあり、地元のこととて本教の内容にも通じている大神教会の会長を随行とし案内役として、調査にやって来たものと思われる。

さすがに、彼らは信仰の専門家だけあって、警察官吏《り》のように権柄《けんぺい》づくで外面的な取り調べをするのではなく、綿密に、また慎重に、内面的な精神面にまでくいこんだ調査をした模様であった。すなわち、やって来た当日は、まず取次から教理を聞いて予備知識を作り、翌二十九日になって、初めて教祖にお目にかかって、種々の点について質問をした。これに対して、教祖は諄々《じゅんじゅん》として教えの理をお説きになった。

あとで古川教正は、眞之亮をさし招いて、

「この人は、言わせるものがあって言われるのであるから、側《そば》におるものが法に触れぬよう、よく注意せんければならん」

と言った、ということである。

この簡単な言葉の中に、この日初めて教祖にお目にかかった古川教正の、教理から受けた感想が遺《い》憾《かん》なく表明されていると思われる。すなわち、当時の宗教取り締まりの政府の方針を充分に承知して、その政令に違背することなく活動することを、金科玉条《きんかぎょくじょう》としている彼の目から見て、教祖のお説きくださるお話の中には、法に触れそうな危険性が多分に感じられたに相違ない。

さりとて、いやしくも宗教家として生活している以上、単なる法規の番人である末端の警察官吏などよりは、人間の精神生活というものには相当な理解力があったであろう。そうした彼の目から見れば、法に触れそうな危険性は感じながらも、一概に教祖のお言葉を抑える気持ちにはなれなかったのであろう。否、むしろ教祖のお言葉の中に、傾聴に値する数々の尊いものを感じ取っていたのに相違ない。あるいはまた、だんだんと月日のやしろとしての教祖のお言葉に接するうちに、どうしても常人とは思えない威厳と、抗弁することのできない強い迫力を感じていたのかもしれない。

さりとて、彼の立場の上からは、教祖の仰せを手放しで受けることもならず、また、何の注意も与えずに見過ごすわけにも行かないものがあったのであろう。と言って、多少なりとも教祖の真価を知った以上、直接に教祖に御注意を申し上げる蛮勇《ばんゆう》もない。その結果が、眞之亮に対する前記の忠告となったものと考えるのであるが、いかがなものであろうか。

ともあれ、彼らは自分の責任上、調べるだけのことは調べておかねばならん。教祖から直接種々《いろいろ》なお話を伺った後、なお引きつづいて取次の者たちに対して、かぐらづとめや、お面についての詳しい説明を求め、その後、二階でてをどりを検分した。

こうして、綿密な聴聞と調査によって得た本教に関する知識を、彼らの法的知識に照らして厳に注意を要すると感じた点を数カ条にまとめて、次のような請書を提出せしめた。

御　請　書

一、奉教主神は神道教規に依るべき事

一、創世の説は記紀の二典に依るべき事

一、人は万物の霊たり魚介の魂と混同すべからざる事
一、神命に托して医薬を妨ぐべからざる事
一、教職は中山新治郎の見込を以て神道管長へ具申すべき事
但し地方庁の認可を得るの間は大神教会に属すべき事
右の条々堅く可相守旨御申渡に相成奉畏候万一違背仕候節は如何様御仰付候共不苦仍て教導職世話掛連署を以て御請書如此御座候也

中山新治郎
飯降伊蔵
桝井伊三郎
山本利三郎
辻忠作
高井直吉
鴻田忠三郎

神道管長代理
権中教正　古川豊彭殿

御苦労

これが、先に眞之亮に与えた注意を、具体的に、かつ権威と責任のある書類として残したものであって、当時の思想信仰を支配する国体神道の見地に立って、本教に対して感ぜられる問題点をことごとく列挙したものであると見てよかろう。従って、当時官憲が本教に対して注目を集めていた取り締まりの要点も、こんなところにあったと見て間違いはないと思う。

ただ単に、公許を受けずして布教しているからいけないんだ、みだりに人を集めることがいけないんだとか、また、教祖が赤衣を召しているから人が集まるんだとか、おつとめをするから人が集まるんだ、というような外面的な理由からばかりでなく、ここに列挙されているように、まだまだ皮相な観察ではあるが、元はじまりのお話など教理の面にまで立ち入って、問題を探索し始めていることが察せられる。そうなってくると、人間創造の理に深い関連をもって、世界たすけの道としてお教えくだされているかぐらづとめは、まさに、本教信仰の眼目であり象徴として、取り締まり当局の目に映じてきているに相違ない。従って、おつとめに対する取り締まりの手は益々厳しく、その神経も、いよいよ尖鋭《せんえい》の度を加えてくることは否めない。

かくては、当局の取り締まりの手は単なる嫌《いや》がらせや、見当違いの品物を証拠物件として押収《おうしゅう》していた時代とは異なって、直接、信仰の急所に伸びてくることにもなる。すなわち、教祖が子供可愛《かわい》い親心からお進めくだされている世界たすけの道に、真っ向から立ちふさがってくる結果になる。お道にとって、まことに由々しい事態である。

しかし、いかに反対されようと、攻撃されようと、おつとめに対する教祖のおせき込みは、断じてせき止められるものではない。

すでに、教祖がおつとめを教え始めくだされてこの方二十年、折に触れ時に触れ、機会あるたびに、否、殊更《ことさら》にふしを与え、機会を作っては、尊いおつとめの理を説きつづけ、その勤行《ごんぎょう》をせき込みつづけておられるのである。しかもなお、口で説いただけでは忘れるからとて、わざわざ筆をとって、親の思いを久遠《くおん》に書き残してくださったおふでさきを拝読しても、おつとめこそは、ひとしく人類の渇望するよろづたすけの道であり、陽気ぐらしへの道であることを懇切に教え諭し、一刻も早くと、その勤行をせき込みつづけておられる。まさに、おふでさきこそは、おつとめの理の尊さを教え、その勤行をせき込む上からお書きくだされたものと申し上げることもできる。

これほどまでにしてお教えいただいても、なお充分にその思召のほどがさとれなかったり、また、わかってはおりながらも、心ない官憲の反対攻撃を思って、躊躇逡巡《ちゅうちょしゅんじゅん》する人々に対して、まさに、がんぜない子供をはぐくみ育てるように、なだめたり、すかしたり、怒ってみたり、諭してみたり、驚くばかりの愛情と根気強さをもって、同じ一つのことを、繰り返し繰り返し教えつづけてくださっている様が、おふでさき十七号の全巻に溢《あふ》れ出ている。

思えば、人々が教祖のお言葉に耳傾けるようになってこの方、二十数年にわたって、口で説き筆に誌《しる》して説きつづけ、教えつづけてくだされたのが、おつとめであった。のみならず、ただ口や筆によってお説きくだされるばかりでなく、激しい迫害の嵐《あらし》が吹き始めるや、「ふしから芽が出る」「高山へのにをいがけ」の合言葉と共に、心配する人々を励まし、勇気づけながら、真正面から嵐の中へ突入してこられた教祖であった。

いかに取り締まりが強化されても、迫害が激化しても、後へ退けるものではなかった。ただ問題は、子供の成人がどこまで教祖の仰せについていけるかに残されていた。勿論《もちろん》、たび重なるふし毎に現れたように、当時の人々の信仰は、教祖目標《めどう》に、水火も辞せぬほどの強固なものとなり、堅い結束が固められていた。教祖の仰せとあらば、身を粉《こ》にしてもお受けしようという真実はあった。しかし、こうして教祖への尊敬と思慕の情が高まるとともに、教祖の身を大切と思い、教祖に御苦労をおかけすることが、この上もなく申しわけないことと思う人間感情が、何物をもってしても抑えることのできない強烈なものとなっていった。

ところが、教祖が一番おせき込みくださるおつとめの勤行は、また警察が一番神経を尖《とが》らす取り締まりの対象となっていた。従って、おつとめを勤行すれば必ず警察の干渉を受け、それはまた必然に、教祖の拘引という人々の最も忌《い》み恐れる事態につながった。

厳寒のせき込み

おつとめのせき込み

かくては、教祖の仰せとあれば、どんなことでも喜んでお受けしたいと願う人々も、もしもこれをお受けすれば、必ず教祖に警察への御苦労をいただかなければならぬことを思うと、教祖の一番おせき込みになり、お望みになっているおつとめの勤行《ごんぎょう》だけは、どうしても素直に従うことができないという、大きな矛盾が現れてきた。

しかし、おつとめこそは、世界一れつをたすけるために教えられたたすけ一条の道であって、これの勤行は、月日のやしろたる教祖の使命遂行のかなめであると申さねばならん。従って、いかに親の御身を案ずる子供の真心から出るものとはいえ、このおつとめの勤行を躊躇《ちゅうちょ》する子供の姿を、そのままにお見逃しくださることはできないのであった。

教祖の御身を案ずるために、教祖の一番おせき込みくださる理の成人に進むことができないとなれば、親の御身を隠してでも、子供の成人を促そうとの親心は、早くから働いていたものと拝察される。

その証拠に、明治七年の一月から四月の間にご執筆くだされた〃おふでさき〃三号に、

十一に九がなくなりてしんわすれ
正月廿六日をまつ　三 73

このあいだしんもつきくるよくハすれ
にんぢうそろふてつとめこしらゑ　三 74

とお誌《しる》しになり、明治二十年正月二十六日に、教祖が現身《うつしみ》をお隠しくださることを暗に匂《にお》わして、人衆を揃《そろ》えてのおつとめの勤行をおせき込みくだされている。明治七年と言えば、警察の迫害が始まった年であり、このおうたの御執筆は、まさに、迫害が始まろうとする気運の動き始めている頃の事である。けれども事柄が事柄だけにか、あまりにも象徴的にお書きくだされているので、当時の人々には、長らくこのおうたの真意は読み取れなかった。

時が遙《はる》かに経過して、すでに教祖が現身をお隠しくだされて後、明治二十二年三月十日の〃おさしづ〃に、

「……さあ〳〵最初初《はじ》めというものは、難し処《ところ》より始め掛け。さあ〳〵世界ではもう取り払いや〳〵と言うた日も、幾度も幾度もある。又取り消した、又差し止めた事もある。さあ〳〵正月二十六日と筆に付けて置いて、始め掛けた理を見よ。さあ〳〵又正月二十六日より、やしろの扉を開き、世界ろくぢに踏み均《なら》しに出て始め掛けた理と、さあ〳〵取り払うと言われてした理と、二

つ合わして理を聞き分けば、さあ〳〵理は鮮やかと分かるやろ、と。よく聞き分けてすれば、分からんやあろまい。世界ろくぢに踏み均しに出て居る。疑いもあろまい。……」

と仰せくだされたお言葉によって、初めて「正月廿六日をまつ」と、お筆におつけくだされていたのは、やしろの扉を開いて、世界をろくぢに踏みならしにお出ましくださることであって、教祖が現身をお隠しくださることであったのか、ということがさとれたのであった。従って、当時の人々は誰一人として、教祖の身に異変が起ころうなどとは、思いも及ばなかった。

かくて年久しく、人々の信仰は教祖目標《めどう》につづけられ、そのお導きによっておやさとに来たのであるが、慕い寄る人は益々繁く、信仰の内容にも素晴らしい成人の跡が見られたのであるが、迫害の激化に伴って、教祖の身を案ずるあまり、教祖が何よりもお望みくだされている、おつとめの勤行に踏み切れないという矛盾が、益々大きく道の行く手を立ちふさいで、このままに放置することのできない状態になってきた。こんな時、明治十九年七月二十一日、教祖は、

「四方暗くなりて分かりなき様になる、其《そ》のときつとめの手、曖昧《あいまい》なることにてはならんから、つとめの手、稽古《けいこ》せよ」

と仰せられた。まことに容易ならん重大な時の迫っていることを告げて、人々の心定めを促し、その日のために、かんろだいのつとめの手を、確かに覚えるようにおせき込みになっている。

「四方暗くなりて分かりなき様になる」とのお言葉は、まことに容易ならぬ重大時期が迫っているこ

とを、暗示してくださってあることはわかるが、それが具体的にどんな事なのかはわからない。当時の人々にとって一番心配な事と言えば、警察が踏み込んで大事な教祖をお連れ申すことくらいで、それ以上の重大事件には思いが及ばなかったであろう。

ところで、幸いにこの年は、五月以降には、これというほどの警察沙汰《ざた》もなく、事件と言えば、八月二十五日の夜、三輪《みわ》村の博徒《ばくと》、木屋天《きやてん》こと外島市太郎《としまいちたろう》という者が、数名のならず者を伴って乱入してきた騒動くらいのものであった。しかも、この事件の時は、幸いにも大勢の人々が、二階で会議をしていたので、これらの人々が異様な物音を聞くや否や、梯子段《はしごだん》を駆け下りて防ぎ止めたし、また、この時は騒ぎを聞きつけた村人たちが、手に手に提灯《ちょうちん》を持って駆けつけ、鎮圧に一役買ってくれた。暴徒の中には、教祖のお部屋にまで乱入しようとした者もあったが、これは平野楢蔵《ひらのならぞう》、山本利三郎、桝井伊三郎、宮森与三郎の人々が必死になって防ぎ止めたので、大騒動であったが、事もなく取りしずめることができた。

親神の思召と人間思案

こうして、明治十九年は教祖が暗示されたような重大事件もなく過ぎて、明治二十年の新春を迎えたが、新春早々、すなわち一月一日の夕方、教祖は風呂場からお出ましの時、ふと、よろめかれた。

その時、お伺い申し上げると、

「これは、世界の動くしるしや」

と仰せになった。またまた、何かしら重大な問題を予言されているようなお言葉であり、人々にとっては、何とも言えぬ気がかりなことである。幸いにその日は、さしたる事もなく過ぎたが、翌日は御気分悪《あ》しく、一同大いに心配したが、この時は、ほどなく持ち直されたので、ホッとした。

しかし、それもつかの間のことで、一月四日、急に教祖の御身上が迫ってきた。打ち驚いた一同が、いかなる神意かと、教祖のお居間の次の間で、飯降伊蔵を通して思召《おぼしめし》のほどを伺ったところ、

「さあ〳〵もう十分詰み切った。これまで何よの事も聞かせ置いたが、すっきり分からん。何程言うても分かる者は無い。これが残念。疑《うたご》うて暮らし居るがよく思案せよ。さあ神が言う事嘘《うそ》なら、四十九年前《ぜん》より今までこの道続きはせまい。今までに言うた事見えてある。これで思《し》やんせよ。さあ、もうこのまゝ退《ひ》いて了《しま》うか、納まって了うか」

との、厳しい「おさしづ」であった。

このお言葉の大要をさとらせていただくと、もう時は迫りきっている。今までにどんな事もすべて聞かせておいたが、お前たちはすっかりわからん。どれほど言うて聞かせても、わかる者がないのが、親はまことに残念である。お前たちは、いまだに神の言うことを信じきれずにいるけれども、もしも神の言うことが嘘だとすれば、天保九年以来、四十九年間もこの道がつづくはずがないだろう。今ま

でに神が言うたことは皆、事実となって現れているだろう。これを見て思案すれば、疑いの余地はないはずである。それほどさとりが悪く、親の言うことを実行できないなら、親はもう、このまま身を退くかもわからないぞ。さあ、返答はどうだ、決意はどうだと、一同の決意を促されている厳しいおせき込みである。

しかも、この時お言葉の通り、教祖は息をなさらなくなり、御身上が冷たくなられた。

まさに一同にとっては、驚き以上の出来事である。これは、かねがねあんなにもおせき込みくだされているおつとめを、教祖の身を案ずるゆえとは言いながら、ためらっていたのが間違いであった。その事に対するお仕込みに相違ないと、さとりがついた。

そこで早速、翌一月五日から、鳴物は不揃《ふぞろ》いのままではあったが、連日、お詫《わ》びの心を込めておつとめをさせていただいた。しかし、それはまだ官憲をはばかって、夜中門戸を閉ざして、ひそかに勤めるという不徹底なものであった。そのためか、教祖の御身上は幾らか持ち直された様子ではあったが、依然として何もお召し上がりにならなかった。

そこで、一月八日の夜、その日居合わせた人々が、教祖の御身上について真剣な練り合いをした。その日居合わせた人々というのは、昨年以来、公然とおつとめをさせていただきたい上から、教会設置の相談をして来た人たちで、いわば、当時の信仰者の先達《せんだち》に当たる重《おも》だった人々である。おそらく、教祖の御身上を気づかって、期せずしておやしきに集まっていたものと察せられる。

問題が問題だけに、この夜の会議は容易に結論に達することができないで夜を徹し、会議の終わったのは、翌一月九日午前五時であった。この徹夜の会議で到達した結論は、世界並みの事二分、神様の事八分、心を入れつとめをなすこと、こふき通り十分いたすこと、ということであった。

神様の事八分というのは、神様のおせき込みくだされることに、八分の重点を置いて実行させていただくということであって、それは取りも直さず心を込めて、しかも、こふきにお示しくだされているように、十分、理の間違いのないように勤めさせていただきます、ということであろう。

さすがに、当時の人々には、教祖のおせき込みの要点が、おつとめの勤行にあるということは、充分わかっていたものと察せられる。それにしては、そのおせき込みの要点に、全力を挙げて突入していこうとせず、それが八分で、世界並みの事二分という不徹底さが残されているのは、何としたことであろう。

ここに言われている世界並みの事とは、言うまでもなく、何らの干渉も受けることなく信仰の営みができるように、教会設置の公認を受けるための、画策や運動をつづけていくことであった。

このように、教祖が息をせられなくなったり、冷たくなったりなされているという、緊急非常の事態を前にして、夜を徹して出された結論が、一切を打ち捨てて、ただ一筋に、教祖のおせき込みくださる問題に徹しきれなかったところにこそ、今日のわれわれには想像も及ばぬ、むずかしい事態と、またそれに対処する困難と心労があったのであろう。

それにしても、ここに出されている結論は、教祖の純粋なる理のおせき込みに照らしてみれば、いまだ不徹底であったと申す他ないであろう。それでありながらも、教祖の思召にお応《こた》えすべく、人々が真剣に夜を徹して、練り合った真実だけはお受け取りくだされたのか、この日、すなわち一月九日は朝から御気分よろしくなられ、御飯さえ少々召し上がられた。そして、教祖のお口から、親しくお話があった。

「さあ〳〵年取って弱ったか、病で難しいと思うか。病でもない、弱ったでもないで。だん〳〵説き尽《つく》してあるで。よう思やんせよ」

この、教祖の身上は、年を取って弱ったのでもなければ、病でむずかしい状態になっているのでもない。長年の間に、だんだんと説き尽くしてあるから、そこをよく思案してみるがよい。わざわざ親の身上にさわりをつけて、それをせき込んでいるのである、と実に柔らかく、やさしい言葉をもって、このたびの教祖の身のさわりの意味をお説きくだされている。

言葉こそ柔らかいが、多年説きつづけてくだされた点をさとれば、まっしぐらにその実行に進むべきはずであるのに、いまだに、仰せいただく理に徹しきれずにいるようでは、教祖の御身上すっきり御守護いただくことなど思いもよらぬとの、御督促《とくそく》とも拝察できる。それか、あらぬか、九日には食事も召し上がり、親しく一同にお言葉までくだされた教祖が、翌十日には、またまた御気分悪《あ》しく、不快の模様に拝せられた。

　これに打ち驚いた一同は、いろいろ相談はしてみたが、容易に結論が出ないまま、神意をお伺いする以外に道はないというので、一月十日午後三時教祖御居間の次の間で、飯降伊蔵を通して、

「教祖の御身上如何《いかが》致して宜《よろ》しく御座りましょうか。おつとめも毎夜致さして頂きますが、夜ばかりでなく、昼もつとめを致さして貰《もら》いましょうか、すっきりなる様に御受け取り下されましょうか」

と、お伺い申し上げた。さすがに、この伺いの言葉には皆が相当狼狽《ろうばい》している色が見え、しどろもどろな点さえ窺《うかが》える。

　これに対する、親神様のおさしづは、

「さあ／＼これまで何よの事も皆説いてあるで。もう、どうこうせいとは言わんで。四十九年前《ぜん》よりの道の事、いかなる道も通りたであろう。分かりたるであろう。救《たす》かりたるもあろう。一時思《し》やん／＼する者無い。遠い近いも皆引き寄せてある。事情も分からん。もう、どうせいこうせいのさしづはしない。銘々心次第。もう何もさしづはしないで」

という、実に厳しいお言葉であった。

　ここにお示しいただいている思召の大要を案ずれば、

「もう、これまでに説いて聞かすことは、すっかり説き尽くしてある。もはや、どうせいこうせいと一々言ってもらわにゃわからん段階ではない。四十九年前、すなわち天保九年以来通ってきた道の跡

清水与之助

を振り返って見ただけでも、すべては明瞭《めいりょう》である。すでに、今までにどんな道筋も通ってきた。しかも、よしやそれがどんなに通るに通れない道であっても、教祖の言葉一つに通ってきた実績がある。しかも、その中に大勢の者が結構におたすけいただいて、その喜びから遠い近いの差別もなく、このおやさとにお引き寄せいただいている。こうした事実の跡に鑑《かんが》みても、いかに厳しい道であっても、親の言葉に従ってさえおれば、通れないはずはないということぐらいは、わかりきっているはずであるのに、いまだにそこの思案がつかぬようなことで、何とするか。こうした事情がわかれば、有無を言わず、ただ一条に教祖のおせき込みくださるところを実行するばかりである。これがわからぬような者に、今更《いまさら》、どんなさしづをしても、甲斐《かい》がない。もう、どうせいこうせいとは言わん。めいめいの心次第、勝手にするがよかろう。もう何もさしづはしない」と、仰せいただいているように思われる。

この、「もう何もさしづはしないで」とまで仰せになった厳しいお言葉に打ち驚いた一同は、すぐさま眞之亮の許しをもらって、真剣な練り合いを始めた。その人々は、前川菊太郎《まえがわきくたろう》、梶本松治郎、桝井伊三郎、鴻田忠三郎、高井直吉、辻忠作、梅谷四郎兵衛、増野正兵衛、清水与之助、諸井国三郎《もろいくにさぶろう》の人々である。

諸井国三郎

さすがに、この時は、重ね重ねのおさしづによって、一同の心に問題の核心がはっきりしていたのと、しかもその実行が、もはや一刻の猶予もないほどに迫られているという緊迫感をもって受け取られていたので、比較的、短時間で結論に到達したようである。しかも、この時に得られた結論は、前回の、それのように不徹底なものでなく、今宵《こよい》、直《ただ》ちに教祖おせき込みのおつとめを、夜を徹して敢《かん》行《こう》させていただこう、という徹底したものであった。

そこで、まず眞之亮の同意を得るために、この一同の決心を申し述べたところ、「いずれ考えの上」と言うだけで、諾否《だくひ》の回答はなかったので、返事を待っていたが、容易に返事が得られないので、じっとしておれず、鴻田忠三郎、桝井伊三郎、梅谷四郎兵衛、増野正兵衛、清水与之助、諸井国三郎、仲野秀信の人々が、再度の協議を重ねた結果、夜の九時に至って「まだ眞之亮様の返事がないが、ご両名のご意見はいかがなものであろうか」と、前川、梶本両人の肚《はら》を問うた。両人といえども、眞之亮の返事を得ずに踏みきれるはずはない。そこで、両人から今一度、眞之亮の意見を問うことになった。

眞之亮とて、思いは一同と異なるはずはない。教祖のおせき込みを素直にお受けし、一切を打ち捨てて、ただ一条の理に徹しきれたら、どんなにか心は救われるであろうか。それは、わかり過ぎるほどにわかっている。一刻も早く、そうなりたい心は山々である。その点については、誰にも劣らぬ熱情を持っている。それだけに、早くつとめにかかりたいとせき込んでくる一同の気持ちは、身に鞭《むち》を当てられるほどの痛さで感じられる。それでいながら、直ちに皆に同調できないところに、眞之亮の、言うに言われぬ立場の苦労があったのである。

従って、両人から、一同を代表しての督促に接しても、おいそれと簡単に返事のできるはずはない。勢い、ここに三人の協議が始まる結果になった。しかも、その協議も単純に結論の出るような性質のものでなく、お互いに、皆の気持ちはわかり過ぎるほどにわかりながら、徹宵《てつしよう》おつとめをするのはよいが、それは、必ず警察の出張を招き寄せる結果になることは、わかりきっているし、その場合、御身上不快である教祖の身を、いかがさせていただくかの一点に思案が及ぶ時、問題はいつも同じところを堂々回りするだけで、何時《いつ》まで話し合っても、決定線の出るものではなかった。

結局、今一度、眞之亮から教祖にお伺いして貰《もら》うより他なかろうというところに、話は結着した。この結果だけを取り上げてみると、話は振り出しに戻ったような感さえあるが、この簡単な結論に落ち着くまでに、緊張と心痛の一夜が明けて、すでに十一日の未明となっていた。そこで一同、初めて休息することになった。

またまた、夜を徹してまで真剣に練り合った一同の真実をお受け取りくだされてか、一月十一日は、朝から教祖の御気分よろしく、お床の上に起き上がって、髪をくしけずられるほどであった。

かくも、御気分のよくなられた様子に、一同、ホッと安堵《あんど》の一息をつくことはできたが、まだ懸案の問題を果たしたわけでないから、手放しで安心するわけにはいかない。

殊《こと》に眞之亮には、この懸案解決のために、今一度教祖にお伺いしようと、一同と交わした大切な約束がある。この約束を果たして懸案を解決しない限り、重苦しい心痛から解放されることはできない。さりとて、やっと気分よろしくおなりくだされたばかりの教祖に、むずかしい問題の解決をお尋ね申し上げて、お心をわずらわすことはなんとしても申しわけないことに思われて、お側《そば》につききってお りながらも、なかなか切り出す機会に踏みきれなかったのであろう。重苦しい心の重荷を抱きながら、十一日は丸々なすところなく過ごしている。一刻も早く心に割り切れない問題をお尋ね申し上げて、耐えかねる心の重荷を下ろすことができたら、どんなにかすがすがしい気持ちになれるであろうか。これこそが、この時の眞之亮の最大の願いであったのではなかろうか。

かつまた、別室には、今か今かと、眞之亮の返事を待ちかねている一同が控えている。その人々のはやる心のわからない眞之亮ではない。一同の心のあせりを痛いほど背後に感じながら、なおかつ、お伺いに踏みきることのできない眞之亮の心中。それは、とうていわれわれの筆舌などに尽くせるものではないと察せられる。いかに、自分の心の苦悶《くもん》が重苦しくのしかかってこようとも、せっかく気分よろしくお過ごしくだされている教祖のお顔を拝すれば、たとえ寸時といえども、至らぬ人間のお伺いによって、心曇らすようなことがあっては申しわけないと思われて、口先まで出かけているお伺いの言葉も、せき止められてしまうのであろう。

こうして、つづく十二日も無為に過ごし、眞之亮の返事を今か今かと待ちかねている一同の前に、いよいよこれからお伺い申し上げるとの決意を示したのは、ついに十二日の夜も明けて、十三日の明け方三時であった。

思えば、十日午後三時のお伺いに対する「もう何もさしづはしない」という、厳しいおさしづに打ち驚き徹宵《てっしょう》協議をしたが、すっきりとした結論の出ないまま、眞之亮から今一度教祖にお伺いいただくということになったのが、十一日の未明であった。それ以来、十三日の未明に至るまで、ちょうど丸々二昼夜が経過している。

この間、眞之亮は、人間の思案では、絶対割り切れない重大な問題の解決を、身一つに引き受けた形となり、一同はただ眞之亮の返事を待つばかりという立場になってしまって、誰一人相談相手もなく心一つに考えつづけたのであった。おそらくこの二昼夜、休息するほどの心の余裕もなく、考えつづけ、その果てに、ついに教祖にお伺い申し上げる決意となったのである。

かくて、一月十三日、眞之亮に前川、梶本の両名が付き添って、教祖の枕辺《まくらべ》に進み、お伺いをした。するると、教祖じきじきのお話があった。

「さあ〱いかなる処《ところ》、尋ねる処、分かり無くば知らそう。しっかり〱聞き分け。これ〱よう聞き分け。もうならん〱。前以《ぜんもっ》て伝えてある。難しい事を言い掛ける。一つの事に取って思《し》やんせよ。一時の処どういう事情も聞き分け」

「もうさしづはしない」と、突きはなされた親神ではあったが、真心こめての一同の練り合いと、二昼夜にわたる真剣なる思案の果てに、ついに思案にあまってお伺いすると、どんなことも、思案にあまって尋ねるならば、わからぬことはなんでも教えてやろうと、教祖のお口を通して、やさしく話しかけくだされているのである。しかし、それにつづいて出てきたお言葉を拝すれば、すべては前々から伝えてあるので、今更《いまさら》言わずともわかりきっているはずである。今となっては、ただ前々から伝えてあることを断固実行すればよいのであって、もう一刻の猶予も相成らん。親神はお前達にとってはまことにむずかしいことを言いかけるようであるが、前々から充分に説き尽くしてあるのだから、そのところを真剣に思案しておれば、決してむずかしいことではない。今はもう時が迫っているのだから、ここのところはどんなことも聞きわけて実行せよ、と厳しく仰せられて、前々からおせき込みつづけてくだされている「一つの事」、すなわち、おつとめの勤行を、またしても、おせき込みくだされるのであった。

事態は、すでにわかり過ぎるほど明白である。これほど明白に親神のおせき込みくださる筋がわかっておりながら、直ちに実行に踏みきれないところに、せつない人間の苦悶《くもん》がある。その人間の苦悶を一身に受け、その代表者として親神の前に座して、その割り切れない苦悶を、どうでも解決しておかねばならないのが、今の眞之亮の立場である。そこで、

「前以て伝えあると仰せあるは、つとめの事で御座りますか。つとめ致すには難しい事情も御座ります」

と申し上げると、

「さあ〳〵今一時に運んで難しいであろう。難しいというは真に治まる。長《なご》う〳〵四十九年以前から何も分からん。難しい事があるものか」

との仰せであった。

今、すぐにおつとめをするということは、むずかしいと思うであろうが、そのむずかしいことを神一条の理に徹してつとめるところ、親神にお受け取りいただいて、真に治まる結構の理をお見せいただくことができるのである。しかも、むずかしいとか何とか言うているけれど、天保九年以来、今日まで長らくの間通ってきた道すがらを思案してみるがよい。親神の仰せ通りに従ってきて、悪くいったためしがない。その辺のところが、しっかりわかっていれば、躊躇《ちゅうちょ》することなど、あるはずがない。お前達には、この神一条の道すがらが何もわかっていないのだ。これさえわかれば、親神の言うことに、決してむずかしいことなどあるはずはない。と仰せになって、いよいよ神一条の理に徹し、つとめ一条に踏みきるよう一同の決意を促された。

これに対して、眞之亮から、

「法律がある故《ゆえ》、つとめ致すにも、難しゅう御座ります」

と、なおも人間の立たされている窮状《きゅうじょう》を、そのまま正直に申し上げると、

「さあ〳〵答うる処《ところ》、それ答うる処の事情、四十九年以前より誠という思案があろう、実という処があろう。事情分かりが有るのか無いのか」

「法律があるからむずかしい」というような返答をしているが、そもそもこの道は、四十九年以前、道の始まりからまこと真実を元にして、一切の思案をしてきたのである。時に、法や掟《おきて》によって取り締まりも受けてはきたが、道は常に、ただ一条の真実をもって貫いて、今日まで誤りなく通ってきているのである。かかる事情がお前達にわかっているのか、わかってないのか、どうなんだと、仰せになって、どこまでも神一条の理に従い、まこと真実をもって通るなら絶対に間違いはないということを、長い過去の事実に照らしながらお諭しくだされた。

かくお教えいただく理の筋道は、わからぬのではない。これを具体的に言えば、おせき込みいただくつとめ一条に踏みきることだということも、充分にわかっている。わかっておりながらも、素直にそれに踏みきれないところに、人間の弱さがあり、苦悶がある。

親神の仰せに従えば、必ず国の掟が厳しくこれを阻《はば》もうとする。そこに、教祖の御苦労をいただかなければならなくなる。この、現実に直面している避け難い苦悶の解決は、どうすればよいのであろう。思案にあまる苦悩を、そのままそこにぶちまけるように、

「神様の仰せと、国の掟と、両方の道の立つようにおさしづを願います」

と、お願いした。これに対して、

「分からんであるまい。元々よりだん〳〵の道すがら。さあ〳〵今一時に通る処、どうでもこうでも仕切る事情いかん。たゞ一時ならん〳〵。さあ今という〳〵前の道を運ぶと一時々々」

元々、この道の初めからだんだんの道すがらの中に、理の筋道は充分に見せてあるはずであるから今更《いまさら》わからんことはないはずである。今となっては、もう、どうでも前々から教えてある通りに運ぶように、との仰せである。

これは、全く先程のお願いの筋には、無関係ともみえるお言葉である。すなわち、親神様の仰せくださる理の筋道は、一応心にわかっておりながら、思いきってそれに徹しようと努力することなくいたずらに、人間心の中に沈潜《ちんせん》するところに生ずる迷いをさらけ出して、親の救いを求め、親にすがろうとするような人間の甘えた願いには、取りあおうともなさらず、親神のおせき込みの一点を、ずばりと言いはなっておられるお言葉である。さすがに、このお言葉が人々に何を迫られているかということは、痛いほど明瞭にわかったようであるが、それでいて、なお眞之亮から、

「毎夜おつとめの稽古《けいこ》致しまして、しっかり手の揃《そろ》うまで猶予をお願い致します」

とて、なおも延期を願われると、

「さあ〳〵一度の話を聞いて、きっと定め置かねばならん。又々の道がある。一つの道もいかなる処も聞き分けて。たゞ止めるはいかん。順序の道〳〵」

とのお言葉があった。

一度お話を聞いてわかった以上は、必ずそれに添わせていただくという、はっきりとした心定めをしておかねばならん。将来の事を考えると、またいろいろの道があるから、それに備えていろいろと準備や手順もあるであろうが、今はそんな先々のことよりも、今ここにさし迫った一つの道を立て貫くために、いかなる心配事も神一条の上からよく聞き分け、しっかり心定めをすることが肝心である。それを、ただ法律だけにとらわれて、大事なおつとめを渋ることはよくない。物の順序、理の順序が大切である。と、なおも、おつとめの勤行を促《うなが》されている。

ここまで迫られては、もはや絶対に抜きさしならぬところではあるが、眞之亮の心からは、なおも教祖の御身上に対する懸念が離れないのである。それは言うまでもなく、国の掟を無視しておつとめを敢行して、累《るい》が身上御不快の教祖の上に及んではとの、重大なる懸念である。

そこで、またまた眞之亮から、

「講習所を立て、一時の処つとめの出来るように、さして貰《もら》いとう御座ります」

と申し上げられた。これに対して、

「安心が出けんとならば、先《ま》ず今の処を、談示々々という処、さあ今と言う、今と言うたら今、抜き差しならぬで。承知か」

という厳しいお言葉であった。

親神様の仰せに従って、おつとめに踏みきることは、法律があるゆえに、どうしても安心ができないので、今の窮状《きゅうじょう》を切り抜けるために談じ合いをして、講習所でも立てて、何とか法に触れずにおつとめのできるような措置《そち》を講じた上で、というような、のんびりしたことを言っているが、事態は、もはや、そんな悠長《ゆうちょう》な考えを許さない。もう、今と言うたら、今すぐに踏みきらなければならぬ、抜き差しならぬところに迫っているのだ。この重大時機をどう考えているのか。と、厳しく仰せになって、事態はもはや方法や手段で収拾できる場面ではなく、もっと根本的な真実の心定めが必要なのだ、とお教えくだされている。

そこで、眞之亮から、

「つとめ〳〵と御急《せ》き込み下されますが、たゞ今の教祖の御障《さわ》りは、人衆定めで御座りましょうか、どうでも本づとめ致さねばならんで御座りますか」

と、お尋ね申し上げた。

ここにおいて人々にも、ようやく親神の仰せくださることが、本当にわかりかけたのである。すなわち事態は、すでに、弥縫策《びほう》や糊塗《こと》手段で解決されるものでもなければ、時間の猶予も許されない。道はただ一つ、親神様の仰せ通りに踏みきる以外はないということが、はっきりとさとされたのであろう。確かに、今回のお伺いには、親神のおせき込みを受けて立とうとする上から、念のため、おせき込みの要点を確かめておられる積極性が窺《うかが》える。

親神にも、この気分をお受け取りくだされてか、

「さあ〳〵それ〳〵の処、心定めの人衆定め。事情無ければ心が定まらん。胸次第心次第。心の得心出来るまでは尋ねるがよい。降りたと言うたら退《ひ》かんで」

と懇切にお答えくだされた。

すなわち、ただ今、教祖の身の障りをもっておせき込みくだされているところは、心定めの人衆定めである。この大ぶしに当たって、親神がせき込んでいるところをしっかり心にさとり取って、これを受けて立つ心定めをすることが大切である。そして、そのお前達の心の定まったところによって、人衆を定めるのである。ところが、心を定めると言っても、こんなむずかしい事情があるからこそ、真剣な心定めができるのであって、事情がなければ、なかなか真の心定めというものはできるものではない。だから、このふしに当たってしっかりと心定めをするがよい。その上はすべてお前達の心次第、胸次第である。この点をよく聞きわけて、どこまでも神一条に、つとめ一条に進むよう。まだ、これでも得心ができなければ、心に納得のいくまで尋ねるがよい。すべて教えておこう。降りたと言ったら退かぬ。取り返しのつかぬことにならぬ前に、しっかりと聞いておけ。とお伺いの筋に合わせて懇切にお教えになり、なおも、わからぬところあらば、何でも尋ねよとまで仰せくだされた。

それだけに一方、なおも抜き差しならぬ時の迫っていることを確認せしめ、いよいよ早くと、心定めをおせき込みくだされてか、十四日の明け方、教祖の御身上またまた悪《あ》しき模様に拝された。

十三日の明け方から始まったこのお伺いは、押しての願い、押しての願いと回を重ねること七回、無我夢中で解決の道、それは詮《せん》じつめると、どうすれば教祖の御身上健やかになっていただけるであろうかということである。それを求めてお伺いをつづけてきたのであるが、その間、すでに何時《いつ》しか一昼夜の時が流れて、今、十四日の明け方となり、またまた、教祖の御身上悪化の模様を拝したのである。

これに打ち驚き、つづいて押しての願いとして、教祖の御身上の平癒《へいゆ》を願ったところ、御身御不快の中にもかかわらず、

「さあ〱いかなる事情。尋ねる事情も、分かり無くば知らそ。しっかり聞き分け。これ〱よう聞き分け。もうならん〱〱。難しい事を言い掛ける。一つ心に取って思やんせ。一時の事情、どういう事情を聞き分け。長らく四十九年以前、何も分からん中に通り来た。今日の日は、世界々々成るよう」

と懇切にお教えくだされた。

これによれば、尋ねること、わからぬことは、どんなことでも教えてやるから、しっかり聞きわけるがよい。だが、親神のせき込んでいるつとめの勤行は、もう一刻の猶予もならん。親神は、お前達にとって、まことにむずかしいことを言いかけるようだが、一つ心にさとり取って、よくよく思案せ

ねばいけない。今、ここに迫りきっているつとめの儀ばかりは、どんなことがあってもこれを聞きわけ、実行せねばならん。もう長らく、四十九年も以前から、親は世界一れつたすけの親心からこの道を教え、また、せき込みつづけてきたのであるが、お前達は、その深い親の心は何もわからずに今日まで通ってきたのだが、もう今日は、このたすけ一条の道を広い世界に及ぼさなければならぬ時が迫っている。いよいよ広い世界に出るのである。親神の珍しいたすけが、広い世界に及ぶのである。との仰せであって、万難を排してつとめに踏みきるように、との激しいおせき込みである。

このお言葉を受けた時、眞之亮の心に、教会本部さえ設置できるなら、何の懸念もなく、天下晴れて親神の思召を、存分に遂行させていただけるものを、という思いが、強く湧《わ》いてきたものか、それを切なる願いに込めて、

「教会本部をお許し下された上は、いかようにも神様の仰せ通り致します」

と申し上げると、

「さあ〳〵事情無くして一時定め出来難《がた》ない。さあ一時今それ〳〵、この三名の処で、きっと定め置かねばならん。何か願う処に委《まか》せ置く。必ず忘れぬようにせよ」

との仰せであった。

迫ってくる事情がなければ、思いきった心定めはできにくいものであるから、今ここで、お前達三名が心一つに練り合って、心定めをしておかねばならん。三名が心一つにまとまるなら、何かのこと

も、お前達の願い通りにまかせておこう。だから、三人が心一つに合わせてかかるということを、夢忘れてはならないよ。と、お諭しくだされ、親神の思召の実行を、あれほど強くお迫りになっている時にもかかわらず、まず人間の切なる願いを快くお聞き届けくだされたのであった。

　これに対して、眞之亮から、

「有難う御座ります」

と心から御礼を申し上げると、

「さあ〳〵一時今から今という心、三名の心しいかりと心合わせて返答せよ」

との仰せであった。

　将来の事については許しておくが、今直《ただ》ちに実行せよとせき込んでいる問題について、お前達は、一体どんな心でいるのか、この肝心な点について、三名の者がしっかり心を一つにして返答せよ、とのおせき込みである。

　先《ま》ず、当方の願いの筋を鮮やかにお聞き届けくだされての上での、おせき込みであって、最早《もはや》どうあっても踏みきらせていただかねばならない、のっぴきならぬ立場である。それだけに心にかかる問題は、ことごとく解決して、すっきりした気持ちでかかりたいとの懸命の思いからか、まさに親神様に取りすがるように、眞之亮から、

「このやしきに道具雛形《ひながた》の魂生まれてあるとの仰せ、このやしきをさして此《こ》の世界始まりのぢば故《ゆえ》天《あま》

降《くだ》り、無い人間無い世界拵《こしら》え下されたとの仰せ、上《かみ》も我々も同様の魂との仰せ、右三箇条のお尋ねあれば、我々何と答えて宜《よろ》しう御座りましょうや、これに差し支えます。人間は法律にさからう事はかないません」

と、当局の忌諱《きい》に触れる問題点をそのまま述べて、法に従って行動しなければならない人間の立場を、ありのままに訴えたのである。

これに対して、教祖は、

「さあ〳〵月日がありてこの世界あり、世界ありてそれ〳〵あり、それ〳〵ありて身の内あり、身の内ありて律あり、律ありても心定めが第一やで」

と懇切にお諭しくだされた。

先ず親神がおわしましてこの世界が出来たのである。世界が出来て、そこに国々がわかれ、その国国の中に人間が住んでいる。その人間が住み易《やす》いように申し合わせて作ったものが、法律である。いかに法律が作られても、これを守るかどうかは人の心にある。だから、何と言っても心が一番大切なのである。従って、一切をお創《つく》りくだされた親神の思召をしっかりと聞いて、その思召に添うように心定めをすることが、何よりも大切なことなのである。とお教えくだされたのである。

この明快なお諭しによって、もはやすべては明白である。しかし、なおも教祖の御身の万一を気遣って、眞之亮から、

「我々身の内は承知仕《つかまつ》りましたが、教祖の御身の上を心配仕ります。さあという時は如何《いか》なる御利益も下されましょうか」

とて、仰せいただいた根本の順序の理はよくわかりましたが、教祖の御身に万一の事があってはと、それのみが心配でなりませんので、まさかの場合には、どんな御守護もいただけましょうか。と念を押された。これに対し、

「さあ〳〵実《じつ》があれば実があるで。実と言えば知ろまい。真実というは火、水、風」

と仰せくだされた。

人間に真実の心があれば、親神の真実の守護がある。だから、いよいよという時は、必ず親神が引き受けてやる。親神の真実の働きというものは、火、水、風の働きの中に現れている。どんなことでも不可能ということはない、と仰せになって、人々の不安に対して、力強い応答をお与えくだされた。

そして、なおも念を押しての願いに対して、

「さあ〳〵実を買うのやで。価《あたい》を以《もっ》て実を買うのやで」

と仰せになった。

真実の心を以て臨めば、必ず真実の守護をしてやるのだから、皆々が真心の限りを尽くして事に当たって、親神の御守護をいただくようにつとめることが肝心であると、どこまでも真実の心定めを迫られた。

思えば、教祖の御身上をもっておせき込みくださる親神の思召と、取り締まり当局の方針との間に板ばさみとなり、進退極まって、心にかかる割り切れない問題を、徹底的にお伺い申し上げたいと、十三日の明け方、意を決して教祖の枕辺に進んでから、次から次へと、押しての願い、押しての願いとして伺いつづけ、夜を日に次いで、延々十三回に及んでいる。これほどまでに一切の疑問をさらけ出して親にすがったこと、また、これに対して一々懇切にお答えいただき、お諭しいただいたことは、まさに空前であり絶後と言える。これによって、もはや一切は、何ら疑問の余地もなく明白となった。すなわち、この世をお創《はじ》めいただいた親神の思召に添って、しっかりと心定めをすることによって御守護を待つこと、つまり価を以て実を買うという、一語につきるのである。

さすがに、この時の徹底したお伺いとおさしづにより、人々の心もしっかり定まり、一手一つにまとまったに違いない。これをお受け取りくだされてか、一月十三日からは、皆が案じた教祖の御身上も小康を得ながらお過ごしいただき、時には身を起こし、庭にさえお下りいただいたこともあるほどである。

一方、人々の真実の心定めは、やがて一月十八日の夜から、かぐら・てをどりの勤行として実現されることとなり、以来引きつづき、連日にわたって真剣なおつとめが勤められた。かくて一週間、一月二十四日、この日は陰暦の正月元日である。この日、教祖の御気分殊の外よろしく、床から起き上

がられて、元旦の御挨拶《あいさつ》に参上した一同に向かって、

「さあ〳〵十分練った〳〵。このやしき始まってから、十分練った。十分受け取ってあるで」

との有難いお言葉を賜《たまわ》った。

このやしき始まって以来、かつてないほどに充分練った。その、皆の真実、真剣な気持ちは充分に受け取ってある、とのお言葉であるが、かくも御満足いただけるだけあって、真剣な練り合いの後に、一月十八日夜から始められたかぐら・てをどりは、連日、水行してつとめるという真剣さで続行されていた。のみならず、この後も変わることなくつづけられて、二月十七日の夜に及んだ。この間、丸一カ月、真心こめて御平癒を祈る人々の真実をお受け取りくだされてか、教祖の御気分も引きつづきおよろしいように拝せられ、二月十三日頃には、下駄《げた》をはいて庭に下り、元気に歩かれたほどである。

こうした様子を拝するにつけても、連日つとめに励む人々の心にも、明るさと喜びが加わり、益々真剣の度を加えつつ、つづけられていたものと思われる。

教祖御存命

扉開いて

ところが、二月十七日夜（陰暦正月二十五日夜）、今にして思い返せば、教祖が現身《うつしみ》をもって、この世におられた最後の夜であるが、この夜、教祖の御身上よろしからず、大そう御不快の様子に拝された。

正月早々、大変御満足をいただき、これでよいと信じきり、喜び勇んで、なおもその方向に勤めきっている折柄《おりから》とて、一同の驚きもまた大きかった。早速、飯降伊蔵を通して、御神意を伺うと、

「さあ〳〵すっきりろくぢに踏《ふ》み均《な》らすで。さあ〳〵扉を開いて〳〵、一列ろくぢ。さあろくぢに踏み出す。さあ〳〵扉を開いて地を均らそうか、扉を閉まりて地を均らそうか〳〵」

親神の教えによって、世界一列をすっかり平らに治めようと思う。やしろの扉を開いて、広い世界を平らに治める働きに踏み出そうと思う。扉を開いて世界治めに働きに出ようか、扉を開かず、このままで平らな世の中に治める働きをしようか、とのお尋ねである。一同、このお言葉の真意がわから

ぬまま、「扉を開いて働いていただく方が陽気でよかろう」というほどの気持ちから、「扉を開いてろくぢに均らし下されたい」と答えると、伺いの扇がさっと開いて、いかにも一同の答えを嘉《よみ》し給《たも》うたかに拝された。と、これにつづいて、

「成る立てやい、どういう立てやい。いずれ〳〵引き寄せ、どういう事も引き寄せ、何《なん》でも彼《か》でも引き寄せる中、一列に扉を開く〳〵。ころりと変わるで」

とのお言葉があった。

道の理と、世界の理が抜き差しならぬところまで立てておうてきた。親神はどんなことをしても、世界たすけのこの道をつけようとて、どんな者も、こんな者も、すべての道具を皆、この元のやしきへ引き寄せ、どのような事柄も皆、このやしきへ引き寄せてきてある。何でもかでも皆、引き寄せる中に、扉を開いて世界一れつたすけに働きに出る。道の様子がころっと変わってくるほどに。

何か知ら、道の将来が明るくなるようなお言葉ではあるが、今、人々が一番心配している教祖の御身上に関しては、直接何事もお聞かせいただけないので、この点について不安のあまり、一度医師の診察を受けてみてはとの思いから、「世界の事情運ばして貰《もら》いとう御座ります」と、お願い申し上げると、

「ならん〳〵」

と強い否定のお言葉であった。

おぢばから遙《はる》か東方の山間に苣原《ちしゃはら》という村落がある。そこに当時、南川勝治という漢方医があった。この人がお道を信仰していたので、時々おぢばに参詣《さんけい》したついでに、教祖の脈を拝見したこともあるので、せめて、この医者にでも見せたら、教祖の御身上の工合《ぐあい》がわかるのではなかろうか、との思いが、こんなお願いとして現れたのであろう。

しかし、教祖の御身上は医師の診察などによってわかるものではない。まさに、世界の動くような大ぶしを前にして、しっかりとした心の成人をおせき込みくだされているのである。かかる重大時機を前にして、親の思いもさとれずに、人間心の不安から医者の診察を受けたいなどとお願い申せば、厳しくお叱《しか》りいただくのも当然である。

教祖の御身上を気遣うのあまりとはいえ、ともすればこの期《ご》に及んで、なおも医者に頼ろうとするような人間心に流れる弱さもあるが、一方においては、どこまでも親神の思召《おぼしめし》に忠実ならんとする懸命な願いから、親神のお言葉を拠《よ》りどころとして、真剣なる心の練り合いをつづけるかたわら、おせき込みいただくおつとめを、一カ月にわたって無心につづけてきたことも事実である。こうした真実をお受けくだされてか、まさにまた、いかに御身上迫ると見えても、決して病などではなく、深い思惑あってのことであるということを、自由《じゅうよう》の理をもってお見せくださる上からか、あれほど心配された教祖の御身上は、全く何事もなかったかのように、間もなく、この夜のうちに健やかに御気分よろしくおなりくだされ、お床の上にてお髪《ぐし》をお上げなされるほどであった。

明くれば、陰暦正月二十六日である。この日は、従来から毎月おつとめをしてきた日である。殊《こと》に、教祖の御身上以来は厳しくおつとめをおせき込みいただいているのだから、どうしても思召通り、陽気におつとめをさせていただかなければならんことは、よくわかっている。

ところが、この日は近郷近在から多数の参拝人がつめかけているので、官憲の取り締まりは、厳重な上にも、厳重さを加えている。一つ間違えば、御身上中の教祖をも拘引しかねない剣幕でもあるので、当然のことながら、いざ踏みきるとなると決しかねね、思案にあまって思召を伺うと、

「さあ〳〵いかなるも、よう聞き分けよ〳〵。さあ〳〵いかなるもどうも、さあ今一時、前々より毎夜々々々々伝える処《ところ》、今一つのこの事情早《はよ》うから、今からと言うたなあ。さあ、今という処諭してある。今から今掛かるという事を、前々に諭してある処、さあ今の今、早くの処急ぐ。さあという処、応分という処あろう。待つという処あろう。さあ〳〵一つの処、律が、律が怖《こ》わいか、神が怖わいか、律が怖わいか。この先どうでも成る事なら、仕方があるまい。前々より知らしてある。今という刻限、今の論《さとし》じゃない。どういう処の道じゃな、尋ぬる道じゃない。これ一つで分かろう」

どんなことも、よく聞き分けよ。前々より毎晩のように、神意は伝えてある。今、目の前に迫っているこの事情についても、早くから諭してあるのだ。今と言うたら今、抜き差しならぬで、と諭して

おいたその事情が、今、目の前に迫ってきているのだ。もう一刻も猶予はしてはおられない。すぐにおつとめにかからねばならん。お前達には何かと言うと、じきに、今少し猶予がほしいなどと願う気持ちがあるが、この場合、もうそんな猶予はない。ぐずぐずしている時ではない。お前達は、無理解の警察の干渉が怖いのか。神一条の理に進むのが本意か、それぐらいのことは、とっくに心が定まっているはずではないか。この先、どんなことが起こってこようと、神一条の理に従って、真実の心で乗りきっていくより他に道がなかろう。今という、この刻限に処する態度は、今更《いまさら》尋ねる道ではない。今更諭すまでもない。これだけを思案すれば、一切は明白であろう、との仰せであり、今更諭しを待つまでもなく、前々よりの諭しを身に体して、親神にお誓い申し上げた通り、万難を排してつとめ一条に踏みきるよう、とのお言葉であった。

しかも、この日正午十二時、この思召を教祖の身をもっておせき込みくださるかのごとく、教祖の御身上が迫ってきたので、もはや、お言葉のごとく一刻の猶予もない、抜き差しならぬ時とさとってか、眞之亮から詰め合いの人々へご談示の上、

「おつとめの時、もし警察より如何《いか》なる干渉ありても、命捨てゝもという心の者のみおつとめせよ」

と言った。

一同この言葉に奮い立ち、そのまま拘留処分になってもかまわぬように、肌着に足袋《たび》など二枚ずつ着用し、身も心も、何時警察に引っ張られてもかまわぬという態勢を整えて、おつとめにかかった。

この時、おつとめにかかった人々は、

地方《じかた》

泉田藤吉、平野楢蔵

神楽《かぐら》

眞之亮、前川菊太郎、飯降政甚《まさじん》、山本利三郎、高井直吉、桝井伊三郎、辻忠作、鴻田忠三郎、

上田いそ、岡田与之助（宮森与三郎）

お手振り

清水与之助、山本利三郎、高井直吉、桝井伊三郎、辻忠作、岡田与之助

鳴物

中山たまへ（琴）、飯降（永尾）よしゑ（三味線）、橋本清（つづみ）

の人々であった。

この人衆の中に、当年数え年十一歳の新春を迎えたばかりの嫡孫《ちゃくそん》、たまへの名が見えている。これは特に、眞之亮が「今日は孃《いと》、お前も出よ」と言われたからで、このあたりにも、このたびの眞之亮の覚悟のほどが偲《しの》ばれるように思われる。

また別に、家事取り締まりの任に当たった人は、梅谷四郎兵衞、増野正兵衞、梶本松治郎の面々で、総人数十九人であった。おつとめは、一時より始まり二時に終わった。

おつとめの時刻には、参拝者は続々とその数を増し、数千に達したと言われている。参拝者の多いことは、およそ予想もされていたのか、つとめ場所の南と東には、みだりに人の入り込まぬように、竹を横たえて結界を造ってあったが、次第に増加して来る参拝者のため、ついに、その竹はこまごまに割れたと伝えられている。これほど大そうな人出でもあり、また一大決意をもって心一杯精一杯につとめたおつとめであるから、地歌の声も高く、鳴物の音も四囲に響きわたったはずであるのに、不思議と、巡査は一人も来なかった。

こうして、おつとめは無事に終わった。当時の人々の常識からすれば、これこそ、まことに驚くべき奇跡であったに相違ない。

しかし、これと立ておうて、陽気な鳴物の音を、いとも御満足気にお聞きになっておられた教祖は、ちょうど「だいくのにんもそろひきた」という、十二下りの最後のおうたの終わるころ、ちょっと変わったそぶりをなされたので、お側《そば》に付き添っていた外孫のひさが、「お水ですか」と伺うと、僅《わず》かに、

「ウーン」

と仰せられたので、水を差し上げると、三口召し上がった。つづいて、「おばあ様」とお呼び申し上げたが、もう何の御返事もなかった。北枕で西向きのまま片手をひさの胸にあて、片手を御自分の胸にのせ、スヤスヤと眠っておられるような御様子であった。ひさは大いに驚いて、「誰かいませんか、早く眞之亮さんを呼んで来てくだされ」と、大声で呼んだ。

教祖現身お隠れの間

知らせを受けて、いち早く眞之亮が駆けつけた。つづいて嫡孫たまへ、長女まさと、相次いで駆けつけて来た。まさは、常に、ひさと共に枕辺に付き添っていたのであるが、おつとめが終わりに近づいた頃、「ちょっとおつとめを拝んでくるから」と、ひさに頼んで席を立った間のことであった。

たまへが駆けつけた時、眞之亮は「嬢《いと》、早《はよ》う来い」と、大声で呼んだ。たまへは、おばあ様がおやすみになっているのに、そんな大声を出してもよいのかと、いぶかしく思ったほど、教祖は安らかな御様子に拝されたのである。ところが、お側《そば》にいたひさが、「嬢ちゃん、おばあ様がこんなになられた」と言いながら、たまへの手を教祖のお顔に持っていき、「冷たいやろな。おばあ様はもう、物言わはらへんねがな」と言ったので、それを聞いて初めてそれと知ったたまへは、「ワー」と大声で泣いた。眞之亮は「泣くな」と、なだめてから、一同の人々に事の由《よし》を伝えた。

おつとめを無事終えて、近来、心に感じたことのない、カラッとした何のわだかまりもない晴れやかな気持ちで、かんろだいのところから、意気揚々と引き揚げて来た一同は、これを聞いて、ただ一声「ワーッ」と悲壮な声を上げて泣いただけで、後はシーンとしずまり返って、しわぶき一つする者もなかった。

教祖は、午後二時頃、おつとめの終わると共に、眠るがごとく現身《うつしみ》をお隠しになった。時に、御歳《おんとし》九十歳であった。

二十五年定命を縮めて

人々は全く、立っている大地が砕け、日月《じつげつ》の光が消えて、この世が真っ暗闇《くらやみ》になったように感じた。長年の間、真実の親として慕い懐かしんできた教祖、生き神様として仰ぎ尊んできた教祖、いかなる身上の患いも心の悩みも、一言お諭しいただくだけで直《ただ》ちに解消し、心の闇路《やみじ》に明るい希望の光を点じていただき、お連れ通りいただいてきた教祖、その教祖を失った人々の驚きと悲歎《ひたん》は、どんな表現も及ばない、深刻なものであった。

しかもそれは単なる歎きや悲しみだけではなしに、当時の人々が教祖を生き神様と信じ、お言葉通り、文字通りに、百十五歳の定命《じょうみょう》を信じきっていただけに、御歳九十歳をもって現身をお隠しになった事実が、どうしても納得できなかった。殊に、おせき込みくださるおつとめさえ勤めたら、必ず身上健やかにおなりくださるものと信じ、決死の覚悟をもって、おうた、鳴物の音も高らかに今とどこおりなく、そのおつとめを勤め終えた直後の出来事であっただけに、その驚きと不審は、一層深刻であった。まるで、神様を見失ったような、あるいは神様に見捨てられたような、救いようのない絶望

平野楢蔵

と虚無感が、心の中を突き抜けたような思いであっただろう。

それに加えて、教祖を生き神様と信じ、その百十五歳の定命を信じきっていた信仰が、純真であり一途《いちず》であっただけに、その自分の信念を確信をもって人々に伝え、断固として言いきってきた。それが今、思いもよらない事実に直面して、自ら動転するばかりでなく、この事実を人々にどう説明し、納得させるかに思い悩んだ。

二代真柱は、その著『ひとことはなし　その二』に、当時を回想して語られた高井直吉の話を、次のように筆写している。

「わしはそれから御休息所の方へ行きました。その時にはわしより先に幾人か御休息所へ行っていました。わしが行くと郡山の平野は八畳の間の東側の縁に坐《すわ》り片足をさげて頭をかかえて考え込んでいました。

〝何してんねや〟

と尋ねると、

〝おれは、家《うち》へ帰れん〟

と言いよった。

〝なんでいねんねや〟

と尋ねたら、

〝教祖は百十五歳が定命やと仰有《おっしゃ》った。それでおれは滅多にかみ様のお話にちがいはない。キットよくなって下さると信じていたし又人々にも話してきたんや。若《も》し違《ち》ごたら俺《おれ》の首やろとまで言ってきたんや〟

と言っていました」

内蔵——この二階でお言葉があった

これは、平野ばかりでなく、当時の人々に共通する悩みであったに相違ない。

こうして、自分たちの力だけでは、どうしようもない心の混乱を解決するには、おさしづを仰ぐ以外に道のないことをさとって、人々はこの日の午後、内蔵の二階に集まって、飯降伊蔵を通して、おさしづを願った。すると、

「さあ〳〵ろっくの地にする。皆々揃《そろ》うたか〳〵。よう聞き分け。これまでに言うた事、実の箱へ入れて置いたが、神が扉開いて出たから、子供可愛《かわ》い故、をやの命を二十五年先の命を縮めて、今からたすけするのやで。しっかり見

て居よ。今までとこれから先としっかり見て居よ。扉開いてろっくの地にしようか、扉閉めてろっくの地に。扉開いて、ろっくの地にしてくれ、と、言うたやないか。思うようにしてやった。さあ、これまで子供にやりたいものもあった。なれども、ようやらなんだ。又々これから先だん〳〵に理が渡そう。よう聞いて置け」

との、お言葉であった。

さあ、これから世界一列にもれなく道をつける。これまでにも言っていた、一切の身上悩みをたすけるおさづけの理は、教祖があずかったまま広く渡せなかったが、親神がやしろの扉を開いて世界だすけに出たのであるから、これからは、このおさづけの理をどんどん渡す。そもそも、教祖が御身をお隠しになったのは、一列の子供が可愛《かわい》いそれゆえに、親の寿命二十五年縮めて姿を隠し、世界を駆け巡ってたすけをするためである。教祖が亡くなられたのではなく、親神がやしろの扉を開いて世界だすけに働きに出たのであるから、今までとこれから先と、どう違ってくるか、しっかり見ていよ。今、教祖が現身《うつしみ》を隠されたことで、ただ一途に歎き悲しんでいるが、昨日、扉を開いてろっくの地にしようか、扉をしめてろっくの地にしようか、と尋ねた時、扉を開いて地を均らしてくれと答えたではないか。親神は心通りに守護をしたのである。さあ、これまで子供達にやりたくても、思うようにようやらなんだおさづけの理を、これから先はだんだん渡すから、よく聞いておけ。

このお諭しを聞いて一同は、あっと驚いた。

「扉を開いて地をお均らしください」とお願いしたことが、教祖が現身をお隠しになる結果になろうなどとは、誰一人として想像も及ばぬことであった。扉を閉めるよりは、扉を開いてもらう方が陽気でよかろうというのが、人々の偽《いつわ》りのない気持ちであった。それが図らずも教祖にお別れするという、泣いても泣いても泣ききれない、この悲しい結果を招来することになろうとは。

だが、このおさしづを通して深く考えてみれば、これこそ、究極においては、「明るい道をと望む」子供の本心の願いを叶《かな》えてくださる、限りない親の慈悲であったのである。しかし、この悲しむべき事態を親の慈悲とは、決してこの場で直《ただ》ちに、簡単にさとり得るものではなかったに相違ない。教祖を失った悲しみと疑惑と悩みとは、まだまだ深く人々の心に座を占めていたに違いない。それなればこそ、現身お隠しくだされた日から丸一週間の後、すなわち、教祖のご葬儀のあった翌日の、陰暦二月二日の午後七時、人々の解けやらぬ疑問と悲しみの心を見透《みとお》されて、次のように刻限のおさしづがあった。

「さあ〳〵分からん〳〵、何にも分からん。百十五才、九十才、これも分からん。二十五年不足、どうであろう。これも分からん。どうしても、こうしても、すうきり分からん。故に二十五年を縮め、たすけを急ぎ、扉を開いて世界をろくぢに踏み均《な》らしに出た。神でのうてこの自由《じうよ》自在《じざい》は出けようまい。止めるに止められまい。神は一寸《ちょっと》も違《ちご》うた事は言わん。よう聞き分けてくれ。これから先というは、何を聞いても、どのよの事を見ても、皆楽しみばかり。楽しみや。よう聞き分け。追々刻限話をする」

このお言葉の大意は、さあさあ、このたび直面した、教祖が突如現身お隠しになった事実については、お前達には何もかもわからんことばかりである。百十五歳定命と仰せくだされていた教祖が、九十歳をもって現身をお隠しになった。これは一体どういうわけだろう。定命より二十五年不足している。これもわからん。身上健やかにおなりいただきたいと念ずる真心から、おせき込みくださるおつとめを、命がけの真剣さでつとめさしていただいたのに、何がゆえに二十五年の寿命をお縮めになったのであろうか。それは一れつのたすけを急ぐ上から、親神がやしろの扉を開いて世界をろくぢに踏み均らしに出たのである。決して、教祖が亡くなられたのではなく、ますます積極的に、広い世界に働きかけてくださるのである。神でなくて、このような自由自在はできないであろう。これも皆、子供可愛い上からたすけを急ぎすることで、神のすることは止めるに止められるものではない。神は違ったことは何一つ言わないから、よく聞きわけて、これから先を見ているがよい。これから先は何を見ても、何を聞いても楽しみばかりであるほどに。また追々必要に応じて刻限の話をする、との御意で、二十六日の午後のおさしづに引きつづいて、疑惑と悲歎につつまれている人々に、諄々《じゅんじゅん》として親の思召をお聞かせくだされたのであった。

こうしてお聞かせいただくにつれ、次第に虚脱状態から立ち上がり、お言葉を通して、だんだんと理を思案するほどに、二十五年の寿命を縮めてまでも子供の成人をせき込み、世界たすけをおせき込みくださる親心が、身にしみて感じられるようになった。その上、教祖はたとえ現身はお隠しになっても、存命同様にお働きくださるとのことであり、これまで教祖からいただいた、たすけ一条の効能の理としてのおさづけも、引きつづき、だんだんお渡しいただける、とのお言葉であり、刻限々々のお諭しもいただけるということに、大きな安心感を与えていただくことができた。

殊《こと》に、今までと、これから先と道を見ていよ、ころっと変わると仰せられ、これから先は楽しみばかり、と仰せくださるお言葉を、唯一《ゆいいつ》の頼りとして働きつづけていく中に、教祖を見失って、道はつぶれるかと案じ憂《うれ》えたのが、案に相違して、幾多のふしや苦難もあったが、常に、その中を不思議な御守護に導かれて、道は急速に素晴らしい発展を遂げていった。この有難い事実の中に人々は、教祖がそのお言葉通り、存命のまま今にお働きつづけくだされているという事実を体感することができた。

教祖は月日のやしろとして五十年、筆に、口に、ひながたをもって、尊き親神の思召《おぼしめし》を人類にお伝えくだされた。のみならず、現身をお隠しくだされて後までも、永遠に、存命同様にお働きつづけてくだされている。

完

中山慶一（なかやま　よしかず）

明治39年(1906年) 4月29日、本部員中山慶太郎氏の長男として天理に生まれる。大正15年(1926年)天理中学校を卒業。昭和7年(1932年)東京帝国大学文学部宗教学宗教史学科卒業。同年、天理教校別科を修了、本部青年。11年、本部准員となる。27年から常詰、文教部長、宗教法人天理教責任役員、学校法人天理大学理事長などを歴任。31年、本部員。37年、本部直属本明實《ほんめいじつ》分教会長に就任。44年から52年まで天理教表統領。60年6月25日、80歳で出直し。

私《わたし》の教祖《おやさま》

立教144年(1981年) 4月1日　初版第1刷発行
立教169年(2006年) 4月18日　第2版第1刷発行

著　者　中山慶一

発行所　天理教道友社
〒632-8686　奈良県天理市三島町271
電話　0743(62)5388
振替　00900-7-10367

TENRIKYO DOYUSHA

印刷所　株式会社天理時報社
〒632-0083　奈良県天理市稲葉町80

ISBN4-8073-0507-7
定価はカバーに表示